Selected Cases Analysis

Kangqiao Law Firm's Fifteen-year Cases Compilation

精品案例解析
——康桥十五年案例选

主　编　张巧良
副主编　金荣奎　邓　莉

山东人民出版社

国家一级出版社　全国百佳图书出版单位

图书在版编目（CIP）数据

精品案例解析：康桥十五年案例选/张巧良主编.
—济南：山东人民出版社，2016.10
ISBN 978-7-209-09688-1

Ⅰ. ①精… Ⅱ. ①张… Ⅲ. ①律师业务—案例—中国
Ⅳ. ①D926.5

中国版本图书馆 CIP 数据核字（2016）第 116033 号

精品案例解析

——康桥十五年案例选

张巧良　主编

主管部门　山东出版传媒股份有限公司
出版发行　山东人民出版社
社　　址　济南市胜利大街39号
邮　　编　250001
电　　话　总编室（0531）82098914
　　　　　市场部（0531）82098027
网　　址　http：//www. sd-book. com. cn
印　　装　济南继东彩艺印刷有限公司
经　　销　新华书店

规　　格　16开（184mm×250mm）
印　　张　22.75
字　　数　420千字
版　　次　2016年10月第1版
印　　次　2016年10月第1次
印　　数　1—3000
ISBN　978-7-209-09688-1
定　　价　68.00元
　　　　　　　　如有印装质量问题，请与出版社总编室联系调换。

编委会

主　编　张巧良

副主编　金荣奎　邓　莉

编　委　程　华　张丽华　孔庆刚　王曙光　徐　舰
　　　　唐长伟　任战江　张作成　张欣欣　许　翔
　　　　延余英　唐一冉　白　雪　李　帅

序　言

　　康桥律师事务所是一家享有盛誉的全国优秀律师事务所，是我省综合实力名列前茅的大所、强所。为庆祝其成立十五周年，康桥律师事务所决定编辑出版《精品案例解析——康桥十五年案例选》，在书稿即将付梓之际，康桥所主任、首席合伙人张巧良律师邀我为本书作序，这是我的荣幸。

　　由于工作关系，我对齐鲁大地广大律师事务所有了很多接触，对律师行业及律师职业有了更深的感知和理解。律师队伍是崇尚信仰与实践法治的职业群体，是连接法学理论与法治实践的桥梁纽带，是推动国家治理现代化和建设中国特色社会主义民主法治不可或缺的重要力量。

　　在众多优秀律师事务所中，我对康桥的印象尤为深刻。一个是因为康桥的文化，这是我见到的第一个明确提出"文化立所"发展战略的律师事务所，多年前就提炼出"坚守、责任、包容、奉献"的核心价值观，以及"自强不息，厚德载物，以人为本"的文化理念，并且在这些年发展壮大的奋斗历程中完全秉承了这一价值观和文化理念。康桥所的名字本身就富含文化的意蕴，很容易使人联想起徐志摩的著名诗篇《再别康桥》，而康桥律师则对其所名做出独到的诠释，赋予其新的格调和境界，使之成为展示其"文化立所"精髓的窗口和名片。何为"康桥"？按照康桥所的解释，"康桥"即"康达高远，精诚为桥"之谓也，高度浓缩和简约地表达了康桥所的精神文化追求。康桥所在省内外设有多家分所，本着"文化立所"的战略，康桥所在内部建设上实行总所、分所完全一体化，理念、文化和管理高度一致，充分发挥文化的向心力、凝聚力和竞争力，成功走上大型化、集团化、国际化的发展道路；外部发展上注重公益责任、社会责任的承担，塑造服务大众、热心公益的康桥形象，打造康桥特有的文化品牌。康桥律师事务所文化立所、强所的建所理念和发展战略取得显著成效，康桥所的发展动力和凝聚力之强、发展速度之快、规模和业绩之大，在全省众多律师机构中非常突出。由于律师个体性、独立性普遍较强，律所管理容易松散，导致律师缺乏归属感，律所缺乏凝聚力，行业发展"碎片化"。解决这个突出问题，必须从创建优良的律所文化入手，塑造律所律师以及其他员工们共同的价值观和精神文化追求,这样律师事务所乃至律师行业才能不断做大做强。康桥所紧紧把握"文化立所"的关键推动律所的发展壮大,无疑是把握了律所建设的精髓。

另一个让我印象深刻的是康桥的专业,康桥律师事务所作为我省省直律所中首屈一指的大所,整体专业水平高,高端、涉外法律服务力强,综合实力位居我省1700多家律师服务机构的前列,为我省经济社会发展以及法治山东建设做出了突出贡献:省内的重大建设、投资项目、重大社会事件、环境公益诉讼中常常都能看到康桥律师专业的身影。尤其是近两年来,康桥所积极为我省各级政府提供法律顾问,选派优秀律师参与律师代理申诉以及积极参与化解和代理涉法涉诉信访案件,获得党政机关和社会各界的好评。

2015年,正值康桥律师事务所成立15周年之际,康桥所决定精选本所律师建所以来承办的部分经典案例编纂成册,公开出版,此即《精品案例解析——康桥十五年案例选》一书的由来。不久前本书的编纂和编辑工作已经完成。《精品案例解析——康桥十五年案例选》分"民事""刑事""行政""非诉"四个部分,汇集了63件康桥律师经办的成功案例以及办案律师对案例的分析、点评和研究思考,对案例涉及的法律要点、难点做出鞭辟入里的剖析和解读。本书凝聚了康桥律师事务所律师在法律服务和法治实践中的宝贵经验,彰显了律师丰富的智慧和精湛的办案技艺,以及为办案倾注的大量心血和辛劳。相信读者,特别是律师同行、基层法律服务工作者以及法学院师生,定能从研读本书中深入了解相关法律知识、专业技能,获得有益的启迪。

我在省司法厅分管律师工作近2年时间,即将离任。2年来,我与康桥所以及山东律师界的同事和朋友们朝夕相处,结识诸多的良师益友,结下深厚的友情和缘分。值此之际,衷心祝愿康桥的发展越来越好、越来越强!衷心祝愿山东律师业在十三五期间顺利实现转型升级,再创辉煌,在律师事业发展和律师队伍建设等各方面始终走在全国前列!

中国社会科学院博士生导师、山东省司法厅原副厅长

冯 军

2016年7月15日

目 录
CONTENTS

精品案例解析——康桥十五年案例选

◀◀◀　刑　事　▶▶▶

◀◀◀　行　政　▶▶▶

◀◀◀　非　诉　▶▶▶

精品案例解析——康桥十五年案例选

JINGPIN ANLI JIEXI

KANGQIAO SHIWUNIAN ANLIXUAN

案件领域

民　事

某合资企业诉山东某上市公司
合资合同纠纷仲裁案

关键词： 管辖权异议　仲裁条款效力　仲裁前置程序

相关法条：《仲裁法》第二十六条　《民诉意见》第一百四十八条

核心价值： 在双方当事人已经存在仲裁协议的前提下，一方当事人将合同特定部分争议提交法院进行诉讼后，另一方当事人未在法院首次开庭前根据《仲裁法》第二十六条对法院的管辖权提出异议，是否构成该另一方当事人放弃就同一合同的其他争议再次提请仲裁的权利。

一、案情简介

2005年12月，法国某公司（以下简称A公司）与山东某上市公司（以下简称B公司）出资成立某合资企业（以下简称合资企业），其中A公司持股70%，B公司持股30%。合资合同约定合营期限为20年。合资企业依法成立后，鉴于合资企业的运营生产依赖于蒸汽供应，而B公司为合资企业所在工业园区唯一的蒸汽供应源，合资企业与B公司签订了《蒸汽供应合同》作为合资合同附件，蒸汽供应合同约定B公司应在合营期限内为开展业务所要求的方式向合资企业提供稳定经济的蒸汽供应。第八条明确约定双方的争议解决方式为："双方之间因本合同引起的或与本合同有关的任何争议，包括关于合同成立、效力或终止方面的问题或本合同项下双方权利义务方面的问题，如果未能在一方向另一方发出书面通知告知发生争议之日起十五天内友好协商，则该等争议应仅能提交中国国际经济贸易仲裁委员会根据该会仲裁规则通过仲裁解决。"

经过两年的筹备和基础建设，投资达5.2亿元的合资企业于2008年1月正式生产。同年10月，合资企业暂停生产进行设备维护和改造；2008年12月决定开机生产，但此时B公司拒绝恢复供应蒸汽，企业因此无法正常生产。合资企业及合资企业另一股东A公司多次多方面与B公司协商未果。

3

2010年11月2日，合资企业向中国贸易经济仲裁委员会提交仲裁申请，请求其受理合资企业与B公司间的蒸汽供应合同争议案（以下简称本案），中国贸易经济仲裁委员会予以受理。在案件审理过程中，提出管辖权异议，具体理由有以下两点：

1. 蒸汽供应合同约定的仲裁条款已经失效

B公司提出曾在2008年12月份就合资企业欠B公司电费和蒸汽费的纠纷在当地人民法院起诉，合资企业未提出管辖权异议。《仲裁法》第二十六条规定："当事人达成仲裁协议，一方向人民法院起诉未声明有仲裁协议，人民法院受理后，另一方在首次开庭前提交仲裁协议的，人民法院应当驳回起诉，但仲裁协议无效的除外；另一方在首次开庭前未对人民法院受理该案提出异议的，视为放弃仲裁协议，人民法院应当继续审理。"《最高人民法院关于适用〈民事诉讼法〉若干问题的意见》第一百四十八条规定："当事人一方向人民法院起诉时未声明有仲裁协议，人民法院受理后，对方当事人又应诉答辩的，视为该人民法院有管辖权。"因此B公司主张，依据《仲裁法》第二十六条和《最高人民法院关于适用〈民事诉讼法〉若干问题的意见》第一百四十八条，合资企业应视为放弃仲裁协议，同意以法院诉讼的方式解决争议。

根据B公司提交的证据材料（法院四案诉讼文书的证据及三篇文献材料），所反映的诉讼案件情况是：

2008年12月5日，B公司向当地基层人民法院起诉，请求法院判令合资企业偿付所欠四笔电、汽费。2009年4月8日，当地基层人民法院公开审理了此案。合资企业未在法院首次开庭审理前提出管辖异议，并委托代理人出庭应诉。2009年4月10日，双方在法院的主持下达成调解协议。2009年4月14日，当地基层人民法院向双方送达了民事调解书。

根据双方签署的《调解笔录》显示，在诉讼案件的调解过程中，合资企业向法院提出B公司违约不供汽的问题。审判人员问合资企业"如果存在［B公司］擅自给你方停电停汽的情节，给你造成的损失，你方可以另行起诉，对此，是否清楚"时，合资企业表示"清楚"。合资企业还提出"从现在起，B公司按原合同给合资企业供汽"，B公司提出"需合资企业先付一个月的电气款押金，以后每个月结算一次方可行"。审判员提出对于"如何继续供电供汽问题，因与本案审理的案情无关，可另行解决"。合资企业和B公司表示同意。

2. 蒸汽供应合同约定的仲裁先决条件并未满足，合资企业无权提起仲裁。本案合同第八条约定了起诉仲裁的先决条件。在提出本次仲裁前，合资企业未向B公司发出书面通知告知发生争议，双方十五天的友好协商期限未实现，因此合资企业无权提起仲裁。

二、针对 B 公司的异议及证据，本案代理律师提出如下观点

（一）关于本案仲裁条款的效力问题

B 公司认为本案仲裁条款经在法院的诉讼导致失效，与事实不符，于法无据，是不能成立的。理由如下：

1. 不存在因诉讼放弃仲裁的事实依据

（1）蒸汽欠款纠纷形成的事实

合资企业由两个股东出资于 2005 年 12 月设立，股东 A 公司占 70% 的股份，股东 B 公司占 30% 的股份。根据合资合同，双方应当为合资企业从银行贷款按投资比例提供担保，但 B 公司无故拒绝提供担保。不得已，只好由 A 公司和其母公司偿还了全部银行贷款 2.7 亿元人民币本金和利息。为此，在两个股东之间产生分歧和意见。双方在协调解决按投资比例归还贷款问题过程中，合资企业要求 B 公司按投资比例承担银行贷款 7800 万元，并表示暂停支付 B 公司的电费和蒸汽费，直至其诚信履行合同约定的融资义务。但 B 公司不同意，并于 2008 年 12 月 5 日，起诉于当地基层人民法院，并申请冻结了合资企业银行账户，同时停止供应蒸汽。

（2）欠款纠纷案以"调解方式"结案的事实

合资企业于 2008 年 12 月 9 日接到法院受理案件通知书。到法院后，法院承办人明确向合资企业表示，双方当事人都是有影响的企业，法院本着为经济服务的大局，主张双方庭外和解，且先不予开庭。合资企业表示同意双方庭外和解。因为实现庭外和解，就视为 B 公司没有起诉，双方没有发生过诉讼，仲裁之管辖异议即无从谈起。因此，正是由于双方同意庭外和解，开庭传票上通知的 2008 年 12 月 25 日的庭审也并未开庭。

实际上，合资企业在收到受理案件通知书之前及之后，均一直在与 B 公司就有关担保及付费问题进行协商，由于暂停付欠款无法让 B 公司履行合同义务，为了不激化矛盾，避免因断汽影响生产大局，于 2009 年 1 月 4 日，合资企业与 B 公司达成庭外口头和解协议，约定：合资企业支付全部电力和蒸汽费用后，不再支付违约金，B 公司撤诉，并立即恢复供汽，诉讼费双方各付一半。达成和解的当日，合资企业付清了全部的电力和蒸汽费 1300 余万元。

但 B 公司收到付款后却违反承诺，提出修改合同的无理要求。B 公司在 2009 年 1 月 6 日的复函中声称恢复供汽必须修改合同，而且附上一份拟就好的《蒸汽供应合同》修改文本，其内容除支付蒸汽预付款外，还专门要求双方纠纷须由当地法院解决，想改变原合同约定的在贸仲仲裁的方式。双方又进行反复交涉。合资企业经权衡后，决定退让一步，表示同意先行支付蒸汽费，然后再供应蒸汽，但明确表示供汽合同管辖条款不能修改。B 公司表示不修改合同，就不能供汽。B 公司以此为借口，迟迟不恢复供汽。

至 2009 年 4 月 8 日，合资企业被当地基层人民法院传到法庭，才得知系因 B 公司谎称双方对违约金事项未达成和解，要求法院裁决。合资企业认为不是事实，双方已经达成和解，且已经付清了全部电力和蒸汽费用。但法院仍以违约金未解决为由，为双方制作了简单询问笔录，就建议双方庭下调解解决。2009 年 4 月 10 日双方经自行调解，B 公司又放弃了违约金。B 公司毁约弃诺，不仅没有恢复供汽，也没有撤诉。法院依此制作调解书结案。当地基层人民法院为此收取了合资企业"案件受理费"和"财产保全费"共计 154160 元。这就是所谓电力和蒸汽欠款案调解结案完整的事实经过。

在法院制作询问笔录过程中，合资企业提出恢复蒸汽供应的要求，B 公司仍不同意，法院调解不成，认为可以"另案解决"。

（3）合资企业不存在放弃仲裁的任何事实

对于法院受理的欠款纠纷案，合资企业从 2008 年 12 月 9 日接到受理通知书后，一开始是庭外和解，到 2009 年 4 月 8 日唯一一次开的是询问庭并建议庭下调解。当地基层法庭从未按《民事诉讼法》规定的第一审程序开庭审理过该欠款纠纷案，在法院立案后明示以双方和解方式结案的情况下，合资企业考虑到尽快供汽的需要和企业在当地长远生存和发展的必要，对法院有关立案调解的形式要求予以了配合，这是接受庭外和解的行为，而不是接受诉讼裁决，不能"视为"放弃了仲裁。最高人民法院 2007 年 3 月 1 日出台的《关于进一步发挥诉讼调解在构建社会主义和谐社会中积极作用的若干意见》中提出了"立案调解"的结案方式，目的是实现"案结事了人和"。在一定意义上讲，是一种非诉结案方式。法院从立案至唯一的一次开庭是询问双方和解情况，间隔近 5 个月之久。从正面讲，这是给双方当事人创造庭外和解的充裕条件和氛围，但客观事实却是法院从来没有正规地开庭审理过该欠款纠纷案。既然没有"首次开庭"的事实，则更无合资企业"放弃仲裁"的事实。

2. 当地基层人民法院审理欠款案有重大瑕疵

根据我国《民事诉讼法》和《民事诉讼证据的若干规定》对现有的审前准备程序规定上看，其主要内容为：法官向当事人送达应诉材料、给予答辩期限并送达答辩状副本，法院依法调查收集证据、组织鉴定或勘验、给予举证期限组织交换证据材料、组织整理争点、促成和解、排期开庭以及处理审前的其他诉讼事项。

而法院审理欠费纠纷案终其全过程看实质只进入了前期的审理准备程序，并且在该准备程序中，从立案到开庭间隔 5 个月之久，法院并没有依职权给予或组织答辩、证据交换等基本的诉讼环节，一直未有任何作为和通知。可以说整个过程甚至连一个基本的审理准备程序都不具备。

并且，2008 年 12 月 9 日合资企业接到受理通知，2009 年 1 月 4 日合资企业就主动偿还了欠款。至此，合资企业与 B 公司因欠款产生的纠纷已实质解决，因该纠纷产生的诉讼在此时已丧失了定纷止争的基本功能和继续进入审理程序的理由。

而以违约金未达成一致为理由制作的调解书是一个后补的产物，更是一个纯粹的借口：《民事诉讼法》第一百〇八条要求："起诉必须有具体的诉讼请求和事由。"B公司在拆分的四个起诉状中关于违约金的诉求没有一个有具体的数额要求，这显然不符合司法实践中法院正常受理案件时的要求。根据《诉讼费用交纳办法》之规定，财产案件根据诉讼请求的金额或者价额，按照比例分段累计交纳。从B公司缴纳的四笔诉讼费来看，均是以电、汽费欠款额为基数计算的诉讼费，根本谈不上违约金，这也显然有异于正常的诉讼费缴纳。且在合资企业已经全额支付欠款的情况下，B公司却以违约金达不成一致为由要求开庭审理，可见其索要违约金态度何其坚决，但在法院所谓的简单的一番调解（纵观整个调解笔录，实质上没有一处是对违约金是否缴纳、缴纳多少的意见，连一个明确的违约金数额都没有）后，居然又轻易放弃了违约金，那B公司要求开庭的意义何在？可见，调解书纯粹是为了完善形式而后补的一个漏洞百出的产物。

所以说，欠款纠纷案根本没有依照法定的诉讼程序进行审理，这种以"诉讼"之名，缺"诉讼之形"，更无"诉讼之实"的所谓"诉讼"，根本不具备适用因诉讼放弃仲裁之有关法律规定。

该类法律规定的诉讼首先必须是一个程序完整必要、合法合规的诉讼，而该欠款纠纷案，当地基层法庭在所谓的审理过程中程序具有重大瑕疵，如违反《最高人民法院关于人民法院立案工作的暂行规定》之法院对起诉材料之审查义务及发现原告起诉不符合法院受理条件，原告坚持起诉的应裁定不予受理的规定（参见法发〔1997〕7号第四条、第十一条）；违反《中华人民共和国民事诉讼法》之发现仲裁条款应告知原告向仲裁机关主张之规定，法院在审理材料时无视《蒸汽供应合同》中关于仲裁条款的明显规定，违法立案；违反山东省法院级别管辖之规定，将一个完整的大标的案件拆分为四个小案件立案等等。

所以，B公司关于蒸汽欠款纠纷案所谓的"诉讼"首先没有进入法定程序审理，其次也不具备合法合规诉讼的条件，不应被仲裁委纳入有关法律规定之"诉讼"考察对比之范畴。因此，更谈不上因诉讼放弃仲裁的问题。

3. 本案情形不存在因诉讼放弃仲裁的法律依据

B公司认为本案仲裁条款因欠费案件的诉讼而失效的法律依据在于《仲裁法》第二十六条和《最高院关于适用〈民事诉讼法〉若干问题的意见》第一百四十八条，代理律师认为，这是对该两个条文的错误解读和扭曲，在现行法律规定下，本案情形不存在导致因诉讼放弃仲裁后果的法律依据，理由如下：

（1）该两条文规则产生的直接法律后果是"法院继续审理"而不是仲裁条款的失效或无效。

《仲裁法》第二十六条：当事人达成仲裁协议，一方向人民法院起诉未声明有仲裁协议，人民法院受理后，另一方在首次开庭前提交仲裁协议的，人民法院应当驳回起诉，但仲裁协议无效的除外；另一方在首次开庭前未对人民法院受理该案提出异议的，视为放弃仲裁协议，人民法院应当继续审理。

《最高院关于适用〈民事诉讼法〉若干问题的意见》第一百四十八条：当事人一方向人民法院起诉时未声明有仲裁协议，人民法院受理后，对方当事人又应诉答辩的，视为该人民法院有管辖权。

法律条文依赖于文字的准确表述，对概念的内涵、外延，以及程度的界定，是组成法律条文的基础部分。

该两条文首先从文字上已经非常准确地表达了在"另一方在首次开庭前未对人民法院受理该案提出异议的"这种法律情形下产生的最直接的法律后果是"人民法院有管辖权，人民法院应当继续审理"。最高人民法院副院长沈德咏和万鄂湘为主编，最高人民法院研究室、民事审判第四庭编著的《仲裁法司法解释的理解与适用》一书（人民法院出版社2007年3月第一版）对《仲裁法》第二十六条的说明是："依照该条的规定，即使当事人之间存在有效的仲裁协议，但如果一方当事人向人民法院提起诉讼，另一方在首次开庭未对人民法院受理该案提出异议的，视为放弃仲裁协议，人民法院不再受仲裁协议的制约而对争议享有了管辖权，应当对案件继续审理。"

这是目前中国司法界对《仲裁法》第二十六条最权威的解释，其清楚地表明，该条文的内涵、外延、程度仅限于在法院已经受理的个案情形下因为当事人的应诉行为从而取得对该个案的管辖权，可以继续审理。

"视为放弃仲裁协议"并不是该条文规则产生的法律后果，而是对当事人在行为与约定有冲突的情形下，对当事人行为的一种推定判断，并非对仲裁条款本身效力的判断，其产生的后果是使法院取得管辖权，其终极目的在于避免司法资源的浪费。"视为放弃仲裁协议"本身是"推定"的结论。该结论应当是唯一的，不可能再有另外的结论。如果再得出"视为失效""视为无效"等结论，就是对"推定"再进行"推定"，这是法理所不能允许的。

仲裁条款作为要式合同其无效或失效必须有法律的明确规定和仲裁机构或人民法院的认定。根据《仲裁法》第十七条的规定："有下列情形之一的，仲裁协议无效：1. 约定的仲裁事项超出法律规定的仲裁范围的；2. 无民事行为能力人或者限制民事行为能力人订立的仲裁协议；3. 一方采取胁迫手段，迫使对方订立仲裁协议的。"而本案仲裁条款并不符合无效的规定情形，B公司的说法是在对法律规定的任意扩大和解释，是在混淆、游移法律概念，曲解法律规定。

（2）本次仲裁案件与欠费纠纷案件不属于同一法律事实、同一法律关系。

即便认为合资企业在欠费案中没有对法院的管辖权提出异议视为对该案放弃仲裁管辖，也并不代表在本次中国国际经济贸易仲裁委员会案件中仲裁条款的失效，合资企业就不能就本案提起仲裁。因为本次仲裁案件与欠费纠纷案件不属于同一法律事实，同一法律关系。

法律关系是在法律规范调整社会关系的过程中所形成的特定主体之间的权利和义务关系。法律关系由法律关系主体、法律关系内容（权利义务）和法律关系客体三要素构成。法律关系的形成、变更和消灭，需要具备一定的条件，其中法律事实是一个主要条件。

法律事实，就是法律规范所规定的，能够引起法律关系产生、变更和消灭的客观情况，法律事实包含不以当事人意志为转移的法律事件和受当事人意志主导的法律行为两个层面。

就本案和欠款纠纷案比较：

第一，两案中双方的法律关系内容（权利义务）和法律事实（法律行为）明显不同：本案 B 公司拒不供应蒸汽，是不履行合同约定的积极作为义务，是 20 年内连续的不间断的行为义务，属非金钱债务；而欠款纠纷案，是典型的金钱债务，合资企业未按约对 B 公司已经供汽的部分支付对价的义务。从时间效应看，二者完全不对等。欠款案中，合资企业所欠的仅是过去几个月的费用，从双方确定的权利义务看，合资企业的法律行为是履行瑕疵，是一般性违约。而 B 公司的法律行为是因这种金钱债务的瑕疵履行而拒不供应蒸汽，甚至在合资企业已经付款的情况下还拒绝供应，是对其 20 年内保证提供稳定汽源义务的根本性违反，其法律行为构成根本违约。

第二，两案中法律关系的客体完全不同，即二者危害程度完全不同，稳定的汽源是合资企业进行生产的必要条件，断汽就意味着掐断了合资企业的咽喉，使合资合同的目的无法实现，造成投资达 5.2 亿元的合资企业停产歇业，大量职工下岗，不仅给企业造成巨额损失，也直接影响社会稳定，已经严重侵害了社会公共秩序；而欠款纠纷只是一个小额的金钱给付义务，不会影响合资合同的履行，不具备这些严重的后果。

因此，两案虽有关联，但法律事实、法律关系完全不同。无论是《仲裁法》第二十六条还是《最高院关于适用〈民事诉讼法〉若干问题的意见》第一百四十八条都是针对已经由法院受理的具体个案。因本案与欠款案不具有同一性，即使认为在欠款案中放弃仲裁约定，也绝不能认为放弃仲裁管辖自动地适用于本案，更不能认为仲裁条款失效。

4. 在法律无明文规定的情况下，权利的放弃需要权利人的明示，不能因 B 公司单方的扩大解释而抹杀合资企业的权利。

本案的《蒸汽供应合同》有效期为 20 年，在这 20 年当中基于合同成立、效力、根本违约、瑕疵履行、转让、变更、解释、解除等可能产生的纠纷都属于仲裁事项，这是签订合同时双方真实自愿的意思表示，也是合资企业外方股东确定与 B 公司合资的基本条件，基于仲裁条款的确立使得合资企业在日常运营中能排除当地地方司法管辖，防止地方保护，这是合资企业依据合同享受到的一项非常重要的权利。

并且，争议解决条款作为合同的主要条款之一，对合同主要条款的变更也是合同双方当事人的基本权利，且主要条款变更的达成依赖于双方的意思一致。尤其是对仲裁条款的约定，法律要求当事人对此意思一致的规定更为明确。如《中华人民共和国仲裁法》第四条的规定，仲裁协议是要式合同，必须达成书面协议。

就本案来看，B 公司认为本案仲裁条款已经因欠费案的诉讼而失效缺乏事实和法律依据，合资企业在上文已经详细阐述，在此不赘述。但是，要突出强调的是，中国现行有效的法律没有任何一条规定"合同仲裁条款因诉讼而失效"或者是类似意思的表达。在没有法律明确规定的情况下，任何对有关条文的推定都不足以和《中华人民共和国宪法》规定的合法权利侵犯相抗衡。

在此情况下，对权利的放弃必须是权利人自己的明示。而根据《仲裁法》的规定，对仲裁条款的约定既不能以口头方式，也不能以行为方式成就。要式合同的修订、变更，同样也要以书面形式为载体，与订立时相同。而自始至终，合资企业从未有变争议解决方式仲裁为诉讼的意思。所以，不能以 B 公司的单方否定仲裁条款的效力以及对法律的扭曲解释剥夺合资企业依据合资合同以及蒸汽供应合同所享有的重要权利，否则，将是对民法诚实信用这一基本原则和法律尊严的严重践踏。

5. 关于该点管辖异议 B 公司提供的证据及材料

关于该点异议，B 公司提交了几份证据，为欠款纠纷案之"起诉状，受理案件通知书，开庭传票送达回证，授权委托书、调解书及送达回证、诉讼费用结算单据"，和三份材料：《起诉后又撤诉对仲裁条款效力的影响》《仲裁协议民事案件的审理》《论有仲裁协议案件的诉讼管辖——从一则案例说起》。

对于 B 公司的上述证据、材料，代理律师认为全都不具有相关性和客观真实性，与本案毫无关联，仲裁过程中不应采信和参考。理由如下：

（1）针对欠款纠纷案诉讼文书的证据

B 公司妄图证明合资企业已经通过诉讼明确放弃合同项下的仲裁协议，纯系 B 公司主观臆断，论点论据相当荒谬。如上文已经翔实阐述了欠款纠纷案产生以及调解书形成的经过，充分说明该案并未进行实质性的审理，不符合正常的诉讼程序，纠纷早已解决，调解书纯系后补的产物。该所谓的诉讼因其程序的违规、实质的欠缺不具备引用相关法律的资格。且证据本身不能反映事情的真实状况，不具有客观真实性。同时该项证据无法得出因欠款案的诉讼放弃蒸汽供应案仲裁的结论，两个案件法律关系及法律事实完全不同。因此，该证据不具有客观真实性和相关性，也不能证明 B 公司的证明内容。

（2）针对三份参考材料：均没有参考价值。第一，第一篇也是 B 公司开庭提异议时提交并主要引用（B 公司在其管辖异议中大量参考了该文的原话）的资料——《起诉后又撤诉对仲裁条款效力的影响》。该材料所评述的内容是原告起诉后又撤诉、同一人再申请仲裁的情况，与本案情况完全不相关，基于一个不同情况的评述，该材料不具有和本案的相关性。其次，该文对《仲裁法》第二十六条的理解系作者个人的主观理解，并非权威解释，更不能代表法律和司法实践的通行做法，不具有参考价值。第二，周光国的《论有仲裁协议案件的诉讼管辖——从一则案例说起》，另一篇是没有注明作者的《仲裁协议民事案件的审理》，实际上这两篇"法律文章"，其核心内容都是探讨双方当事人的合同中订有仲裁条款，因一方当事人起诉后，法院该不该受理及其受理的合理性。首先，这两篇学术文章对现行法律规定提出质疑，不是通说，对裁判案件不具参考价值，不具备"有法可依"原则。其次，《最高人民法院关于适用〈仲裁法〉若干问题的解释》于 2006 年 9 月 8 日起施行后，这一司法解释的第七、第十、第十二、第十三、第十四条等，对该两篇文章中所涉问题依仲裁法的规定做出适用规定，已属有法可依。最高人民法院的两位副院长沈德咏、万鄂湘主编的，最高人民法院研究室、民事审判第四庭编著的《最高人民法院仲裁法司法解释的理解和适用》一书中援引了〔英〕施米托夫的《国际贸易法文选》，其中有一段精辟的论述："在仲裁条款的起草中，完善只是一个相对的概念。为此，重要的是所有对仲裁条款进行解释的有关人员，特别是法官，应该牢牢记住，仲裁条款是合同中的一个特殊种类的条款，首先应该考虑的总是实施当事人关于通过仲裁解决他们之间争议的意图。在解释仲裁条款时，这的确是一条重要的规则。对该规则的唯一限制只能是基于公共政策的要求。"

（二）本案条款是否设有前置条款的问题

B 公司提出的另一个管辖异议理由在于仲裁条款设有十五天协商的先决条件，因先决条件不成立所以不能提起仲裁。该种说法非常荒谬，理由如下：

1. 本案《蒸汽供应合同》的仲裁条款没有先决条件

我国著名的民法学家梁慧星在其《民法学解释学》一书中指出："文义解释，又称语义解释，指按照法律条文用语之文意及通常使用方式，以阐释法律之意义内容。"进而，梁慧星指出："法律解释必先由文义解释入手，且所作解释不能超过可能的文义。否则即超越法律解释之范围。解释法律，应尊重法条文义，始能维护法律的尊严及其安定性价值。"《中华人民共和国合同法》第一百二十五条规定："当事人对合同条款的理解有争议的，应当按照合同所使用的词句、合同的有关条款、合同的目的、交易习惯以及诚实信用原则，确定该条款的真实意思。"这是我国《合同法》对合同条款解释的规定，其立法的文法根据就在此，同时也是立法的法理根据。

本案《蒸汽供应合同》中的仲裁条款第八条的原文是："双方之间因本合同引起的或与本合同有关的任何争议，包括关于合同成立、效力或终止方面的问题或关于本合同项下双方权利或义务方面的问题，如果未能在一方向另一方发出书面通知告知发生争议之日十五天内友好协商解决，则该等争议应仅能并最终提交中国国际经济贸易仲裁委员会根据其仲裁规则通过仲裁解决。"这一仲裁条款无论从内容上还是文法上，都不能"理解"或"解释"为：合资企业为解决合同项下的争议提起仲裁前，必须事先"告知"B公司，必须进行十五天的"友好协商"，否则就不能申请仲裁，而且仲裁委员会也不能受理本案。通过完整地、而不是片面地解读该仲裁条款，合理的结论只能是：双方就履行蒸汽供应合同事宜，只要是合同项下的纠纷，无论如何，即使是"如果未能在一方向另一方发出书面通知告知发生争议之日十五天内友好协商解决"，也只能是而且必须是："则该等争议应仅能并最终提交中国国际经济贸易仲裁委员会根据其仲裁规则通过仲裁解决。"因此，对本案合同中的仲裁条款效力的理解，就必须从双方订立合同时，一致约定通过贵会按仲裁程序解决的共同意思表示来理解和执行。显然，双方订立的仲裁条款不但没有为仲裁设立先决条件，而恰恰是不受该仲裁条款中出现"告知"及"十五天内友好协商解决"的内容的制约和影响。这一约定和我国《合同法》第一百二十八条的规定之精神完全相符，即："当事人可以通过和解或者调解解决合同争议。当事人不愿意和解、调解或者和解、调解不成的，可以根据仲裁协议向仲裁机构申请仲裁。"

本案《蒸汽供应合同》在订立时考虑到我国法律中有关调解的内容和精神，且不属法定的前置条件，仅是鼓励和提倡的做法，故在双方当事人一致同意后，写上了"如果未能…则应"的内容。这明示了双方如果未能相互告知和友好协商，且仅为15天，决不能妨碍仲裁申请。"相互告知和友好协商"，这一内容仅仅是给双方提供了一个解决纠纷的选择方法罢了，绝不是双方合意设定的先决条件，绝没有丝毫"未经告知及友好协商，则不得、不能申请仲裁"的意思。

我国《合同法》第一百二十五条规定，对合同的解释，重要的方法是"按照合同所使用的词句"解释。从中文的语法构成上讲，"如果未能……则应"这句式为让步复句，前半部分为偏句，是假设，即"如果未能在一方向另一方发出书面通知告知发生争议之日十五天内友好协商解决"；后半部分为正句，表明真正的意思，即"则该等争议应仅能并最终提交中国国际经济贸易仲裁委员会根据其仲裁规则通过仲裁解决"。B公司将偏句假设的"如果未能……"称为"明确规定了提起仲裁的先决条件"，却对正句的真实意思，即"则应……仲裁解决"，弃之不顾，显然是混淆视听，以达到规避仲裁，逃避违约责任的目的。

2. 本案的争议产生源于B公司停止供汽的违约行为，合资企业已就停止违约恢复供汽问题多次与B公司协商。

作为生产依赖于蒸汽供应的企业，在断汽后，合资企业不可能不就恢复供汽问题与B公司进行协商，如果协商就能解决的问题合资企业为何弃简就繁，提起仲裁？这是任何一个具有正常逻辑思维的人都能明白的道理。

事实上，自B公司违约停止供汽后，合资企业一直不断地与B公司进行协商，合资企业提交的证据——双方的往来函件，已充分地说明了合资企业曾多次要求B公司停止违约，恢复供汽。而B公司却屡次提出更改争议解决条款或是更改付款条件签订补充协议等无理要求，使得双方无法就争议达成一致。以上过程本即是一种协商过程。从双方回文的时间看，早已远远超过仲裁条款中15天时间的约定。并且，在与B公司直接沟通无法解决争议的情况下，合资企业主动多次要求当地或上级党政机关介入调解，也就是说，考虑到B公司在当地的特殊影响力和控制蒸汽、掌握合资企业命脉等实际情况，合资企业从未放弃可以"友好协商"的机会，并积极主动地多层面地去创造"友好协商"的机会，但最终还是因B公司的原因无法协商解决。

3. 关于该点管辖异议B公司提交的证据及材料

关于该点异议，B公司没有提供任何证据，仅提供参考资料"（2011）中国贸仲京字第000008号裁决书"一份，及附证据说明一份表示："最高人民法院就成都市中级人民法院请求对××××商会仲裁院做出的关于A公司诉B公司合资纠纷争议案仲裁裁决不予承认的回复意见，是最高院司法解释性的法律文件，在本案中，也应当是仲裁庭必须遵循的法律依据，不属于证据范围，无须当事人举证，更不受证据规则及举证期限限制。"

对于B公司的上述证据、材料，代理律师认为全都不具有相关性，对于本案毫无价值。理由如下：

（1）针对证据（2011）中国贸仲京字第000008号裁决书

该份证据清楚地表明案件当事方对仲裁条款的约定是"如在28天后买方和卖方仍不能通过相互协商解决争端或分歧，卖方或供应方可通知对方其准备开始运行仲裁的意向，除非做出了这样的通知，不得就争端的问题开始仲裁"，即该案采购合同中的仲裁条款明确约定了先决条件，使用了"除非……通知，不得……仲裁"的文字表述方式，与本案的假定复句表述完全不同。该证据不具有相关性，没有证明力。

（2）针对B公司的"说明"

在最高人民法院的《关于适用〈民事诉讼法〉若干问题的意见》的司法解释第七十五条规定"下列事实，当事人无须举证"，列出的事实有5项，而不是规定对援引法律规范无须举证。当事人援引法律规范和司法解释时，都必须说明或提交具体的法律文件，以证明法律依据存在、有效和适用恰当。这在我国刑事、民事、行政三大诉讼中都如此。法律规定的是援引的法律、法规及司法解释本身不需要证明，因为是公知领域的内容。B公司对此举证不能，应承担不利的后果。

而关于×××××商会仲裁院裁决的A公司与B公司合资纠纷案件。经代理人查阅有关书籍，该案中的双方的合资合同中明确约定了"必须先行进行90天的协商"内容，属先决条件。而本案仲裁条款没有先决条件。这两起案件根本不具关联性，即便存在高院对该案仲裁裁决不予承认的回复意见，对本案也无参考价值。

三、仲裁委员会的认定及裁决结果

仲裁委员会认为本案管辖权问题的焦点在于，在已存在仲裁协议的前提下，一方当事人将合同特定部分争议提交法院进行诉讼后，另一方当事人未在法院首次开庭前根据《仲裁法》第二十六条对法院的管辖权提出异议，是否构成该另一方当事人放弃就同一合同的其他争议再次提请仲裁的权利。

就本案管辖权问题的焦点，仲裁委员会认为，《仲裁法》第二十六条提及的"放弃仲裁协议"应理解为针对个案的部分放弃，而不应理解为不可分割的全部放弃，主要从以下三个方面可以说明。

第一，法律规定的放弃仲裁协议，只是针对已经发生、已由法院受理并正在处理的争议。《仲裁法》第二十六条规定："当事人达成仲裁协议，一方向人民法院起诉未声明有仲裁协议，人民法院受理后，另一方在首次开庭前提交仲裁协议的，人民法院应当驳回起诉，但仲裁协议无效的除外；另一方在首次开庭前未对人民法院受理该案提出异议的，视为放弃仲裁协议，人民法院应当继续审理。"从上述规定可以看出，虽然规定"如果在开庭前未提出异议"的行为被视为"放弃仲裁协议"，但放弃"仲裁协议"的结果仅为"人民法院继续审理"。而人民法院可以继续审理的案件当然为"人民法院受理后"的案件。对于"人民法院未受理的案件"，不存在"人民法院继续审理"的问题。最高人民法院关于适用《中华人民共和国〈民事诉讼法〉若干问题的意见》第一百四十八条规定："当事人一方向人民法院起诉时未声明有仲裁协议，人民法院受理后，对方当事人又应诉答辩的，视为该人民法院有管辖权。"解释的同样是有关案件"受理后"因何可以继续审理该案的问题。因此，上述规定均不能推定为人民法院对所有"尚未受理的案件"都以当事人也已放弃仲裁管辖为由可以受理并继续审理，进而推导出合同一方只要接受过诉讼，即全部放弃仲裁权利的结论。

第二，法律规定的放弃仲裁协议，只能针对已经发生、已由法院受理并正在处理的争议。这一结论也可以从诉讼过程中所放弃权利的类型来进行解释。从法理上讲在一方提起诉讼后，另一方享有以仲裁协议为基础的抗辩权，但是，抗辩权的行使应仅使用于已经发生的诉讼，而不应该及于尚未发生的诉讼及对抗，这应是不证自明的问题。因此，《仲裁法》第二十六条中提到的"仲裁协议"应理解为仅针对人民法院已经受理的案件的规定。虽在已经进入诉讼的个案中视为放弃仲裁协议，但没有理由理解为全部放弃。

第三，仲裁协议内容的多样性决定了放弃一种争议的抗辩权并不能推广为放弃所有种类争议的抗辩权。根据本案合同第八条约定，双方所约定的仲裁协议应适用于"因本合同引起的或与本合同有关的任何争议"。从上述规定中的"任何争议"字面理解，说明争议分为多种类型，比如合资合同争议、合同效益争议、出资义务争议等等，对一种争议放弃诉讼中的管辖抗辩权，只应该及于该争议的诉权，而不应该及于整个合同的其他类型争议，对于尚未发生的更不可能涉及。在此方面，用相反的例证加以推导，更可以证明这种抗辩权只能针对已经发生的争议。如假定双方无仲裁协议，一方提起仲裁，另一方未提出无仲裁条款的异议，仲裁获得了该案的管辖权，但双方如再次发生争议，不可能因为在前案中获得了仲裁管辖权，就自然获得了其他争议的仲裁管辖权。因此，该反证完全可以补充说明抗辩权仅为已经发生和正在处理的争议，而不能推广为对所有其他未发生的争议也同样有效力。

因此，在合资企业通过参加诉讼程序放弃个案的仲裁权利时，其放弃的效力不应当无条件及于"因本合同引起的或与本合同有关的任何争议"，而应当仅限于个案，产生"人民法院立案后"的案件由"人民法院继续审理"的效力。

第四，如果认定一方当事人将合同争议提交法院进行诉讼后，另一方当事人未在法院首次开庭前依据《仲裁法》第二十六条对法院的管辖提出异议，构成该另一方当事人放弃就同一合同的其他争议再次提请仲裁的权利，则会从根本上动摇仲裁法律制度。从法律制度的角度考虑，如果法律允许当事人通过小额诉讼诱导对方放弃已经明确的仲裁解决方式的约定，进而对同一合同下的所有其他争议均无法使用约定的仲裁方式解决纠纷，将可能造成对仲裁制度的根本性冲击。导致仲裁制度的根本性失灵。

基于以上原因，仲裁委员会认为，依据《仲裁法》第二十六条的规定，合资企业已经放弃仲裁协议的效力应该仅限于当时人民法院已经受理的案件。对合资企业与B公司之间并非法院已受理的案件，不能认为合资企业已经放弃全部的仲裁权利。

综上，由于本案争议与此前法院解决的争议属于合同项下的不同部分的争议，合资企业在法院放弃某一部分争议的仲裁管辖，不构成对合同项下争议仲裁管辖的全部放弃，因此，仲裁委员会对本案争议具有管辖权。

此外，仲裁委员会亦同意合资企业对本案合同第八条的理解。合资企业表示曾多次要求B公司恢复供汽，并提供双方的往来通信作为证据，诉讼案件的笔录也显示双方谈及供汽问题。虽然B公司对合资企业提供的部分证据有异议，但综合考虑所有因素，仲裁委员会相信往来通信和诉讼案件笔录的真实性，而这些文件清楚地表明在提交本次仲裁远超 15 天之前，合资企业曾多次书面要求 B 公司恢复供汽，双方有过协商。因此仲裁委员会相信即使合同第八条存在提出仲裁的前提条件，合资企业也已经满足该条件。

四、案例启示

（一）对于仲裁前置条款的认定

在企业间的合作中，尤其是中外企业合作中，在约定有争议提起仲裁时，通常会约定先行协商，甚至约定具体的协商天数。这种约定的本意在于促进友好协商解决问题，但在实践中，往往会出现违约方为了拖延诉讼或增加守约方诉累，对该条款进行曲解，提出协商是仲裁的必经前置程序，以双方未协商或未协商满足一定期限为由对仲裁提起管辖异议。

对此，我们认为，是否构成对仲裁设定前置条件，要结合文义解释方法，从条款内容及文法上仔细理解合同条文，探寻该条款设定时的原意。只有在争议解决条款明确做出否定性或限制性约定，如载明"双方不进行协商，就不能提起仲裁""必须在提起仲裁前进行 30 天协商"等情况下，才可以做出协商是前置程序的理解，否则就是一种不合理的推定。

对此，中国贸仲在本案的裁决中也认可了上述观点，认为不应将合同中双方协商解决的约定，推定为是一方提起仲裁必备的前置条件。

（二）对仲裁条款因诉讼而失效的理解，尤其是属于合同项下的不同部分的争议，当事人在法院放弃某一部分争议的仲裁管辖，是否构成对合同项下争议仲裁管辖的全部放弃

诉讼和仲裁作为解决民事纠纷的机制，各有优势。就诉讼而言，具有受案范围广、监督机制多、执行能力强等优点，就仲裁而言，具有高效灵活、专业程度高、保密性强等优点。二者既交相并存、相互辅佐，又存在一定的竞争关系。选择适用恰当的解决机制，是当事方必须要考虑的因素。实践中，出于对时间、专业性及地方保护主义的顾虑，很多当事人愿意选择第三方仲裁机构来解决争议，这一点尤其在中外合作中变现得更为明显。大部分中外合作项目，外方都倾向于选择第三方的较大的仲裁机构仲裁解决为管辖方式，而中方企业因具有天然的地域优势往往倾向于通过当地司法途径解决。管辖方式成为兵家必争之地。

而现行的法律对仲裁与诉讼范围内发生冲突情况下的适用规定很有限，主要是《仲裁法》第 26 条和最高人民法院关于适用《中华人民共和国〈民事诉讼法〉若干问题的意见》第 148 条。《仲裁法》第 26 条规定："当事人达成仲裁协议，一方向人民法院起诉未声明有仲裁协议，人民法院受理后，另一方在首次开庭前提交仲裁协议的，人民法院应当驳回起诉，但仲裁协议无效的除外；另一方在首次开庭前未对人民法院受理该案

提出异议的，视为放弃仲裁协议，人民法院应当继续审理。"最高人民法院关于适用《中华人民共和国〈民事诉讼法〉若干问题的意见》第 148 条规定："当事人一方向人民法院起诉时未声明有仲裁协议，人民法院受理后，对方当事人又应诉答辩的，视为该人民法院有管辖权。"但是该两条文只是解决了在规定情况下，法院继续有管辖权的问题，并没有解决在特定情况下仲裁条款的效力问题，仲裁机构有没有审理权限的问题，亦没有明确"视为放弃仲裁协议"的具体适用范围和程度。由此导致现实中很多当事人理解为即使有仲裁协议，但只要去诉讼并且首次开庭前对方未提异议的，仲裁条款就会无效；也有当事方故意利用规则漏洞，通过制造小额诉讼诱导对方放弃已经明确的仲裁解决方式的约定，进而对同一合同下的所有其他争议均无法使用约定的仲裁方式解决纠纷，从而实质改变了大合作的管辖条件达到更易实现自己意图的目的。

对于实践中这类情形，贸仲认为："《仲裁法》第二十六条提及的'放弃仲裁协议'应理解为针对个案的部分放弃，而不应理解为不可分割的全部放弃。首先从法律条文的理解角度考虑，放弃仲裁协议应仅针对已发生、已由法院受理并正在处理的争议。第二从法律上分析，从仲裁协议产生的抗辩权适用角度考虑，仅应适用于已发生的诉讼。第三从仲裁协议内容多样性考虑，放弃一种争议的抗辩权并不能推广为放弃所有种类争议的抗辩权，最后从仲裁制度稳定性角度考虑，若导致全盘放弃的结果将可能导致对仲裁制度的根本性冲击，导致仲裁制度的根本性失灵。"

我们认为本案中国国际经济贸易仲裁委员会的裁定及论证给出了一个高水平的、和相对完整合理的解释，对以后的仲裁实践以及有关法律的完善都具有非常重要的指导意义和参考价值。

承办律师：张巧良　邓　莉

撰稿人：邓　莉

田庄煤矿与山推股份侵权纠纷案

关键词： 采矿权　资源压覆　侵权

相关法律法规：《煤炭法》《矿产资源法》《矿产资源法实施细则》《关于规范建设项目压覆矿产资源审批工作的通知》《国土资源部关于进一步做好建设项目压覆重要矿产资源审批管理工作的通知》《城乡规划法》《建筑工程施工许可管理办法》《山东省实施建筑工程施工许可证管理办法细则》

一、基本案情

2003 年 8 月 26 日，临矿集团下属田庄煤矿（以下简称"田庄煤矿"）与山东省国土资源厅签订《采矿权出让合同》，依法取得兖州煤田新集井田的采矿权。2004 年 1 月 14 日，田庄煤矿将矿井开采范围在《济宁日报》进行公告。

2004 年 3 月 8 日，济宁高新区管委会引进山东德源纱厂紧密纺项目，该项目建设需压覆田庄煤矿新集井田煤炭资源。2004 年 2 月，济宁市高新区管委会与田庄煤矿协商，田庄煤矿同意紧密纺项目在新集井田西部建设，压覆田庄煤矿煤炭资源 720 万吨，济宁高新区管委会向田庄煤矿补偿 814.4 万元，双方同意就此内容签订补偿协议。基于此，2004 年 3 月 8 日，田庄煤矿向济宁市国土资源局出具了《关于同意济宁高新区紧密纺项目压覆我矿新集井田部分煤炭资源的函》。田庄煤矿出具该函件后，济宁高新区管委会未能与田庄煤矿签订补偿协议，田庄煤矿一直催促济宁高新区管委会与田庄煤矿签订相关补偿协议，但济宁高新区管委会一直未与田庄煤矿签订协议，也未支付补偿款。此后，田庄煤矿多次发函催促济宁市国土资源局、济宁高新区管委会、王因镇政府等单位，要求济宁高新区管委会签订煤炭资源压覆补偿协议，并表明如不签订补偿协议，田庄煤矿将在依法取得的矿区范围内进行开采活动。

2006 年起至本次事故发生，田庄煤矿开始在该案涉范围地下 5602 工作面进行矿井设计、煤炭开采活动，先后投入 7 亿余元。

2008 年，山推工程机械有限公司、山推道路机械有限公司（该两公司以下统称

"山推公司"）未经田庄煤矿同意，在原紧密纺项目用地上建设重工科技园。

2008年9月19日，田庄煤矿致函山推公司、济宁市国土资源局和济宁高新区管委会，告知山推公司应当停止厂房建设，同田庄煤矿达成协议后方可动工建设，否则因煤炭资源开采造成的厂房塌陷及一切后果与田庄煤矿无关。2008年10月30日，田庄煤矿再次致函济宁市国土资源局，告知煤炭开采马上进入山推公司项目占地范围，请求济宁国土资源局协助矿方处理此事。2008年11月21日，临矿集团致函济宁市人民政府，告知临矿集团从未同意山推重工科技园建设项目压覆煤炭资源，再次请求停止项目建设，否则因采矿造成的一切损失，临矿集团及田庄煤矿不承担任何责任。但济宁市人民政府及其国土部门未予处理。

2008年10月7日，济宁高新区管委会向田庄煤矿复函，称根据田庄煤矿《关于同意济宁高新区紧密纺项目压覆我矿新集井田部分煤炭资源的函》，济宁市国土资源局依法办理了土地利用规划的调整及土地的征收，并由市政府办理了项目工地手续。在此范围内，如田庄煤矿违背承诺进行煤炭开采，引起其上用地单位厂房的倒塌及其他一切后果，该委不承担任何责任。

2012年3月25日，山推公司车间地面塌陷、墙体出现裂缝，田庄煤矿停止第五采区开采作业。事故发生后，济宁市政府组织相关专家对事故进行鉴定，出具了《山推股份部分厂房斑裂情况技术鉴定意见》，结论为：1. 田庄煤矿开采是造成厂房裂缝的主要原因；2. 厂房设计未考虑采动变形影响，按常规进行厂房设计，没有采取抗采动影响技术措施，是造成厂房局部裂缝显著的另一因素。

田庄煤矿与山推公司就塌陷事故责任、赔偿等问题，在济宁高新区管委会的主持下进行了长达一年多的调解，未达成一致。2012年6月，田庄煤矿暂时借支山推公司2000万元用于恢复生产，此后该事情未能得到妥善解决。

2013年9月25日，山推公司向省高院提起诉讼，要求田庄煤矿赔偿其土地重置、厂房损坏、设备损坏等各项损失共计32453万元。

针对山推公司提起的诉讼，田庄煤矿提起反诉，要求人民法院判令山推公司赔偿压覆煤炭资源的价值损失、设备损毁损失、停产损失、撤面人工费用损失、抢险排水损失34481.47万元。

案件经山东省高级人民法院一审后，田庄煤矿不服一审判决，上诉至最高人民法院。最高人民法院经审理撤销一审判决，将案件发回山东省高级人民法院重审。目前，案件在山东省高级人民法院重审过程中，法院裁定准许山推公司追加济宁高新区管委会作为第三人参加诉讼。

二、我所律师在接受田庄煤矿的委托后，对案件进行了详细论证，提出如下代理意见

（一）山推公司对田庄煤矿成立在先的煤炭资源合法开采权不容侵犯，其并不享有压覆田庄煤矿资源进行施工建设的权利。

1. 田庄煤矿依法于 2003 年取得了包括 5602 工作面在内的煤炭资源采矿权，并办理了煤炭生产许可证和安全生产许可证等，享有在 5602 工作面开采煤炭资源的合法权利。

田庄煤矿成立于 1997 年 3 月 26 日，依法办理了煤炭生产许可证和安全生产许可证等，是合法的煤炭资源开采和销售企业。2003 年 8 月 26 日，田庄煤矿同山东省国土资源厅签订了编号为鲁国土资〔2003〕第一号的《山东省兖州煤田新集井田采矿权出让合同》。该协议签订后，田庄煤矿向山东省国土资源厅办理了采矿登记手续，领取采矿许可证；2004 年 1 月 14 日，田庄煤矿将矿井开采范围在《济宁日报》进行公告。直至今日，涉案矿区范围仍在田庄煤矿采矿权属证书范围之内，从未缩减变更。

2. 山推公司未按照法律的相关规定办理煤炭资源压覆手续，在开工建设时，未取得建设用地、建设工程规划等审批手续，不享有在 5602 工作面矿区地面进行施工建设的合法权利。

（1）山推公司未按照相关法律规定经山东省国土资源厅办理压覆的审批手续，未依法同田庄煤矿签署关于同意压覆煤炭资源的协议，未支付田庄煤矿任何压覆资源补偿费用，无权压覆田庄煤矿的煤炭资源。

根据我国《矿产资源法》第三十三条、《煤炭法》第五十四条等规定，煤炭资源压覆的合法程序是由省级以上国土资源行政主管部门审批并由建设单位与采矿权人签订补偿协议并报批准压覆的部门备案。

本案中，田庄煤矿虽于 2004 年 3 月 8 日出具了《关于同意济宁市高新区紧密纺项目压覆我矿新集井田部分煤炭资源的函》，但建设单位德源纱厂没有依照相关法律法规规定向山东省国土资源厅办理资源压覆审批手续，虽经田庄煤矿多次发函催促，亦未同田庄煤矿签署任何补偿协议，未支付任何补偿费用。在函中，田庄煤矿表明如不签订压覆补偿协议，田庄煤矿将在依法取得的矿区范围内进行开采活动，实际上表明了如不签订补偿协议并支付补偿款，田庄煤矿出具的《关于同意济宁市高新区紧密纺项目压覆我矿新集井田部分煤炭资源的函》不发生法律效力。

田庄煤矿出具的《关于同意济宁市高新区紧密纺项目压覆我矿新集井田部分煤炭资源的函》，实质上是附有条件的，须田庄煤矿和德源纱厂签订压覆协议并支付补偿款这两个条件达成后，田庄煤矿出具的该函方能生效。而经过田庄煤矿多次催促，德源纱厂没有同田庄煤矿签订压覆协议，没有支付任何补偿款。因此，该函生效的两个条件没有实现，该函不具有法律效力，应视为田庄煤矿没有同意其对煤炭资源的压覆。退一步讲，即使该函附有的条件生效，该函具有法律效力，但该函是在 2004 年针对德源纱厂压覆做出的答复，并非针对山推公司做出的答复。山推公司作为独立法人，与德源纱厂并非同一主体，如需要合法压覆煤炭资源，必须经过相关部门审批且必须同田庄煤矿达成书面协议并进行补偿。

需要特别强调的是在该函的生效条件无法达成后，田庄煤矿于 2006 年开始设计、开采，为开采煤炭资源先后投入了 7 亿余元。如山推公司压覆田庄煤矿的煤炭资源，根据《国土资源部关于进一步做好建设项目压覆重要矿产资源审批管理工作的通知》，山推公司应与田庄煤矿签订协议，包括田庄煤矿同意放弃被压覆矿区范围及相关补偿内容，补偿的范围原则上应包括：1. 矿业权人被压覆资源储量在当前市场条件下所应缴的价款；2. 所压覆的矿产资源分担的勘查投资、已建的开采设施投入和搬迁相应设施等直接损失。

因此，山推公司除对压覆田庄煤矿的煤炭资源做出补偿外，还应对田庄煤矿的投入和设施搬迁做出补偿，而事实上，山推公司享受非法压覆田庄煤矿的煤炭资源得到的利益时，并未对田庄煤矿进行任何补偿，严重侵害了田庄煤矿的权益。

（2）山推公司在开工建设时，未取得《建设用地规划许可证》《国有土地使用权证》《建设工程规划许可证》和《建设工程施工许可证》，违反了我国《城乡规划法》《建筑法》《建筑工程施工许可管理办法》及《山东省实施建筑工程施工许可证管理办法细则》的相关规定，其未批先建的建设施工行为系违法行为。

本案中，山推公司在 2008 年开始进行施工建设。山推公司在起诉状中称：其于 2010 年至 2011 年底进行施工，于 2011 年 7 月 7 日同济宁国土资源局签订《国有土地使用权出让合同》，2011 年 12 月 2 日取得《国有土地使用权证》，补办了《建设工程规划许可证》和《建设工程施工许可证》。即使依据山推公司诉讼状中所陈述的内容来看，山推公司在 2010 年 10 月 30 日重工金属成型第二工厂开工建设和 2011 年 2 月 27 日道路机械联合厂房开工建设时，均未能取得上述四个证书，直至其上述建设施工全部竣工并投入使用后，在 2011 年 12 月 2 日方才取得了《建设工程规划许可证》，在竣工后补办了《国有土地使用权证》和《建设工程施工许可证》，且从山推公司的起诉状和提交的证据来看，山推公司一直未办理《建设用地规划许可证》，山推公司存在未批先建的重大违法行为。

虽然 2010 年 10 月济宁高新技术开发区管委会向山推公司发放了《建设项目绿色通道单》，允许山推公司进行开工建设。但是，一方面，该通道单在山推公司无任何报建手续的情况下，允许山推公司开工建设违反了我国《城乡规划法》《建筑法》《建筑工程施工许可管理办法》和《山东省实施建筑工程施工许可证管理办法细则》的相关规定，该通道单不具有任何法律效力，山推公司不应依据该通道单开工建设；另一方面，在该通道单中亦明确要求山推公司必须在3个月内办理完毕建设的全部报建手续，即山推公司至迟应当在2011年1月之前取得全部报建手续。山推公司在通道单规定的期限内没有取得报建手续，即使已经开工建设亦应当立即停止继续建设，接受相应的处罚待取得全部报建手续后方可继续施工建设。遗憾的是，山推公司在无任何报建手续的情况下，依然擅自继续施工建设，导致事故的发生。

3. 山推公司在田庄煤矿5602工作面地面的非法建设施工行为侵害了田庄煤矿行使在先的合法采矿权。

前已述，田庄煤矿于2003年取得采矿权。田庄煤矿对5602工作面在2006年6月进行设计，于2007年1月开始掘进施工，至2011年10月7日停止回采，搬至外段进行生产至2012年3月25日停止作业。由此可以看出，田庄煤矿对5602工作面的设计时间和掘进施工时间远早于山推公司的重工金属成型第二工厂和道路机械联合厂房施工建设的开工时间，田庄煤矿在5602工作面的采煤作业时间和停止回采时间也早于山推公司上述厂房的竣工、投入使用时间和取得《建设工程规划许可证》《国有土地使用权证》和《建设工程施工许可证》的时间。即田庄煤矿开采在先，山推公司建设施工在后，即使田庄煤矿已经全部停止了该工作面的回采时，山推公司仍然在继续施工建设，且在田庄煤矿整个开采期间，山推公司未取得任何报建手续，其没有进行建设施工的合法权利。

权利总是与义务相辅相成，没有无权利的义务，也没有无义务的权利，山推公司在未按照法律规定办理审批手续、进行补偿、取得相应施工建设手续的情况下，不享有在田庄煤矿合法采矿区地面施工建设的合法权利。其擅自在田庄煤矿的合法采矿区地面施工建设的违法行为，是对田庄煤矿合法权益的侵害，也是对法律的肆意践踏。

4. 即便山推公司后期补办了项目建设相关审批手续，但其仍违反了对田庄煤矿成立在先的合法权益的注意义务。

根据《物权法》第一百三十六条规定，建设用地使用权可以在土地的地表、地上或者地下分别设立。新设立的建设用地使用权，不得损害已设立的用益物权。因此，即便山推公司后期补办项目建设审批手续，但其未尽到注意义务。

（二）依据《侵权责任法》的相关规定，山推公司具有主观上的过错。

1. 山推公司在田庄煤矿合法采矿区地面建设施工，在田庄煤矿要求山推公司停工并指出继续建设的严重后果后，山推公司仍未停止违法建设行为，放任了危害结果的发生。

2007年，济宁宝利来碳纤维有限公司在田庄煤矿的矿区地面进行建设，田庄煤矿立即函告济宁市国土资源局、济宁高新区管委会、王因镇政府及济宁宝利来碳纤维有限公司，不得压覆田庄煤矿的矿产资源，济宁宝利来碳纤维有限公司遂停止了建设。2008年，田庄煤矿函告山推公司，告知其工程建设压覆了田庄煤矿的矿产资源，要求其立即停止施工，并明确指出，其违法施工将造成田庄煤矿煤炭资源无法继续开采和矿区地面无法承受建筑物重量，可能出现地面下陷危险的严重后果。遗憾的是，山推公司不听劝阻，对此置之不理，在明知田庄煤矿正在进行地下煤炭资源开采的情况下，仍然在开采矿区的地面进行违章建筑的建设，一意孤行，放任了危害结果的发生。

2. 山推公司建设的厂房在设计上存在缺陷是导致其建设的厂房发生损坏的重要原因。

山推公司明知建设用地在矿区范围，且是田庄煤矿正在开采的矿区范围，山推公司的建设在地质勘探时未提及地下煤层开采情况，厂房设计未考虑采动变形影响，仍按照常规进行厂房设计，导致其厂房出现损害结果。

综上所述，山推公司非法施工在前，不听劝阻在后，且设计未采取抗采动措施，正是其重大的主观过错最终导致了厂房受损的后果。《侵权责任法》第二十七条："损害是因受害人故意造成的，行为人不承担责任。"

因此，山推公司应对因自己过错造成的损害结果承担责任。

（三）第三人济宁高新区管委会在本案中存在重大过错，但第三人之过错不影响山推公司的过错认定及责任承担。

由于第三人不尊重田庄煤矿享有的合法的采矿权利，不遵守法律关于煤炭压覆的相关规定，违规操作，给山推公司和田庄煤矿都造成了重大损失。合法权益的取得并非来源于政府的同意或认可，而是需得到法律的确认，是否符合法律的规定才是判断权益合法与否的唯一标准，任何违反法律的利益都不能得到法律的保障。在依法治国方略全面推进的今天，政府的行为更应当纳入法律的框架，政府更应当以上率下模范守法，违法行政行为将会根据责任倒查机制、重大决策终身责任追究制度受到追究。本案第三人违反前述法律规定向山推公司出让土地，违法允许山推公司进行项目建设，最终导致事故发生，产生重大损失。

山推公司作为法人单位，能够独立承担民事责任。其应能够分辨第三人行政行为的过错和违法之处，尤其在2008年9月田庄煤矿告知其建设行为违法之后，其仍不听劝阻，一意孤行。山推公司置法律规定于不顾，置田庄煤矿合法采矿权重大利益于不顾，被非法利益蒙蔽双眼，山推公司应当为自己的行为负责。如山推公司认为第三人的过错或违法之处给其造成了损害，应当向第三人另案主张，该双方的纠纷不能在本案审理。

田庄煤矿享有在5602工作面的合法采矿权，政府的违规行为严重侵害了田庄煤矿的合法权益，山推公司违反法律规定压覆田庄煤矿的煤炭资源，未批先建，具有主观过错，其非法施工建设行为给田庄煤矿造成极大的损害，造成田庄煤矿无法继续开采和煤炭资源浪费的危害后果，构成对田庄煤矿的侵权，田庄煤矿是真正的受害者。本案地面沉降事故发生后，田庄煤矿为处理事故、抢险救灾、撤出工作面投入大量的人力和物力。经评估机构评估，山推公司的侵权行为给田庄煤矿造成的损失高达 3.64 亿元。对上述损失，山推公司应当对田庄煤矿承担全部的赔偿责任。经分析，代理律师认为田庄煤矿该部分损失应当由山推公司承担，遂建议田庄煤矿提起了反诉。

三、一审及二审法院裁判内容

（一）一审判决内容

2015 年 12 月 30 日，山东省高级人民法院做出（2013）鲁民一初字 22 号《民事判决书》，认为：

1. 田庄煤矿侵犯山推公司财产权，应当承担赔偿责任。

田庄煤矿放弃了涉案地块范围内的采矿权。山推公司取得济宁高新区管委会《建设项目绿色通道单》，后补办了《建设工程规划许可证》《建设工程施工许可证》，山推公司的建设行为符合国家法律的规定，山推股份对建设项目拥有开发权益。田庄煤矿本可采取其他合法方式，寻求得到放弃权利的补偿，但其未如此而为，违背诚实信用原则，无视他人合法权益，擅自在他人拥有合法权益的土地范围内开采煤矿，其行为具有违法性，是一种侵权行为。该行为给山推公司造成严重财产损失。正是因为田庄煤矿的非法开采行为，给山推公司造成重大经济损失，田庄煤矿违法侵权行为与山推公司损害之间存在直接的因果关系。田庄煤矿 2004 年 3 月 8 日出具的同意压覆其煤矿资源的函件，并且在 5602 工作面进行开采之前，就已经掌握工作面之上的土地利用情况，知悉山推公司已经合法取得国有土地使用权，并已在该土地上进行项目建设。田庄煤矿应当预见到其开采行为会造成地面土地、建筑物受损，但放任损害结果的发生，其主观上存在过错。据此认为田庄煤矿应当承担财产损害赔偿责任。

2. 田庄煤矿提起反诉与本诉之间无直接联系，不予处理。

山东省高院认为，案件本诉部分与田庄煤矿反诉所主张的煤炭资源被压覆的经济补偿问题，与本诉部分法律关系和法律事实并不相同，既非同一法律关系，也非同一法律事实，两诉之间无直接的联系。因此，对田庄煤矿该部分反诉在本案中不予处理。由于田庄煤矿非法开采行为导致的自身财产损失，应由田庄煤矿自己承担。

一审法院做出判决后，代理律师认为，山东省高院的该份判决存在诸多严重错误，建议田庄煤矿提出了上诉。

（二）二审裁定内容

2015 年 11 月 12 日，最高人民法院做出（2015）民一终字第 112 号《民事裁定书》，裁定撤销原审判决，发回重审。该裁定完全颠覆了山东省高院的判决观点，支持了代理律师的代理意见。具体如下：

1. 关于双方责任的认定问题。田庄煤矿的采矿权成立在先，山推公司的建设用地使用权成立在后。根据《中华人民共和国物权法》第一百三十六条的规定，山推公司对田庄煤矿的在先权利有相应的注意义务。另根据《中华人民共和国矿产资源法》第三十三条、《中华人民共和国煤炭法》第五十四条、《国土资源部关于规范建设项目压覆重要矿产资源审批工作的通知》第五条、《国土资源部关于进一步做好建设项目压覆重要矿产资源审批管理工作的通知》第四条第三项规定，建设单位应当在项目可行性研究阶段提出压覆矿产资源申请，报省级以上国土资源主管部门批准同意后，由建设单位或新的土地使用权人与采矿权人签订补偿协议并报批准压覆的部门备案。采矿权人据此及时到原发证机关办理相应的矿区范围变更手续。山推公司在建设涉案厂房的过程中，有无依法办理压覆矿产资源审批手续并与田庄煤矿协商变更采矿权范围及补偿协议，是否已尽合理注意义务，是否取得土地权属及建设许可，其建设行为是否合法，相关基本事实没有查清。《山推工程机械股份有限公司部分厂房斑裂情况技术鉴定意见》认定，山推公司工程勘察报告未提及地下煤层采掘情况，设计图纸未考虑采动变形影响，而是按常规进行厂房设计，未采取抗采动影响技术措施，是造成厂房局部裂缝显著的另一因素。一审判决关于"如果没有田庄煤矿的开采行为，亦不会出现这样严重的损害后果。因此，房屋建设未采取抗采动措施与损害结果之间没有直接的必然的因果关系"的认定，事实依据不充分。田庄煤矿于2004年3月8日向济宁市国土资源局出具《关于同意济宁市高新区紧密纺项目压覆我矿新集井田部分煤炭资源的函》后，该函所涉紧密纺项目有无进一步推进，该函对山推公司是否具有法律效力，政府对涉案土地进行征收时，是否对地表之下的采矿权一并征收，田庄煤矿有无做出过同意放弃被压覆矿区范围的采矿权的明确意思表示并办理缩减采矿权范围的变更登记，相关基本事实没有查清。一审判决关于"田庄煤矿已放弃了在该地块范围内的煤炭开采权"及其煤炭开采行为具有违法性的认定，事实依据不充分。因此，对双方责任的认定，需要在查清上述事实的基础上，结合一审法院已查明的其他相关事实综合予以认定。

2. 关于田庄煤矿的反诉问题。根据《最高人民法院关于适用〈中华人民共和国民事诉讼法〉的解释》第二百三十三条第二款的规定，反诉与本诉的诉讼请求基于同一法律关系，诉讼请求之间具有因果关系，或者反诉与本诉的诉讼请求基于相同事实的，人民法院应当合并审理。案涉事故既对地表建筑造成了破坏，亦对地下采矿作业造成了损害，山推公司与田庄煤矿向对方主张各自的损失系基于相同事实和法律关系，其各自的诉请旨在抵消、对抗对方的请求，符合法定的反诉构成要件，应当合并审理。尤其在本案诉讼标的较高的情况下，一并处理便于减轻当事人讼累。一审认定田庄煤矿部分反诉请求与本诉之间无直接联系，在本案中不予处理有误，应予纠正。同时，田庄煤矿在一审中就损失申请了司法鉴定，一审法院未予准许，导致相关事实不清。

3. 其他（关于土地重置问题等内容略）。

综上，本院依据《中华人民共和国民事诉讼法》第一百七十条第一款第三项之规定，裁定如下：（一）撤销山东省高级人民法院（2013）鲁民一初字第 22 号民事判决；（二）本案发回山东省高级人民法院重审。

四、案例启示

（一）建设项目压覆重要矿产资源的，项目建设单位应当同矿权人协商，签订补偿协议，支付补偿价款，并办理资源压覆审批手续。

目前，建设项目压覆重要矿产资源问题较为突出，政府为招商引资，不经矿权人同意，不办理资源压覆审批手续径行将矿区范围内地表土地直接出让给项目建设单位，或项目建设单位对矿权人要求其办理资源压覆审批手续不予理会径行建设等现象层出不穷。《煤炭法》《矿产资源法》《矿产资源法实施细则》《国土资源部关于规范建设项目压覆矿产资源审批工作的通知》《国土资源部关于进一步做好建设项目压覆重要矿产资源审批管理工作的通知》等法律法规及部门规章已明确规定，项目建设压覆重要矿产资源的，项目建设单位必须同采矿权人协商，签订补偿协议，支付补偿价款，并向国土部门办理资源压覆审批手续。采矿权人据此及时到原发证机关办理相应的矿区范围变更手续。

矿权人、项目建设单位、政府职能部门对此应当予以重视，依法依规履行相关手续，否则可能出现纠纷，出现重大损失。

（二）新设立的建设用地使用权，不得损害已设立的用益物权。

国家为保障土地资源及地上地下各类资源的充分利用，设立建设用地使用权分层出让制度。该制度是指将国有建设用地使用权，立体分割成多个不同高度且不相重叠的建设用地使用权，再分别进行出让的行为。《物权法》第一百三十六条规定："建设用地使用权可以在土地的地表、地上或者地下分别设立。新设立的建设用地使用权，不得损害已设立的用益物权。"该规定的出台，要求新设建设用地使用权对成立在先的用益物权尽到注意义务。

承办律师：张巧良　张作成

撰稿人：张作成

华能山东里能煤电有限公司
诉曲阜圣城热电有限公司股东资格确认案

关键词： 股东资格　工商登记效力　股权变更时间　股权合法取得

裁判要点、案例核心价值： 股权不是物权，有限公司股东资格的取得，应以出资、股权转让合同等实质要件为依据，综合考虑制定公司章程、参与公司管理、利润分配等因素。工商登记、股东名册等都是公示形式，不是实质依据。股东资格的外在表现与实际情况应当统一，否则不能确认股东资格。当公示的股东与实际的股东不一致时，司法确认是合法高效的救济途径；股权转移的时点应当是股权转让合同生效的那一刻；股权转移纠纷诉讼中，因情况紧急而通过先予执行变更股权，并不违反法律禁止性规定，是合法有效受保护的。

相关法条：《中华人民共和国公司法》第三十三条、第一百七十九条、第一百八十条，《最高人民法院关于适用〈中华人民共和国公司法〉若干问题的规定（三）》第二十三条、第二十四条

简要案情：

2003 年 7 月，山东建邦投资管理有限公司（以下简称建邦投资公司）与济宁惠嘉丰投资有限公司（以下简称惠嘉丰投资）共同出资 4350 万元，成立了曲阜圣城热电有限公司（以下简称曲阜热电），其中建邦投资公司出资 1650 万元，占 37.93%；惠嘉丰投资出资 2700 万元，占 62.07%。2004 年 12 月 24 日，建邦投资公司与山东中能集团有限公司（以下简称中能集团）签订了股权转让协议，约定建邦投资公司将其持有的曲阜热电 37.93% 股权转让给中能集团，转让价格 2475 万元，先支付 1650 万元，余款 825 万元于办理股权过户工商登记时支付。后双方没有办理股权变更工商登记，中能集团也没有支付剩余的 825 万元股权转让款。中能集团以建邦投资公司为被告，曲阜热电为第三人，诉至曲阜市人民法院，请求法院依法确认股权转让行为有效，并由建邦投资公司协助办理股东变更的工商登记。2006 年 12 月 6 日，依中能集团的先予执行申请，曲阜

市人民法院做出（2007）曲民初字第68号民事裁定书，对曲阜热电的股权先予执行，责令曲阜热电修改章程，将中能集团登记为股东。该变更登记2006年12月12日完成，有工商局的查询记录证明。同年12月14日，中能集团经曲阜热电股东会同意，与里能集团签订了股权转让协议，将其持有的曲阜热电37.93%的股权转让给里能集团，里能集团向中能集团支付了股权对价；与此同时，曲阜热电的另一位股东济宁惠嘉丰投资有限公司也将其持有的曲阜热电的62.07%股权转让给里能集团，并办理了股东工商变更登记手续，里能集团成为曲阜热电的唯一股东。2006年12月12日，山东里能集团有限公司（以下简称里能集团）与中国华能集团公司（以下简称华能集团）签订出资协议书及公司章程，约定双方共同出资设立华能山东里能煤电有限公司（以下简称华能煤电）。出资协议约定华能集团以5.5亿货币出资，里能集团以三个公司的股权及部分现金出资。曲阜热电是里能集团用于出资的三个公司之一。后里能集团将其持有的在曲阜热电的股权投资到华能煤电，曲阜热电应将其股东变更为华能煤电，但由于原股东股权争议，一直没有办理变更登记。在这个过程当中，曲阜市工商行政管理局（以下简称曲阜市工商局）将曲阜热电的两次股权转让变更登记档案撤出（具体时间不详），并修改了登记电子档案，致使曲阜热电的股东在工商局的登记档案中仍显示为原始的两个股东，即惠嘉丰投资和建邦投资公司，似乎与里能集团完全无关，致使里能集团无法配合曲阜热电完成股东变更登记。2007年初，中能集团与建邦投资公司的股权转让纠纷案件被移送到济宁市中级人民法院。2008年8月，济宁市中级人民法院判决双方股权转让合同已经解除，双方应重新协商股权转让价格，不支持中能集团办理股东变更登记的诉讼请求。2010年，里能集团向济宁市中级人民法院起诉，要求认定其为曲阜热电的股东，持股62.07%，导致华能煤电的股东资格更加扑朔迷离。为此，经过反复研究，最后决定由华能煤电提起股东资格确认诉讼。华能煤电作为原告，以曲阜热电为被告、里能集团为第三人向山东省高级人民法院提起民事诉讼，请求：（1）确认原告是被告公司的股东，出资额13236.73万元；（2）判令被告进行股东变更登记。建邦投资公司得知该诉讼后，申请以有独立请求权第三人身份加入诉讼并提出诉讼请求，主张中能集团将其由先予执行取得的被告股权转让与里能集团属于无权处分，要求驳回原告的诉讼请求，并确认其享有曲阜热电公司37.93%的股权。

裁判结果：

山东省高级人民法院于2013年12月31日做出〔2013〕鲁商初字第9号民事判决：一、确认原告华能山东里能煤电有限公司是被告曲阜圣城热电有限公司的股东；二、被告曲阜圣城热电有限公司办理股东变更的工商登记；三、驳回原告华能山东里能煤电有限公司其他诉讼请求；四、驳回第三人山东建邦投资管理有限公司的诉讼请求。宣判后，建邦投资公司提起上诉，主张曲阜市人民法院做出〔2007〕曲民初字第68号民事裁定之时，涉案股权已经被济南市历下区人民法院依烟台众合投资管理有限公司（以下简称烟台众合投资公司）在与建邦投资公司的合作协议纠纷中提出的财产保全申请而予以查封，并在后续调解中转让予烟台众合投资公司。且根据依照曲阜市人民法院做出〔2007〕曲民初字第68-2号民事裁定，之前先予执行的裁定已经被撤销。另外，根据《民事诉讼法》的规定，股权不属于先予执行的范围，据此要求二审法院判令：一、依法撤销一审判决，驳回华能煤电的诉讼请求；二、依法确认建邦投资公司依法享有曲阜热电37.93%的股权。中华人民共和国最高人民法院于2014年11月6日做出〔2014〕民二终字第60号民事判决：驳回上诉，维持原判。

裁判理由：

法院生效裁判认为：一、曲阜市人民法院做出的〔2007〕曲民初字第68号民事裁定"曲阜热电修改公司章程和股东名册中有关股东及其出资额的记载，将中能集团的企业名称、住所及受让的出资额记载于股东名册"，依据《中华人民共和国公司法》第三十三条第二款，"记载于股东名册的股东，可以依股东名册主张行使股东权利。"通过执行这一裁定，中能集团取代了建邦投资公司在曲阜热电的股东身份，在该先予执行裁定有效期间，中能集团作为曲阜热电股东，经股东会决议等程序向里能集团转让其持有的曲阜热电股权为合法处分，故里能集团已经取得了曲阜热电的股权。二、2006年12月12日，华能集团与里能集团签署协议，约定里能集团以其持有的包括曲阜热电股权在内的三家公司股权及部分现金出资。该协议书签订后，经过一系列行政审批、验资等出资行为，曲阜热电变更了公司章程，向华能煤电出具了出资证明书并将华能煤电作为唯一股东载入股东名册。故华能煤电基于里能集团的出资行为取得了曲阜热电的全部股权，包括建邦投资公司原持有的在曲阜热电37.93%的股权。

虽然建邦投资公司提供证据证明曲阜热电工商登记信息中其仍为股东之一，但其所提供的相关工商登记资料截止时间为2003年7月且通过原告华能煤电举证，法院查明2006年12月间曲阜热电的股东曾经发生了变更，其于工商登记机关备案的股东情况也发生了变更，故建邦投资公司依据工商登记资料要求确认其系曲阜热电股东的诉讼请求，法院不予支持。如果建邦投资公司认为曲阜市人民法院做出的〔2007〕曲民初字第68号民事裁定书损害了其合法权益，可以另案主张相关权利。

二审法院认为：关于曲阜热电37.93%的股权归属问题，通过里能集团的出资行为，华能煤电持有了涉案股权。里能集团和华能煤电均先后合法取得了涉案股权，华能煤电请求确认其为曲阜热电的股东，并请求为其办理相应的股东变更手续，证据充分，应予支持。一审判决认定事实清楚，符合涉案股权变动的实际情况，适用法律并无不当，应予维持。

建邦投资公司上诉称曲阜热电现有工商登记信息显示涉案股权仍在建邦投资公司名下，法院认为现有工商登记没有真实、全面地反映曲阜热电相关股权的实际变动情况，其记载的信息亦不是确认该部分股权归属的唯一证据，建邦投资公司仅凭该工商登记资料主张该项权利依据不足，其理由不能成立。

建邦投资公司与中能集团在履行双方签订的股权转让合同过程中，虽产生争议并诉至曲阜市人民法院，后经山东省高级人民法院指令由济宁市中级人民法院审理，但该判决并未否定双方签订的股权转让合同的效力。建邦投资公司与中能集团之间因转让股权而形成的纠纷最终如何解决不属于本案审理的范围。

律师评析：

本案涉及时间长、主体多，股权变动情况复杂，里面还牵扯另外两个诉讼以及诉讼保全及先予执行问题，涉及工商局登记不规范问题，还有曲阜热电原股东已经被吊销执照的问题、曲阜热电的营业执照被工商局收缴的问题，错综复杂。华能煤电的股东资格，只有通过司法确认才能解决。在这个过程中，需要解决多个疑难问题。

1. 曲阜热电历次股权转让的合法性及效力问题

本案中，曲阜热电由建邦投资公司原始持有的37.93%的股权共发生了三次转让，分别为由建邦投资公司转让予中能集团、由中能集团转让予里能集团以及由里能集团作为出资转让予华能煤电。三次转让中争议较大的是第一次转让，争议的焦点是中能集团通过曲阜市人民法院做出的〔2007〕曲民初字第68号民事裁定，能否获得股权；中能集团获得股权后，是否可以进行处分；先予执行裁定撤销后，股权能否回转等。要分析此次股权转让的合法性，就应当先关注第一次股权转让的完成方式及结果。根据曲阜市人民法院于2006年12月6日做出的〔2007〕曲民初字第68号民事裁定书要求，曲阜热电应修改公司章程和股东名册中有关股东及其出资额的记载，将中能集团的企业名称、住所及受让的出资额记载于股东名册，并与五日内到工商行政管理机关办理股东变更登记。至此，中能集团就合法取得了曲阜热电的37.93%的股权。根据《中华人民共和国公司法》第三十三条"记载于股东名册的股东，可以依股东名册主张行使股东权利。"因此，在曲阜市人民法院的先予执行民事裁定执行后，并且在股东已经变更为中能集团的情况下，中能集团完全可以合法地对其持有的股权进行处分。所以，中能集团在先成为曲阜热电股东后，经公司股东会同意，与里能集团签订的股权转让协议，是合法有效的。而之后里能集团使用该股权投资设立华能煤电，更是合法有效的出资行为，故华能煤电依此取得曲阜热电的股权也是合法有效的。

2. 建邦投资公司与中能集团之间的股权转让纠纷及其衍生事件不影响后续股权移

转的真实合法有效性

可以说，本案的曲折之处就在于建邦投资公司与中能集团之间的股权转让纠纷，及其产生的系列后果。建邦投资公司方始终主张，其与中能集团之间发生的股权转让是无效的。二审中，建邦投资公司一方进一步主张，曲阜市人民法院做出的先予执行裁定是错误的。建邦投资公司称，济南市历下区人民法院在曲阜市人民法院做出的〔2007〕曲民初字第 68 号民事裁定前，已经查封了其所有的曲阜热电 37.93% 的股权。而且，根据《民事诉讼法》规定，股权不属于先予执行的范围。另外，根据曲阜市人民法院做出的〔2007〕曲民初字第 68 - 2 号民事裁定，先予执行的裁定已经被撤销。故而，中能集团并不拥其原始持有的曲阜热电之股权，在此之后中能集团与里能集团进行的股权转让应当是无效的无权处分。因此，建邦投资公司应当继续保有曲阜热电 37.93% 的股权。但是本案中的关键在于，中能集团通过曲阜市人民法院执行先予执行裁定，实际已经合法获得了曲阜热电的股权，办理了股权转移的相关变更登记。并且，后续的股权交易也是合法有效的，股权转移的事实已经合法成立，无法执行回转。即使曲阜市工商局在核准曲阜热电股东由建邦投资公司变更为中能集团时存在工作失误，未能正确执行济南市历下区人民法院做出的查封裁定，但这也只能由曲阜市工商局承担相应的行政责任，并不能否定股权变更登记的对外公示效力，不能改变股权交易的真实合法有效性，更不能改变里能集团股权投资的交易结果。另外虽然济宁市中级人民法院最终判定，由于中能集团在收购建邦投资公司所持有的曲阜热电股权中未能足额支付对价，依照其双方于 2005 年 5 月 20 日签订的第二份股权转让合同，先前于 2004 年 12 月 24 日签订的第一份股权转让合同已经作废，且依照第二份合同约定该股权转让合同也因原告未能支付全部股权转让价款而解除。但是，该股权纠纷仅限于建邦投资公司与中能集团之间。对于已经由中能集团合法转让的股权，建邦投资公司不再有权主张返还。就本案来说，对于已经完成的后续股权交易，因其涉及国有资产的保值与增值，法院在审理过程中显然有责任维持交易的稳定性，故不宜支持建邦投资公司的主张。同时，因股权无法回转而给建邦投资公司造成的损失，建邦投资公司方面可以依法向中能集团、曲阜市工商局或其他责任人主张赔偿。

另外，由于建邦投资公司与烟台众合投资公司的合作协议纠纷中，该部分股权最终依双方调解已经转让予烟台众合投资公司，故对该股权的追偿以及因该部分股权移转而遭受损失并进行索赔的，应当是烟台众合投资公司，而非建邦投资公司。而且，鉴于建邦投资公司与烟台众合投资公司达成调解协议之时，该案涉及的曲阜热电 37.93% 的股权已经由中能集团合法地转让予里能集团，建邦投资公司实际上已经不具备该部分股权的处分权，其将该股权在调解中转让予烟台众合投资公司的行为，应该认为是不具有法律效力的无权处分。

3. 工商行政管理机关的股权登记信息仅具有公示作用，股东资格取得的标志应当是双方当事人达成合意并签订股权转让协议的行为

建邦投资公司于一审、二审中均主张，根据曲阜市工商局股权登记信息显示，涉案的曲阜热电涉案股权仍在建邦投资公司名下。针对这一点，建邦投资公司进行了大量的举证。然而在本案中，工商管理机关的股东变更登记实际仅具有公示效力。因此，一审和二审法院在进行事实认定时都认为，工商管理机关记录的股权变更情况虽然反应曲阜热电涉案股权在成立时归属于建邦投资公司，而且其后没有新的股东变更记录，但其仅可以被视为证明股权转移占有情况的多方面证据中的一个方面。这也进一步说明，股权转让、股东变更事实的成立，并不依赖双方当事人在工商管理机关的变更登记。《中华人民共和国公司法》第三十三条规定："公司应当将股东的姓名或者名称向公司登记机关登记；登记事项发生变更的，应当办理变更登记。未经登记或者变更登记的，不得对抗第三人。"可见在我国《公司法》的规定中，对股权转让进行登记仅为用于对抗第三人的对抗要件，而非转移交易的生效要件。

那么，如果工商管理部门的股权转移登记不能作为股权完成的生效要件，股权转让应该以什么作为其生效要件呢？换言之，股权转让中的受让人应当认为其在交易的哪个阶段取得了股权呢？目前流行的一种观点认为，股权转让的生效需要双方签订协议并且由受让方支付对价。然而，这种观点的矛盾之处在于，如果股权转让协议不生效，则应当认为转让协议没有生效；如果协议并未生效，要求受让方支付对价则显然是没有依据的。故而，合理的推论应当是，股权转让协议的生效节点应当是双方签订转让协议之时。在签订转让协议后，应认为双方已认可并完成了股权的转移，受让方依此即取得了股权，同时即负有支付对价的义务。当出现受让人未能支付对价的情况，应当先要求其支付对价，对于拒不支付或无法支付的，再对其所有的财产进行主张。这样理解的优点在于，即有利于维护股权交易的稳定性，又有利于理清法律关系，便于对股权交易中出现的纠纷进行处理。具体来说，在本案中，中能集团向曲阜市人民法院起诉，要求判决其与建邦投资公司的股权转让行为有效。实际上，中能集团与建邦投资公司之间的股权转让在双方签订转让协议时已经生效，并不需要再对其效力进行确认。尽管中能集团未能向建邦投资公司支付双方约定的全部对价，也不应影响此次股权交易的有效性。结合这一观点，中能集团实际上应当提出的诉讼主张应该是以股权转让已经完成为前提，要求曲阜市人民法院对其股东资格进行确认。而建邦投资公司在其答辩中，应当主张的是要求中能集团足额支付对价并赔偿因拖欠对价而造成的损失。这样，双方的法律权利义务就比较清楚，而交易的稳定性也得以维护。

4. 股东资格确认的要点及适用范围

股东资格的取得，包括有限公司及股份有限公司，排除隐名股东的情况，则无非两

种途径，一是原始取得，包括投资设立公司取得，以及对公司增资取得；二是继受取得，即通过购买、交换、赠予、继承、抵债、接受用股权投资等途径取得。当然，现实生活中会出现多种非典型情况，如工商登记不规范、增资及股权转让未及时变更登记，导致名实不符，所以才有股东资格确认的必要。正常的股权转让纠纷，也可以通过起诉要求履行股权转让合同解决，但有些纠纷，比如本案，里能集团确实曾经取得股东资格，并且在工商行政管理机关登记，但由于工商局的不规范做法，体现里能集团取得股东资格的档案被抽出，电子档案也被修改，表面上里能集团也不是股东，所以曲阜热电及华能煤电也无法通过股权转让（股权投资）纠纷诉讼而获得股东资格，只能通过司法确认来实现。笔者也曾代理过另一起股东资格确认案件的被告，原告以与公司的股东之一共同签署了公司章程并且交付了资金为由，要求确认其股东资格，但原公司中还有另外一位股东不同意原告入股，结果一审、二审法院仍然认定原告具有股东资格，但该案再审程序中一审、二审判决被撤销，发回重审，但原审法院仍然认定原告的股东资格，纠纷一直没有解决。可见，股东资格确认情况还是比较复杂的。

山东省高级人民法院曾经出台过一个审理公司纠纷的意见，后来其中的很多观点被《最高人民法院〈公司法〉司法解释（三）》所采纳。关于股东资格确认，其考虑的要点值得借鉴：（1）当事人对股东资格发生争议时，人民法院应结合公司章程、股东名册、工商登记、出资情况、出资证明书、是否实际行使股东权利等因素，充分考虑当事人实施民事行为的真实意思表示，综合对股东资格做出认定；（2）股权转让合同生效后，受让人的股东资格自转让人或受让人将股权转让事实通知公司之日取得。但股权转让合同对股权的转让有特殊约定，或者股权转让合同无效、被撤销或解除的除外；（3）人民法院的生效裁判文书已对股东资格或股权变动予以确认，第三人以未办理工商登记变更手续为由进行抗辩的，人民法院不予支持。但未办理工商登记变更手续前，生效裁判文书所确认的股东不得对股权进行处分。

承办律师：金荣奎

撰稿人：金荣奎

枣庄市普超贸易实业有限公司
诉林某某股权转让损害赔偿纠纷案

关键词：民事 股权转让纠纷 财产保全错误损害赔偿

裁判要点或律师观点、案例核心价值：《最高人民法院关于当事人申请财产保全错误造成案外人损失承担赔偿责任问题的解释》系在当事人申请财产保全错误造成案外人损失时才适用，股权转让纠纷中，对转让公司财产申请保全不适用本解释。

相关法条：《最高人民法院关于当事人申请财产保全错误造成案外人损失承担赔偿责任问题的解释》

基本案情：

原告枣庄市普超贸易实业有限公司（简称普超公司）诉称：林某某因股权转让纠纷将李某某等人起诉至山东省高级人民法院，诉讼期间，林某某申请对普超公司的财产予以保全，同时对普超公司的采矿权予以保全，国大公司对林某某保全申请提供了担保。山东省高级人民法院依据林某某的申请于2008年3月10日裁定保全李某某个人财产1600万元，财产查封清单中列明了保全普超公司的所有财产。同时，山东省高级人民法院要求枣庄市公安局市中分局协助执行停止对普超公司供应炸药，致使普超公司无法进行铁矿石开采，在普超公司及时向山东省高级人民法院书面提出异议后，林某某即申请追加普超公司为共同被告。2008年7月9日，经山东省高级人民法院主持调解，林某某放弃了对普超公司的诉讼请求。2008年7月16日普超公司才得到炸药供应，因林某某错误申请保全的行为，致使普超公司停止采矿4个月有余，造成普超公司巨大损失。请求判令林某某、国大公司连带赔偿普超公司的经济损失23762868.1元，诉讼费用由两被告承担。

一审法院支持了原告的主要诉讼请求，判令林某某于判决生效之日起10日内赔偿普超公司经营收益损失17473317.85元。

被告林某某不服一审判决上诉称：

1. 原审依据《最高人民法院关于当事人申请财产保全错误造成案外人损失承担赔偿责任问题的解释》做出的林某某因错误保全赔偿普超公司经济损失的判决属于适用法律错误。《民事诉讼法》第一百〇五条规定，申请人有错误的，申请人应当赔偿被申请人因保全所遭受的损失，判断当事人的申请是否错误，应当结合具体案情，通过审查申请人是否存在通过保全损害被申请人合法权益的故意和过错、保全的对象是否属于权属有争议的标的物、被申请人是否存在损失、是否为了保证判决书的执行等予以考虑。而在股权纠纷案件中，原告林某某保护性请求查封第一采区资产正是原交易转让的标的物，案件实质争议的股权直接对应的就是普超公司第一采区的采矿权。停止第一采区开采，是山东省高级人民法院依据上诉人的申请，结合案情认为第一采区为案件争议所涉及的财产，故采取的一种保护性保全措施。在股权一案中，林某某对股权转让的诉讼标的申请财产保全，并提供了相应的担保，山东省高级人民法院依法做出财产保全裁定，林某某的申请行为符合法律规定。股权转让案中，普超公司与李某某均是涉案被告，股权及第一采区均属与案件有关财产权，为保证判决后顺利执行，林某某申请法院对普超公司第一采区申请保全并无不当。且根据股权转让合同约定，股权转让完成前，第一采区的经营权不转让，不应列入普超公司的财产。《最高人民法院关于当事人申请财产保全错误造成案外人损失承担赔偿责任问题的解释》在财产保全申请人因申请案外人造成财产损失时才适用，股权纠纷案中，普超公司为涉案被告，不适用此解释。山东省高级人民法院驳回普超公司对财产保全的复议亦再次肯定了林某某申请行为的合法性。

2. 原审没有查明普超公司第一采区在保全期间是否停产以及具体停产时间，认定事实不清。林某某提供的陕西安康世纪建筑公司出具的证明、枣庄市供电公司客户电费明细表、增值税纳税登记表、出库单等均能证实第一采区没有停止生产。原审以普超公司的月利润作为计算财产保全期间损失的依据，属于认定事实错误。即使林某某被认定错误的申请保全措施，矿石在第一采区存在是客观事实，只是延迟了矿石出售的时间，矿石为不可再生资源，实际损失只是保全期间人员窝工、机器设备的维护保养、采区正常运营成本支出以及矿石出售价格的差额损失及利息，而非直接认定为矿石出售利润，对此数额需要进一步做出鉴定，因此原审委托鉴定部门做出鉴定意见使用的鉴定方法毫无依据。综上，原审判决认定事实和适用法律错误，请求撤销原审判决，依法驳回原告诉讼请求。

法院经审理查明的事实：

普超公司成立于 2003 年 8 月 26 日，注册资本 2050 万元，截至 2007 年 7 月 29 日，该公司工商登记材料显示股东为林某某、徐某某、黄某某、南某某。2007 年 7 月 26 日，林某某与李某某签订一份股权转让合同，主要内容：根据普超公司董事会《关于同意转让股权的决议》，并经全体股东表决通过，双方就股份转让一事达成如下协议，普超公司注册资本为 2050 万元，该公司依法有效存续；林某某持有该公司 100% 的股权，是该公司合法股东；双方协商决定由林某某将其持有的普超公司 100% 股权转让给李某某，转让价款为 7000 万元，签订本合同付款 5000 万元，以后每 30 天付款 400 万元，五个月内付清；双方确认本合同具有真实效力，确认在办理工商变更登记时所签署的"股份转让协议"中所涉及的签署时间、转让价格及其他条款不具有效力，对双方没有约束力。

同日，双方另签订一份股权转让合同补充协议，约定上述股权转让合同所签订的是指普超公司第一采区的股权，林某某将持有的第一采区 100% 的股权转让给李某某，本股权不包括普超公司第二、第三、第四、第五采区，该四个采区的承包人应承担自主经营、自负盈亏，并承诺不再享有普超公司股权权益，不参与公司内部盈亏分配；普超公司认可对承包方承诺。林某某、李某某均在上述股权转让合同、补充协议中签字，普超公司均加盖了公司公章。

合同签订后，李某某及殷某某代李某某共计向林某某支付股权转让款 2400 万元，2007 年 7 月 29 日，办理了普超公司工商登记手续，将普超公司 100% 的股权登记在李某某、殷某某、宋某某名下。2008 年 3 月 5 日，林某某以李某某未按约支付股权转让款 3600 万元为由，将李某某、普超公司等诉至山东省高级人民法院，要求返还股权并承担违约责任，同时提出财产保全申请，要求查封普超公司第一采区全部资产、停止采矿、冻结李某某相应价值资本。山东省高级人民法院做出〔2008〕鲁商初字第 12 号民事裁定，冻结李某某银行存款 1600 万元或查封、扣押其相应价值的其他财产。查封、扣押财产清单包括依法查封普超公司第一采区的全部资产、停止采矿、查封两条矿带及地上所属设备、矿石、矿粉。次日，山东省高级人民法院向枣庄市公安局市中分局下达协助执行通知书，内容主要为："协助我院停止对普超公司第一采区供应炸药，该期间，不要供应其炸药"。后案件调解结案，调解书内容为："林某某放弃对普超公司的诉讼请求，不再主张返还股权，李某某等支付林某某 2000 万元股权转让款，另外 1600 万元股权转让款双方另行协商解决。"调解后，李某某支付了 2000 万元股权转让款。

在解除保全措施后，2008 年 7 月 17 日，普超公司向枣庄市中级人民法院提起诉讼，要求林某某与担保人国大公司连带赔偿普超公司经济损失 2376 万元，并委托山东兴安会计师事务所出具了司法会计审计报告。另查明，2007 年 7 月 26 日林某某（甲方）与李某某（乙方）签订的股权转让合同第三条股权交付中约定："（1）甲方全部收到乙方购买股份款、乙方完成所有合同义务后，本合同生效。（2）本合同附条件为：甲乙双方无论在本合同生效前、后办理工商登记变更手续，均不视为合同成立，只有乙方实际完成本条款第一项义务后，本合同才能生效。若乙方没有全部履行付款义务，本合同不成立，应当恢复原来状态。"

裁判结果：

1. 撤销枣庄市中级人民法院〔2011〕枣民再初字第 3 号民事判决；
2. 驳回枣庄市普超贸易实业有限公司的诉讼请求。

裁判理由：

法院生效裁判认为：林某某申请查封普超公司第一采区全部资产、停止采矿并无不当。（1）林某某有权申请查封普超公司第一采区全部资产、停止采矿。2007 年 7 月 26 日，林某某与李某某签订股权转让合同及补充协议，林某某将普超公司第一采区 100% 股权转让给李某某，而第一采区的主要财产就是采矿经营权，股权权益对应的也是第一采区的采矿经营权，双方转让标的的最终落脚点就是第一采区的采矿经营权，股权及第一采区采矿经营权均属与案件有关财产，且根据股权转让合同第三条约定，若李某某没有全部履行付款义务，合同不成立，应当恢复原来状态，而铁矿资源是不可再生资源，开采后将无法恢复原状。为避免诉讼过程中相应权益持续减少的损害情形出现，保证判决的顺利执行，林某某申请法院对普超公司第一采区财产保全、停止采矿并无不当。（2）林某某的保全申请符合法律规定。在股权转让一案中，林某某对股权转让相关联的诉讼标的申请财产保全，并提供了相应的财产担保，法院依法做出财产保全裁定，普超公司的异议亦未被法院采纳，林某某的申请符合法律规定。而且在股权转让中，普超公司为追加被告，普超公司与李某某均是涉案被告，各方当事人调解结案，是各方为尽快解决争议做出的妥协与让步，普超公司不承担责任的调解结果并不能得出保全申请错误的结论。《最高人民法院关于当事人申请财产保全错误造成案外人损失承担赔偿责任问题的解释》系在当事人申请财产保全错误造成案外人损失时才适用，股权转让纠纷中，林某某申请财产保全并无不当且普超公司为涉案被告，原审适用《最高人民法院关于当事人申请财产保全错误造成案外人损失承担赔偿责任问题的解释》不当，故应驳回普超公司诉讼请求。

承办律师：孙爱荣

撰稿人：程 楠 韩 聪

马某某及标的公司诉王某某等
七股东股权转让纠纷案

关键词：股权转让　违约　漏债

裁判要点：股权转让后，标的公司未按合同约定维护自己的利益，自行承担耕地占用税，是对其民事权利的处分，与被告无关，该税费不属股权转让中的漏债。

相关法条：《合同法》第四十四条第一款、《民事诉讼法》第二百五十九条

基本案情：

原告马某某及标的公司诉称，被告七股东均系标的公司前股东。2011年10月9日，七被告与原告马某某签订《股权转让协议》，七被告将其持有的标的公司86.61%股权转让给马某某。七被告与原告马某某对公司债务范围进行了明确确认。《股权转让协议》第三章第三条明确约定："所有标的公司的债权、债务应以2011年10月5日财务报表及双方确认数据为准。如另有负债，则应同由甲方（本案被告七股东）自行承担偿还责任。"2011年11月15日，七股东将股权变更登记至马某某名下。2011年6月，某某县有关部门已认定，标的公司应交未交耕地占用税7797050.39元。但该笔公司债务，在七股东与马某某股权转让过程中，未列入双方交接确认的公司债务范围内。在股权转让完成后，标的公司补交耕地占用税共计7797050.39元。七被告应向马某某和标的公司偿付该款项及损失。

被告七股东辩称：1.本案标的公司不具有原告诉讼主体资格。2.耕地占用税税款应当包含在取得土地的成本中。3.被告标的公司所缴纳的耕地占用税税款，既不同于一般的负债，也不同于单纯支出性的税费。4.本案诉争的二期工程的198934.34平方米土地资产价值，及第一期工程中土地128504平方米土地中所补缴的耕地占用税1381418元，未列入股权转让的资产范围内。5.本案涉及的耕地占有税款是在2011年12月之后标的公司缴纳的，而被告与原告马某某签订股权转让协议是在2011年10月，完成变更登记是在2011年11月。签订股权转让协议时该耕地占用税并没有产生。该税费是股权

转让之后新产生的，并不属于 2011 年 10 月 5 日应列入财务报表而未列入款项。因此，原告依据《股权转让协议》3.3 条认为税款属于确认债权债务之外是没有依据的。6. 退一步讲原告要求被告承担全部的税款没有依据。7. 原告应当根据标的公司与某某镇人民政府签订招商引资合同以标的公司的名义向某某镇人民政府主张权利。8. 某某县地方税务局某某镇中心税务所出具的证明，没有法律效力。

为证明自己的上述主张，马某某及标的公司向法院提交了以下证据包括：1.《股权转让协议》及备忘录各一份；2. 财务报表一份；3. 某某市中级人民法院（2012）某中商初字第××号民事判决书一份；4. 完税发票四张；5. 某某县地税局出具的关于标的公司耕地占用税缴纳情况的证明一份；6.《某某县某某镇人民政府关于无偿提供土地使用权招商引资合同》一份；7. 中国银行同期贷款利率表一份；8. 某某县地税局基层机构变更的情况说明。以上证据用于证明下列事项：

1.《股权转让协议》及备忘录各一份。证明：《股权转让协议》明确约定，如另有负债，则应由七股东承担。

2. 财务报表一份。证明：股权转让时，公司债务中不包括标的公司应当缴纳的耕地占用税，本案涉及的耕地占用税应属于财务报表没有列明的漏债。

3. 某某市中级人民法院（2012）某中商初字第××号民事判决书一份。证明：在该生效的法律文书中，对《股权转让协议》、财务报表的真实性及股份变更事实予以确认。

4. 完税发票四张。证明：标的公司分别于 2011 年 12 月 1 日、2012 年 3 月 15 日、2012 年 6 月 8 日、2013 年 3 月 10 日，分四次缴纳了共计 7797050.39 元的耕地占用税的事实。

5. 某某县地税局出具的关于标的公司耕地占用税缴纳情况的证明一份。证明：标的公司 2011 年 6 月应交耕地占用税 7039924.26 元，2011 年 6 月已缴纳 2762836 元，尚未缴纳 4277088.26 元，另根据有关规定提高 50% 的耕地占用税 3519962.13 元，共计尚欠缴纳 7797050.39 元。2011 年 6 月缴纳的 2762836 元是于 2011 年办理西厂区土地使用证时直接从土地款中扣除，到 2013 年 3 月公司已经交清所有欠缴的税款。标的公司缴纳的部分耕地占用税，是该公司在 2011 年 6 月应当缴纳而未交的税款，依法按照股权转让协议约定应由七被告承担。同时通过该书证也证明七股东在股权转让时恶意隐瞒欠缴税款的事实，达到高价转让股权的目的。还证实该耕地占用税于 2011 年 6 月份已经确定产生，并非七股东所讲股权转让时还没有产生。

6.《某某县某某镇人民政府关于无偿提供土地使用权招商引资合同》一份。证明：该份证据系股权转让前七股东向马某某提供的。根据该合同约定，某某镇政府将无偿提供 300 亩土地给公司使用，并承担全部税费。基于该优惠政策，马某某同意受让公司股权。即股权转让时双方已经把免交 300 亩土地的税费的政策优势考虑在内，且七股东向马某某承诺公司新增的 300 余亩的土地不需缴纳任何税费。通过该书证可以证实，在股权转让协议签订时，马某某有理由相信财务报表未列应缴耕地占用税，因为马某某认为按照无偿提供土地的这份协议该土地为标的公司无偿使用。财务报表中资产项目栏中未列该土地使用权从财务角度讲也是正常的，因为该土地为无偿使用且没有办理土地证，因此，在资产栏中未列该使用权。

7. 中国银行同期贷款利率表一份。证明：诉讼请求中的利息计算方式。

8. 某某县地税局基层机构变更的情况说明。证明：某某地税机构名称为某某中心税务所，由原来的某某征收分局变更而来。2011 年 6 月份对标的公司耕地占用税的审计即为某某县地税某某分局，现在的名称为某某中心税务所，进一步证明马某某提交的证据 5 是有效的。

七股东质证称，对证据 1 的真实性无异议，但是对马某某要证明的事项有异议：1. 股权转让协议第 3.3 条的约定与股权转让协议确定的以实际出资额为标准确定转让价格是矛盾的，因此，我们认为第 3.3 条中如另有负债则由甲方自行承担责任的约定是无效的。2. 马某某片面地理解了 3.3 条约定，因为第 3.3 条第 2 款后面还有一个但书条款，约定与二期工程有关的款项以及质保金除外。据此，马某某主张的耕地占用税属于二期工程中支出的款项，应属除外的范围，且所有二期工程所支出的款项必然对应的有收益，如果单独将支出由被告承担而收益由原告享有，权利义务是不对等的，是不公平的。3. 关于 3.3 条约定的如另有负债则由甲方承担还款责任，也与甲方的所占 86.61% 的份额不对应，加重了甲方的责任。

对证据 2 的真实性无异议，但是对这份资产负债表反映数字的准确性有异议，因为当时该资产负债表未经独立的中介机构审计，七股东保留对本案中涉及股权转让协议所涉及转让价格以及净资产进行审计的权利，应以最终的审计结果为准。

对证据 3 的真实性无异议，对其内容不发表评价。

对证据 4 的真实性无异议，但是对于与本案的关联性有异议，因为马某某并未提供其他证据证明该缴纳的费用背后所应当具有的征地的相关手续及相关土地出让合同。另外，这些单据上所体现的缴纳时间是在股权转让协议签订以后以及办理股权变更登记以后，因此，与七股东无关。

对证据 5 的真实性有异议，因为开具证明的主体是某某县地方税务局某某中心税务所，而税务所是派出机构，无权对外代表税务局出具证明，且该证明的内容也与事实不符。其中 2011 年 6 月所谓缴纳的 2762836 元，是因为前任股东办理 128504 平方米的土地使用证时向有关政府土地管理部门缴纳 2000 万元，从中扣除了 2762836 元作为耕地占用税，该 128504 平方米的土地缴纳相关费用的情况与 2011 年新增土地 198934.34 平方米的情况是不同的，该证明将其混为一谈，故七股东对证明内容的真实性有异议，保留进一步查证的权利。出具的单位名称与完税证上的征收机关名称不一致，出具证明的是某某中心税务所，而征收机关是某某县地方税务局某某中心分局，两者显然是不一致的。

对证据 6 的真实性有异议。1. 因为该合同中乙方的落款中应有负责人签字，但实际没有签字，且落款时间 2010 年 3 月 1 日也有疑问，须征求股东意见之后再进一步查证该证据的真伪。2. 首先，合同内容不完全符合法律规定，有些属于国家法律规定依法缴纳的费用，地方政府无权减免。其次，该合同内容的主要含义应当是免费使用土地，也就是作为农村建设用地的租赁费，地方政府承诺免费使用，如果需要办理土地出让手续应当根据法律规定缴纳相应的税费。正如标的公司原来使用的约 200 亩土地一样，一开始也是免费租赁使用了很多年，后来，办理土地出让手续时原股东控股下的标的公司向有关政府部门缴纳了 2000 万元，但是也相应地增加了土地资产，财务账目是平衡的，权利义务也是对等的。因此，二期工程所缴纳的耕地占用税以及其他应当缴纳的费用会产生相应的收益，财务账目也是平衡的，权利义务是对等的。因此，马某某主张耕地占用税应依据其何时办理土地使用权证，马某某应提供相应的证据进行举证。

对证据 7 认为其本身不是证据，马某某要证明的所谓的耕地占用税应按照贷款利率计算利息的观点是错误的，不予承认。

证据 8 是复印件，对其真实性无法确认，对马某某要证明的内容有异议。政府机关对外的公文应当以政府机关的公章为准，分局或者下属机构无权对外出具证明；同时该证据表明 2011 年 11 月份已经变更为某某中心税务所，而在马某某提交的完税证明中，2012 年 3 月份的完税征收机关依然是某某县地方税务局某某征收分局，故马某某提供的两份证据前后矛盾。

七股东提交以下证据：1. 股权转让协议及备忘录各一份；2. 某某县人民政府下发的邹政字（2003）24 号文和 2003 年 8 月 1 日某某县某某镇人民政府关于无偿提供土地使用权招商引资合同各一份；3. 某某县国土资源局官网下载的某某县国土资源局国有土地使用权招拍挂出让成交公示一份。以上证据用于证明下列事项：

1. 股权转让协议及备忘录各一份。证明：耕地占用税不应由被告承担。

2. 某某县人民政府下发的邹政字（2003）24 号文和 2003 年 8 月 1 日某某县某某镇人民政府关于无偿提供土地使用权招商引资合同各一份。证明：标的公司原有 200 亩征地手续的一切税费均由某某镇政府承担，某某镇政策承诺标的公司免费使用这 200 亩土地。

3. 某某县国土资源局官网下载的某某县国土资源局国有土地使用权招拍挂出让成交公示一份。证明：在 2014 年 5 月 16 日标的公司拍卖所得土地两宗，其中一宗是

0.6667 公顷，成交价为 2013434 元，另一宗是 0.7569 公顷，成交价为 2285838 元。该两宗地的位置是涉案的二期工程土地，该土地的成交价格应当由标的公司自行承担，因为标的公司付出了土地的出让款，得到的是土地的资产权益，与本案之前标的公司缴纳的耕地占用税是一个道理。付出的是耕地占用税税款，得到的是土地的资产权益，故原告主张耕地占用税税款由前任股东承担，但土地的资产增值权益仍留在公司是不公平的。

马某某及标的公司质证称，对证据 1 真实性无异议，对其他的质证意见不再赘述。对证据 2，认为不是原件，不予质证，马某某在 2011 年 10 月份才接手公司的，对此情况不了解。证据 3 是复印件，对其真实性不予认可；即使是真实的，标的公司通过出让程序获得土地使用权这一事实与本案追要耕地占用税没有关联性。

本案在审理过程中法院到某某镇政府、某某镇税务所和财政所进行调查，税务所反映的情况是：税务所出具的交税证明是真实的，标的公司缴纳了相应的土地占用税。在财政所反映的情况是：从 2010 年以后，某某镇政府没有给予标的公司在土地方面的优惠政策，不存在先缴后退的情况。

两原告对法院的两份调查笔录没有异议。

七股东对两份调查笔录的真实性没有异议，但认为：1. 对税务所出具的缴税证明形式有异议，因为作为税务机关的下属机构，无权对外出具证明。2. 对该证明中所体现的缴纳税款的数额以及真实性没有异议，但是对该证明中所称系 2011 年 6 月审计时应缴未交的税款的说法有异议，因为这与客观缴税的时间不符。另外，也未提供相应的审计报告作为旁证，因此七股东认为该说法不具客观真实性。3. 对财政所的工作人员的笔录，仅是财政所工作人员的个人观点，不能涵盖全部客观事实。

法院审理查明事实：

七被告均系标的公司原股东。2011 年 10 月 9 日，七股东共同作为出让方，与马某某签订《股权转让协议》及备忘录一份。该协议约定：七股东将其所有的标的公司 86.61% 股权转让给马某某；转让总价款为 3266.67 元；所有标的公司的债权、债务应以 2011 年 10 月 5 日财务报表及双方确认数据为准，如另有负债，则由七股东承担还款责任。备忘录载明：签订股权转让协议前马某某对标的焦化公司项目开发、银行债务等情况已了解并接受。二期项目已投入一亿零三百万元，经双方确定，按实际情况增减，增减款项在转让尾款中体现。

2011 年 10 月 11 日，马某某向七股东支付转让款 1700 万元。2011 年 11 月 15 日，标的公司完成了股权变更登记。原股东退出公司，马某某成为公司股东，持股比例为 86.61%。

2012 年 7 月 31 日，七股东因马某某未支付剩余股权转让款向本院提起诉讼。本院于 2013 年 3 月 21 日判令马某某于本判决生效之日起十日内付给王某某等五股东股权转让款 6195004.27 元，利息 678011.13 元（计算至 2012 年 7 月 13 日）；支付给陈某某股权转让款 1588563.04 元，利息 233431.10 元。（注：香港公司的股权转让款另行主张，亦由法院做出了限期支付的判决。）

另查明，2010 年 3 月 1 日，某某镇政府与标的公司签订《关于无偿提供土地使用权招商引资合同》一份。该合同约定：某某镇政府无偿提供坐落于某某镇工业园内 300 亩土地给标的公司使用，使用年限自 2010 年 3 月 1 日至 2040 年 3 月 1 日止；某某镇政府负责办理征地手续并承担一切税费（包括土地部门征地费、青苗补偿费、地上物清除补偿费、城市综合开发费及各种手续费、规划建设等一切费用）；本合同不得因双方法定代表人变更而变更或解除。标的公司股权交接时，七股东将该合同移交给了马某某。

裁判结果：

山东省某某市中级人民法院于 2015 年 7 月 13 日做出（2013）某中民二外字第 1 号民事判决书：一、驳回原告马某某的诉讼请求；二、驳回原告某某标的公司的诉讼请求。

裁判理由：

法院生效判决认为：本院两份调查笔录，原被告双方对其真实性无异议，可以作为定案依据。对原告提交的证据 1、2、3、4，被告对其真实性无异议，本院予以确认。原告提交的证据 5、6、8，与调查笔录能够相互印证，亦予以确认。原告提交的证据 7 是利息利率计算方式，不应作为证据予以认定。对被告提交证据 1，原告对其真实性无异议，予以确认。被告提交证据 2 及相应陈述，与原告证据 6 反映的事实可以相互印证，予以支持。被告提交证据 3 与本院缺乏关联性，不予确认。

另外，本案被告香港某公司是在香港注册的公司法人，本案属于涉港商事案件。各方当事人均选择适用中华人民共和国法律，故审理本案以中华人民共和国法律为准据法。

本案的争议焦点是马某某诉求的土地占用税是否属于股权转让合同中所约定的漏债。本院认为，第三人某某镇政府与标的公司签订的《关于无偿提供土地使用权招商引资合同》约定某某镇政府负责办理征地手续并承担一切税费。该份合同在股权转让时，七股东已将其移交给马某某，马某某对标的公司无偿使用涉案 300 亩土地的事实应当明知。股权转让后，标的公司未按合同约定维护自己的权利，自愿承担了土地占用费，是对其民事权利的处分，与七股东无关，该税费不属于股权转让中的漏债，马某某的诉讼请求应予驳回。标的公司不是股权转让协议的当事人，其无权依据股权转让合同要求七股东承担漏债，故对标的公司的诉讼请求不予支持。

案件评析：

本所承办律师认为：本案的争议焦点是原告诉求的土地占用税是否属于股权转让合同中所约定的漏债。

本案法院裁判的核心观点是："股权转让后，标的公司未按合同约定维护自己的权利，自愿承担了土地占用费，是对其民事权利的处分，与七股东无关，该税费不属于股权转让中的漏债。"作为被告的代理律师，对法院的裁判结果我们当然是欢迎的，但对该裁判理由我们认为深度不够，角度也不全面，我们的代理词中有更全面、更深入的剖析意见，同时代理词中对其他争议焦点也有更全面的阐述，内容如下：

一、本案标的公司不具有原告诉讼主体资格。

首先，根据原告陈述的事实与理由，两原告起诉主张欠款的依据是本案被告与原告马某某签订的《股权转让协议》。而原告标的公司并不是股权转让协议的当事人，其无权依据此协议向原告主张权利。其次，标的公司只是税款缴纳主体，纳税是其法定义务和责任，其也没有因股权转让而造成损失的事实。被告与标的公司之间并不存在任何纠纷。基于以上两点，标的公司作为原告主张欠款是没有任何事实和法律依据的，其不具备作为原告的主体资格。

二、耕地占用税税款应当包含在取得土地的成本中。

首先，本案中标的公司虽然支出了耕地占用税，但增加了土地无形资产的价值，标的公司所缴纳的每一分钱，都会形成相应的资产权益。这一点相关税法是认可的，根据《中华人民共和国土地增值税暂行条例》第六条："计算增值额的扣除项目：第一项：（一）取得土地使用权所支付的金额。"以及根据《中华人民共和国土地增值税暂行条例实施细则》第七条第（一）项："取得土地使用权所支付的金额，是指纳税人为取得土地使用权所支付的地价款和按国家统一法规缴纳的有关费用。"第七条第（二）项第二款："土地征用及拆迁补偿费，包括土地征用费、耕地占用税、劳动力安置费及有关地上、地下附着物拆迁补偿的净支出、安置动迁用房支出等。"因此原告要求被告承担耕地占用税，却由自己享受由此带来的土地增值权益，没有任何道理。

其次，根据会计法的相关规定，耕地占用税列入在建工程科目，将来列入固定资产科目，可见原告标的公司所缴纳的耕地占用税，虽然减少了现金，但增加了在建工程，支出与收入是平衡的，要求被告承担属于曲解合同。

三、被告标的公司所缴纳的耕地占用税税款，既不同于一般的负债，也不同于单纯支出性的税费。

首先，根据原告马某某与被告签订的《股权转让协议》第3.3条约定的"债务"，显然是指一般性的债务，即指标的公司已经享受了相应的权益，但没有对应的支出。如果有这种债务，相应的权益由原股东享有了，对应的由原股东承担是合理的，但本案中的耕地占用税这种"负债"，属于权益性负债，标的公司虽然支出了耕地占用税，但增加了无形资产或在建工程的收入，没有损失一分钱，让原股东承担属于占人家便宜，非常不公平。

其次，关于耕地占用税，一般认为属于资源税兼具行为税的特点，该税种在财务上是进成本的，且属于分期摊销的成本。而企业所得税属于收益税，是对扣除成本后的所得征税，征税后减少净利润。增值税属于流转税，是对增值部分征税，也就是说是对赚的毛利进行征税，也属于减少收入。显然耕地占用税即便是欠缴，也与欠企业所得税及增值税的性质截然不同，后者属于单纯的负债，前者属于负债与收益平衡的负债。

四、退一步讲，本案诉争的二期工程的198934.34平方米土地资产价值，及第一期工程中土地128504平方米土地中所补缴的耕地占用税1381418元，未列入股权转让的资产范围内。

首先，根据原告马某某与被告签订的《股权转让协议》所约定的股权转让基准日2011年10月5日的财务报表，本案诉争的二期工程的198934.34平方米土地资产价值未列入转让的范围内。显然，该二期工程中198934.34平方米土地资产所产生的耕地占用税6415632.47元不应当由前任股东承担，如果该耕地占用税由前任股东承担，那么以后产生的土地出让金、耕地复垦费、契税及其他相关税费等是否也应当由前任股东承担？那么股权转让的价值中是否也应当重新计算二期工程中土地的价值。

其次，第一期工程中土地128504平方米土地中所补缴的耕地占用税1381418元，也不应当由前任股东承担，因为根据双方签订的《股权转让协议》所约定的股权转让基准日2011年10月5日的财务报表，中没有该项支出，对应的该一期工程中土地资产的成本价值中就没包含该1381418元的价值。并且本案中的股权转让并不是根据评估资产的市场价值减去负债计算确定的股权转让价格，而是根据标的公司内部所确定的现有股东出资额的确认，在此基础上确定的转让价格。

五、本案涉及的耕地占有税款是在2011年12月之后标的公司缴纳的，而被告与原告马某某签订股权转让协议是在2011年10月，完成变更登记是在2011年11月。签订股权转让协议时该耕地占用税并没有产生。该税费是股权转让之后新产生的，并不属于2011年10月5日应列入财务报表而未列入款项。因此，原告依据《股权转让协议》3.3条认为税款属于确认债权债务之外是没有依据的。

六、退一步讲原告要求被告承担全部的税款没有依据。

本案中，退一步讲被告转让给原告马某某的股权占标的公司股权的 86.81%，而原告却诉求被告承担全部耕地占用税是没有依据的。

七、原告应当根据标的公司与某某镇人民政府签订招商引资合同以标的公司的名义向某某镇人民政府主张权利。

根据标的公司与某某镇签订的招商引资合同，标的公司使用土地的全部费用都由某某镇人民政府承担。原告应当根据标的公司与某某镇人民政府签订招商引资合同以标的公司的名义向某某镇人民政府主张权利。原告向被告主张权利是错误的。

并且，根据《中华人民共和国耕地占用税暂行条例》第十二条的规定，耕地占用税的缴纳应当由土地管理部门通知用地单位或个人。本案中，原告未接到土地部门的通知就缴纳，不符合缴纳程序。

八、某某县地方税务局某某中心税务所出具的证明，没有法律效力。

首先，从形式上，作为分支机构，某某县地方税务局某某中心税务所无权对外出具证明，不具有对外主体资格。

其次，从政策上，国家三令五申，不允许行政机关随意对外发表意见，应当由具有对外代表资格的权力部门，对外出具法律意见。

第三，从内容上看，该证明武断地说明"系 2011 年 6 月审计时应交未交的税款"，我们认为当地的耕地占用税应当什么时间开证，应当提供法定的证明文件，比如土地主管部门的征收文件、政策和征收通知等，而不是仅由税务机关的分支机构就能认定属于什么时间的税款。

律师感想：

本案因属涉外案件，涉外证据需公证及送达程序烦琐等原因，审理时间跨度近两年，期间开庭三次，双方观点激烈碰撞，从证据的理解到法律的适用，从国家税费的规定到税费财务的列支入账原则，再到是否属于负债等，财务知识在本案中也起到了重要作用。本所承办律师因长期从事并购、四版、新三板、上市公司等业务对财务知识较为熟悉，并在办案过程中咨询了资深注册会计师、注册税务师等财务专家，在案件审理过程中引导说服承办法官从财务成本角度考虑耕地占用税的缴纳在标的公司中列入成本，属于增加了资产，该耕地占用税再转嫁给前任股东是不公平的。该案虽然过程艰苦揪心，但最终法官采纳了我方的观点，判决驳回了原告的起诉。我所律师承办本案取得了较好的经济效益和社会效益。

承办律师：刘胜远　张学文
撰稿人：刘胜远　张学文

肖某诉青岛某洗涤机械有限公司
股东资格确认纠纷案件

关键词： 股东资格　　股东优先购买权　　小股东集体转让

裁判要点、案例核心价值：《公司法》中规定股东享有在同等条件下优先购买其他股东拟转让股权的权利，该规定主要目的是为了保证有限责任公司的老股东可以通过行使优先购买权实现对公司的控制权，进而体现了有限责任公司"人合性"的特点。但是在实践中，往往存在大股东利用"优先购买权"侵害其他小股东权利的行为，本案发生的背景即是如此。法院准确地把握了大股东是否行使了"优先购买权"，以及"同等条件"的标准，维护了小股东合法权益。

相关法条：《中华人民共和国公司法》第七十二条、《最高人民法院关于适用〈中华人民共和国公司法〉若干问题的规定（三）》第二十三条

简要案情：

青岛某洗涤机械有限公司系一家国有企业，后经改制变为有限责任公司，公司注册资本107万元，股东为12名自然人，其中王某出资30.8万元占注册资本28.79%，马某出资15.4万元占注册资本14.39%，其他10名股东共出资60.8万元占注册资本56.82%。公司的经营一直以来较为惨淡，且10名小股东对第一大股东王某的经营管理不甚满意。所以，10名小股东为保护自身权益，经协商决定将他们的股权集体转让，并一起签订了集体承诺，承诺10名股东转让股权必须集体转让，单独转让的行为无效。之后10名股东与肖某达成初步转让股权的协议，协议约定由肖某购买全部10名股东的所有股权，总价款182.4万元，且股权转让税款由肖某承担，付款时间为股权转让协议生效之日。2010年2月2日召开临时股东大会，在股东大会上讨论通过了10名股东转让股权的决定，并分别向王某、马某发出了书面股权转让通知，通知他们在30日内行使优先购买权，逾期则视为同意对外转让。2010年3月2日王某为达到让10名小股东所有股权之和不足公司总股权50%的目的，通过欺诈的方式分别与10名股东中的两名

股东陈某、高某签订了股权转让协议，协议约定的转让价款与肖某所出的价款一致，但是股权转让的税费则由双方各自承担，股权转让款支付时间则约定为："具备转让条件时支付50%的转让款，等到工商登记变更之后支付剩余50%的转让款。"

2010年3月4日，肖某分别与10名股东（包括已与王某签订股权转让协议的高某、陈某）签订了股权转让协议，并分别足额支付了股权转让款，以及足额缴纳了应缴税费。股权转让后，肖某要求青岛某洗涤机械有限公司到工商行政部门办理变更手续，青岛某洗涤机械有限公司以有股东不同意为由拒绝办理工商变更手续。

肖某以青岛某洗涤机械有限公司为被告，12名股东为第三人，起诉至青岛市市北区人民法院，诉求法院判令被告青岛某洗涤机械有限公司依法给肖某办理股权工商登记变更手续。

裁判结果：

青岛市市北区人民法院做出民事判决：判决该公司应当为肖某办理股权变更手续。

裁判理由：

法院认为，10名股东在股东大会上向王某和马某送达书面股权转让通知书的行为，已经履行了《公司法》中的通知义务，并未侵犯股东的优先购买权。虽然高某、陈某与王某签订了股权转让协议，但因签订过程存在不诚实行为，并非当事人的真实意思表示，且未实际履行，法院不予认可。同时，10名股东共同与肖某签订条件更为优越的转让协议，并按协议受让了全额转让款，履行了主要义务的行为，足以证明10名股东与肖某之间的协议最大限度地满足了转让需求，是当事人的真实意愿。

王某辩称其在30日期限内已通过短信等方式与多名股东达成优先购买协议，肖某的转让协议因侵犯了股东的购买权和公司的利益。法院对此不予认可。依据法律的规定及10名股东在股权转让通知书中的约定，王某和马某在30日内未做出答复，视为同意对外转让。两人在具备书面通知条件的情况下，以短信的方式在深夜通知其愿意购买的意向，法院同样不予支持。受各种条件的限制，短信不一定能够通知到每位被通知人，并非法定通知方式。肖某在其他股东放弃同等条件下优先购买权的情况下签订的股权转让协议，不违反法律、行政法规的强制性规定，真实有效，且他已经履行了全额支付转让款的主要义务，并在工商部门填报了股权变更税源监控登记表、缴纳了各项税费。代理人出示了股权转让协议和股权转让通知书等证据，以证明股权转让真实存在，并已按照法律规定向王某和马某书面通知，尊重了其优先购买权。

律师评析：

这是一起股东资格确认纠纷案件，也是一起典型的股权转让中其他股东行使优先购买权的案件。

《公司法》规定公司股权的转让应当根据公司章程的规定，公司章程中没有规定则按照《公司法》的规定。本案中青岛某洗涤机械有限公司章程中股权转让的规定与《公司法》的规定完全一致。《中华人民共和国公司法》第七十二条规定："有限责任公司的股东之间可以相互转让其全部或者部分股权。股东向股东以外的人转让股权，应当经其他股东过半数同意。股东应就其股权转让事项书面通知其他股东征求同意，其他股东自接到书面通知之日起满30日未答复的，视为同意转让。其他股东半数以上不同意转让的，不同意的股东应当购买该转让的股权；不购买的，视为同意转让。经股东同意转让的股权，在同等条件下，其他股东有优先购买权。两个以上股东主张行使优先购买权的，协商确定各自的购买比例；协商不成的，按照转让时各自的出资比例行使优先购买权。"

本案的焦点问题在于肖某购买10名股东股权的行为是否侵犯了其他两名股东的优先购买权。

首先，10名股东根据法律规定向其他两名股东发出书面股权转让通知，通知两名股东在30日内行使优先购买权，10名股东发出通知的行为是严格履行《公司法》规定及公司章程约定的义务的行为。而两名股东则在30日内没有明确表示购买10名股东的全部股权。

其次王某与高某、陈某签订的股权转让协议也不是在"同等条件下"，实际上王某的受让条件明显劣于肖某提出的受让条件。（1）肖某支付的股权转让款高于王某支付的股权转让款。肖某购买股权的条件之一是支付股权转让的所有相关税费，而王某签订的股权转让协议，其只支付部分税费。（2）支付期限不同。肖某在协议生效后立即支付价款，而王某则是要等条件成熟后再支付，其支付期限具有不确定性。通过上述两点可以看出王某股权的受让条件明显劣于肖某的受让条件。

综上所述，10名股东在转让股权的过程中履行了应尽的义务，并没有侵害其他两名股东的优先购买权。代理人在整个代理过程中正是牢牢围绕这个核心点，组织证据，据理力争，最终取得胜诉的代理结果。

承办律师：张颖清

撰稿人：张颖清

肥城矿业集团有限责任公司
股权转让合同纠纷案件涉及的法律问题

关键词： 股权转让　股东资格取得　股权的善意取得　无效合同

律师观点、案例核心价值： 公司股权转让，需要签订股权转让协议，及时进行工商变更登记。未进行工商变更登记的，股权受让人的权益有可能得不到保障。

一、案情简介

（一）事实经过

肥城矿业集团有限责任公司（以下简称肥城矿业公司）与呼伦贝尔市经纬矿业开发有限公司（以下简称经纬矿业）、深圳市大本创业投资有限公司（以下简称大本创业公司）、陈巴尔虎旗兴旗矿业有限公司（以下简称兴旗矿业公司，属陈巴尔虎旗政府设立的国有公司）及第三人呼伦贝尔市大正能源开发有限公司（以下简称大正能源）确认股权转让协议无效一案，肥城矿业公司委托我所律师作为其代理人参与案件的一审、二审诉讼。具体案件经过：

1. 2005 年 4 月 1 日，由大本创业公司、兴旗矿业公司共同出资依法设立了大正能源，从事矿产资源勘查业务的经营活动，大正能源注册资本 500 万元，其中兴旗矿业公司占 30% 的股权，大本创业公司占 70% 的股权。大正能源从事勘查开发的煤田位于内蒙古自治区呼伦贝尔市陈巴尔虎旗境内呼山盆地，并于 2005 年 6 月取得其探矿权。在勘查开发过程中，大本创业公司、兴旗矿业公司将大正能源的股权于 2010 年 6 月全部转让给肥城矿业公司，兴旗矿业公司将其在大正能源 30% 的股权委托大本创业公司代为处分。

2. 2005 年 12 月 20 日，经纬矿业、大正能源、兴旗矿业公司签订《合作探矿协议书》，协议约定：经纬矿业将其位于呼山盆地北东段的煤炭资源探矿权申请人依法变更为大正能源，并在本协议签订后由经纬矿业在 45 个工作日内将探矿权办至大正能源名下后，经纬矿业享有兴旗矿业公司所持大正能源 20% 的股权所对应的收益权，该收益权的取得方式由经纬矿业和兴旗矿业公司另行协商。

3. 2005年12月20日，兴旗矿业公司与经纬矿业签订了《股权转让合同》，大本创业公司为见证方，合同约定：兴旗矿业公司将所持有的大正能源20%的股权转让给经纬矿业，经纬矿业将呼山煤田北东段的煤炭资源探矿权申请人更名为大正能源，作为受让兴旗矿业公司拟转让股权的对价。经纬矿业同意在本协议签订后45个工作日内将探矿权（《勘查许可证》）办至大正能源名下。兴旗矿业公司同意在同一时间内办完股权转让工商变更登记。还约定，本合同经工商行政管理机关同意办理股东变更登记后，经纬矿业即成为大正能源的股东，按持股比例及章程规定分享公司利润与分担亏损。

4. 肥城矿业公司大正能源独资勘查经营的呼山煤田在2005年6月已经取得探矿权，并于2008年6月24日将《内蒙古自治区陈巴尔虎旗呼山盆地北东段煤炭普查报告》提交国土资源部矿产资源储量评查中心委托审查，2008年11月5日，国土资源部矿产资源储量评查中心出具了意见书。2010年6月11日，大正能源将探矿权评估报告提交内蒙古自治区国土资源厅备案。2010年8月19日，大正能源缴纳探矿权和采矿权的使用费和价款。

5. 2010年，大本创业公司向肥城矿业公司转让呼山煤田探矿经营权时，大正能源的股东为大本创业公司和兴旗矿业公司，肥城矿业公司以股权受让的形式取得了大正能源100%的股权。

（二）原告一审诉讼请求

2013年4月，原告经纬矿业以大本创业公司、兴旗矿业公司、肥城矿业公司为被告，以大正能源为第三人，于2013年3月25日向陈巴尔虎旗人民法院提起诉讼，请求：

1. 确认被告大本创业公司、兴旗矿业公司与肥城矿业公司签订的《股权转让协议》《补充协议》无效；

2. 请求法院确认原告经纬矿业仍为大正能源的合法股东，并享有该公司20%的股东权利。

（三）原告一审提交的证据

1. 《呼伦贝尔市人民政府关于变更陈巴尔虎旗呼山煤田探矿权申请人名称的函》，主要内容为"为保证生产资源供给，我市同意将呼山煤田北东段区域煤田探矿权由经纬矿业变更为呼伦贝尔市大正能源开发有限公司，并请自治区国土资源厅将该区域煤田探矿权（勘查许可证）核发给呼伦贝尔市大正能源开发有限公司。"

2. 2005年12月20日《股权转让合同》，主要内容为：

甲方（转让方）：兴旗矿业公司，乙方（受让方）：经纬矿业，丙方（见证方）：大本创业公司。甲方同意将持有大正能源30%股权中的66.7%，即大正能源20%股权转让给乙方，并获丙方认可。乙方同意将获得批准的陈巴尔虎旗呼山煤田北东段煤炭资源探矿权申请人更名为大正能源，作为受让甲方拟转让股权的对价。

乙方同意在本协议书签订后 45 个工作日内将探矿权办至大正能源名下。甲方同意在同一时间内办完股权转让给乙方的工商登记变更。

本合同经工商行政管理机关同意并办理股东变更登记后，乙方即成为大正能源的股东，按持股比例及章程规定分享利润与分担亏损。

3. 2005 年 12 月 20 日《合作探矿协议书》主要内容为：甲方：经纬矿业，乙方：大正能源，丙方：兴旗矿业公司。甲方将呼山煤田北东段煤炭资源探矿权申请人依法变更为乙方，在本协议签订后 45 个工作日内将探矿权变更至乙方名下。

甲乙丙三方同意，在甲方将探矿权办至乙方名下后，甲方享有丙方所持有乙方 20% 股权的收益权。

4. 股权变更申请资料（未到工商部门办理变更登记）。

股权转让合同、合作探矿协议书、大正能源股东会决议、章程修正案、企业变更股东申请书、大正能源原章程、呼山煤田开发合同。

（四）一审被告肥城矿业公司提交的证据

1. 呼伦贝尔市大正能源开发有限公司（以下简称大正能源）工商登记资料

证明：（1）大正能源原股东为大本创业公司和兴旗矿业公司，本案原告并非大正能源的股东，大本创业公司和兴旗矿业公司有权处置自己的股权，原告无权提起诉讼；（2）肥城矿业公司在与大本创业、兴旗矿业公司签订股权转让协议时，进行审慎调查义务，没有发现除工商登记股东外的第三方持有大正能源的股权，肥城矿业公司在整个股权转让交易过程中主观善意，不存在过错。

2. 股权转让资料。

（1）《股权转让协议》（2010 年 4 月 29 日）；（2）《股权处置委托书》（2010 年 5 月 5 日）；（3）《补充协议》（2010 年 9 月 26 日）。该等证据的主要内容为：2010 年 4 月 29 日，大本创业公司与肥城矿业公司签订《股权转让协议》，大本创业公司将其持有的大正能源 30% 的股权转让给肥城矿业公司，同时大本创业公司依据兴旗矿业公司的股权处置授权，将兴旗矿业公司持有大正能源 30% 股权转让给肥城矿业公司，股权转让对价为 1.2 亿元人民币；2010 年 9 月 26 日，大本创业公司将其持有的大正能源 40% 股权转让给肥城矿业公司，转让价款 8000 万元。证明了大本创业公司、兴旗矿业公司将其持有的大正能源的股权转让给肥城矿业公司，双方签订的协议合法有效。

3. 大正能源工商变更登记资料，主要内容为：大本创业公司、兴旗矿业公司转让股权给肥城矿业公司后，于 2010 年 6 月 17 日、2010 年 11 月 1 日进行了工商变更登记。证明了大本创业公司、兴旗矿业公司将股权转让给肥城矿业公司后，双方履行了股权变更法定手续，股权转让合法合规。

4. 股权转让价款支付凭证 6 份，证明肥城矿业公司依约支付股权转让价款。

被告肥城矿业公司提交上述证据综合证实：（1）本案原告不是大正能源股东，其无权要求持有大正能源 20% 股权，更无权要求认定本案被告之间的股权转让行为无效；（2）假设原告持有股权，肥城矿业公司与大正能源工商登记载明的股东签订股权转让协议，支付完毕对价，并办理了股东变更工商登记，根据《公司法》第三十二条、《最高人民法院关于适用〈公司法〉若干问题的规定（三）》第二十八条、《物权法》第一百〇六条之规定，肥城矿业公司善意取得大正能源 100% 股权。原告无权要求确认股权转让协议无效。

（五）被告肥城矿业公司提出如下答辩意见

1. 原告自始不享有呼伦贝尔市大正能源开发有限公司（以下简称大正能源）的股东资格，其无权提起本诉讼。

（1）原告并不具有涉案的呼山煤田探矿权，其并未向大正能源出资。

①涉案的呼山煤田探矿权系大正能源原始取得，原告自始并不享有该探矿权，更不存在向大正能源出资之说。

根据原告当庭所述及其《民事诉讼状》载明内容，其取得大正能源股权的基础是以呼山煤田探矿权向大正能源"出资"。但根据大本创业公司及我公司提交的国土资源部《勘查区普查报告》（国土资矿评咨〔2008〕70 号），大正能源于 2005 年 6 月原始取得该探矿权，大正能源并非从原告处受让取得，既然原告不享有该探矿权，何来出资？原告主张其以该探矿权向大正能源出资，并非客观事实。

②原告出具的《呼伦贝尔市人民政府关于变更陈巴尔虎旗呼山煤田探矿权申请人名称的函》（呼政函〔2006〕3 号），不能证明其享有呼山煤田探矿权。

其一，该文件的内容仅能证明原告代表呼伦贝尔市人民政府向上级国土主管部门申办呼山煤田探矿权，原告仅是经办人，而不是探矿权人。

其二，该文件形成时间为 2006 年 1 月，但大正能源已经于 2005 年 6 月就取得了呼山煤田探矿权，更能说明大正能源不是从原告处取得该探矿权，原告并没有以该探矿权向大正能源出资。

（2）除原告未向大正能源出资外，大正能源也未进行股东变更登记，原告并不是工商登记中载明的股东。

根据大正能源工商登记资料，大正能源的原始股东为大本创业公司和兴旗矿业公司，原告自始至终均不是大正能源的股东。

股东，是指公司的出资人或投资人。根据《公司法》的规定，有限责任公司的股东以其认缴的出资额为限对公司承担责任，公司股东依法享有资产收益、参与重大决策和选择管理者等权利。

本案中，原告既未向大正能源履行出资义务，也未参与过公司管理，更未登记于公司股东名册，也从未享有过任何股东收益，因此，其根本不是公司股东。

（3）原告提交的《合作探矿协议书》《股权转让合同》也无法证明其是大正能源股东。

①原告提交《合作探矿协议书》，欲证实其从兴旗矿业公司受让了大正能源20%股权。但是该《协议书》通篇内容均没有任何"股权转让"字眼。其中第二条约定的是原告享有兴旗矿业公司所持大正能源20%股权对应的"收益权"，并非"股权"。原告以此认定自己享有股权并无合同依据。

②原告提交的《股权转让合同》属于附条件生效合同，因所附条件并未实现，因此合同并未生效；同时，假设该《股权转让合同》生效，但是因原告并未实际履行该合同，原告也不能因此取得大正能源20%股权。

a. 《股权转让合同》第三条约定，本合同经工商行政管理机关同意并办理股东变更登记后，乙方（"原告"）即成为大正能源的股东，按持股比例及章程规定分享公司利润和分担亏损。根据该约定，原告成为大正能源股东的前提条件是"本合同经工商行政管理机关同意并办理股东变更登记后"。但因大正能源并未办理股东变更登记等，所以原告成为大正能源股东的条件未能成就，其不是大正能源股东。

b. 根据《股权转让合同》第一条第二项约定，原告同意在本协议书签订之日起45个工作日内将探矿权办至大正能源名下……但该《股权转让合同》签订时间是2005年12月，而大正能源取得探矿权的时间是2005年6月，即在2005年6月大正能源就取得了涉案探矿权，并非是原告将探矿权办至大正能源名下，因此原告并未实际履行约定之义务，自然其不能取得大正能源20%股权。

综上，原告并非大正能源的股东，不享有大正能源20%股权，其不具有原告主体资格，无权提起本案诉讼。

2. 我公司与大本创业公司签订的《股权转让协议》《补充协议》为有效协议，我公司系大正能源100%股权持有人。

我公司与大本创业公司、兴旗矿业公司之间的《股权转让协议》《补充协议》并不违反法律、行政法规的禁止性规定，属有效协议。

2010年4月19日，我公司与大本创业公司签订了《股权转让协议》，协议约定大本创业公司将其持有的大正能源30%股权转让给我公司，将兴旗矿业公司委托其处置的该公司持有大正能源30%股权转让给我公司。2010年9月26日，我公司与大本创业公司签订《补充协议》，大本创业公司将其持有的大正能源剩余40%股权转让给我公司。

我公司在股权转让过程中通过审慎审查，工商登记资料中并没有第三方持有大正能源股权之情形，才与股权持有人及股权处置受托人签订股权转让相关协议。并且，该协议内容不存在《合同法》第五十二条规定的合同无效之情形，该等《协议》有效，我公司合法持有大正能源 100% 股权。

3. "假设"原告原持有大正能源 20% 股权，但该股权已通过兴旗矿业公司转让给我公司，我公司已善意取得该 20% 股权。原告已不再是大正能源股东，不再享有股东权利。

我公司在与大本创业公司、兴旗矿业公司完成股权转让过程中，尽到了勤勉尽责、审慎审查义务。通过调查工商登记资料等措施，发现大正能源的股东为大本创业公司、兴旗矿业公司。我公司有理由相信工商登记资料显示内容的真实性、客观性，并基于工商登记之内容，与股东签订股权转让协议，并完成股权交易，变更完毕股权登记，支付该 20% 股权的合理对价。

《公司法》第三十二条规定，公司应当将股东姓名或者名称向公司登记机关登记，发生变更后，应当办理变更登记。未经登记或者变更登记的，不得对抗第三人。

《最高人民法院关于适用〈公司法〉若干问题的规定（三）》第二十八条规定，股权转让后尚未向公司登记机关办理变更登记，原股东将仍登记于其名下的股权转让、质押或者以其他方式处分，受让股东以其对股权享受实际权利为由，请求认定处分股权行为无效的，人民法院可参照《物权法》第一百〇六条的规定处理。

《物权法》第一百〇六条规定，无处分权人将不动产或者动产转让给受让人的，符合下列情形的，受让人取得该不动产或者动产的所有权：（一）受让人受让该不动产或者动产时是善意的；（二）以合理的价格转让；（三）转让的不动产或者动产依照法律规定应当登记的已经登记，不需要登记的已经交付给受让人。受让人依照前款规定取得不动产或者动产的所有权的，原所有权人有权向无处分权人请求赔偿损失。当事人善意取得其他物权的，参照前两款规定。

根据上述法律规定，即使原告持有大正能源 20% 股权，则该股权已经被兴旗矿业公司转让予我公司，并办理完毕股权登记手续，我公司支付了相应对价，则依据善意取得制度，我公司应取得该 20% 股权所有权。如原告认为自己持有 20% 股权，其应当向大本创业公司、兴旗矿业公司主张权利，与我公司无关。

4. "假设"原告持有大正能源 20% 股权，根据《合同法》《物权法》的相关规定，我公司受让大正能源 100% 股权属善意取得，我公司并未侵犯原告知情权、优先购买权，也未违反国有资产转让强制性规定。

（1）我公司受让大正能源 100% 股权属善意取得，不存在侵犯其知情权、优先购买权之说。

前述，依据《公司法》第三十二条、最高人民法院关于适用《公司法》若干问题的规定（三）第二十八条、《物权法》第一百〇六条的规定，我公司受让大正能源100%股权属善意取得，因此不存在我公司侵犯其知情权、优先购买权之说。我公司就此不应承担任何责任。如果原告的知情权、优先购买权受到侵害，其应依据其与大正能源股权转让方之间的协议要求转让方承担相应责任，而不能要求确认转让行为无效。

（2）本案应当优先适用《公司法》及《物权法》关于股权转让善意取得制度，不应适用国有资产转让规定。

善意取得制度系国家立法基于保护交易安全而专设的制度。本案中，股权转让系市场经济体系下的交易行为，该善意取得不应区分股权的属性，尤其是原告未履行工商股东变更登记，不是本案股东的情形下，更应当保护本次交易的完整性、安全性。因此，本案应当优先适用善意取得制度，而不应适用国有资产转让相关规定。

综上所述，原告不是大正能源股东，不享有大正能源20%股权，其无权提起本案诉讼。我公司系合法持有大正能源100%股权。望法院能够公正审理，驳回原告诉讼请求，维护我公司合法权益。

（六）一审判决结果及裁判理由

呼伦贝尔市陈巴尔虎旗人民法院经审理认为：本案的焦点问题是原告是否取得大正能源的股东身份。综合本案查明的事实，原告经纬矿业虽然在本次诉讼当中主张请求依法确认原告为大正能源的股东，并享有大正能源20%股权，但在本案庭审当中，原告提供的四份证据均缺乏合法股东身份的关联性，无法直接证明原告是法定意义上的大正能源股东。依据《公司法》的规定，公司股东身份应当以股东名册记载为准，本案原告均没有提供股东身份合法有效证据。关于原告与被告兴旗矿业公司签订的《股权转让合同》，虽然是双方在自愿的基础上签订的，但合同的股权转让是附有前置条件的，是属于附条件生效合同（即探矿权），此合同系《合同法》规定的须经批准方生效的合同，而原告尚未取得探矿权，且违反了法律法规强制性规定，所以《股权转让合同》尚未生效。而原告提交的合作探矿协议书，虽然是合作方的一方主体，但此协议明确约定原告取得的是收益权，而不是股权。相反，被告大本创业公司和肥城矿业公司提供的证据均证明《股权转让协议》与原告收益权无关联性，其转让股权没有侵害到原告的合法权益。综上，更加充分说明大正能源的股份无原告的股权，故本院对原告的诉讼请求不予支持，判决驳回原告诉讼请求。

（七）二审过程

1. 一审判决做出后，经纬矿业不服提出上诉。

上诉理由：其认为其转让的是探矿权的申请权（一审主张转让的是探矿权），变更了一审时起诉的理由。其他与一审主张的事实和理由没有变化。

2. 被上诉人（本案委托人）肥城矿业公司答辩。

（1）上诉人改变了一审起诉事实依据及理由，二审法院应当围绕一审判决认定的事实和理由进行审理并最终认定一审判决是否正确，而不能依据上诉人改变的事实和理由审查一审判决。

上诉人在一审时认为其享有涉案探矿权，并以此出资取得大正能源 20% 股权。一审法院认为上诉人没有取得探矿权，据此驳回其一审请求。

上诉人改变了其一审原主张的事实和理由，上诉理由变更为其以探矿权"申请人"变更为大正能源来换取大正能源 20% 股权，即其改变了一审的审理基础事实，但二审法院仍应继续审查上诉人一审时提出的基础事实——上诉人是否享有探矿权及是否入股取得大正能源 20% 股权进行审理。若一审法院遗漏或错误适用法律及错误认定上诉人主张的事实，二审法院可以予以纠正。但上诉人改变了其一审主张的事实及理由，且该理由又是一审判决的主要依据之一，则二审法院就应当围绕上诉人一审主张的事实和理由审查一审判决是否适当。否则，对一审法院不公平，对被上诉人不公平，也违背二审审理原则之规定。

（2）上诉人对涉案探矿权不享有任何民事上的合法收益权，其与大正能源签订《股权转让合同》，实际上是政府通过下放管理权的形式违规额外收取探矿权人费用，是以合法形式掩盖非法目的，属无效行为。据此，上诉人与兴旗矿业公司签订的《股权转让合同》无效。上诉人取得大正能源 20% 股权无合法依据。

首先，依据上诉人的主张，其对涉案探矿权代市政府进行管理，这种行政管理属性决定其对涉案探矿权不享有任何民法的合法收益权，其无权通过民事交易行为转让涉案探矿权的任何权益。

根据《上诉状》所述，上诉人认为自己是呼伦贝尔市经委下属国有独资公司，专职代市政府管理呼伦贝尔市所属探矿权。根据上诉人提交的《呼伦贝尔市人民政府关于变更陈巴尔虎旗呼山煤田探矿权申请人名称的函》（暂不考虑其真实性），该函载明呼山煤田北东段属呼伦贝尔市政府管理的煤田，由呼伦贝尔市经纬矿业开发有限公司代表市政府申办探矿权。

依据上诉内容，就涉案探矿权上诉人仅具有行政管理职能，其行为属政府行政行为的一部分。因此，上诉人没有通过国土资源部门出让程序受让涉案探矿权，成为探矿权人，上诉人仅是涉案探矿权的管理人，而非所有权人，对涉案探矿权并不享有民事上的合法权益。其与探矿权申请人、受让人之间实质形成的是行政法律关系，即行政主体与行政相对人关系，而非民法中的权利转让人与受让人关系。其对该探矿权的权益（包括申请人身份）不能通过民事法律规定进行转让，而只有政府及相关部门依据《矿产资源法》及相关规定对涉案探矿权进行出让才合法合规。

其次，大正能源取得探矿权后已支付完毕法律法规规定的所有使用费价款。上诉人通过变更探矿权申请人的方式与兴旗矿业公司签订《股权转让合同》，属于违法向探矿权受让人多收取额外费用，实质上属于"以合法形式掩盖非法收取探矿权人费用的目的"，该合同属无效合同。

根据《矿产资源法》第五条规定，国家实行探矿权、采矿权有偿取得的制度。根据国务院《矿产资源勘查区块登记管理办法》第十四条规定，探矿权使用费和国家出资勘查形成的探矿权价款，由登记管理机关收取，全部纳入国家预算管理。即，探矿权受让人取得探矿权，仅需支付探矿权使用费或探矿权价款等，并不包含其他费用。大正能源依据国土资源部门规定，向探矿权登记管理机关支付完毕相应价款完成探矿权的受让行为。根据前述法律规定，自然不需再向政府及其他主体支付任何价款。

在大正能源支付了探矿权价款外，上诉人又额外要求大正能源给付其20%股权，并于2005年12月12日签订《股权转让合同》，该行为没有任何法律依据，属于借助探矿权出让优势行政地位非法获取受让企业干股行为，是"以合法形式掩盖非法收取探矿权人费用的目的"之行为。根据《合同法》第五十二条关于合同无效之规定，上诉人与大正能源签订的《股权转让合同》无效。

（八）二审法院裁判理由

本院认为，本案的争议焦点为，经纬矿业是否享有大正能源的股东资格。经纬矿业为证明其是大正能源股东，提交了2005年12月20日其与大正能源、兴旗矿业公司《合作探矿协议书》，及2005年12月20日经纬矿业、兴旗矿业公司《股权转让协议书》，但该两份协议载明的经纬矿业取得大正能源的股东资格的前提条件是经纬矿业将探矿权申请人变更为大正能源，2006年1月19日，呼伦贝尔市人民政府向内蒙古自治区国土资源厅出具《关于变更陈巴尔虎旗呼山煤田探矿权申请人名称的函》，虽然载明将探矿权申请人由经纬矿业变更为大正能源，但根据大本创业公司提供的《呼山煤田审查意见书》，能够证实大正能源取得探矿权的时间为2005年6月，且经纬矿业对该证据的真实性无异议，故《关于变更陈巴尔虎旗呼山煤田探矿权申请人名称的函》出具的时间在大正能源正式取得探矿权之后，不能证明经纬矿业将探矿权已出让给大正能源，经纬矿业不能依据合同的约定要求享有大正能源20%的股权，经纬矿业系国有公司，其经营范围为组织辖区内的矿产资源风险探矿工作。根据《中华人民共和国矿产资源法》的规定，探矿权的取得要履行严格的行政审批手续，大本创业公司提供的证据证明了大正能源通过履行相应的行政审批手续取得探矿权，且缴纳了相应的探矿权价款。因此大正能源探矿权的取得不是履行了经纬矿业与兴旗矿业公司签订的《股权转让协议》，且经纬矿业二审诉讼请求所依据的事实与理由与一审诉讼请求所依据的事实与理由并不一致。故经纬矿业依据《股权转让协议》等证据主张享有大正能源20%股权的理由不能成立，本院不予支持。驳回上诉，维持原判。

二、案例评析

本案涉及股权转让是否适用善意取得制度，股东资格取得及合同无效的法律规定。如果在股权转让过程中，未对该等法律问题有明确的掌握，极易产生纠纷，形成风险隐患。

（一）股权转让适用善意取得制度

根据《公司法》第三十二条规定，有限责任公司应当置备股东名册，记载下列事项：（一）股东的姓名或者名称及住所；（二）股东的出资额；（三）出资证明书编号。

记载于股东名册的股东，可以依股东名册主张行使股东权利。

公司应当将股东的姓名或者名称向公司登记机关登记；登记事项发生变更的，应当办理变更登记。未经登记或者变更登记的，不得对抗第三人。

根据最高人民法院关于适用《公司法》若干问题的规定（三）第二十八条规定，股权转让后尚未向公司登记机关办理变更登记，原股东将仍登记于其名下的股权转让、质押或者以其他方式处分，受让股东以其对股权享受实际全力为由，请求认定处分股权行为无效的，人民法院可参照《物权法》第一百〇六条的规定处理。

根据《物权法》第一百〇六条规定，无处分权人将不动产或者动产转让给受让人的，所有权人有权追回；除法律另有规定外，符合下列情形的，受让人取得该不动产或者动产的所有权：（一）受让人受让该不动产或者动产时是善意的；（二）以合理的价格转让；（三）转让的不动产或者动产依照法律规定应当登记的已经登记，不需要登记的已经交付给受让人。

受让人依照前款规定取得不动产或者动产的所有权的，原所有权人有权向无处分权人请求赔偿损失。

当事人善意取得其他物权的，参照前两款规定。

通过上述法律及司法解释的规定，充分明确了公司股权转让适用善意取得制度，但前提是主观上为善意，客观上已支付合理对价，且完成法定意义上的交付（登记）。

（二）股东资格取得的几个法律问题

1. 股东资格取得的外在形式涉及的法律问题。

（1）实际出资能否取得股东资格。

按照传统理论，股东出资是取得股东资格的实质要件，如果不对公司出资便不具有股东资格。但目前理论和实践中，这种认识已不全面。现实中，若以此为依据，将无法解决隐名股东与显名股东的问题，将导致显名股东因为没有对公司出资，而否定其股东身份，将造成公司重大事项表决的障碍及相应股东权利义务行使的真空，公司股权流转也将出现混乱局面，也可能损害相关第三方的权益。

因此，股东资格的认定不能用是否对公司出资作为判断股东资格的唯一标准。

（2）股东名册、股东凭证与股东资格取得的关系。

股东名册是认定股东资格的证据之一，但不是唯一证据。股东名册是公司将股东名称记载于股东名册的内部行为，是公司的法定行为，具有公示作用，但并不具有创设权利的功能。

最高人民法院《关于审理公司纠纷案件若干问题的规定》第十七条规定，记载于有限责任公司股东名册的公司股东向公司主张股东权利，公司无相反证据证明其请求无理的，人民法院应予支持。该规定实际已经说明，一般情形下，可以依据有限责任公司股东名册确认股东身份。但该规定也隐含着或者说实践中也大量存在着通过其他一系列的证据来否定股东名册记载股东的身份问题。公司可以依据其他相关证据推翻股东名册载明股东的资格。

股权凭证从性质上看仅是物权凭证，是证明股东出资或持有股份的凭证。但股东凭证的取得是否有合法的依据，能否以此认定股东身份，在发生纠纷时要严格审查，依据公司章程、股东名册、出资情况及工商股东登记情况来确定持有人是否是公司股东。因此，股东凭证也不是确认股东资格的唯一依据。

（3）工商登记与股东资格取得关系。

根据《公司法》规定，公司股东登记最主要的作用是具有对抗第三人的效力。工商登记并不是确认股东资格的唯一证据，仅是股东资格取得的外在表现形式之一，是否真正是公司股东，并享有公司权利，要依据是否出资，是否履行股东义务等诸多条件确定。工商登记的重要作用在于保障善意第三人相关权益，公司、股东和股权受让人以外的善意第三人完全可以仅以工商登记来认定出资人或受让人的股东资格，而不考虑其他形式条件或实质条件，如此有利于保护相关民事行为的稳定性。

2. 当股东出资、公司章程记载、股东名册记载与工商登记的股东不一致，如何来认定股东资格。

（1）应优先以形式化证据作为认定股东资格取得的依据。

实际出资人与公司章程、股东名册、工商登记载明的股东不一致时，应当以公司章程、股东名册、工商登记载明的股东来确认股东资格。该等情形下，实际出资人仅能证明其具有出资行为，但股东资格的取得，在其出资后仍然要经过一系列法定行为才能完成股东身份的建立。因此，若出资人与公司章程记载、股东名册记载、工商登记不一致发生争议时，应以公司章程或股东名册或工商登记记载为准确认股东资格。现有大量案例，也能印证人民法院在审理时并不单独以实际出资作为认定股东身份的证据。

（2）公司与股东、股东与股东或股权出让人与受让人之间发生争议时，应当以股东名册和公司章程记载作为认定股东资格的依据。

如果公司章程记载与股东名册记载的内容发生冲突，原则上应坚持公司章程优先适用的原则处理，因为公司章程为公司股东之间签订的具有宪章性质的文件，而股东名册只是公司出具的确认股东资格的一种记载，是由公司章程派生而来的。需要说明的是，在不存在第三人股权纠纷时，工商登记只具有对外公示的功能和证权的效力，对内不能作为唯一证据去确认股东权益。

（3）应以工商登记作为第三人主张股东权利合法与否的依据。

工商登记是公司将股东在工商行政部门进行登记备案，对外进行公示的表现形式，是向外界宣告公司股东组成的方式。国家设定该登记备案制度，目的就在于保障相关市场经济行为的稳定性，这决定了工商登记将作为善意第三人主张权利的依据，也是公司、股东对抗第三人的重要证据。

在司法实践中，要严格区分公司股东之间内部纠纷解决的证据依据和公司、股东与外部第三人之间股权权益纠纷解决的证据依据。

为避免股权纠纷的出现，在涉及公司的设立、股权的转让过程中，要严格依法依规处理，避免出现风险。

（三）合同无效的法律问题

无效合同是相对有效合同而言的，是指合同虽然已经成立，但因其在内容上违反了法律、行政法规的强制性规定和社会公共利益而不具备法律效力的合同。无效合同具有违法性特征，因此对此类合同应实行国家干预，其本身具有不得履行性。通常认为，无效合同是绝对无效、当然无效和自始无效的。

我国《合同法》第五十二条规定："有下列情形之一的，合同无效：（一）一方以欺诈、胁迫的手段订立合同，损害国家利益；（二）恶意串通，损害国家、集体或者第三人利益；（三）以合法形式掩盖非法目的；（四）损害社会公共利益；（五）违反法律、行政法规的强制性规定。"该条第（五）项明确地规定了违反法律、行政法规的强制性规定的合同为无效的合同，具体判断时应考虑：（1）应以法律、行政法规的规定为判断合同效力的依据。对这一问题最高人民法院颁布的司法解释做出了具体规定。最高人民法院《关于适用〈中华人民共和国合同法〉若干问题的解释（一）》第四条规定："《合同法》实施以后，人民法院确认合同无效，应当以全国人大及其常委会制定的法律和国务院制定的行政法规为依据，不得以地方性法规、行政规章为依据。"（2）只有违反了法律、行政法规中的强制性规定才能导致合同无效。

关于法律、行政法规的强制性规定又要区分为管理性强制性规定、效力性强制性规定。并非合同行为违反了法律、行政法规的强制性规定，就属无效行为。根据最高人民法院《关于适用〈合同法〉若干问题的解释（二）》第十四条规定，《合同法》第五十二条第（五）项规定的"强制性规定"是指效力性强制性规定。但何为效力性强制性规定，何为管理性强制性规定，并没有明确的区分。《最高人民法院关于当前形势下审理民商事合同纠纷案件若干问题的指导意见》第十六条明确指出，人民法院应当综合法律、法规的意旨，权衡相互冲突的权益，诸如权益的种类、交易安全以及所规制的对象等，综合认定强制性规定的类型。如果强制性规定规制的是合同行为本身即只要该合同行为发生即绝对的损害国家利益或社会公共利益的，人民法院应当认定合同无效；如果强制性规定规制的是当事人的"市场准入"资格，而非某种类型的合同行为，或者规制的是某种合同的履行行为而非某类合同行为，人民法院对于此类合同效力的认定应当慎重把握，必要时应当征求相关立法部门的意见或者请示上级人民法院。

笔者认为，区分管理性法律规范和效力性法律规范的重要标准在于是否具有补正性。从立法目的看，如果该规范是为了实现管理的需要而设置，而不是为了侧重内容本身，并且本身结果的出现并非不可容忍，只要行为人在此后补正，并不会造成国家、社会或当事人利益的损失，则此类规范是管理型规定。如果行为本身及其结果自始受到严厉的否定性评价，该行为一旦实施将造成国家、社会或当事人个人利益的不可恢复，则此类规范为效力性规范。因为立法技术对于该等问题尚未达到精确区分，我们只能慎重把握在司法实践中合同效力问题，本着维护交易的稳定性原则，只有在合同行为明显损害了国家、社会公共利益之情形下方能认定合同无效。

就本案而言，经纬矿业所谓转让探矿权或探矿权"申请人"，实际是政府通过下放管理权的形式违规额外收取探矿权人费用，是以合法形式掩盖其非法目的，明显违反《中华人民共和国矿产资源法》及其他法律、法规关于探矿权价款等规费缴纳的相关规定，属无效行为。出于种种原因，人民法院判决未明确说明涉案《股权转让协议》等属无效合同，但该等合同系无效合同是不争的事实。

承办律师：张巧良　张作成

撰稿人：张作成

一人公司股东承担连带责任的案例简析

关键词： 一人公司　股东连带责任　法人地位股东有限责任滥用

律师观点： 一人有限公司作为独立法人，独立承担责任。一人有限公司股东能够证明出资到位、股东财产与公司财产独立、公司独立经营的，不对公司债务承担责任。其他有限公司也要保持股东与公司在财产、人员、业务上的独立性，避免混同而与公司承担连带责任。有限公司停止经营后，要及时清算，否则股东仍可能与公司承担连带责任。

相关法条：《中华人民共和国公司法》第三条第一款、第二十条第三款、第六十三条

一、基本案情

2012 年 2 月，被告 A 公司从原告经营的海滨建材经销处（以下简称海滨建材）购买了木方及木胶板。截至 2013 年 12 月 30 日，被告 A 公司共欠原告货款 1282165.81元。现原告海滨建材起诉被告 A 公司索要货款人民币 1282165.81 元、损失补偿金161552.89（以 1282165.81 元为基数，按照合同约定日千分之二，自 2013 年 12 月 31 日起计算至 2014 年 3 月 3 日止），同时自 2014 年 3 月 4 日起至实际之日止继续按照合同约定计算损失补偿金给原告。

因 A 公司资不抵债，公司法定代表人因涉嫌刑事犯罪已被逮捕，公司现处于不正常经营状态，法院送达开庭传票时，A 公司已经无人接收，因此法院公告送达。后原告了解被告 A 公司的相关情况后，提交公司登记情况，以被告 A 公司是一人有限公司，被告 B 公司作为被告 A 公司的唯一股东，其自己的财产不能独立于 A 公司的财产，被告B 公司应当对被告 A 公司的债务承担连带责任为由追加 B 公司为被告。

二、法院审理过程及判决结果

原告举证证明海滨建材与被告 A 公司签订《木材购销合同》《建筑木胶板购销合

同》各一份，约定由海滨建材按照被告 A 公司提供的规格型号加工木方、木胶板供应给被告 A 公司，海滨建材送货到工地，工地验收合格后以实际收货量为准到材料处办理结算手续；每月 30 日前，海滨建材向被告 A 公司足额提供供货发票，财务入账后，次月 5 - 10 日被告 A 公司应付给海滨建材货款总额的 70% ~ 90%，余款在主体竣工后半个月内付清；被告 A 公司不能按时付清款项，应从违约之日起，每日按欠款总额的千分之二作为原告的损失补偿金。上述合同同时对不同型号的木方、木胶板的单价等进行了约定，刁某在合同甲方处作为 A 公司委托代理人签字。合同签订后，海滨建材依约向被告 A 公司供货，被告 A 公司未能及时足额付款。2013 年 12 月 30 日，经对账，被告 A 公司的涉案合同经办人刁某出具的对账单载明："截至 2013 年 12 月 30 日与海滨建材所有供货单据全部对清，累计余额 1282165.81 元（壹佰贰拾捌万贰仟壹佰陆拾伍元捌角壹分）没有付款。"

诉讼中原告提交了被告 A 公司的营业执照，成立于 2011 年，系被告 B 公司出资设立的有限责任公司（法人独资），以《公司法》第六十三条之理由主张被告 B 公司的财产不能独立于 A 公司的财产，应当对被告 A 公司的债务承担连带责任。被告 A 公司没有出庭，被告 B 公司则提交了 2011 年度其对 A 公司出资的验资报告，投资款 200 万元的收款收据复印件，证明其对恩特劳务公司出资 200 万元到位，另外提交了 2011 ~ 2013 年度会计师事务所出具的 A 公司审计报告、被告 B 公司的工商登记材料、年检情况、税务登记证以及会计师事务所出具的 B 公司 2013 年度的审计报告，抗辩 B 公司与 A 公司均系独立法人，独立经营、独立纳税，有独立的财务账目、严格按《公司法》规定接受会计师事务所的审计，不存在财产混同的情形。其中 2011 年度的验资报告中明确载明："根据协议、章程规定，贵公司申请登记的注册资本为人民币 200 万元，全体股东于 2011 年 1 月 24 日之前一次性缴足。经我们审验，截至 2011 年 1 月 24 日，贵公司（筹）已收到全体股东缴纳的注册资本为人民币 200 万元整。"原告对验资报告、工商材料的真实性没有异议，对会计师事务所的审计报告内容有瑕疵，不能真实反映当时的客观情况。

法院经审理认为，本案争议的焦点在于被告 B 公司应否对 A 公司的举债承担连带责任。《中华人民共和国公司法》第三条第一款规定："公司是企业法人，有独立的财产，享有财产权。公司以其全部财产对公司的债务承担连带责任。"《公司法》第二十条第三款规定："公司股东滥用公司法人独立地位和股东有限责任，逃避债务，严重损害公司债权人利益的，应当对公司债务承担连带责任。"《公司法》第六十三条规定："一人有限公司的股东不能证明自己的财产独立于股东自己财产的，应当对公司债务承担连带责任。"本案中，被告 B 公司提交验资报告、恩特劳务公司和恩特节能公司的审计报告等证明作为 A 公司股东，出资到位，财产独立，两被告之间不存在财务混同、业务混同、组织机构混同之情形，其并未滥用控制权侵害原告的利益。应当指出的是，尽管《公司法》对于一人公司中股东与公司财产独立方面设置了举证责任倒置，但不能简单认为原告无须承担任何举证责任。具体来说，原告的举证责任体现于其应当举出盖然性的证据证明股东存在滥用公司人格的行为及由此产生了损害的结果，而本案原告就此主张的举证亦未达到合理怀疑的程度，在此情况下，原告请求被告 B 公司对 A 公司的债务承担连带责任，本院不予支持。该案一审判决后，对方没有上诉，判决已生效。

三、律师评析

关于公司法人人格否认制度在《公司法》有两条规定：第一，《公司法》第二十三条第三款："公司股东滥用公司法人独立地位和股东有限责任，逃避债务，严重损害公司债权人利益的，应当对公司债务承担连带责任。"这是普遍适用于所有公司的，同样也应当适用一人公司；第二，《公司法》第六十三条明确规定了一人公司股东更为严苛的证明责任，即"一人有限公司的股东不能证明自己的财产独立于股东自己财产的，应当对公司债务承担连带责任。"这明确了一人公司股东的举证责任倒置，债权人只需提供工商登记材料证明作为债务人的公司系一人公司即可完成证明责任，举证责任转移到一人公司的股东，如果举证不能，则需承担相关法律责任。

笔者认为，对于一人公司股东对公司债务连带责任在司法实践中的证明责任，应当分情况而论：

第一，债权人没有证据证明一人公司的股东与一人公司的财产存在混同，或者是没有证据证明股东存在滥用公司人格的行为及由此产生了损害的结果，在此种情况下，对于一人公司股东需要证明公司有完整独立并发挥作用的会计部门、财务制度、财务报表等，公司按照《公司法》第六十二条之规定，在每一会计年度终了时编制财务会计报告，并经会计师事务所审计。笔者认为在这种情况下，作为股东的证明责任即为完成。财务账册是记载财产情况的客观证据，运用财务记账的基本原则对财务账册中记载的事项进行质证可以真实地反映出公司财产的流动，从而分析出公司财产是否真正独立；而财务会计报告的编制是《公司法》对一人有限责任公司的法定要求，是一人公司是否独立的重要判断因素。

第二，债权人有合理理由或证据证明一人公司股东与公司存在混同情况，比如公司与股东的办公场所一致、公司与股东的财务人员有混同、账目有混同、公司与股东之间存在业务往来等等，当然这些具备高度盖然性的证据并不能直接推定为公司与股东之间财产混同。此时作为一人公司的股东，仅仅提供出资证据、税务证据或者财务审计报告不能认为完成举证责任，股东需要对债权人的证据进行合理的解释，在充分质证后，由法院来裁判。另外，作为一人公司股东可以考虑提交专业鉴定的结论作为抗辩的理由，即在诉讼中申请由法院指定会计师事务所来对一人公司的财产与一人公司股东的财产之间是否独立、是否混同来进行审计，法院以中介机构的审计结论作为裁判的依据。

第三，如果债权人有明确的证据证明，一人公司的股东滥用公司法人独立地位和股东有限责任，逃避债务，严重损害公司债权人利益的，债权人可以直接依据《公司法》第二十三条第三款之规定，要求股东承担连带责任，此时一人公司股东的抗辩方向是其没有滥用公司法人独立地位和股东有限责任、没有逃避债务，未损害公司债权人的利益，并举证证明。

因此，康桥律师建议，一人有限责任公司要建立完善的财务制度，尤其明晰公司与股东财产的产权，在日常经营中严格将公司财产和股东财产相分离，保留各种财务凭证，公司的投资方案、日常经营、分红、亏损弥补、对外担保等均应当按照《公司法》和公司章程的规定保留相应的书面决议及财务凭证，在会计年度终了时，严格按照《公司法》的规定编制财务报告进行审计，作为股东应严格维持公司的独立法人人格，避免对公司债务承担连带责任的情形。

承办律师：李绍伟

撰稿人：李绍伟

股东申请解散公司纠纷案

关键词： 解散公司诉讼　经营管理严重困难　股东利益

裁判要点、案例核心价值： 单独或者合计持有公司全部股东表决权百分之十以上的股东具备申请解散公司的主体资格条件；当公司股东之间的人合性基础不复存在，致使公司不能依照法定程序做出经营决策时，应判断公司处于"公司经营发生严重困难"的局面，此种公司僵局无论是对公司还是对股东利益都将构成严重损害。

相关法条： 《公司法》第一百八十三条、《〈公司法〉司法解释二》第一条第四款、《〈公司法〉司法解释二》第四条

简要案情：

马某是海阳市某配套有限公司（以下简称公司）股东兼法定代表人。2012 年 2 月马某因病去世。马某宁，即本案原告作为马某的唯一合法继承人，继承了马某的所有财产，包括马某在公司所持有的 90% 股份。公司其余两名股东刘某勤及刘某萍分别持有该公司 5% 股份（诉讼前，刘某勤将自身持有公司 5% 的股份无偿转让给马某宁）。刘某萍因在马某生前协助马某经营该公司，故在马某去世后，刘某萍实际控制着该公司。此种情况下，公司本应暂时停止一切经营活动，但是，刘某萍却在马某宁不知情且公司没有任何清晰账目的情况下擅自对外从事经营活动，处理公司库存货物。甚至，在马某宁得知情况现场制止时，刘某萍仍置若罔闻，我行我素。马某宁作为公司的最大的股东，因为尚是在校大学生，其不懂如何经营管理公司，也没有时间精力去经营管理公司。其虽然是公司的最大股东，却对公司的经营管理没有任何发言权。如任由公司以此种状况继续存续下去，必然会对公司及马某宁的利益造成重大损害。为此，马某宁以公司为被告诉至法院，要求解散公司。

裁判结果：

海阳市人民法院一审判决：解散公司。双方均未上诉。

裁判理由：

法院生效裁判认为：马某病故后，被告即涉讼公司仅有两股东即原告和第三人，原告95%的持股比例达到了法定公司解散的主体条件。马某的去世使公司经营状况发生重大改变。原告现在无力也不愿经营公司，且不愿转让股份。与第三人之间的矛盾使公司的人合性基础不复存在，公司不能按法定程序做出决策。公司此种局面已经属于"公司经营发生严重困难"，并且此种公司僵局无论是对公司还是对股东利益都将构成严重损害。原告为避免其利益受到重大损失，在公司出现僵局后起诉解散公司，于理有据，应予支持。

律师评析：

本案真正争议的焦点：原告起诉解散公司是否符合《公司法》规定的公司解散条件。本案中，涉讼公司解散的必要性：

1. 涉讼公司原法定代表人、最大股东已去世。其继承人即原告现为在校大学生，无力继续经营公司。原告与第三人即公司股东刘某萍之间，无任何的信任关系、无法继续合作经营该公司。有限责任公司不是单纯的资合性质公司，其本身就具有一定的人合公司的特质。就本案来说，马某的去世并不影响公司资本，其资合性质不受影响。但作为其继承人的原告与公司其他股东之间既不相识也不互相信任且原告现是尚未毕业学生没有精力去经营管理涉讼公司。这就使公司失去了原有的人合经营管理基础，股东之间互不信任，矛盾重重，使公司的经营管理陷入严重困难。

2. 在当事人的协助下代理律师到海阳市税务机关查询了解涉讼公司的税务登记、税务缴纳等情况，并申请法院到税务机关调取相关证据。通过到税务机关查询，我们了解到涉讼公司在2006年左右就开始停止税务缴纳，目前在税务机关的登记属于非正常户，涉讼公司一直处于非正常的经营状态。

3. 在马某去世后，本案第三人未经原告的允许擅自到银行提取马某个人银行账户内现金并藏匿公司账册、印章等物品。其行为严重损害了原告及公司利益，加重了双方之间的不信任关系，也严重影响了公司的正常生产经营。

承办律师：马　飞

撰稿人：马　飞

山东黄金集团有限公司诉山东微山湖
实业集团有限公司财产侵权纠纷案

关键字： 公司解散　违法注销　侵权赔偿

裁判要点： 公司股东违反了《公司法》和公司章程的约定，损害了其他股东的利益，造成损失的，应依法承担赔偿责任。

相关法条：《中华人民共和国公司法》第二十条：公司股东应当遵守法律、行政法规和公司章程，依法行使股东权利，不得滥用股东权利损害公司或者其他股东的利益；不得滥用公司法人独立地位和股东有限责任损害公司债权人的利益。

公司股东滥用股东权利给公司或者其他股东造成损失的，应当依法承担赔偿责任。

公司股东滥用公司法人独立地位和股东有限责任，逃避债务，严重损害公司债权人利益的，应当对公司债务承担连带责任。

基本案情：

2004 年 3 月，山东黄金集团有限公司（以下简称"黄金集团"）与山东微山湖实业集团有限公司（以下简称"微山湖集团"）共同出资成立山东黄金微山湖酒店管理有限公司（以下简称：黄金微山湖公司）。黄金集团以货币出资人民币 400 万元，占注册资本的 40%，微山湖集团出资人民币 600 万元，占注册资本的 60%。黄金微山湖公司成立后，没有经营活动。2006 年 2 月 17 日，黄金集团与微山湖集团形成股东会决议，一致同意黄金微山湖公司解散，并成立清算组，选任组长。此决议及清算组成员于 2006 年 2 月 24 日在山东省工商行政管理局进行了登记备案，但清算组没有进行清算工作。2007 年 4 月 29 日，黄金集团从山东省工商行政管理局查询得知，黄金微山湖公司于 2007 年 4 月 20 日被注销。经审查注销材料，股东会决议中黄金集团的印章、签名均不真实，清算报告中黄金集团委托清算组成员的签名不真实，黄金集团对以上文件的内容不知情，黄金集团也没有收到清算组分配的黄金微山湖公司剩余财产。根据注销材料中的审计报告以及 2007 年 1 月 31 日的清算报告，黄金集团应从黄金微山湖公司清算后剩余财产中分配 3997436 元。被告微山湖集团虚假清算的行为恶意明显，侵害了黄金集团作为股东的权利，尤其是剩余财产的分配权，违反了法律规定和诚信义务，给黄金集团造成了经济损失。故诉至法院，请求依法判令：微山湖集团赔偿黄金集团经济损失 39974436 元。

微山湖集团辩称：

1. 微山湖集团不是适格的诉讼主体，黄金集团应起诉黄金微山湖公司清算组；2. 注销行为没有造成财产损失，产生不了赔偿财产损失的责任后果；3. 假设注销黄金微山湖公司的行为侵犯了黄金集团的合法权益，则只需要向行政机关申请"撤销注销黄金微山湖公司这一行政行为"即可，撤销就可以恢复到注销前，所谓的财产损失也就不存在；4. 本案应为分配公司剩余财产纠纷，不应是侵权纠纷。故请求驳回黄金集团的诉讼请求。

法院经审理查明的事实：黄金微山湖公司成立于 2004 年 3 月 10 日，公司注册资本为 1000 万元。黄金微山湖公司的公司章程约定：黄金微山湖公司的类型为有限责任公司，股东以其出资额为限对公司承担有限责任，公司以其全部资产对公司债务承担责任。经营范围：酒店管理、培训和咨询业务。公司股东为微山湖集团和黄金集团。微山湖集团拥有股份 600 万元，占总股本的 60%；黄金集团拥有股份 400 万元，占总股本的 40%。股东享有：（一）出席股东会，依据法律和章程的规定行使表决权；（二）依据法律及本章程的规定按出资比例分配股利……（五）公司终止清算时，依出资比例分享公司清偿债务后的剩余资产；（六）法律、法规和本章程规定的其他权利。公司设立股东会。股东会由全体股东组成，股东会是公司的最高权力机构，行使下列权利：（一）决定公司的经营方针、投资机构和发展战略……（十一）对公司合并、分立、变更公司形式、解散和清算等事项做出决议；（十二）修改公司章程；（十三）对公司其他重要事项做出决议。股东会会议由股东按出资比例行使表决权。股东会议决议分为普通决议和特别决议。普通决议和特别决议均必须经全体股东一致通过。股东会所议事项由董事会提出方案，组织召开，董事长或其他董事主持。召开股东会会议，应当于会议召开十五日以前以书面形式通知全体股东，其中应载明召开会议的时间、地点、主要议题等事项。股东会应当所议事项的决议做好会议记录，出席会议的股东必须在会议记录上签字以确认所议事项的意见。公司解散时应按法律、行政法规规定成立清算组，进行清算。清偿后的剩余财产，编制财产负债表和财产清单后，发现公司财产不足清偿公司债务的，应当立即向人民法院申请破产。公司经人民法院裁定宣告破产后，清算组制作清算报告，经股东或者有关机关确认，报送公司登记机关，申请注销公司登记，应当按照双方出资协议的相关条款规定进行分配。

2007年1月30日，微山湖集团单方面委托中介公司办理关于黄金微山湖公司的清算、注销的相关法律文件、清算报告等手续，该公司于2007年4月20日被批准注销。

案件审理过程中，微山湖集团提出对黄金微山湖公司成立至今的财务状况进行重新审计。法院依申请，委托中介机构重新审计。最终得出黄金微山湖公司截至注销前的净资产实际数额，审计调整后净资产4556976.73元。

判决结果：

山东省济南市市中区人民法院于2010年3月25日做出（2008）济民初字第4089号民事判决：一、被告微山湖集团于本判决生效之日起十日内赔偿黄金集团经济损失1822790.692元。二、驳回黄金集团其他诉讼请求。宣判后，微山湖集团提起上诉，山东省济南市中级人民法院做出（2010）济民二商终字第370号民事判决：驳回上诉，维持原判。

裁判理由：

法院生效裁判认为：为规范公司的组织和行为，保护公司、股东和债权人的合法权益，维护公司经济秩序，促进现代企业制度的建立，我国《公司法》对公司股东不得滥用权力做出了规范。《公司法》第二十条规定，公司股东应当遵守法律、行政法规和公司章程，依法行使股东权利，不得滥用股东权利损害公司或者其他股东的利益；不得滥用公司法人独立地位和股东有限责任损害公司债权人的利益。公司股东滥用股东权利给公司或者其他股东造成损失的，应当依法承担赔偿责任。本案中微山湖集团是否应当承担赔偿责任，应分析如下：一、微山湖集团是否存在违反《公司法》和公司章程的行为；二、黄金集团是否存在经济损失；三、黄金集团的经济损失与微山湖集团之间的行为是否有因果关系。根据《公司法》规定，黄金集团和被告微山湖公司均系黄金微山湖公司的股东，公司在清算时清算组应由股东共同组成，被告微山湖集团利用其掌握黄金微山湖公司资产账目的便利，单方委托中介机构对公司账面进行清算并注销了黄金微山湖公司，且也没有按照公司章程约定按投资比例向黄金集团返还剩余资产，已经违法了《公司法》的规定和公司章程的约定，损害了黄金集团的股东利益。被告微山湖集团抗辩本案应为分配公司的剩余财产而不是赔偿损失，因黄金微山湖公司已经不存在可供分配的剩余实物，且现该公司已经被山东省工商管理局核实注销，故黄金集团作为黄金微山湖公司的股东之一，根据公司章程按投资比例分配公司剩余财产的权利在事实上已经不能实现，进而造成了黄金集团的经济损失。故被告微山湖集团单方委托中介机构对合资公司进行清算并注销的行为损害了黄金集团的经济利益，与黄金集团的经济损失具有因果关系。黄金集团要求被告赔偿经济损失的数额以其应分配的公司剩余财产的数额为准，根据会计师事务所出具的鉴定报告书中确定的净资产的数额更具客观性，即4556976.73元的40%，应为1822790.692元。故判决被告微山湖集团赔偿黄金集团经济损失1822790.692元。

律师观点：

本案的争议焦点有两个：一、本案是公司剩余财产分配纠纷还是侵权纠纷；二、微山湖集团是否为本案适格的诉讼主体。

一、本案是公司剩余财产分配纠纷还是侵权纠纷。

根据《公司法》第二十条："公司股东应当遵守法律、行政法规和公司章程，依法行使股东权利，不得滥用股东权利损害公司或者其他股东的利益；不得滥用公司法人独立地位和股东有限责任损害公司债权人的利益。公司股东滥用股东权利给公司或者其他股东造成损失的，应当依法承担赔偿责任。"

作为控股股东的微山湖集团利用其掌握黄金微山湖公司资产账目的便利单方委托中介机构会计师事务所办理了黄金微山湖公司的审计及注销登记，使黄金微山湖公司法人人格灭失。公司的清算方案、清算报告并未经过股东会确认。黄金微山湖公司在注销之前尚有大量剩余财产，微山湖集团也没有依照法律以及公司章程的规定按股东投资比例分配剩余财产，在此情况之下即办理了注销登记。微山湖集团的上述行为违反了法律及公司章程的规定，致使黄金集团没有得到黄金微山湖公司的任何剩余财产，侵害了黄金集团作为股东的合法权益，微山湖公司应该依法承担赔偿责任。因黄金微山湖公司的法人人格已经灭失，也已经没有可分配的剩余财产，黄金微山湖公司账面上记载的存货、固定资产、在建工程等实物资产，经盘点已不存在，再行分配公司剩余财产已不可能，黄金集团正是基于此而要求微山湖集团赔偿损失。微山湖集团主、客观上滥用股东优势地位，侵犯其他股东利益的行为已经具备一般侵权责任的主客观构成要件，已构成侵权，应当承担侵权赔偿责任。尽管《公司法》对违法清算对其他股东财产所造成的损害赔偿没有具体的法律予以调整，但微山湖集团的行为可援引《民法通则》中有关民事责任承担的一般规定进行处理。这种因其过错导致的侵权赔偿责任，与企业法人的有限责任原则并不相悖，属于两个不同的责任体系，黄金集团的诉讼请求应当得到支持。故本案应为侵权之诉而非分配公司剩余财产之诉。

二、微山湖集团是否为本案适格的诉讼主体。

公司办理注销登记意味着公司作为一个具有独立法人人格的拟制生命体的消亡，也意味着公司作为一个民商事主体因为终止而彻底退出市场交易，其过程不可逆转，注销后的公司主体不能继续享有相应的权利，也不再承担任何义务与责任。但是，公司经过清算、注销并不代表其完全了结所有法律关系，完全了结所有的法律责任。恰恰相反，公司注销以后存在着大量的法律责任，这其中既有公司存续时本身行为产生的责任，也有公司清算过程中产生的责任。

结合本案，在公司的注销过程中存在剩余财产未分配问题，法院在审判过程中应当遵循实质重于形式的原则，由负有违法清算职责的股东微山湖集团作为被告参加到诉讼中来。微山湖集团应诉的身份基于其违反了法律及公司章程的规定，违法清算所产生的责任。微山湖集团作为黄金微山湖公司的控股股东，掌控黄金微山湖公司的所有账册、资产、文件、印章，利用其优势地位制作虚假文件，编制虚假清算报告，单方委托中介机构办理了黄金微山湖公司的注销。公司的清算方案、清算报告并未报经股东会、股东大会确认；作为公司股东之一的黄金集团及清算组的其他成员没有进行清算活动，也没有签署法律文件。公司被注销，导致其他股东按投资比例分配公司剩余财产的权利不能实现，进而造成了其他股东的经济损失。其行为侵犯了公司其他股东的合法权益，应当作为本案的适格被告。微山湖集团为注销黄金微山湖公司而向山东省工商行政管理局提交了相关材料，山东省工商行政管理局对提交的材料只负有形式审查的义务，微山湖集团辩称山东省工商行政管理局应作为注销黄金微山湖公司行为的侵权责任人的主张，没有事实和法律依据。

结语：

作为市场经济的参与者，公司股东应履行诚信义务，在行使权利时要充分考虑公司和其他股东的利益，不得滥用股东权利，损害公司及其他股东的利益。所以在公司设立时应严格按照法律完善各种公司管理制度，包括公司组织结构、人事、财务、决策等，签署有效的法律文书，及时进行工商登记备案，确保自己取得的股权合法有效，日常生产经营中应重视对公章、证照的控制。出现问题时要及时搜集证据，咨询专业的《公司法》律师，制订明确有效的补救方案，尽可能地减少自己的损失，以维护自身的合法权益。

承办律师：孟令新

撰稿人：孟令新

山东省某博物馆与某装饰工程公司
建设工程合同纠纷案件

关键词： 施工许可　违约　施工范围　工程造价　工程量　证据效力

律师观点： 未取得施工许可证，并不必然导致工程停工；工程进度款的支付并不代表发包人对施工工程量的认可，最终工程量的确认应当以双方的结算为准；工程采取固定价格即投资费用限额合同制，投资费用限额为中标价，增加工程量的设计费不应再行计取。

一、基本案情

2010 年 12 月发包人山东省某博物馆（甲方）经招投标程序将博物馆布展工程发包给深圳装饰工程有限公司（乙方），双方签订《布展施工合同》。合同第一条承包范围：布展设计、布展施工；合同第二条甲方工作：1. 设计阶段提供布展内容设计，深化设计修改意见文本；2. 协助乙方采集有关图片等资料，及时组织有关专家审查、确认施工图纸和做法说明，及时提出整改意见。合同第三条乙方工作：1. 提交布展设计方案、施工图纸和做法说明并符合施工要求；2. 负责采集有关图片等；3. 沙盘、雕塑、布景、多媒体等特效部分应严格按照合同约定制作，达到设计效果，需经甲方签字确认方可安装。合同第六条：1. 中标价 1600 万元，本工程采用固定价格即投资限额合同制，施工图完成后，不得突破限额，在此基础上，据实结算；2. 工程进度款支付为：隐蔽工程验收（工程过半）甲方再支付合同额的 30%，此时累计达到合同价款总额的 50%。

招标文件前附表规定：承包方式为包工包料，报价包含设计图纸内的一切内容；在招标文件第（九）条报价要求规定：部分参照 03 清单计价，固定综合单价，据实结算。

2011 年 8 月布展工程施工图审查通过并完成备案；2011 年 9 月装饰公司进场施工，工程施工过程中，甲方共支付 1100 万元；2012 年 4 月工程基本装修（隐蔽工程）已完成，付款节点为 50%；2012 年 5 月双方发生争议，工程停工。

2013 年博物馆作为原告诉至法院要求：1. 解除双方签订的《布展施工合同》；

2. 装饰公司返还超付（实际已完工程量）工程款 600 万元；3. 装饰公司支付无故停工违约金 160 万元等。

　　诉讼中乙方认为甲方就乙方的施工方案，多次提出修改意见，并出现大量的设计变更，双方因对施工范围、造价存有争议，均申请司法鉴定，后鉴定为：1. 涉案现场的合同及标书范围内的工程量（限额内）为 600 万元；非现场制作未实际安装的造型艺术品等项目为 300 万元（此部分价格按照全部完工计入，实际制作进度不做鉴定）；2. 合同及标书范围外（限额外）工程量 300 万元，已实际安装 200 万元，未安装 100 万元；

　　对于博物馆的请求，装饰公司提起反诉：1. 支付工程进度款 200 万元（以合同调整后的价格 2600 万元为基数，按照合同约定隐蔽工程完工付至合同额的 50% 扣除已付工程款 1100 万元后，剩余 200 万元）；2. 支付因停工造成的窝工损失 300 万元等。

　　一审双方争议的问题及法院的认定：

　　1. 停工原因

　　装饰公司认为涉案布展施工项目未办理施工许可证，2012 年 4 月，区执法局向博物馆下达执法查询通知书，要求上报工程的开工手续；后装饰公司多次通知博物馆办理开工手续（即施工许可证），未果，不得已在 2012 年 5 月停工，停工责任在于博物馆，应承担违约责任。博物馆认为执法局的查询通知并非停工通知，施工方无权单方停工；博物馆主体建设工程已办理相关的开工手续，现行法律没有规定布展合同必须在主建筑合同以外另行办理施工许可。

　　2. 装饰公司的施工范围与造价

　　装饰公司认为鉴定结论未反映出实际工程量，主要体现在非现场施工部分；为此装饰公司提供了双方往来电子邮件，通过邮件能够证实所增加、减少的项目及装饰公司所申报的工程预算显示为 2600 万元。博物馆对此不予认可并认为涉案合同采取固定价格，即投资费限额合同，不应对合同限额外的任何项目进行鉴定，鉴定机构出具的结论不具有客观性。

　　3. 原告诉请的依据

　　对于原告的诉请被告装饰公司认为本案合同价款实际已发生变更为 2600 万元，且实际已完工程量远超出已付款，不存在超付。原告认为根据鉴定结论被告施工的限额内已完工程量为 600 万元，超出限额部分不予认定。

　　4. 装饰公司的反诉请求及依据

　　反诉被告认为，涉案合同签订程序合法，合同价款为固定价款 1600 万元，装饰公司主张变更价款无事实依据，且该条款为原合同的实质性条款不得随意变更，否则背离中标合同的实质内容，为无效条款，故要求支付进度款依据不足。

　　关于双方争议的焦点，一审法院认为：关于停工原因，执法查询通知并非处罚决定书，原告及监理单位亦未下发停工通知，故装饰公司停止施工依据不足，原告要求解除合同符合法律规定。关于施工范围，根据最高人民法院关于审理建设施工合同的司法解释，当事人对工程量有争议的，承包人能够证明发包人同意施工，但未能提供签证文件证明工程量的可以按照双方提供的其他证据进行确认；从合同约定及现场勘验情况看，装饰公司施工可分为两大部分，一部分为限额内部分，一部分为限额外部分，两大部分均又包含现场已施工部分和非现场施工部分；对于限额内已施工部分应计入总工程款；限额外现场已施工部分，该部分已实际安装到位，期间原告未提异议，视为认可，应计入总工程款；限额内、外非现场部分属于合同范围，但装饰公司提供证据不能证实实际进度，鉴定结论依据不足，不予计入总工程款；另，装饰公司所主张的限额外设计费因本合同约定"工程采取固定价格即投资费用限额合同制，投资费用限额为中标价，增加工程量的设计费不应再行计取"。

　　一审法院判决：一、解除双方施工合同；二、装饰公司返还工程款 400 万元；三、装饰公司承担停工违约金 160 万元；四、驳回装饰公司的反诉。

　　一审判决后装饰公司提起上诉称：原审认定事实错误，被上诉人要求解除合同系单方行为，涉案工程未取得施工许可证系上诉人停工的主要原因，该通知书是证明被上诉人施工手续不合法的主要证据，上诉人作为施工单位在未完善施工手续之前，不可能置法律于不顾强行施工，因此停工责任在被上诉人，其应承担停工损失，要求继续履行合同。原审法院对限额内、外非现场部分不予认定是错误的，工程开工后，因被上诉人的原因导致大量设计变更，从而导致工程量增加，上诉人主张 300 万元进度款是建立在合同继续履行的基础上，涉案工程隐蔽工程已完工，通过上诉人提交的双方往来邮件及被上诉人实际付款的比例能够说明双方已就调整合同金额达成合意；一审法院认定已完工程量为 800 万元，与事实不符，上诉人实际已完工程量为 2100 余万元，上诉人提交鉴定材料时，原审法院技术室及鉴定机构均进行了严格审查，该部分所做出的鉴定结论已经在实际工程量的基础上进行了降低；即使该部分"效力待定"，法院完全可以查明该部分事实，原审法院怠于行使职权，造成事实认定错误。停工原因系被上诉人造成，其应承担因此造成的窝工损失 300 万元，原审中上诉人曾就该部分损失申请鉴定，但鉴定机构以无法鉴定为由，不予鉴定是错误的。

　　被上诉人博物馆答辩称：1. 原审法院判令合同解除，具有充分的事实法律依据，表现在：执法局的查询没有责令停工的内容，上诉人也没有证据证明被上诉人收到过该查询通知；反而，上诉人在提交的工作联系单、付款申请、工作周报能够证明，在执法局下发通知后的两个多月时间里，一直正常施工，与其主张"不得不停工"相互矛盾。2. 原审法院对非现场部分不应计算在工程款内的认定是正确的，原鉴定结论是在假设已完工的前提下做出的认定，但这一假设不能作为法院判决的依据；原审法院对限额外已完工的工程量本不应计算在内，之所以认定是基于被上诉人施工时未明确反对，做出的视为认可的认定，是对上诉人的额外关照；上诉人将自己的举证不能归责于一审法院无法律依据。综上，上诉人的上诉请求无依据应予驳回。

二审法院归纳争议焦点及认定：

1. 原审法院对停工原因的认定是否正确。执法查询没有责令的内容，上诉人主张执法局不允许施工未提交直接证据予以证实。

2. 关于解除涉案合同是否正确。上诉人停止施工无正当理由，至今未复工，该合同已无履行可能符合根本性违约的法定解除条件。

3. 原审对已完工程量认定是否正确。限额内、外现场部分已实际施工，原审认定符合约定及常理；对限额内、外非现场部分，上诉人提交的证据不足，鉴定结论缺乏客观依据，原审法院不予认定是正确的。

4. 关于上诉人反诉请求，由于被上诉人已超付工程款，上诉人停止施工无正当理由，被上诉人解约不构成违约，故原审对反诉请求不予支持是正确的。综上，二审法院判决驳回上诉人的上诉请求。

二、代理律师观点

1. 未取得施工许可证，并不必然导致工程停工

从法律性质上，施工许可证属于《建筑法》对于开工程序性的规定，该制度属于建筑市场的行政监管制度，并不影响合同效力，更不影响双方对于实际工期的约定。根据《建筑法》第六十四条规定："违反本法规定，未取得施工许可证或者开工报告未经批准擅自施工的，责令改正，对不符合开工条件的责令停止施工，可以处以罚款。"也就是说，未取得施工许可证的工程，首先应当由执法部门对是否符合开工条件进行认定，而是否符合开工条件则是从项目资金是否已经落实、是否有确定的施工企业、施工图纸备案、施工场地已经提供等方面做出综合认定；故本案中装饰公司仅依据执法局的查询通知作为停工的理由，显然依据不足。

2. 合同价与结算价支付的区别

工程进度款的支付从法律性上是为了保障工程的顺利施工，根据施工方申报的已完工程量及合同的约定，暂预支付的工程款，工程进度款的支付并不是代表发包人对施工人工程量的认可，最终工程量的确认应当以双方的结算为准，多退少补；就本案而言，双方从未明确表示合同价款调整，并签订书面协议，在合同解除审计时发现工程款超支，要求装饰公司返还超支工程款，是属于发包方的权利，并不代表超支就是对合同范围、工期变更的一种认可。

3. 设计＋施工合同性质的认定

双方签订合同的承发包方式为施工单位自行设计、自行施工即交钥匙工程；对布展

工程的设计及施工图的制作和完善均是施工方的义务，发包方有权对布展设计提出自己的意见，并满足使用要求；施工方作为总承包方，不仅仅是一个施工单位，更重要的义务是在合同限额内完成设计义务，做好施工方案，控制施工成本不高于合同限额（投资成本）；因此，无论发包方是否明示过对图纸进行修改、完善，施工方在限额内对图纸进行完善和修改均是在履行应当履行的合同义务，而在合同限额内如何做好工程的成本控制，则是合同的最主要义务之一。

在本案中，一审、二审法院认定限额外非现场部分的工程量，并不是基于双方对合同限额的合意变更，而是基于"实际安装……答辩人及监理单位在施工期间未提出制止，视为认可该部分工程量。"因此法院对限额外现场部分的认定，并没有突破双方合同限额的约定。

4. 装饰公司所诉称的未计入的已完工程量 700 万元，无事实和法律依据

在一审中，法院已经委托司法鉴定机构对涉案工程量进行了司法鉴定，尤其是对上诉人在上诉状中所提到的现场测量误差、项目漏项、组价错误等问题——做出了相应的回复，一审法院也是结合鉴定部门意见的基础上独立地做出的判决；虽然鉴定结论均未达到双方的满意，但装饰公司就该部分争议属于单方的错误认识。

装饰公司在招投标阶段采取不平衡报价（主要表现在展柜、脚手架措施费等），少报价多结算（表现在硬装增加及漏项部分），骗取中标；在合同履行过程中，在深化设计阶段，不仅未履行限额内深化设计的义务，反而以项目增项、单价漏项等为由进行不合理的调价，突破合同限额，严重背离合同目的（即在合同限额内完成施工），构成重大违约；法院不予支持装饰公司的诉请是完全正确的。

5. 一审、二审法院对于"非现场部分不应计算在应付工程款范围内"的认定是正确的

涉案工程是由于装饰公司的原因导致停工，合同解除，对此装饰公司应当承担合同履行不能的责任，非现场部分无论实际施工或购买与否，在未实际进场完成施工、检验合格前，装饰公司无权向发包方主张该部分的款项，这是违约方应当承担的违约责任。

非现场部分主要争议的为艺术展品、多媒体工程和造型艺术品项目等，一审时鉴定机构根据双方所提交的证据，已经对该部分进行鉴定。一审法院根据装饰公司提供的合同、收据等证据，无法做出质量和进度认定并无不当；装饰公司有义务首先证明争议的项目是否实际履行及进度，其次应证明履行内容是否符合设计要求，最后才能申请工程量的鉴定，否则，属于自己的举证不能。二审中，装饰公司以原审法院未能依职权查明事实真相，是对民事证据举证责任的错误判断，应当承担举证不能的法律后果。

三、通过本案所反映出的政府投资建设项目应注意的风险防范

1. 关于涉案工程的法律性质及适用法律规范

涉案布展工程属于政府投资、财政列支的建设项目，工程除应当遵守国家建设法律法规外（如《建筑法》《合同法》《招投标法》及实施条例、《质量管理条例》《安全生产条例》《建筑工程施工许可管理办法》《建设工程验收管理办法》等），尚应严格遵守使用财政资金建设项目的特殊规定（如《政府采购法》《2013年工程量清单计价规范》《中共中央办公厅关于严格控制楼堂馆所建设的通知》等），尤其是13清单计价规范作为政府投资建设项目的强制性标准，直接影响到工程的计价，应当予以充分的重视。

例如：（1）13工程量清单计价规范第五条规定，国有资金投资工程建设，招标人应编制招标控制价，当招标控制价超过批准的概算时，招标人应当报审批部门审核。

因此在签订和履行涉及该类合同时，是否做好投资计划并报有关国家计划部门批准，直接影响招投标及合同能否顺利履行，甚至影响到合同效力问题。

（2）03清单计价规范确认了政府投资的基本建设项目的发承包必须使用该规范。工程量清单计价由招标人提供工程数量，并对工程量的真实性负责，计价模式改为将各种因素考虑在综合单价中的动态的计价模式。

投标人无需对工程量进行核实，单价竞争，按实算量。所以，从建设方的角度考虑，这种动态模式有利于发挥企业的自主报价能力，但对于建设方却提出了投资控制不得超过投资计划的难题，无疑提出了更高的项目管理要求。

2. 设计—采购—施工总承包合同的法律适用及常见的法律风险

设计—采购—施工承包合同是一种包括设计采购、施工、安装调试直至竣工移交的总承包模式即交钥匙工程（EPC模式）；主要适用于专业性强、技术含量高、工艺复杂的建设项目；该类合同法律关系清晰、责任主体明确，有利于业主方成本、工期、质量的项目风险控制，比较适用于像本案的布展建设项目。

适用该类发包模式，承包方对工程的质量、进度、成本、安全、合同、采购进行全方位的管理和控制；承包方的设计、施工能力是影响工程能否顺利进行的关键因素。

结合我们代理本案发现的问题简单列举如下：

（1）招标文件中关于合同计价的规定相互矛盾。主要表现在招标文件前附表规定：承包方式为包工包料，报价包含设计图纸内的一切内容；但在招标文件第（九）条报价要求规定：部分参照03清单计价，固定综合单价，据实结算。双方又在签订承包合同第六条约定：本工程采用固定价格即投资限额合同制，施工图完成后，不得突破限额，在此基础上，据实结算。

首先，从招标文件前附表与文件第（九）条存在相互矛盾的地方，容易让人产生

歧义，是固定总价还是固定单价、据实结算；其次，根据《招投标法》的规定，当事人不得签订背离招标文件实质性条款的合同，双方合同约定投资限额，有背离招标文件规定的情形；约定"在限额内结算"又打破了"合同总价"的基本约定。

因此，我们建议：①在以后的合同文件签署中，应尽量保持一致，并且明确合同的计价形式，合同总价是以图纸内作为结算的依据，而据实结算是以工程量清单作为结算的标准，两者存在明显的不同；②结合本工程，如使用03清单计价规范建议在招标文件中约定"中标人的中标价额，作为结算的依据，中标人在签订×日内，完成施工图及详细设计"。

（2）边设计边施工，不利于成本控制。设计阶段是发包方完成成本控制的最关键环节，在施工方未完成详细的设计方案及施工图以前，不宜下发开工令，如果施工方未能依约或能力在合理期间完成图纸设计等，应当根据合同约定，及早解除合同。

（3）工程款未按合同约定拨付，且合同进度款约定不合理。招标文件及施工合同第六条关于进度款支付规定：隐蔽工程验收（工程过半）甲方再支付合同额的30%，即累计总合同额的50%。本案的合同额是指1600万元，因此在施工方施工过半时，在合同没有发生变更的情况下，支付工程款额应为800万元。

结合合同中发包方指派跟踪审计人员、监理人员的规定，工程进度款按合同额比例支付存在不合理，建议变更为按经发包方认可的工程完成量比例支付，合同增加保留质保金的计算方式条款，增加质保金的比重。

（4）涉案工程属于财政投资项目，施工范围、工程款如发生变更，应当按照《招投标法》《政府采购法》的规定及财政审批程序进行，双方不宜协议变更。

（5）项目建设过程中，施工单位未定期提交施工组织设计，不利于发包方控制工程进度，易造成工期延误。

3. 建立各阶段的法律风险防控

项目建造是一项艰巨而复杂的工作，在建造过程中极易产生纠纷和风险，协助建设单位监督合同履行，就项目建造过程中出现的工期、质量、安全文明施工等问题进行处理，及时进行履约催告、索赔及反索赔，就与工程结算有关的鉴证进行法律审查，参与后期质量维修纠纷的处理及项目的物业管理法律服务，协助做好项目管理是我们进行法律风险防控的重要内容。

承办律师：司志庆　闫安然　陈海涛

撰稿人：张欣欣

BVI 公司诉境内保证人之
跨境担保合同纠纷案

关键词： 民事　对外担保合同无效　分别承担赔偿责任

裁判要点及核心价值： 法院认定担保合同无效且债权人、担保人均有过错的情况下，判令各保证人分别对债务人不能清偿部分的二分之一承担赔偿责任（总金额以债务人不能清偿的债务总额为限），对以往判决各保证人对债务人不能清偿部分的二分之一共同承担赔偿责任的惯例有所突破，最大限度维护了债权人的合法权益，对类似案件的处理也具有一定借鉴意义。

相关法条：《最高人民法院关于适用〈中华人民共和国担保法〉若干问题的解释》第六条、第七条

一、案情简介

A 投资有限公司（以下简称 A 公司）和 B 有限公司（以下简称 B 公司）均系英属维尔京群岛注册成立的公司。A 公司持有 C 金属资源控股有限公司（以下简称 C 公司）100% 已发行的股份。

2012 年 2 月 28 日，A 公司、B 公司签订《股份转让协议》，约定：A 公司以 1.18 亿元人民币的价格向 B 公司转让其所持有的 C 公司 2% 的股份。如 C 公司未能于 2012 年 12 月 31 日前在香港联合交易所上市，B 公司可以要求 A 公司按照 1.18 亿元人民币另加年利率 20% 利息的价格收购其股份，自 B 公司发出请求之日起 90 日内，A 公司不能支付股份回购款，B 公司可以向香港国际仲裁中心提起仲裁。

《股份转让协议》签订后，B 公司依约履行了付款义务。而 C 公司未能于 2012 年 12 月 31 日前在香港联合交易所上市，B 公司即向 A 公司发出回购请求，A 公司拒不履行回购义务。

2013 年 7 月 29 日，B 公司以 A 公司为被申请人向香港国际仲裁中心提交《仲裁通知书》，请求裁决 A 公司按照《股份转让协议》的约定回购股份并支付股份回购款。

香港仲裁进行过程中，某不锈钢有限公司等七个保证人（以下称保证人）为 A 公司向 B 公司付款提供连带责任保证担保，承诺如 A 公司在 2014 年 1 月 10 日前未能履行付款义务，保证人自愿承担保证责任。

担保设定后，A 公司在债务履行期届满前未履行付款义务，保证人也未承担保证责任。

二、承办过程

2014 年 1 月 13 日，B 公司向任战江、蔡海东、闫安然律师进行咨询。经了解，A 公司无财产可供执行，虽然香港仲裁胜诉，但无法在中国大陆直接申请执行保证人。团队律师分析后认为，山东省高级人民法院对起诉保证人的担保纠纷具有管辖权，但由于保证人向 B 公司提供担保未经有关外汇管理部门批准登记，保证合同存在无效的法律风险。基于对律师的专业素养、工作作风的信任，B 公司当即决定将保证合同诉讼事务委托任律师、蔡律师、闫律师办理。

接受委托后，团队律师代表 B 公司向山东省高级人民法院提起诉讼，并申请法院依法查封、冻结了保证人房产、土地、银行存款、股权等财产 1.58 亿元（估值）。

保证人应诉后立即提出管辖权异议。针对保证人提出的管辖权异议，代理律师有备而来，对其理由进行了逐条答辩。经山东省高级人民法院、最高人民法院两级法院审理，依法驳回了保证人的管辖权异议。案件恢复实体审理后，保证人又以保证合同上加盖的印章与公安机关备案的印章不一致为由提出司法鉴定申请，以利用鉴定制度拖延诉讼。为推进案件进行，任律师安排团队律师赴淄博、东营等地调取了各保证人的工商登记材料。通过调取的工商登记材料证明保证人曾多次使用过与其备案印章不一致的印章。任律师提出，在备案印章非公司唯一使用印章前提下，只要其法定代表人签字真实，对印章鉴定没有意义。经法院释法明理、晓以利害，保证人最终放弃鉴定。

经过两次开庭审理，山东省高级人民法院于 2015 年 11 月 23 日做出一审判决。

三、代理意见

庭审中，围绕本案中担保的性质、保证合同的效力及保证合同无效情况下的责任承担等争议焦点问题，代理律师发表了如下代理意见：

1. 本案担保并非对外担保。2014 年 5 月 19 日，国家外汇管理局发布的《跨境担保外汇管理规定》对跨境担保的外汇管理范围和监管责任边界重新进行了厘清，将对外担保的认定标准由主体认定变更为实质认定，本案中款项支付的主体、账户及资金流转均在境内，因此，本案担保实质上并非对外担保。

2. 保证合同并非当然无效。《跨境担保外汇管理规定》第二十九条规定："外汇局对跨境担保合同的核准、登记或备案情况以及本规定明确的其他管理事项与管理要求，不构成跨境担保合同的生效要件。"审批登记不再是对外担保合同的生效要件。根据《中华人民共和国合同法》及其司法解释之精神，行为发生时司法解释认为无效，但新的法律法规认为有效的，应从保护债权人利益角度认定合同有效。

3. 即使保证合同无效，根据我国法律关于对外担保的有关规定，对外担保审批登记义务人应当是担保人一方，因此 B 公司不应对保证合同审批问题承担责任；B 公司作为债权人对导致保证合同无效并无过错，根据《最高人民法院关于适用〈中华人民共和国担保法〉若干问题的解释》第七条之规定，保证人应与 A 公司共同对 B 公司的经济损失承担连带赔偿责任。

四、法院判决

2015 年 11 月 23 日，山东省高级人民法院做出一审判决，判决结果如下：对 A 公司所欠 B 公司股份回购款本金 1.18 亿元人民币另加年利率为 20% 的利息（计息期间自 2012 年 3 月 1 日起至清偿回购款完毕之日止），由各保证人分别对 A 公司不能清偿部分的二分之一，各自向 B 公司承担赔偿责任。

五、简要分析

1. 关于境外裁决书的认定与使用

本案办理过程中，团队律师在探讨主合同效力时，对香港仲裁机构裁决书的效力认定发生分歧：一种观点认为，在裁决书没有被申请认可或执行的情况下，不能直接作为认定主合同效力的依据，因此，法院有可能要求原告提交关于裁决书有效的证据；另一种观点认为，裁决书虽然是境外仲裁机构出具，适用的是境外法律，但其经公证认证，真实性无异议，可以作为有效证据与其他证据互相印证，证明主合同的效力。一审法院采纳了第二种观点，认定主协议有效。该认定是目前国内法院普遍采取的观点，即在审判过程中对境外生效裁决、判决，不直接认定其效力，通过形式审查将之作为认定案件事实的证据使用。

2. 关于对外担保效力的法律冲突

2014 年 5 月 19 日公布的《跨境担保外汇管理规定》将外汇管理局的核准、登记或备案定义为管理行为，与跨境担保合同的有效性判断脱钩。这一规定与其上位法及司法解释存在冲突。

《最高人民法院关于适用〈中华人民共和国担保法〉若干问题的解释》第六条规定：未经国家有关主管部门批准或者登记提供跨境担保的，对外担保合同无效。

《中华人民共和国外汇管理条例》第 19 条规定：提供对外担保，应当向外汇管理机关提出申请，由外汇管理机关根据申请人的资产负债等情况做出批准或者不批准的决定；国家规定其经营范围需经有关主管部门批准的，应当在向外汇管理机关提出申请前办理批准手续。申请人签订对外担保合同后，应当到外汇管理机关办理对外担保登记。

显然，上述规定是在将登记、备案定义为效力性规范的基础上制定，但《中华人民共和国外汇管理条例》的效力高于《跨境担保外汇管理规定》。在上位法没有被修改之前，司法解释亦无法修订，一审法院更无法做出对外担保有效的判决。

经过团队成员共同努力，山东省高级人民法院判令各保证人分别对 A 公司不能清偿部分的二分之一承担赔偿责任（总金额以 A 公司不能清偿的债务总额为限），对以往判决各保证人对债务人不能清偿部分的二分之一共同承担赔偿责任的惯例有所突破，最大限度维护了 B 公司的合法权益，对类似案件的处理也具有一定借鉴意义。

承办律师：任战江　蔡海东　闫安然

撰稿人：闫安然

济南众泰耐火材料有限公司
诉潍坊雷诺特动力设备有限公司、
山东云石热电有限公司建设工程合同纠纷案

关键词： 建筑工程施工　工程欠款　合法分包　合同相对性

裁判要点： 合法分包人，应当恪守合同相对性原则；分包人代位权行使的条件。

相关法条： 《中华人民共和国合同法》第六十条、第七十三条、第二百七十九条，《最高人民法院关于审理建设工程施工合同纠纷案件适用法律问题的解释》第二十六条

基本案情：

原告济南众泰耐火材料有限公司（以下简称众泰公司）诉称：被告山东云石热电有限公司（以下简称云石公司）和被告潍坊雷诺特动力设备有限公司（以下简称雷诺特公司）于2011年8月23日签订了总承包合同，由被告雷诺特公司承建被告云石公司热电项目建设施工工程。被告雷诺特公司根据总承包合同，通过招投标程序，与原告众泰公司签订了2号锅炉炉墙砌筑工程施工合同。2号锅炉炉墙砌筑工程施工完毕后，由于锅炉配套设施尚未安装，原告众泰公司并未对2号锅炉炉墙砌筑工程进行烘炉。之后，被告云石公司未经原告众泰公司同意，私自安排其他公司对众泰公司的砌炉工程进行烘炉。众泰公司于2014年9月27日向两被告发出公函，要求继续履行合同，烘炉应由众泰公司依法进行，但被告云石公司出具各种理由推诿。原告认为其已完成工程施工，但是被告雷诺特公司仍拖欠众泰公司工程款，且原告众泰公司认为两被告之间存在未付工程款的问题，被告云石公司应在未付工程款范围内承担连带清偿责任。因此原告众泰公司请求法院依法判令两被告支付剩余的工程款52万元及违约金10万元。

案件审理经过：

原告众泰公司为证明自己的主张，向法院提交了下列证据：（1）两被告签订的《热电工程总承包合同》复印件；（2）原告与被告雷诺特公司签订的《商务合同》；

（3）工程报审材料三份；（4）施工人员资质表一份；（5）工程开工申报表一份；（6）验收申请和验收记录表三份；（7）筑炉工程冬季保养方案审批表及施工方案一份；（8）原告资质及营业执照；（9）原告与两被告之间的工作联系函三份。以上证据用以证明下列事项：

1. 两被告之间具有合同关系，且被告云石公司对被告雷诺特公司存在欠付工程款的事实；

2. 原告与被告雷诺特公司签订了合法的施工合同，且原告已按合同约定履行完毕合同义务；

3. 原告施工的工程已经完工，具备支付工程款的条件。

被告雷诺特公司答辩：（1）欠款数额与事实不符，经被告的财务人员核实，被告雷诺特公司欠原告工程款512124.4元，而非原告诉称的52万元；（2）上述欠款应由被告云石公司向原告支付，理由如下：2011年8月23日，被告雷诺特公司与云石公司签订山东云石热电有限公司建设工程机组总的承包合同，由被告雷诺特公司负责工程设计、工程设备采购、工程建筑、工程安装施工、竣工、调试、试运，直至验收交工生产，到目前为止，被告云石公司尚欠雷诺特公司8000万元应付工程款（其中包括近6000万元的新增项目工程款），被告云石公司迟迟不予确认工程量，也不支付工程款。根据法律规定，被告云石公司应对上述欠款承担支付义务。（3）原告要求二被告支付违约金，无事实与法律依据。

被告云石公司答辩：（1）被告云石公司不是雷诺特公司与原告签订相关施工合同的履行主体，被告云石公司不存在履行该合同的义务；（2）由于云石公司不是合同的主体，因此该合同的付款主体为雷诺特公司。同时，云石公司已经根据与雷诺特公司签订的总承包合同将全部工程款支付给了雷诺特公司，不存在拖欠工程款的行为；（3）原告要求支付违约金的诉讼请求，没有事实与法律依据，云石公司不存在违约情形。

被告云石公司为证明自己的主张，向法院提交了下列证据：（1）济南安利源动力化学有限公司营业执照复印件一份；（2）被告雷诺特公司向原告众泰公司付款凭证复印件四份；（3）被告雷诺特公司向原告众泰公司支付2号炉工程款的相关银行凭证；（4）两被告之间签订的《热电工程总承包合同》；（5）德信合会计师事务所专项审计报告原件一份。以上证据用以证明下列事项：

1. 烘炉需要专业资质，原告众泰公司没有烘炉资质，被告云石公司委托第三方进行烘炉是合法的减损行为；

2. 被告雷诺特公司已经按照其与原告众泰公司签订的《商务合同》约定，按照付款节点足额支付了2号炉的工程款；

3. 两被告签订的《热电工程总承包合同》是总价包干的合同，工程属于"交钥匙工程"；

4. 被告云石公司已经按照《热电工程总承包合同》的约定，向被告雷诺特公司足额支付了全部工程款，不存在欠付工程款的情形。

审理查明的事实：

2011 年 8 月 23 日，被告云石公司与被告雷诺特公司通过招投标签订《热电工程总承包合同》，约定云石公司将该工程机组设备采购、工程设计、工程建筑、工程安装项目发包给雷诺特公司承建，合同为一次性包死价，合同含税价格为 3560.765 万元。经业主同意，承包人可将部分工程分包出去，合格分包商的名单由承包商在分标前 10 天向发包人提出。2012 年 6 月 4 日，雷诺特公司与原告众泰公司签订《商务合同》，将总承包合同项目中 1 台循环流化床锅炉耐磨、耐火炉墙砌筑所用材料供应及施工工程分包给原告，工程承包范围包括：锅炉本体耐火材料的供应及施工，提报烘炉方案和升温曲线并负责烘炉，但烘炉材料由雷诺特公司提供，锅炉烧注、砌砖炉墙范围内测点的预留及管座的固定，炉内保温所有内容。工程开工前原告向二被告呈报的人员资质报审表所附相关资格证件中载明施工人员工作单位均为原告单位，原告委托的监理机构在审查意见中表示同意，且在工程施工过程中，原告也向二被告报送工程材料报审表，所附文件均载明施工单位为原告单位，被告均予以通过。合同签订后，原告进行了施工，并通过了 2 号锅炉本体设备炉墙砌筑工程、浇注料砌筑工程、浇注料筑炉隐蔽工程竣工验收，并通过了 2 号锅炉筑炉工程冬季保养施工方案。但原告未对该锅炉进行烘炉，原告主张其未进行烘炉的原因是由于云石公司阻止原告施工所致，根据原告实际遭受的损失，二被告应因此支付原告违约金 10 万元，但对上述事实未提供充分有效的证据予以证实。

另查，关于雷诺特公司尚欠原告的工程款数额及支付条件，在庭审中原告与雷诺特公司均认可总工程款为 72 万元，已经支付 207875.6 元，尚欠 512124.4 元，且工程完成后已经过 72＋24 小时试运行付款结点及质保金支付期限，达到付款条件。但因原告未对该锅炉进行烘炉，雷诺特公司庭后提交情况说明，要求在原来确定的工程款数额基础上扣减烘炉费用 3 万元。对此，原告予以认可。云石公司对上述工程款数额不予认可，且主张工程款尚未达到全额付款的条件。再查，原告及二被告对雷诺特公司就总承包合同项下工程项目具有相关施工资质的事实均无异议。原告就其所施工的本案所涉工程具备相关施工资质。被告雷诺特公司就其与云石公司总承包合同项下工程项目尚未完成施工，双方就最终的总承包合同工程款数额以及目前云石公司就雷诺特公司已按合同完成的工程部分是否对雷诺特公司存在欠款存在争议。

裁判结果：

1. 山东省潍坊市潍城区人民法院于 2015 年 2 月 13 日做出〔2014〕潍城民初字第 590 号民事判决书，判决：（1）被告潍坊雷诺特动力设备有限公司支付原告济南众泰耐火材料有限公司工程欠款 482124.4 元；（2）驳回原告的其他诉讼请求。一审判决做出后，原告众泰公司与被告雷诺特公司不服，提出上诉。

2. 山东省潍坊市中级人民法院于 2015 年 11 月 2 日做出〔2015〕潍民一终字第 843 号民事判决书，判决：驳回上诉，维持原判。

裁判理由：

法院生效裁判认为，从原告提供的证据来看，被告云石公司在该涉案工程施工过程中明确知晓 2 号锅炉的施工单位系原告众泰公司，但被告云石公司对此并未提出异议，且在其后的验收过程中也予以通过，应视为其同意被告雷诺特公司将该部分工程分包给原告。此外，被告雷诺特公司将 2 号锅炉的相关工程分包给原告施工，原告就其已经完成的工程也具备相应施工资质，故认定原告已实际施工的工程系由被告雷诺特公司合法分包给原告的。原告与雷诺特公司作为合法有效的建筑工程分包合同的双方当事人，其关于合同履行情况的一致意见，可以作为确定该合同双方当事人之间权利义务的依据。由于原告与被告雷诺特公司对欠款数额没有争议，法院确认即被告雷诺特公司尚欠原告 482124.4 元。

关于云石公司是否对原告承担支付工程款责任的问题。首先，原告主张依据《最高人民法院关于审理建设工程施工合同纠纷案件适用法律问题的解释》第二十六条，建设工程分包合同可以突破合同的相对性，由发包人在欠付工程款范围内对实际施工人承担责任。法院认为，实际施工人是一个特定的法律概念，所针对的是承包人非法转包，违法分包建设工程或者没有资质借用有资质的他人名义承包工程等情况下所致转包、分包、承包合同无效情形下对施工人的指称，其区别于合同法所规定的合法分包人。本案原告作为合法分包人，应当恪守合同相对性原则，其直接向发包人云石公司主张支付工程价款的权利缺乏合同依据和法律根据。

其次，按照《中华人民共和国合同法》第七十三条关于代位权的规定，在发包人无故拖延向承包人支付工程款，而承包人怠于行使工程价款债权时，分包人有权行使代位权，直接向发包人主张工程价款。代位权的行使应当以债务人债权到期且债务人怠于行使债权为前提。本案中，雷诺特公司就其与云石公司总承包合同项下工程尚未全部完成施工，而根据雷诺特公司的自认，云石公司已向其支付大部分工程款，雷诺特公司与云石公司之间目前是否存在债权尚未确定，即目前云石公司是否尚欠雷诺特公司工程款仍未确定，款项支付的条件也尚未成就，且庭审中，原告也未提供证据证明雷诺特公司怠于行使对云石公司的债权。综上所述，原告主张云石公司向其支付工程款，于法无据。

案件评析：

本案的争议焦点比较明确，即合法分包人能否援引《最高人民法院关于审理建设工程施工合同纠纷案件适用法律问题的解释》第二十六条的规定，突破合同相对性原则直接向发包人要求在未付工程款范围内偿还工程拖欠款。现结合本案法院裁判，进行如下阐述：

合同相对性是法律规定的最重要原则之一。

1. 相对性原则主要包括以下三个方面：（1）主体的相对性，即指合同关系只能发生在特定的主体之间，只有合同当事人一方能够向合同的另一方当事人基于合同提出请求或提起诉讼。具体地说，由于合同关系是仅在特定人之间发生的法律关系，因此只有合同关系当事人之间才能相互提出请求，非合同关系当事人，没有发生合同上的权利义务关系的第三人不能依据合同向合同当事人提出请求或提出诉讼。另外，合同一方当事人只能向另一方当事人提出合同上的请求和提起诉讼，而不能向与合同无关的第三人提出合同上的请求及诉讼。（2）内容的相对性，即指除法律、合同另有规定以外，只有合同当事人才能享有合同规定的权利，并承担该合同规定的义务，当事人以外的任何第三人不能主张合同上的权利，更不负担合同中规定的义务。在双方合同中，还表现为一方的权利就是另一方的义务，权利义务相互对应，互为因果，呈现出"对流状态"，权利人的权利须依赖于义务人履行义务的行为才能实现。（3）责任的相对性，即指违约责任只能在特定的合同关系当事人之间发生，合同关系以外的人不负违约责任，合同当事人也不对其承担违约责任。

2. 违反合同的责任的相对性的情形包含三个方面：（1）违约当事人应对因自己的过错造成的违约后果承担违约责任，而不能将责任推卸给他人。（2）在因第三人的行为造成债务不能履行的情况下，债务人仍应向债权人承担违约责任。债务人在承担违约责任后，有权向第三人追偿，债务人为第三人的行为负责，既是合同相对性原则的体现，也是保护债权人利益所必需的。（3）债务人只能向债权人承担违约责任，而不应向国家或第三人承担违约责任。

3. 突破合同相对性必须有明确的法律依据

《最高人民法院关于审理建设工程施工合同纠纷案件适用法律问题的解释》第二十六条规定：实际施工人以转包人、违法分包人为被告起诉的，人民法院应当依法受理。实际施工人以发包人为被告主张权利的，人民法院可以追加转包人或者违法分包人为本案当事人。发包人只在欠付工程价款范围内对实际施工人承担责任。

司法解释第二十六条的规定非常明确，只有实际施工人才有权利以转包人和违法分包人为被告向人民法院提起诉讼。因此，如果案件原告援引本条，前提就是涉案双方签订的是转包合同或违法分包合同，也正是由于合同瑕疵，导致合同主体失去合同依据，从而成为上述规定中列明的实际施工人。

4. 不应对司法解释第二十六条做扩大解释

司法解释第二十六条之所以有条件的部分突破了合同相对性的原则，主要是考虑我国建筑工程施工领域的现状，特别是为了维护建筑行业农民工的合法权益，而合法分包合同当事人并不属于司法解释规定的实际施工人的范围。

如果合法分包合同的主体随意援引司法解释第二十六条直接追诉发包人，这将严重背离合同相对性这一基本合同原则。伴随着社会的进步和建筑施工行业的规范化发展，司法解释第二十六条也将会在合适的时间退出历史舞台，回归合同相对性的本原。

承办律师：任战江　肖　玮　曲　颂

撰稿人：肖　玮　曲　颂

施工合同无效的认定
及结算相关条款如何处理

关键词： 施工合同效力　　以房抵款　　工程结算

裁判依据： 施工合同因违反招投标法被确认无效后，涉案工程已经竣工验收合格，并且已投入使用，建设方依法应当支付施工人剩余工程款及利息。施工人交付合格工程，建设方依照合同约定支付工程价款，是建设工程施工合同法律关系的基本要素。建筑工程施工合同中的以房抵款条款是施工合同法律关系中所涵盖的商品房买卖合同法律关系。如双方所签订的施工合同无效，根据合同溯及力，合同中的抵房条款亦应认定为无效。

法条依据：

1.《中华人民共和国招投标法》第三条：在中华人民共和国境内进行下列工程建设项目包括项目的勘察、设计、施工、监理以及与工程建设有关的重要设备、材料等的采购，必须进行招标：（一）大型基础设施、公用事业等关系社会公共利益、公众安全的项目；（二）全部或者部分使用国有资金投资或者国家融资的项目；（三）使用国际组织或者外国政府贷款、援助资金的项目。前款所列项目的具体范围和规模标准，由国务院发展计划部门会同国务院有关部门制定，报国务院批准。

法律或者国务院对必须进行招标的其他项目的范围有规定的，依照其规定。

2.《最高人民法院关于审理建设工程施工合同纠纷案件适用法律问题的解释》第一条：建设工程施工合同具有下列情形之一的，应当根据《合同法》第五十二条第（五）项的规定，认定无效：（一）承包人未取得建筑施工企业资质或者超越资质等级的；（二）没有资质的实际施工人借用有资质的建筑施工企业名义的；（三）建设工程必须进行招标而未招标或者中标无效的。第二条：建设工程施工合同无效，但建设工程经竣工验收合格，承包人请求参照合同约定支付工程价款的，应予支持。

3.《最高人民法院关于审理商品房买卖合同纠纷案件适用法律若干问题的解释》

第五条：商品房的认购、订购、预订等协议具备《商品房销售管理办法》第十六条规定的商品房买卖合同的主要内容，并且出卖人已经按照约定收受购房款的，该协议应当认定为商品房买卖合同。

基本案情：

原审原告：某建设集团公司

原审被告：某开发有限公司

2003 年 9 月 30 日，原、被告签订《建设工程施工合同》（GF—1999—0201 文本）。合同约定原告承包被告的某城市广场地下商城、地下商场工程。建筑面积：30000 平方米。层数：地下二层，局部地上一层共三层。工程承包范围：按设计图纸确定范围的土建部分，具体面积和施工位置在批准的施工图中确定。开工日期 2003 年 11 月 21 日，竣工日期 2004 年 6 月 30 日，有效施工日历天数为 220 天。工程质量标准：达到国家建筑工程施工验收规范的要求。合同价款约 2400 万元，以发包人指定的唯一审查部门审定的结算为准。合同专用条款：47.2 承包人同意，发包人用相应面积的房屋抵顶本合同价款 30% 的工程款。

此后原、被告又签订了有关安装工程施工内容的五份《补充协议书》。

合同签订后，原告进场施工，工程于 2005 年 9 月 10 日竣工验收合格。该工程总造价为 34355601.76 元，其中土建工程造价为 32391912.50 元，安装工程造价为 1963689.26 元，被告仅支付工程款 20982392.65 元，尚欠原告工程款 13373209.11 元。施工过程中，因被告资金短缺、变更增加项目、供应材料不及时以及被告自行分包交叉作业等导致工程不能顺利进行，原告以该施工合同违反法律强制性规定为无效合同为由，且因被告的欠款行为给原告造成了巨大经济损失而诉至法院，要求判令原告立即支付工程欠款 13373209.11 元、利息损失 3277439.22 元（从 2005 年 9 月 10 日工程竣工之日起，按银行同期贷款利率计算），以及自起诉之日起至本案判决生效之日的利息损失；本案诉讼费用由被告承担。

庭审中查明，被告于 2003 年 2 月 27 日取得该城市广场地下商场、停车库用地面积 7200 平方米的《建设用地规划许可证》。2003 年 6 月 2 日取得地下商城和地下停车场用地面积 14541 平方米的《建设用地规划许可证》。2003 年 10 月 31 日，被告取得《建设工程规划许可证》，载明建设规模为该城市广场地下商场、停车库，一栋地下两层，建筑面积 14410 平方米；中心广场南侧地下商城、停车库，一栋地下三层，建筑面积 42500 平方米，其中停车库总面积 11000 平方米，合计总面积 56910 平方米。2003 年 12 月 1 日，被告取得烟建开字〔2001〕第 035 号《建筑工程施工许可证》，工程名称为某城市广场地下商场、停车库，建设规模 30000 平方米，合同价格 2400 万元，施工单位为原告。

针对原告诉求，被告提出如下答辩意见：（1）安装工程款1963689.26元因原告提交的结算报告，需待中介机构审核定案后再确定付款。而且原告始终不能确定工作量，提供资料不完整，以致后期还同被告到现场测量工程量，没有保证足够时间同中介机构核对工程量，以及与中介机构对套用定额子目问题存在分歧，导致至今没有结果，责任在原告。（2）原告请求支付的工程款没有扣除质保金和以房抵工程款部分。（3）原告计算利息有误，原告计算利息应按合同约定时间计算。（4）原、被告签订的施工合同是有效合同。原告承包的工程是在某建设集团招投标的基础上需要增加施工单位，在向市建设局申请批准的前提下依法签订的，并由有关管理部门颁发了规划许可证、施工许可证和开工许可证等证件。原告所承包的工程是原招投标项下的一部分，因此没有违反国家法律规定。（5）原告在履约过程中有诸多违约行为，被告保留追索权。

本案从2009年4月27日起诉至中级人民法院，到2013年3月28日最高人民法院下达终审裁定结案，历经四年两审及申请再审程序，法院支持了原审原告的诉讼请求。

一审裁判结果及理由：

某市中级人民法院认为，首先，施工合同中的以房顶款条款是在施工合同法律关系中所涵盖的商品房买卖合同法律关系。原、被告双方所签订的施工合同无效，因此，双方基于该施工合同所产生的商品房买卖合同亦应认定无效。其次，双方至今并未协商确定抵顶房屋的具体位置、价格，且未在完工后五个月内签订以房顶款协议，至今已三年多。以房顶款合同的上述主要条款需要双方另行协商，双方因施工合同而产生纠纷，导致无法对以房顶款合同的主要条款协商达成一致，因此以房顶款事实上无法履行。综上，被告提出的以房屋抵顶工程款的主张，依法不予支持，被告应向原告支付全额工程价款。判决如下：

一、原告、被告于2003年9月30日签订的《建设工程施工合同》无效。

二、被告于判决生效后十日内支付给原告工程款12412996.33元，并按照中国人民银行同期同类贷款利率计付利息。

二审裁判结果及理由：

某开发有限公司不服一审判决，以原告与其签订的施工合同合法、以房抵款的约定有效、目前工程尚未完工，支付工程款的条件尚未成就，一审法院判决支付工程款及利息错误为由向省高级人民法院提起上诉。

省高级人民法院认为，上诉人与被上诉人签订的《建设工程施工合同》和上诉人与另一建设集团签订的《建设工程施工合同》，因合同主体、施工范围等法律关系的内容不同，系两个不同的法律关系。上诉人发包给被上诉人的工程，以其性质、建设规模属于《招标投标法》规定的必须进行招标的施工项目。因其未进行招标，违反了《招标投标法》的强制性规定，原审法院依据《最高人民法院审理建设工程施工合同纠纷案件适用法律问题的解释》第一条第（三）项之规定，确认涉案合同无效，并无不当。涉案工程已经竣工验收合格，并且已投入使用，上诉人依法应当支付被上诉人剩余工程款及利息。施工人交付合格工程，建设方依照合同约定支付工程价款，是建设工程施工合同法律关系的基本要素。本案中，施工合同约定的以房顶款条款本质上属于商品房买卖法律关系，在该法律关系的权利义务没有明确确定、双方当事人没有形成互负到期同类债务的情况下，上诉人不能以该条款对抗其支付工程款的义务。故判决：

驳回上诉，维持原判。

当事人申请再审及裁判结果：

某开发有限公司不服上述二审判决，向最高人民法院申请再审称：（一）一审、二审法院认定原审原被告签订的施工合同无效是不正确的。再审申请人与被申请人签订的建设工程承包合同所涉及的工程部分，属于再审申请人与案外人某建设集团所签订的建设工程承包合同所涉及的整个项目的一个部分，而整个项目已经经过了招投标程序，双方当事人已经按照合同的约定履行了合同的主要义务，承包方也具有承包的相应资质，工程的主体部分已经完成并且经验收合格，因而不能再将合同认定为无效。（二）关于再审申请人与被申请人在建设工程承包合同中约定的以房抵款部分的约定有效，一审、二审法院该部分判决在事实认定和适用法律上是错误的；（三）被申请人应当赔偿因迟延交工给再审申请人造成的损失；（四）一审、二审法院判决再审申请人向被申请人支付迟延利息是错误的。综上，请求依法对本案进行再审。

被申请人某建设集团公司答辩称：（一）二审判决认定涉案合同无效，认定事实清楚，适用法律正确。（二）二审判决认定"以房抵款"条款的约定不明确，不能作为再审申请人支付工程欠款的抗辩理由，认定事实和适用法律都是正确的。再审申请人再审请求法院判决施工合同中关于"以该工程项目中的房产抵扣相应工程款的约定"有效，超出了本案再审范围，其该项请求及理由不能成立，依法应当驳回。（三）二审判决判令再审申请人向被申请人支付工程欠款利息，适用法律正确，应予维持。（四）再审申请人再审请求法院判决被申请人向其支付延期交付工程的损失，该项请求已经超出了本案再审审查的范围，应予驳回。请求依法驳回再审申请人的再审请求。

最高人民法院认为，根据已查明的事实和法律规定，涉案工程必须进行招标。因规划变更、建筑面积增加，再审申请人将原某建设集团中标范围内的一部分工程及后来规划变更增加的工程发包给被申请人施工。被申请人与另一建设集团主体不同，施工的范围也发生了变化，再审申请人与被申请人签订施工合同，发包该工程未进行招标。一审、二审法院根据《最高人民法院关于审理建设工程施工合同纠纷案件适用法律问题的解释》第一条第（三）项的规定，认定涉案合同无效是正确的。

双方当事人虽然在涉案合同中约定了以房屋抵顶工程款的内容，但该合同被认定为无效合同，且双方当事人未能协商确定抵顶房屋的具体位置、价格，亦未按原约定在完工后五个月内签订以房抵款协议，故一审、二审法院认定再审申请人不能以所谓以房顶款条款对抗其应支付工程款的义务的认定亦是正确的。

再审申请人迟延支付工程款，在合同无效的情况下，一审、二审法院并未依据合同中约定的违约金标准，而是根据被申请人的请求及《最高人民法院关于审理建设工程施工合同纠纷案件适用法律问题的解释》第十七条的规定，在判决再审申请人支付欠付工程款的同时，判决其按照中国人民银行同期贷款利率向被申请人支付迟延履行期间的利息损失并无不当。

再审申请人并未在本案中明确提出反诉要求被申请人赔偿因迟延交工给其造成的损失，故其提出的被申请人应当赔偿因迟延交工给其造成损失的申请再审理由及请求，本院不予支持。对于再审申请人主张的该项损失，其可另寻法律途径解决。

综上，驳回再审申请人的再审申请。

律师观点：

本案经过两审、申请再审程序，最终以我所代理的当事人的大获全胜而告终。纵观本案，争议的焦点有以下三点：

一、原、被告双方所签订的《建筑工程施工合同》的效力。

二、以房屋抵顶工程款的约定应否履行。

三、被告尚欠原告工程款的数额及利息的计算方法。

承办律师认为：

一、原、被告双方所签订的《建筑工程施工合同》应为无效合同。

根据《招标投标法》第三条的规定，大型基础设施、公用事业等关系社会公共利益、公众安全的项目，必须进行招标。涉案工程为地下商城、地下商城工程（内设有地下停车场等市政设施），涉及社会公共利益、公众安全，系依法必须招投标的工程，工程的中标单位为某建设集团。既然招标人通过招标投标活动选择了适合自己需要的中标人并与之订立合同，就应当全面履行合同约定的义务，完成中标项目。因此，本案原、被告签订的《建筑工程施工合同》，因违反法律效力性规范的规定，该合同应被认定为无效。

二、本案中以房屋抵顶工程款的约定不应履行。

建筑工程施工合同中的以房抵款条款是施工合同法律关系中所涵盖的商品房买卖合同法律关系。如上论述，原、被告所签订的施工合同无效，根据合同溯及力，合同中的抵房条款亦应认定为无效，且双方未就抵顶房屋具体位置、价格达成合意，也未在完工后五个月内签订以房顶款协议，至诉讼时已逾三年，所以商品房买卖合同并未成立。故建筑工程施工合同中以房抵顶工程款的约定不能作为履行依据。

三、被告尚欠原告工程款的数额及利息的计算方法。

尽管原、被告所签订的施工合同依法应确认为无效，但工程已经竣工验收合格，被告应参照合同约定支付工程款。2005年9月10日，原告所承包的绝大部分工程已完工，只留有部分安装收尾工程，双方对收尾工程何时完工没有确认，但在2006年7月17日之前被告已将工程投入使用。参照双方合同约定，被告应于2007年7月17日之前付清全部工程款。尽管双方合同有关于逾期付款违约金的规定，但因合同无效，承办律师主张按照银行同期贷款利率计算利息损失，法院最终给予支持。

办案体会：

一、发挥律师团队作用，精准策划。

律师事务所为本案专门成立了一支由主责律师、出庭律师、辅庭律师组成的专业律师团队，委托人则指定两名高管负责与律师团队对接。

律师事务所为该建设项目多个施工单位提供法律服务，律师参与了谈判过程，为精准决策提供了依据。律师团队精心编制《诉前调查报告》，针对工期举证难的现实问题，准备了两个策略：一是主张施工合同无效；二是竣工两年后提起诉讼，使被告的工期违约金之诉过了诉讼时效。

精准的策划得到了中级人民法院、高级人民法院、最高人民法院的判决（裁定）确认，也赢得了客户信任。

二、被告为何为了合同效力问题一直打到最高人民法院？

双方在履行合同中一直是友好协商，原告也曾接受过以房顶款方案，但在工程尾款结算过程中，被告索要700万元的工期罚款，且抵房价格、位置均超出原告可以接受的限度。在协商无果的情况下，原告迫于无奈向人民法院提起诉讼。原告深知合同约定的工期违约金很高，以合同无效为由进行对抗，原审被告则顾虑合同无效不敢轻易提出工期违约金之诉。因为只有施工合同有效，工期违约金之诉才有可能成立。

三、根据案件情况，编写了"以房抵款"操作程序，应用于全程法务管理实践之中。

尽管本案以胜诉结案，但在建设工程纠纷实务中，如何认定以房抵款条款的效力问题直接关系建设工程承包方的合法权益。"以房抵款"条款实际上是工程款结算关系向商品房买卖关系的转化。"以房抵款"程序（流程）应是：结算工程款→有预售许可证→商品房买卖合同→工程款收据→房款发票→办理预告登记→承包方占有房屋→取得商品房房产证。为防控风险，在实际抵房过程中应注意把握以下问题：（1）建筑面积、房号及价格应确定；（2）双方应办理转账手续即应收工程款与应付购房款的抵销手续；（3）应具备预售许可证；（4）商品房要实际交付。在诉讼过程中应结合《最高人民法院关于人民法院办理执行异议和复议案件若干问题的规定》第二十八条、第二十九条、第三十条的规定，注意排除抵顶房屋被其他债权人执行（或查封）的法律风险。

以上操作程序（流程）在全程法务管理中的得力应用，规范了以房抵款手续，收到了较好效果。

承办律师：李　健　邓　军

撰稿人：邓　军

案件
领域

民

事

张某某被诉侵害公司利益纠纷案

关键词： 法定代表人的诉讼代表权　授权委托书真实的委托人

裁判要点： 法定代表人不知情且法定代表人未授权的诉讼主体不适格

相关法条： 《民事诉讼法》第四十八条："公民、法人和其他组织可以作为民事诉讼的当事人。法人由其法定代表人进行诉讼。"

一、基本案情

张某某自 2009 年 10 月被山东某公司聘任为总经理。2010 年 10 月，山东某公司内部因股东产生争议陷入公司僵局，不能正常年检、经营，张某某于是成立了自己控股的济南某电子科技有限公司。2012 年 1 月，山东某公司被吊销营业执照。2014 年 1 月，张某某突然接到济南市市中区人民法院的传票，山东某公司以他在担任山东某公司总经理期间成立了与山东某公司同种营业范围的济南某电子科技有限公司从而损害了山东某公司合法权益为由起诉张某某及其控股的济南某电子科技有限公司，要求将张某某这几年经营济南某电子科技有限公司所有的盈利支付给山东某公司，共计 500 余万元。

二、案件审理经过

本案争议的焦点是山东某公司的诉讼主体是否适格问题。根据《民事诉讼法》诉讼参加人一章，诉讼参加人包括当事人和诉讼代理人，在当事人一节中，第四十八条规定"公民、法人和其他组织可以作为民事诉讼的当事人。法人由其法定代表人进行诉讼"，由此，法人作为法律上的实体，具有法律上的人格，其民事行为能力和诉讼行为能力是通过法定代表人得到实现的，法定代表人具有对法人的诉讼代表权。在诉讼中，法定代表人参加诉讼系处于当事人的地位，法定代表人在诉讼中的活动就是法人的活动，是法人意志的体现。因此法院审查法人诉讼主体是否适格必须依照民事诉讼法第四十八条的规定审查是否系法定代表人所进行。

而承办律师接受张某某的委托后，通过阅卷，发现山东某公司的授权委托书上并没有法定代表人的签字。承办律师通过与山东某公司的法定代表人电话联系，他对提起本案诉讼并不知情，也未授权，但不愿出具任何证明。因此承办律师申请法院调查该起诉讼的真实性，是否有山东某公司法定代表人的明示授权。法院不置可否，未对此进行调查，仍然要正常开庭审理实体。

不得已，为督促法院依法调查山东某公司的诉讼主体资格，张某某准备了一份盖有山东某公司公章的撤诉申请书送交给法院，既然法院认为持有公章就可以行使诉权，则所谓的被告方也持有原告的公章，是否也可以行使诉权撤诉呢？法院在看到双方当事人都有山东某公司公章的情况下，不得不调查该两枚公章的真伪，我方也对对方的公章提起鉴定申请，并要求法院调查山东某公司诉状及授权委托书加盖公章的过程。

根据对方代理人陈述，诉状及授权委托书上的公章是山东某公司的两名隐名股东所盖，法定代表人是否知情其也不清楚。我方又当即要求法院调查该两名隐名股东公章的来源及该诉讼是否有法定代表人的授权。该两名隐名股东陈述公章来源于山东某公司的一股东处，法定代表人不参与公司经营，也没有授权该起诉讼。

三、审判结果

根据法庭查明的事实，济南市市中区人民法院于 2015 年 4 月做出〔2014〕市商初字第 46 号民事裁定，认为根据法律规定，公民、法人和其他组织可以作为民事诉讼的当事人，法人由法定代表人进行诉讼。本案中原告未提交证据证明公司法定代表人对此次诉讼知情并授权代理人进行诉讼，故无法认定本次诉讼系由原告公司法定代表人进行诉讼，原告山东某公司起诉主体不适格，驳回原告山东某公司的起诉。山东某公司提起上诉后，济南市中级人民法院裁定驳回起诉，维持原裁定。

四、案件评析

法人作为原告提起诉讼必须由法定代表人进行，而不是任何人仅仅持有公章就可以提起诉讼，就可以认定系法人的意志，就可以被认定为系法人提起的诉讼。虽然本案最终胜诉，但问题本来可以在立案时就能查明解决。《民事诉讼法》已明确规定了法人诉讼由法定代表人进行，但实践中立案审查及开庭核对当事人身份时很少审查授权委托书是否系法定代表人的授权，律师办案时也很少要求当事人的授权委托书除了公司盖章还要有法定代表人的签字，而授权委托书真实的委托人应当是法定代表人，缺少法定代表人的签字，就有可能意味着作为当事人的诉讼主体不适格，此类问题应当引起重视。

承办律师：马山子　安法栋

撰稿人：马山子　安法栋

施工合同纠纷案件中的违约金诉讼

——以一起建设工程施工合同纠纷案为例

关键词： 逾期付款违约金　工期延误及违约金　举证　合同约定

裁判要点： 开发商无证据证明导致工程逾期完工的违约责任在施工企业，亦没有证据证实其主张的逾期竣工之损失，要求施工企业支付逾期完工违约金缺乏事实和法律依据，不予支持。

相关法条：《合同法》第一百零七条、《最高人民法院关于审理建设工程施工合同纠纷案件适用法律问题的解释》第二十七条

基本案情：

原告某建筑有限公司（以下简称建筑公司）诉称：其与被告某房地产开发企业（以下简称开发商）签订《建设工程施工合同》施工开发商开发的工程，合同约定了工程价款、工期、质量、违约责任等。合同签订后，建筑公司如约履行合同义务，开发商未按照合同约定的期限足额付款，现开发商共拖欠施工企业工程款合计 11044913.95 元，且由于开发商拖延付款的行为，给施工企业造成巨额经济损失，开发商应当按照合同约定的标准向原告支付违约金。故请求判令开发商立即偿还工程款 11044913.95 元及违约金 6492810 元（计算至 2014 年 4 月 5 日）及至判决生效之日按合同约定标准计算的违约金。

被告开发商辩称：工程欠款属实，但是其不付款的原因在于，建筑公司施工的工程质量有问题，工期延误给其造成重大损失，建筑公司主张的逾期付款违约金过高，要求减少。对于工期延误，建筑公司应承担违约责任，并就此提起反诉，要求建筑公司支付逾期竣工违约金 3241683.30 元。

法院查明事实：

2006 年 8 月，某建筑公司（原告）与开发商（被告）签订两份建设工程施工合同，

被告将其开发的假日花园一期工程 1 号、2 号楼和千禧家园二期工程 1 号、2 号楼（及附属网点）发包给原告施工。合同约定假日花园一期工程 1 号、2 号楼（以下简称假日花园工程）建筑面积约 57235 平方米，开工日期为 2006 年 7 月 20 日，竣工日期为 2008 年 5 月 7 日，合同价款约 89140500 元。千禧家园二期工程 1 号、2 号楼（以下简称千禧家园工程）建筑面积约 13000 平方米，开工日期为 2006 年 8 月 3 日，竣工日期为 2007 年 8 月 2 日，合同价款约 11711025 元。合同中关于工程款（进度款）支付约定为按补充协议执行。

2006 年 8 月 21 日，双方签订《假日花园一期 1 号 2 号楼、千禧家园二期工程 1 号 2 号，楼施工合同补充协议》，协议中关于工程款（进度款）支付约定为"工程总造价的 30%（尾款）可用商业网点（千禧家园一期工程价值约 500 万元）和本工程（两个项目工程）住宅楼抵顶。工程造价的 70%（其中含甲方（指被告，下同）供应材料及保修金）按月支付进度款。工程结算定案后 10 日内付至工程造价的 95%；余 5% 工程总造价作为保修金，二年保修期满后 10 日内付其 70%，五年保修期满后 10 日内全部付清"。协议还约定"对工程完工后尾款，被告应按合同的约定及时支付给乙方，每延迟一天，被告按工程造价的万分之一承担违约金"。

双方签订的合同中均未对建筑公司逾期竣工的违约责任做出约定。

合同签订后，原告按照合同以及被告的指令进行施工。假日花园工程于 2006 年 10 月 9 日开工，于 2008 年 12 月 15 日竣工。2011 年 6 月 24 日，双方确认假日花园工程退被告供材后的工程造价为 56892845.22 元。千禧家园工程 1 号楼于 2008 年 8 月 26 日竣工，2 号于楼 2007 年 7 月 16 日竣工。2011 年 1 月 24 日，双方确认退被告供材后 1 号楼工程造价为 4360167.94 元，2 号楼工程造价为 3193802.3 元。以上工程价款合计为 64446815.46 元。合同履行过程中，被告未按照合同约定的期限足额付款，假日花园工程截至 2014 年 3 月 17 日，被告共计支付工程款 47708360.52 元，其中房屋抵顶 19770024 元；千禧家园工程截至 2012 年 4 月 27 日，被告共计支付工程款 5693970.24 元，其中房屋抵顶 2096154 元。尚欠工程款 11044913.95 元。

裁判结果：

1. 被告开发商于本判决生效后十日内给付原告建筑公司工程款 11044913.95 元及自工程审计定案后 10 日起即假日花园一期工程 1 号、2 号楼自 2011 年 7 月 5 日起、千禧家园二期工程 1 号、2 号楼自 2011 年 2 月 5 日起，均计算至 2015 年 4 月 5 日止，分别按各自工程审定造价的万分之一即每日 5689 元和每日 755 元计算的逾期付款违约金。

2. 驳回开发商对建筑公司关于逾期竣工违约金的诉讼请求。

裁判理由：

法院认为，原告与被告双方签订的建设工程施工合同及相关补充协议系双方当事人的真实意思表示未违反法律、法规的强制性规定，且已实际履行，应认定合法有效。合同生效后，双方均应按照合同约定严格履行各自的合同义务，被告理应向原告支付相应的工程价款。原告诉请被告给付工程款 1104 万元，合法有据，本院予以支持。根据涉案补充协议约定，被告应于工程结算定案后 10 日内付至工程造价的 95%，逾期每日承担工程造价万分之一的违约责任。因该约定违约金数额尚未超过按照同期银行贷款利率计算的利息，并不过高，故原告的逾期付款违约金的诉讼请求，合法依据，本院予以支持。

关于被告开发商主张的逾期竣工违约金问题，虽然该部分工程的实际竣工时间均晚于合同约定的竣工时间，但涉案《建设工程施工合同》中并未明确约定工期延误原告建筑公司需要承担的违约责任以及承担违约责任的方式，被告开发商据以要求原告建筑公司承担违约责任的依据不足；根据双方签订的《补充协议》约定及被告开发商提供的《竣工报告》中记载的竣工时间，加之原告提供的被告的变更图纸、工作联系单、鉴证、变更单及会议纪要等证据，相互印证，足以证明被告开发商自身存在导致工期延误的违约行为。因此，被告无充分证据证明导致工程逾期完工的违约责任在原告，亦未提供证据证实其主张的逾期竣工之损失，故被告诉请原告支付逾期完工违约金缺乏事实和法律依据，本院不予支持。

律师解析：

1. 原告关于逾期付款违约金的计算是否恰当

被告主张，根据合同约定，被告应在审计定案做出 10 日内付至工程总造价的 95%，假日花园 1 号、2 号工程造价于 2011 年 6 月 24 日审计定案，此时才可确定工程款数额及计算逾期付款违约金，同时违约金计算的基数不应包含已履行部分的工程款数额。

我所律师代理原告提交了三份证据：第一，2006 年 8 月 21 日签订的补充协议，其中约定原告提交补充协议的约定被告应当于工程结算定案后 10 日内付至工程造价的 95%，逾期每日承担工程造价万分之一的违约责任。第二，提交了双方于 2011 年 6 月 24 日盖章确认的两个项目的定案值。以此两份证据向法院主张计算延期付款的违约金。第三，提交了违约金的计算明细表，向法院说明该违约金的计算方法未超过银行同期贷款利率，法院应予支持。

2. 原告应否承担工期延误的违约金

被告主张假日花园一期工程存在逾期完工的违约责任问题，并提交了建设工程施工合同及竣工报告，以证明工程实际竣工时间晚于合同约定的竣工时间，由此而认为原告存在工期延误，应当承担工期延误的违约金。

我所律师代理原告主张，根据双方 2008 年 7 月 3 日签订的《假日花园一期 1 号、2 号楼工程补充协议》约定，在被告分包的门窗等项目不影响原告施工的情况下，原告在 2008 年 8 月 30 日前完成住宅部分的水电工程，于 2008 年 10 月 1 日前完成裙楼以下部分的水电工程等，表明双方对该部分工程的原合同工期已进行了变更，同时表明造成工期延误的原因系被告分包工程延误等违约行为；结合被告提供的竣工报告，亦可证实被告对该部分工程工期顺延至 2008 年 11 月 30 日和 12 月 15 日完工已经知晓，且对原告在该期限内完工系如期完工而非逾期完工的事实予以认可；即使原告存在短暂的工期逾期情况，原告提供的变更图纸、工作联系单、鉴证、变更单及会议纪要等证据以及上述补充协议，已相互印证并足以证实被告在施工过程中存在设计变更、直接分包项目未及时完工、停电及迟延支付进度款等事实，进一步表明是被告自身原因导致了工期延误。

法院最终认定，被告无充分证据证明导致工程逾期完工的违约责任在原告，亦未提供证据证实其主张的逾期竣工之损失，故被告诉请原告支付逾期完工违约金缺乏事实和法律依据，法院不予支持。

3. 康桥律师提示

在涉及工期违约的诉讼中，往往建设单位会处于比较有利的地位：他只要提供合同约定和实际竣工时间的证明，就可以得出实际竣工时间晚于合同约定的结论，在某种意义上就完成了举证责任。而对于施工企业来讲，要提供翔实证据证明实际竣工时间晚于合同约定与己无关，相较建设单位来讲举证难度更大一些，这需要在施工过程中加强及完善基础管理工作，在影响工期的相关事件发生后，要及时固定、保全相关证据，以备不时之需。这也是康桥律师提供的工程项目法务管理中主要的内容之一。

本案中法院支持了建筑公司主张的逾期付款违约金，没有支持开发商主张的逾期竣工违约金，这充分说明了违约金的判定需要有事实依据、合同依据和法律依据。建设工程施工合同是双方主要的合同依据，未按照合同约定的时间、方式履行义务是事实依据，同时应当查明未按合同履行义务的原因是否属于依法或依约免责的情形。对于违约金的数额，应当结合合同约定和是否产生实际损失来综合认定。

承办律师：王金柱
撰稿人：王金柱　李绍伟

施工合同以房抵款条款应适用
买卖合同法律关系处理

——某置业公司与某建设公司施工合同纠纷上诉案

关键词： 建设施工　以房抵款　买卖合同

律师观点： 在建设施工合同中约定以商品房抵充建设工程款的内容应区别与商品房买卖合同法律关系，两者属不同的法律关系，本案在建设施工合同中约定以施工单位建设的商品房抵充建设工程款发生纠纷的应按照建设施工合同关系进行处理。

案情简介：

上诉人（一审被告）：某置业公司

被上诉人（一审原告）：莱阳某建设公司

2010 年 9 月 27 日，建设公司与置业公司签订建设工程施工合同，约定，建设公司为置业公司的某小区给排水施工、小区道路硬化项目工程施工，工程款结算方式为：工程造价抵顶商住楼 2 套（8-5-101、8-1-301），按交费时价格计算，差额超过 15 万元，另抵顶房屋一套（价格为 252700 元，房号 8-2-501），差额部分多退少补。合同签订后，建设依约完成工程，2011 年 7 月 22 日建设公司将工程交接给了置业公司，2011 年 11 月 22 日双方确认工程造价为 62.6 万余元，置业公司按照合同约定用 2 套房屋（8-5-101、8-1-301）抵顶部分工程款后，尚欠工程款 25 万余元，置业公司并未按约定将 8-2-501 号房抵顶欠建设公司的工程款，而是将其另行出售，价格超出协议价（252700 元）50816 元。

建设公司多次催收未果，遂向某区人民法院提起诉讼。

一审情况：

一审法院认定置业公司欠建设公司工程款 25 万余元，应予支付。置业公司与建设公司约定以 8-2-501 号房抵顶工程款，后又将该房卖出，获得高于抵顶价的差价

50816 元，该收益应由建设公司取得，故建设公司要求置业公司支付差价 50816 元，本院予以支持。因此判决：

1. 置业公司支付所欠工程款 25 万余元，并按同期贷款利率自 2012 年 8 月 2 日起至判决生效之日止的利息。

2. 置业公司向建设公司支付售房价高于抵顶价的差价款 50816 元。

康桥代理：

置业公司在收到一审判决后，不服一审判决，拟提起上诉，康桥律师受上诉人置业公司的委托，作为其二审代理人参加诉讼，康桥律师收到委托后，积极研究相关案情，经过分析，得出以下结论：

1. 置业公司欠付建设公司工程款及利息，有合同约定、双方的工程造价确认，应当给付，对此置业公司也没有异议。

2. 对于售房价高于抵顶价的差价款 50816 元，经过分析我们认为：这是施工合同法律关系中包含的房屋买卖合同法律关系，与施工合同法律关系是不同的两个合同法律关系，本案只能适用施工合同法律关系，一审既适用施工合同法律关系又适用房屋买卖合同法律关系是错误的，建设公司并未取得该房屋的物权，因此差价款 50816 元不应返还给建设公司。

经过分析并与委托人沟通后，我们将上诉的重点放在售房价高于抵顶价的差价款 50816 元不应返还给建设公司上，并提出如下代理意见：

一审法院判决上诉人支付售房价高于抵顶价的差价款 50816 元，没有事实和法律依据，并与被上诉人的主张和一审判决书第一项矛盾。

施工合同中关于以房抵顶工程款的条款，实际上属于施工合同中包含的房屋买卖合同法律关系，与施工合同法律关系是不同的两个合同法律关系，本案应当适用施工合同法律关系。一审判决第一项判决支付工程款并判决承担逾期支付工程款的违约责任，而非解除以房抵顶工程的约定。该项判决表明，一审法院也认为本案是拖欠工程款的付款责任（施工合同法律关系）而不是抵顶房屋另售导致无法交付房屋的违约责任（房屋买卖合同法律关系）；同时，被上诉人的诉讼请求主张的亦是支付工程款，既然均认为本案是拖欠工程款的施工合同法律关系，一审法院应当适用施工合同法律关系审理本案，但是一审法院判决第二项却判决上诉人支付售房价高于抵顶价的差额款 50816 元，该项判决属于房屋买卖合同纠纷法律关系，该项判决显然是错误的。因为本案或者选择施工合同法律关系即主张工程款及违约责任或选择房屋买卖合同法律关系即主张返还房款及违约责任，两种合同法律关系不能同时适用，被上诉人选择的是施工合同法律关系即主张支付工程款及违约责任，一审判决既适用施工合同法律关系又适用房屋买卖合同法律关系，同一案件中不可能存在两个不同的合同关系，一审判决显然是错误的。

上诉人在签订施工合同时虽然欲抵顶 8 - 2 - 501 号房屋给被上诉人，但合同第十条约定的意思：抵顶两套房产后，如果差价超过 15 万元，另抵顶房屋一套。该约定表明签订施工合同时抵顶房屋即房屋买卖合同并未成立，因为，签订合同时被上诉人未开始施工，具体将完成多少工程量未知，因为房屋买卖合同未成立，上诉人当然有权处分该房产。也就是说对于既未成立（即不确定的抵房约定）又未实际履行的房屋买卖合同，对上诉人没有约束力，该房屋的所有权仍然属于上诉人，该房屋的销售款应由上诉人享有，被上诉人并未取得该房屋的物权。上诉人将房屋另售后，待被上诉人工程价款确定后，减去已经抵顶的两套房屋价款，应当由上诉人来支付现金，对于被上诉人并无任何损失。一审法院判决支付以 256093.10 元为基数利息（包含了该房屋欲抵顶的工程款），又判决上诉人支付售房价高于抵顶价的差价款 50816 元，这一判决本身就是重复和矛盾的，依法应予以改判。

二审判决：

二审法院以施工合同中约定的 8 - 2 - 501 号房抵顶工程款时双方当事人约定的工程款结算方式，但双方并未实际履行，双方亦未约定不履行的违约责任如何承担。依据建设工程施工合同法律关系，上诉人仍应负有向被上诉人履行支付工程欠款及利息的义务。被上诉人未取得 8 - 2 - 501 号抵顶房屋，其主张物权利益没有合同及法律依据，一审法院予以支持不当，予以纠正。判决撤销一审法院判决的第二项（即上诉人向被上诉人支付高于抵顶价的差价款 50816 元）。

律师意见：

从本案来看，施工合同中关于以房抵顶工程款的条款，实际上属于施工合同中包含的房屋买卖合同法律关系，与施工合同法律关系是不同的两个合同法律关系，承包人并不能因该约定而当然取得物权，自然无法取得因为该物权所产生的收益。开发商仍为该房产的合法所有权人，有权对该房产占有使用收益处分，对于开发商处分取得的收益跟承包人无关。因开发商原因无法履行时，承包人可以基于施工合同约定的工程价款行使请求权，对于承包人来说并无任何损失。只有双方将抵顶房屋交付并办理了相关转账手续，才能视为房屋买卖合同履行完毕，继而建设公司取得房屋的所有权。

承办律师：杨新祥

撰稿人：杨新祥

滨州世纪黄河置业有限公司诉滨州鑫星置业有限公司房地产合作开发纠纷案件

关键词：合作开发　借贷　不动产分割

律师观点、案件核心价值：仅出资，但不承担经营风险的房地产合作开发者不能认定合作开发法律关系，应当区分房地产合作开发中的经营风险和其他的风险，尚未建成的房地产不能分割并确权，尚未登记的不动产不能再次转让，我国仲裁制度的弊端。

相关法条：《最高人民法院关于审理涉及国有土地使用权合同纠纷案件适用法律问题的解释》（法释〔2005〕5号）第二十六条，《物权法》第九条、第十五条

基本案情：

2008年，滨州鑫星置业有限公司（以下简称鑫星公司）通过招拍挂拿到土地的使用权，但鑫星公司无力支付3000万元的土地出让金，通过介绍，鑫星公司认识了袁某某，该人对鑫星公司的开发项目感兴趣，随即，成立了滨州世纪黄河置业有限公司（以下简称黄河公司），两家公司签订了三份协议书，约定：2008年9月，黄河公司出资3000万元，合作开发该项目，双方共负盈亏，共同管理，鑫星公司必须一年后返还黄河公司出资的3000万元，用于开发的后续资金，鑫星公司负责向银行等金融部门融资借贷，利息双方共同承担。双方还约定：将来建成的房屋，双方各一半，并在项目的房屋平面图上对每套房产进行了房屋分割。在双方合作过程中，产生争议，2011年，黄河公司向仲裁委提起申请，请求裁决返还黄河公司3000万元出资，并请求对分割的一半房产进行确权。鑫星公司随即提出反请求，请求认定黄河公司的3000万元为借贷款项。

鑫星公司认为：

双方之间虽然签订了合作协议，但名为合作开发，实为借贷。鑫星公司应返还给黄河公司3000万元，并按照银行同期贷款利率支付相应的利息，但黄河公司无权主张分配房屋。

黄河公司认为：

双方之间的合作开发法律关系成立，合作协议是合法有效的，鑫星公司应当履行协议，返还 3000 万元并分割一半房产给黄河公司。

仲裁委查明的事实：

涉案的项目共三栋高层建筑，两座为高层商品住宅房，一栋为商业房，涉案时，两栋商品住宅房主体基本完工，一栋商业房规划为 24 层，但主体仅盖到八层。该项目的所有报建手续均是鑫星公司单独报建的，土地使用权也属于鑫星公司单独拥有，涉案项目已经投入 1 亿多元，除了双方投入的 3500 万元，其余资金均由鑫星公司向银行及社会融资所得，黄河公司没有参与项目的实际管理。

裁判结果：

仲裁委认为，虽然黄河公司的 3000 万元约定了一年后返还，但双方还约定共担风险，且在协议中，约定黄河公司承担融资的相应利息，所以，认定黄河公司是项目的合作方，3000 万元为合作的出资款，而不是借款，仲裁委认定双方合作开发关系成立，对涉案的尚未建成的房产进行了分割并确权，同时，仲裁委又裁决鑫星公司返还黄河公司 3000 万元的款项。

律师评析：

本案中，有以下几个问题值得商讨，（1）如何认定共同承担风险，虽然合同中约定了风险共同承担，但在建设开发中，仅以单方名义开发，所有的报建手续均以一个公司名义报建，所有的对外合同也均是以一个公司名义签订的，在这种情况下，能够认定是共同承担风险吗？（2）3000 万元如认定为出资款，双方合作建房，再裁决鑫星公司依照约定将该款项返还是否正确？（3）尚未建成的房屋，是否能够进行分割、确权？对上述问题，本律师认为：仲裁委的认定和裁决是错误的，第一，本案是典型的名为出资，实为借贷，区分出资的关键在于：（1）双方对合作开发的项目是否共同承担项目开发失败的风险。（2）一方出资的 3000 万元是否存在保底条款。结合本案，黄河公司虽然约定了共同承担经营风险，并约定对融资贷款的利息承担一定限度的责任，但承担部分利息不能视为承担共同经营的风险，承担部分利息不能等同于承担共同经营的风险，承担经营风险是以出资额为限的风险，而承担部分利息是远远低于出资的风险。而且，黄河公司投入的 3000 万元设定了保底条款，无论经营成果如何，黄河公司都将在约定的期限收回该出资。综上，仲裁委仅仅以双方的约定和黄河公司仅仅承担部分利息，简单认定双方是合作开发关系是错误的。第二，仲裁委认定出资的同时，又裁决返还该款更是错误的，一个款项只能是出资或借款，不能既是出资，又是借款。出资只能在项目完成结算的时候，通过清算进行经营成果的分割来获得收益，不存在返还的情况。第三，涉案的房屋尚未建成，有的房屋仅仅存在于图纸上，物尚未形成，物权的实际载体尚不存在，仲裁委将将尚不存在的空中楼阁确认物权是不正确的。物权的确立，必须建立在物事实上已经存在的前提下，没有物的存在，就没有该物的物权，虽然，《物权法》也规定了物权的预登记，但我们应当看到两者的区别。（1）预登记是法律的特殊规定。（2）预登记不能等同于物权的确定，按揭楼花是一种特殊的期权，而不是物权，按揭楼花不具备物权的特征。

案件的后续情况：

裁决做出后，鑫星公司向法院申请撤销该裁决，被驳回，黄河公司向法院提出强制执行申请，在执行过程中，鑫星公司提出不予执行的申请。该仲裁裁决经法院审查，认为确实有错误，但在即将做出不予执行的裁定前，黄河公司得知了消息，于是，黄河公司在法院做出不予执行的裁定之前，撤回了强制执行的申请。之后，在另外一起仲裁案件中，黄河公司名下的房屋经仲裁委裁决确认给了另外一家 A 公司，随后，A 公司向当地法院以裁决书为依据提起强制执行申请，鑫星公司向该法院提出异议，认为该执行案件应由房产所在地法院执行，经上级法院裁定，A 公司的强制执行因管辖法院不符被撤销，A 公司又向房产所在地法院提起强制执行申请，最后，法院裁定该仲裁不予执行。

律师评析：

首先，A 公司同黄河公司的仲裁，我们认为是错误的，黄河公司虽然通过生效的仲裁裁决取得了涉案房屋的所有权，但在没有办理房屋产权登记的情况下，不得再次转让房屋。其次，通过本案，我们认为我国的仲裁制度存在严重的缺陷和不足：第一，撤销仲裁和不予执行审查制度存在矛盾，以本案为例，我们申请撤销仲裁，被驳回，但在随后的不予执行审查中，却得到法院的支持，结果造成，这个仲裁裁决是有效的，但无法执行，说白了，就是一纸空文，国家认可的生效裁决，却不能执行，自相矛盾，导致法律尊严被践踏。具体法律文书的生命力在于执行，一个从法律上不能执行的裁决，和撤销有何区别？本律师实在无法理解这样的制度设计的依据和初衷。第二，仲裁裁决一经做出，立即生效，几乎没有救济手段，大量假案错案充斥在仲裁裁决中，如何监督仲裁，纠正仲裁错误，这在当下是个难点，这个制度也许需要从根本上进行修改和完善。

承办律师：程　华　刘文忠

撰稿人：程　华　刘文忠

华能嘉祥电厂诉里能集团担保款追偿案

关键词：反担保　质押登记

裁判要点或律师观点、案例核心价值：各类合同在签订时要高度重视其规范性，尤其需要确保协议的必要生效手续。

相关法条：《中华人民共和国担保法》第三十三条、第三十四条、第六十六条、第七十五条、第七十八条等

基本案情：

2006 年 12 月，华能嘉祥电厂（以下简称嘉祥电厂）由山东里能集团有限公司（以下简称里能集团）投入华能山东里能煤电有限公司，成为华能集团的二级子公司。在合资前，该厂为其原母公司里能集团向民生银行借款提供连带责任保证担保。由于 2006 年嘉祥电厂为里能集团提供担保时，该厂是里能集团的全资子公司，没有要求里能集团提供反担保，追偿没有任何保障，风险极大。2007 年 12 月 27 日经华能集团公司同意，三方签订借款（担保）展期协议，展期至 2008 年 9 月 27 日。之后，嘉祥电厂与里能集团签订反担保协议，约定里能集团以其在煤电公司的股权为嘉祥电厂反担保，但未依法登记。2008 年 10 月 10 日，在山东康桥律师事务所代理律师的参与下，双方签订了规范的《质权合同》。当时，由于里能集团的债务纠纷，各级法院已经冻结了里能集团在煤电公司的出资 4.2 亿元，情况非常紧急。电厂、山东公司及代理律师密切合作，及时到山东省工商行政管理局办理了剩余未被冻结的出资 1.3 亿元的股权质押登记。

2009 年 4 月 2 日民生银行将里能集团、嘉祥电厂诉至青岛市四方区人民法院。同年，嘉祥电厂被青岛市四方区人民法院判决承担保证责任，连带偿还其原母公司里能集团的欠款本金、利息以及诉讼费等，并于 2009 年 9 月被扣划担保款项本息及诉讼费、执行费等共计 57921480.95 元。2011 年嘉祥电厂委托山东康桥律师事务所代理追偿事宜，先后在济宁市中级人民法院、山东省高级人民法院进行了担保追偿及优先权诉讼。

裁判结果：

嘉祥电厂于济宁市中级人民法院与山东省高级人民法院均取得胜诉，并随后申请执行。2013 年 10 月山东省高级人民法院拍卖里能集团上述股权，嘉祥电厂优先受偿权获得实现，共计收回嘉祥电厂代偿款 57921480.95 元及其利息、诉讼费、执行费、律师代理费共计 8316 万元，全额挽回了担保损失，收回的利息超出了按正常贷款计算复利的利息，为该厂实现额外收益数百万元。

另外，由于里能集团属于监狱企业情况特殊，支付款项时法院往往还要征求其意见。为防止嘉祥电厂权利不确定，我方积极协调省高级人民法院出具了优先受偿款支付通知，明确了款项支付项目及数额。同时，又请省高级人民法院协调执行立案法院之一的济宁市中级人民法院出具了执行裁定书，进一步明确了优先受偿款的组成及数额，从而使嘉祥电厂的权利明确、具体，日后不会产生争议。

2013 年 12 月 30 日，股权质押已经注销，里能集团的股权已经过户到如意集团名下，华能山东里能煤电有限公司变更为华能山东如意煤电有限公司。

律师心得：

本案前后历时近六年，整个案件的办理过程提示我们，各类合同签约程序要更加规范，协议生效手续要高度重视，通过合同、登记等手续设定权利后，要注重日常维护，避免出现瑕疵，还要及时行使，以免权利失效，或错过机会。除此之外，本案办理中还涉及股权的质押及大量与之相关的具体工作。相比于过去常见的不动产、动产质押，股权的质押属于相对较新型的质押形式，值得我们进一步的学习和了解。

1. 规范合约程序，确保协议有效履行

本案中涉及担保与反担保在设立之初缺乏必要的法律手续，其有效性和可执行性难以保证。我方律师在办案过程中，及时发现了这项担保中的问题，并采取有效措施，使问题得以最终解决。

根据《担保法》的规定，保证人可以要求被保证人提供反担保。本案 2006 年嘉祥电厂为里能集团提供担保时，由于该厂是里能集团的全资子公司，所以没有要求里能集团提供反担保，追偿没有任何保障，风险极大。2007 年签订借款（担保）展期协议时，在我方律师的建议下，要求里能集团签订了反担保协议，从一定程度上降低了法律风险。

该案嘉祥电厂的受偿请求得以实现，最关键的一步是办理了股权质押登记。2007 年签订的《反担保协议》存在许多问题，效力不确定。首先，表述不规范。里能集团用股权提供反担保属于物的担保，《担保法》规定不得流质流押，即不得约定债务未获偿还时以担保物直接抵债，而该协议恰恰约定"一旦乙方（嘉祥电厂）因为履行保证责任而受到经济损失，甲方自愿以上述股权抵顶乙方损失。"试想，里能集团当时在煤电公司的出资共计5.5亿元，怎么可能都抵顶损失呢？如果不是全部，是多少呢？协议没有约定。其次，协议没有签订时间，造成法律适用上的困惑，也使得担保物权的顺序无法确定。当时里能集团还将股权质押给了工商银行，两个优先权需要排序。由于我们的合同没有时间，最后只能以登记为准，排到了工商银行的后边。第三，最主要的问题，是没有办理质押登记，质权根本没有成立，嘉祥电厂无法享受优先受偿权。

山东公司在法律管理工作中发现这一问题后，立即由法务、财务部门的人员会同公司法律顾问一道，代理嘉祥电厂与里能集团重新签订了规范有效的《质权合同》，及时办理了股权质押登记，保证了质权依法有效成立。

在嘉祥电厂被判定承担连带保证责任后，及时地提起诉讼并申请执行也是本案得以圆满解决的重要保证。诉讼及申请执行都是有过程的，只有及早进行，才能保证证据确凿，时效充足，从容不迫。本案追偿诉讼经历了济宁市中级人民法院、省高级人民法院两个程序，历时半年多。在这中间，又向青岛市四方区人民法院申请执行，也颇费周折。所以，增强预见性，及时处理相关问题是非常重要的。

在争取受偿的过程中，由于里能集团本身承担有多项债务，故我方律师为保证嘉祥电厂的受偿实现，与其一道于省高级人民法院申请了优先受偿。申请优先权并非很常规的工作，电厂对其程序不熟悉。我们与代理律师一起研究，拿不准的宁多勿少。为此，不仅向青岛市四方区人民法院、济宁市中级人民法院申请执行，又向省高级人民法院直接申请优先权，还通过青岛市四方区人民法院、济宁市中级人民法院转交优先受偿申请，从而保证了程序完善，为工作顺利完成奠定了基础。

上述各项工作的完成，都是从规范合约的角度发现问题，采取适当措施一步步解决问题，才最终实现了质权，挽回了担保损失。整个过程充分体现了法律管理工作的价值，不仅规范了企业法律风险管理，而且成功避免了企业资产损失。减少损失就等于增加了利润。该案件最后的结果不仅追回了全部代偿款，而且追回了代偿款的利息。通过优先受偿收回的利息甚至超出了按正常贷款计算复利的利息，直接创造经济效益数百万元。

2. 关于股权质押担保工作的心得

股权质押担保是一种相对新型的担保手段。在《担保法》中规定股权质押事项应记载于股权所在公司的股东名册，之后质押合同才生效。而嘉祥电厂2007年12月在与里能集团签订股权质押反担保协议时，《物权法》已经于2007年10月1日开始生效实施。《物权法》规定股权质押需要工商行政管理机关登记，质权才能成立。而2007年12月，全国工商行政管理机关还没有开展股权质押的登记工作，出现了一个法律上的空白期，所以嘉祥电厂也无法进行该项登记。为了尽量使担保具有公示性，嘉祥电厂在煤电公司的股东名册上进行了质押登记。但最后审判时法院对这个登记还是没有认可，认为不符合《物权法》的规定。为了保证质押合同的效力，法务管理部门一直在与省工商行政管理局协商、沟通。2008年6月，山东省工商行政管理局印发了《山东省公司股权出质登记暂行办法》，开始进行股权出质登记工作。但是，直到当年八九月份，该项工作仍处在摸索阶段。我们9月底咨询清楚手续，10月初办理登记，当时在山东省工商行政管理局是有限的几例之一。登记过程中发现，里能集团的5.5亿股权已经被法院查封4.2亿元。如果再迟一步，将无任何股权可以质押。

登记完成后，当年10月底，山东省工商行政管理局召开股权质押工作会议，还特别邀请了嘉祥电厂登记时委托的代理人——山东康桥律师事务所金荣奎律师到会介绍经验，并对该项工作的完善提出意见、建议。2008年9月，国家工商行政管理总局《工商行政管理机关股权出质登记办法》出台，自2008年10月1日起施行。该规定与山东省的规定又有所不同。山东省的规定要求登记质押期限，而国家工商行政管理局的规定中没有。并且，《物权法》也没有规定担保物权应设期限。为此，我们又与省工商行政管理局联系，于2009年9月重新申领了质押登记通知，去除了质押期限的内容，从而保证质押一直有效，并且可以在适当的时机实现抵押权，而不必匆忙为之。

担保追偿是否需要诉讼本身就不是很清楚，而担保物权如何实施更是莫衷一是。更何况该案件还牵扯到其他费用如诉讼费、执行费、律师代理费的追偿问题。为了保险起见，法务部门指导嘉祥电厂从两个方面着手：一方面按照最高人民法院司法解释的规定，直接向原审法院——青岛市四方区人民法院申请执行；另一方面，又在被告里能集团住所地提起追偿及担保物权效力确认之诉。实践证明，两种做法都是十分必要的。青岛市四方区人民法院的立案执行保证了本金的执行时效，而济宁市中级人民法院的诉讼确认了利息、诉讼费、执行费、律师代理费均由被告里能集团承担，从而为嘉祥电厂争取了最大利益，节省了大量费用。而优先权的确认，也为在省高级人民法院申请优先受偿奠定了基础。省高级人民法院在讨论嘉祥电厂的优先权时，一再审查该权利是否有法院判决。当我们拿出济宁市中级人民法院、省高级人民法院的判决后，执行法官才下决心给我们优先受偿权。这一过程说明，前面的质押登记及优先权诉讼都是十分必要的，否则现做就来不及了。

对于青岛市四方区人民法院的判决及济宁市中级人民法院的判决申请执行，是很常规的做法。尽管青岛市四方区人民法院在执行立案时，也经过了多次研究。但在康桥青岛分所的代理律师协调下，最终得以立案。但是，青岛及济宁法院的执行注定是不会有结果的，里能集团当时已经负债累累，案件多如牛毛，能执行的财产都已被执行了。我们将工作重点放在了省高级人民法院的优先权上。当时对里能集团的执行已经由省高级人民法院统一协调，所有股权都由省高级人民法院查封，统一处置。为此，我们一方面紧紧跟踪省高级人民法院的处置过程，包括评估过程、拍卖过程等；另一方面积极寻找法律依据申请优先受偿。由于各级法院对抵押、质押优先受偿权申请程序理解不同，我们只好一方面直接依据有关优先权的生效判决向省高级人民法院申请；另一方面又通过执行法院即青岛市四方区人民法院、济宁市中级人民法院转交该项申请。所有这些手续办理完毕，法律上没有任何漏洞，保证了优先权的实现。

在省高级人民法院确定了给予嘉祥电厂优先权后，又出现一些波折。首先，工商银行因为另外一个案件要求截留这笔优先受偿款，法院通知说该款不能支付，需截留在法院。我们代理律师据理力争，认为款在法院，没有到嘉祥电厂账户，不能算已经支付，从而我们不能申请注销质押登记，这样法院就无法给股权竞买方办理股权过户。经过争取，法院才同意将款项支付到嘉祥电厂的账户上。其次，是优先权数额。法院最后确定代偿款本金需要支付，利息从嘉祥电厂款项被扣到申请执行之日，按单倍利息计算，申请执行后按双倍利息计算。诉讼费、执行费没有问题。但是，关于律师费，因为只有一审判决确定了一部分，没有涉及其他程序。我们力争根据一审判决确定的原则，按照山东省律师服务收费政府指导价支付二审及执行阶段的律师费，最终得到省高级人民法院的认可。第三，关于优先权项目及数额的确定。由于里能集团属于监狱企业，情况特殊，给申请人支付款项往往还要征求其意见。为防止嘉祥电厂权利不确定，我们积极协调省高级人民法院出具了优先受偿款支付通知，明确了款项支付项目及数额。同时，又请省高级人民法院协调执行立案法院之一的济宁市中级人民法院出具了执行裁定书，进一步明确了优先受偿款的组成及数额，从而使嘉祥电厂的权利明确、具体，不会产生争议。

3. 几点启示

签约需要规范是合同管理的基本要求。但是，对于一些非常规合同，基层单位有时拿不准，不确定，签约不规范。这种情况下，应当向上级汇报，或请专业律师起草、审查合同，保证合同条款齐备，意思表示完整、准确。有些合同，并非签字盖章就生效，合同生效也不等于交易完成。比如合资合同需要批准，不动产、知识产权买卖需要变更登记，担保物权需经登记后才算依法设立。没有这些手续，权利还不能确定。通过合同、登记等手续设定权利后，还要及时行使。该向对方主张的要及时主张，需要通过诉讼仲裁确认的及时起诉，以免权利失效，或错过机会。对于相关物权、债权、知识产权还要注重日常维护，避免出现瑕疵。

承办律师：金荣奎
撰稿人：金翰飞

山东昊鑫投资担保有限公司
诉张某令、张某师保证合同纠纷案

关键词：民事　借款合同无效　担保合同无效　担保人无过错　不承担连带担保责任

裁判要旨：非融资性担保公司发放贷款的，应当比照《融资性担保公司管理暂行办法》之规定，认定借款合同无效。借款合同作为主合同因违反国家金融管理法规、扰乱国家金融管理秩序应当认定为无效合同。担保人为自然人，对被上诉人超出经营范围并不知情，对于主合同无效并无任何过错，因此，在主合同无效且担保人无过错的情况下，担保人不应承担保证责任。

相关法条：《中华人民共和国担保法》第五条、《最高人民法院关于适用〈中华人民共和国担保法〉若干问题的解释》第八条、《融资性担保公司管理暂行办法》第二十一条

基本案情：

原告诉称：2010年4月7日，韦某某向原告山东昊鑫投资担保有限公司借款，双方签订借款合同，约定韦某某向原告山东昊鑫投资担保有限公司借款20万元，月利率为4%，用款时间不足整月，按整月利息计算，借款期限为2010年4月7日至2010年5月6日。同时约定借款人必须按时归还借款本息，如有违约，借款人须按照合同约定支付本金、利息、综合费用、逾期利息、罚息、律师代理费和实现债权的一切费用。被告张某令、张某师为韦某某的该笔借款提供担保，并与原告签订了保证合同，约定自本合同生效之日起担保期限为二年，保证方式为连带责任保证，担保范围为本金、利息、综合费用、逾期利息、罚息、律师代理费和实现债权的一切费用。2010年4月8日，原告通过山东邹平鲁明面粉有限公司账户转账给韦某某19.2万元，韦某某为原告出具借据一份，同时由被告张某令、张某师在借据上签名按手印。借款到期后，原告多次要求被告还款，被告未予归还，原告诉至法院。

原审法院审理查明的事实：

2010 年 4 月 7 日，韦某某向原告借款 20 万元，双方签订借款合同，约定韦某某向原告借款 20 万元，月利率为 4‰，用款时间不足整月，按整月计算利息，借款期限为 2010 年 4 月 7 日至 2010 年 5 月 6 日。同时约定借款人必须按时归还借款本息，如有违约，借款人须按合同约定支付本金、利息、综合费用、逾期利息、罚息、律师代理费和实现债权的一切费用。被告张某师、张某令为韦某某的该笔借款提供担保，与原告签订保证合同，约定自本合同生效之日起担保期限为二年，保证责任方式为连带责任担保，担保范围为本金、利息、综合费用、逾期利息、罚息、律师代理费和实现债权的一切费用。2010 年 4 月 8 日，原告通过山东邹平鲁明面粉有限公司（已变更为山东鲁明农业科技有限公司）账户转账给韦某某 19.2 万元，韦某某为原告出具借据一份，同时由被告张某师、张某令在借据上签名按手印。借款到期后，原告多次要求被告偿还借款，被告拒不偿还，原告于 2012 年 5 月 2 日诉至法院。诉讼过程中，原告要求按照月息 2.4‰ 主张权利。

原审法院认为：

本案争议的焦点是原、被告之间的担保合同是否有效。韦某某向原告借款 20 万元，原告实际交付给韦某某借款 19.2 元，被告张某令、张某师为该笔借款提供连带责任保证，与被告签订了担保合同，并在借据上签名按手印事实清楚，原、被告签订的担保合同合法有效，予以确认。《最高人民法院关于适用〈中华人民共和国担保法〉若干问题的解释》第一百二十六条规定"连带责任保证的债权人可以将债务人或者保证人作为被告提起诉讼，也可以将债务人和保证人作为共同被告提起诉讼。"故本案原告有权向两被告提起诉讼，原告与韦某某约定的借款利率过高，不应超过银行同期同类借款利率的四倍。《中华人民共和国担保法》第十八条规定，连带责任保证的债务人在主合同规定的债务履行期届满没有履行债务的，债权人可以要求债务人履行债务，也可以要求保证人在其保证范围内承担保证责任。韦某某未能按时清偿借款，被告张某令、张某师作为连带责任保证人，在原告向其主张权利时，被告张某令、张某师应当在保证责任范围内承担保证责任。

裁判结果：

邹平县人民法院 2013 年 10 月做出〔2012〕邹商初字第 272 号民事判决：一、被告张某令、张某师自本判决之日起三日内偿还原告本金 19.2 万元，利息 77760 元；二、被告张某令、张某师承担连带责任后有权向韦某某追偿；三、驳回原告的其他诉讼请求。

张某令不服一审判决，提起上诉。主要上诉理由：原审判决认定事实错误，对借款合同签订后借款是否发放这一重要事实未能查明；借款合同效力应是无效合同，担保合同也是无效合同，担保人不应承担担保责任。2014年3月25日滨州市中级人民法院做出〔2014〕滨中商终字第27号判决，判令：撤销一审判决，驳回被上诉人要求上诉人承担担保责任的诉讼请求。

裁判理由：

法院生效判决认为：本案争议的焦点是涉案借款合同及担保合同是否有效，担保人是否应对涉案债务承担担保责任。对于借款合同的效力问题，《融资性担保公司管理暂行办法》第二十一条明确规定，"融资性担保公司不得从事下列活动：吸收存款、发放贷款、受托发放贷款、受托投资、监管部门规定不得从事的其他活动"，非融资性担保公司发放贷款的，因其超出经营范围且影响金融秩序稳定，根据《最高人民法院关于适用〈中华人民共和国合同法〉若干问题的解释（一）》第十条之规定，应当认定借款合同无效。非融资性担保公司发放贷款的，应当比照《融资性担保公司管理暂行办法》之规定，认定借款合同无效。借款合同作为主合同因违反国家金融管理法规、扰乱国家金融管理秩序应当认定为无效合同。关于担保合同的效力问题。担保合同作为借款合同的从合同，主合同无效导致从合同也无效，因此，上诉人、原审被告与被上诉人签订的担保合同无效。关于担保人应否承担责任的问题，本案担保人为自然人，对被上诉人超出经营范围并不知情，对于主合同无效并无任何过错，因此，在主合同无效且担保人无过错的情况下，担保人不应承担保证责任。

案件评析：

本案的案件事实并不复杂，是民间较为普通的一起借款担保纠纷案件，但案件的事实又有特殊之处，那就是该案并非由自然人、法人或其他组织之间引发的普通的民间借贷纠纷，而是由不具备金融业务资质的融资性担保公司通过提供格式借款合同、担保合同等形式向不特定多数人发放贷款而产生的纠纷。因此，如何认定该类借款合同及其担保合同的效力非常关键。

笔者在代理该案二审的过程中就发现了该案的借款合同、担保合同、借据均是由放款人融资性担保公司提供，每份借款合同、担保合同均由其标明合同编号，本案所涉的借款合同编号为0036号。另据代理律师了解，本案放款人融资性担保公司依据内容相同、编号不同的借款合同、担保合同在各地法院提起多起诉讼，通过和解结案的较多，为此，代理律师初步了解几起诉讼案件的案号后，在开庭前向法院提交了调取证据申请。

对于不具备金融业务资质的融资性担保公司通过提供格式借款合同、担保合同等形式向不特定多数人发放贷款的借款合同、担保合同的效力问题，无论法律、司法解释、司法实践都对此类借款合同的效力持否定态度。

1. 从法律的规定来看，因非法放贷行为而签订的借款合同效力应是无效的。在对民间借贷合同效力认定上，应根据《合同法》的法律规定来确认。无论是从《商业银行法》中"未经批准不得从事金融业务活动"的规定，还是从《非法金融机构和非法金融业务活动取缔办法》（国务院247号令）行政法规中"明确规定非法发放贷款的行为是非法金融业务行为，并对该非法金融业务行为予以取缔"的规定来看，非法放贷行为是为法律、法规禁止的行为。因此，双方当事人基于该行为而签订的借款合同显然属于《合同法》第五十二条第五款"违反法律、行政法规强制性规定的行为"无效合同的情形。

2. 从最高人民法院司法解释以及指导意见的规定来看，对于非法放贷行为的效力也是予以否定的。根据《最高人民法院关于如何确认公民与企业之间借贷行为效力问题的批复》（法释〔1999〕3号）的规定，企业以借贷名义向社会公众发放贷款的，应当认定为无效。另外，《最高人民法院关于当前形势下加强民事审判切实保障民生若干问题的通知》（法〔2012〕40号）在"妥善审理民间借贷案件，维护合法有序的民间借贷关系"部分明确指出要加大对各种形式高利贷的排除力度和对虚假债务的审查力度。因此，从这一通知的指导意见来看，最高人民法院对高利贷的效力也是予以否定的。

3. 从司法实践来看，法院将以高利贷方式牟利的合同效力认定为无效，并由法院将此类放贷行为界定为刑事非法经营罪的范围予以打击。

对于此类借款合同无效引起的担保合同无效，因担保人对放款人违法放贷、非法经营的行为并不知晓，因此，担保人对于担保合同无效并无过错，因此，担保人也不必对于担保合同无效承担责任。

综上所述，对于不具备金融业务资质的融资性担保公司通过提供格式文本形式发放贷款而签订的主合同、从合同的效力问题，不要孤立地分析认定单笔借贷业务所涉合同的效力，要看该融资性担保公司是否向不特定多数人发放贷款，是否将发放贷款、收取利息作为赢利的目的。对于不具备金融业务资质的融资性担保公司通过提供格式借款合同、担保合同等形式向不特定多数人发放贷款的借款合同、担保合同的效力问题，要从法律、司法解释、司法实践多角度来综合分析认定此类借款合同的效力。

承办律师：张　猛

撰稿人：张　猛

名为投资纠纷实为民间借贷纠纷案例

关键词： 民间借贷　股权投资　设备抵押　保证担保

律师观点： 本案中应明确区分股权投资协议与借贷的区别，股权投资是作为股东，有参与决策投票的权利，按照企业实现的利润享有红利；而借贷是借钱给对方，按照协议的约定固定利益，并且这个利息一般是固定的，与企业的经营情况没有直接关系。因此，精准地把握股权投资与借贷关系的区别是本案的关键。

相关法条：《中华人民共和国担保法》第十二条、第十九条、第二十一条第二款、第三十四条，《最高人民法院关于适用〈中华人民共和国担保法〉若干问题的解释》第十九条第一款、第五十六条第一款

基本案情：

原告诉称：原告与被告李某于 2010 年 12 月 1 日签订合作协议书之后，按照协议书约定按时将股权投资款交付给李某。李某收到原告支付的投资款后仅第一年按照约定支付了投资回报，其余至诉至法院前一直未付。故此原告起诉至法院要求被告李某返还投资款人民币 100 万元并支付从 2010 年 12 月 2 日至 2013 年 2 月底的投资回报 90 万元，同时要求被告王某、张某承担连带清偿责任，诉讼费由被告负担。庭审中，原告变更投资回报诉请金额为 35 万元（按照年投资回报率 20% 计算，至 2013 年 2 月底回报总额 65 万元，扣除已收到的 30 万元）。

被告王某辩称：一、其为李某所在公司的职工，李某为公司的总经理，李某要求其作担保，其迫于无奈才签字，担保非其本意。二、原告是隐名股东，应承担亏损。根据协议内容，其仅在亏损范围内就原告收益部分承担担保责任，投资本金不属担保范围。

被告张某辩称：一、该协议是股权投资协议，原告是隐名股东，不能随意要求抽回投资款。二、根据协议约定，在公司发生亏损情况下，有公司设备与保证人进行担保。现原告未证明公司已发生亏损，即使亏损，也首先实现物的担保。被告李某未到庭，未作答辩。

该案人民法院经公开审理查明，2010年12月1日，原告与被告李某签订合作协议书一份，双方约定李某将成立济南某实验仪器有限公司，原告投资100万元，所占股份由被告李某持有，原告不参与该公司的经营盈亏，采用固定回报率，投资年回报率为30%；投资期自协议次日起五年，届期退回原告的投资款。协议同时约定用被告李某所拥有实验仪器有限公司提供担保，约定"一旦亏损由被告李某以自己厂里的设备担保"。2010年12月1日，被告王某、张某在担保人栏签字。协议签订后，被告李某出具收条一张给原告，内容为：今收到孙某投资的济南某实验仪器有限公司人民币100万元。此后，被告李某支付原告第一年回报30万元。2011年1月，被告李某申请注册成立济南某实验仪器有限公司。

判案理由：

人民法院根据上述事实和证据认为：原告与被告李某签订的合作协议书约定，原告根据协议交付给李某的100万元，从形式上虽表述为投资款，但却约定享受固定回报率，而不承担企业经营盈亏风险，故该100万元名为合作投资款，实为借贷款。原告要求被告李某返还借款本金的请求，应予支持。故此原告主张的被告李某返还投资款人民币100万元并支付从2011年12月2日至2013年2月底的投资回报计35万元，同时要求被告王某、张某承担连带清偿责任，诉讼费由被告负担，诉讼请求应予支持。

关于合作协议书中设备抵押担保的约定，因协议中对抵押担保的设备权属人及具体设备名称、数量等未作明确约定，在庭审中双方当事人也存在不同观点，即合同中关于设备抵押担保的约定属约定不明，并且当事人事后未能达成合意，在目前证据情况下也无法做出推定，故该抵押不成立。

被告王某、张某作为担保人在协议中签字，应承担相应担保责任。关于担保范围，根据协议中"一旦发生亏损由保证人进行担保"的表述，不能做出担保范围仅限于亏损影响到的利益分配。该约定只是对保证人可能承担担保责任的事由进行了描述，并未约定担保范围，协议中双方对保证方式也未进行约定，故保证人应当对全部债务承担连带担保责任。因协议中未约定被告王某、张某的保证份额，应当认定为连带共同保证，保证人在承担保证责任范围内有权向被告李某进行追偿。被告李某经本院传票传唤，无正当理由不到庭参加诉讼，应承担相应不利法律后果。

审判结果：

人民法院根据《中华人民共和国合同法》第二百零六条、第二百一十一条第二款、《最高人民法院关于审理借贷案件若干问题的意见》第九条、《中华人民共和国担保法》第十二条、第十九条、第二十一条第二款、第三十四条、《最高人民法院关于适用〈中华人民共和国担保法〉若干问题的解释》第十九条第一款、第五十六条第一款、《中华人民共和国民事诉讼法》第一百三十条之规定，判决：

一、被告李某于本判决生效之日起 10 日内归还原告孙某借款本金 100 万元；

二、被告李某于本判决生效之日起 10 日内支付原告孙某借款利息 35 万元；

三、被告王某、张某对被告李某的上述第一、第二项债务承担连带清偿责任。

律师点评：

本案是一起较为复杂的民间借贷纠纷，主要的争议焦点有三：一、原告给付被告 100 万元的行为是投资还是借贷？二、合作协议书中约定以被告的厂里设备做抵押是否成立？三、被告王某、张某是否应该承担保证责任？如果承担保证责任，其担保范围如何？

1. 投资和借贷的区别

担保人王某、张某均提出，原告孙某与被告李某签订的合作协议书是股权投资协议，原告孙某不能单方收回投资款，并且应该承担企业的亏损。投资与借贷有着明显的区别，投资方把资金注入企业后，可以参与共同经营，也可以不参与共同经营，但必须共负盈亏，承担风险责任；而借贷合同中的出借人交付一定贷款后，即享有收回贷款和利息的权利，对借款人的经营亏损不承担任何风险责任。

是否承担相应的风险责任是区别投资和借贷的关键。本案中，原告孙某与被告李某约定，被告按照年 30% 的收益率回报原告，原告不承担企业的盈亏，不承担风险。被告申请注册成立了济南某实验仪器有限公司，原告孙某并非股东，事实上，原告从未关心该公司的设立以及之后的经营状况，其只关心所谓的"投资回报"。可见，原告孙某和被告李某签订的合作协议虽将原告给付的 100 万元表述为"投资款"，其本质依然是借款，一审法院认定本案的法律关系为借贷关系符合法律规定，被告李某应该归还借款本金。庭审过程中，原告孙某变更诉讼请求，要求按照年 20% 的利率计算利息（即投资回报），未超过银行同期贷款利率的 4 倍，符合《最高人民法院关于审理借贷案件若干问题的意见》第九条的规定，同样应该得到支持。

2. 抵押权成立的条件

不动产抵押合同是当事人以不动产为特定物设立抵押权的协议，属设权合同，但不动产抵押合同并不能直接设立抵押权，抵押权的设立需要履行设立手续，即办理不动产抵押登记的公示手续。抵押权设定应以不动产抵押合同为依据。不动产抵押权的成立需具备以下条件：一、抵押合同成立并生效；二、不动产抵押需办理抵押登记手续；三、抵押财产符合《中华人民共和国物权法》第一百八十五条的规定。

本案中，被告王某、张某均提出，被告李某以企业的设备作为抵押，在其不能归还借款时，应该先实现物的担保。然而关于协议中"由甲方（即李某）拿自己厂里的设备及合同担保人来承担"的"设备"含义，各方意见不一致。原告孙某认为签协议时双方未约定是哪个厂里的设备及具体设备的名称和数量，应该推定为济南某实验仪器有限公司的设备，被告李某也表示应该理解为济南某实验仪器有限公司的设备，被告张某则认为应该是济南某实验仪器有限公司以外的李某个人财产，由此可见双方对该抵押合同的主要条款未达成一致意见，根据《最高人民法院关于适用〈中华人民共和国担保法〉若干问题的解释》第五十六条的规定，抵押合同对被担保的主债权种类、抵押财产没有约定或者约定不明，根据主合同和抵押合同不能补正或者无法推定的，抵押不成立。依据《中华人民共和国物权法》第一百八十五条的规定，本案中设备抵押合同是成立的，应当推定为李某用自己厂里的设备抵押。原判决以设备抵押担保的约定不明，认定该抵押不成立是值得商榷的。

3. 保证成立的条件

保证是保证人和债权人之间的法律关系，保证合同的主体是保证人和债权人。保证合同作为合同，不能脱离合同的一般理论，同时又具有自身的特点，保证合同的生效需要具备以下条件：一、合同双方当事人具备民事法律行为能力，保证人的主体资格必须符合法律规定，企业法人、事业单位、联营经济组织、个人合伙、公民个人都可以做保证人，但是《中华人民共和国担保法》第八条规定："国家机关不得为担保人，经国务院批准为使用外国政府或者国际经济组织贷款进行转贷的除外。"二、合同双方当事人意思表示真实，并就合同的主要条款达成了一致意见。三、合同不违反法律和公共利益。四、《担保法》第十三条规定："保证人与债权人应当以书面形式订立保证合同。"该条排除了以默示、推定等方式确认保证合同的成立，即保证合同必须具备书面形式。签订书面保证合同、单独出具保函、保证书、在主合同中订有保证条款或在保证人栏内签字、盖章都是有效的书面形式。

本案中，被告王某、张某作为担保人在协议上签字，符合保证合同形式要件的要求，是其本人的真实意思表示，不违反法律规定，该保证合同合法有效，被告王某、张某应该承担相应担保责任。被告王某庭审中提出是在被胁迫的情形下签订的保证合同，但没有提出任何证据支持，其意见不应采信。

关于担保范围，《中华人民共和国担保法》第二十一条规定，保证担保的范围包括主债权及利息、违约金、损害赔偿金和实现债权的费用。保证合同另有约定的，按照约定。当事人对保证担保的范围没有约定或者约定不明确的，保证人应当对全部债务承担责任。本案的协议中规定"一旦发生亏损由合同保证人来承担"的表述，只是对保证人可能承担担保责任的事由进行了描述，不能从此表述中推定担保范围仅限于亏损影响到的利益分配，故此被告王某、张某应该对主债务以及利息的全部承担担保责任。被告王某提出其仅在亏损范围内就原告收益部分承担担保责任的抗辩，不应采纳。

关于保证方式，《中华人民共和国担保法》第十九条规定，当事人对保证方式没有约定或者约定不明确的，按照连带责任保证承担保证责任。本案中双方未约定保证的方式，被告王某、张某应该承担连带保证责任。

关于被告王某、张某共同保证的问题，《最高人民法院关于适用〈中华人民共和国担保法〉若干问题的解释》第十九条规定，两个以上保证人对同一债务同时或者分别提供保证时，各保证人与债权人没有约定保证份额的，应当认定为连带共同保证。连带共同保证的保证人以其相互之间约定各自承担的份额对抗债权人的，人民法院不予支持。被告王某、张某与原告孙某即债权人未约定保证份额，二人应该承担连带共同保证责任。综上所述，一审法院判定被告王某、张某共同对被告李某的债务承担连带清偿责任于法有据。

承办律师：朱召才

撰稿人：朱召才

商品房预售之预查封案例解析

关键词： 民事　预售合同登记备案　预告登记　预查封　物权

律师观点： 商品房预售登记备案并不能等同于商品房预告登记，仅办理商品房预售登记备案而未办理预告登记且未过户的，第三人基于对购买人的债权而查封商品房的，属于预查封，不能对抗房地产开发公司解除商品房预售合同并收回房屋的权利。

相关法条：《物权法》第二十条，《城市商品房预售管理办法》第十条，《房屋登记办法》第六十七条，《最高人民法院关于人民法院办理执行异议和复议案件若干问题的规定》第二十六条，最高人民法院、国土资源部、建设部《关于规范人民法院执行和国土资源部房地产管理部门协助执行若干问题的通知》第十五条

基本案情：

原告青岛某房地产发展有限公司（简称房地产公司）开发了位于青岛市李沧区公寓及住宅。2011 年 1 月 3 日申请人与李某签订了《青岛市商品房预售合同》，由李某购买房地产公司开发的一套住宅，房屋总价款 100 万元。签订合同后，李某支付了首付款 30 万元，剩余 70 万元购房款通过向农业银行按揭贷款的形式支付给房地产公司。农业银行为房地产公司指定的按揭贷款合作银行之一，房地产公司为购房者向农业银行购房按揭贷款提供阶段性连带担保，至购房者办理完毕抵押登记手续并将抵押他项权证交付给农业银行时担保责任终止。

因李某逾期偿还农业银行贷款，农业银行向青岛市李沧区人民法院起诉，法院经审理做出〔2014〕李商初字第××号民事判决书，判决解除借款合同，李某偿还贷款本息 68 万元及逾期利息、罚息等，并承担诉讼费、律师费 5.5 万元；房地产公司承担连带付款责任。判决生效后农业银行申请强制执行，从房地产公司账户扣划了判决书全部款项。

房地产公司与李某签订的商品房预售合同补充条款第十条约定，如因李某出现逾期偿还按揭贷款情形，房地产公司代李某偿还的本息累计超过按揭本金的 10%，视为李

某根本违约，房地产公司有权单方解除预售合同收回房产，追偿代偿款项，并按照购房款总金额 10% 要求李某承担违约金。基于此约定，在农业银行通过法院强制从房地产公司账户上划拨了判决书全部款项后，房地产公司向青岛市李沧区人民法院提起诉讼，请求解除于 2011 年 1 月 3 日与李某签订的《青岛市商品房预售合同》，并要求李某承担违约金 10 万元。案件由于李某拒绝到法院领取开庭传票，法院在直接送达、邮寄送达均无法完成送达的情况下，予以公告送达，导致案件审理时间加长。

在房地产公司与李某解除商品房预售合同案件审理过程中，房地产公司得知涉案房屋被胶州市人民法院查封。经房地产公司代理律师调查落实，系李某与其他第三人发生民间借贷纠纷，第三人向法院提起诉讼时申请查封了涉案房屋，案件已经判决且进入执行程序，胶州市人民法院已经委托中介机构对涉案房屋进行了评估，正准备启动拍卖程序。

得知涉案房屋已经被胶州市人民法院查封且即将启动拍卖程序后，房地产公司立即向胶州市人民法院执行局提交书面执行异议，请求立即停止对青岛市涉案的执行，并停止对涉案房屋的拍卖。主要理由为：

1. 房地产公司虽然与李某签订了《青岛市商品房预售合同》且进行了预售备案，但双方未办理商品房买卖预告登记，且一直未办理涉案房屋的过户手续，涉案房屋未发生物权变动的效力，所有权一直属于房地产公司所有。因此，胶州市人民法院对涉案房屋的查封不是法律规定的查封，仅仅是预查封。

2. 根据房地产公司与李某签订的《青岛市商品房预售合同》补充协议第十条约定，如房地产公司代李某偿还的本息累计超过按揭本金的 10%，视为李某根本违约，房地产公司有权单方解除预售合同收回房产，追偿代偿款项，并按照购房款总金额 10% 要求李某承担违约金。房地产公司代李某向农业银行承担还款责任后，已经向青岛市李沧区人民法院提起诉讼，要求判决解除与李某签订的《青岛市商品房预售合同》，收回房屋并要求李某承担违约责任。房地产公司该诉讼请求符合法律规定和合同约定，必将得到法院的支持。《青岛市商品房预售合同》解除后，房地产公司与李某不再存在涉案房屋买卖合同关系，涉案房屋当然属于房地产公司所有，房地产公司仅有义务退还李某部分购房款（扣除银行未偿还本息、罚息及诉讼费、律师费等各种费用）。在此情况下，胶州市人民法院可以查封应退还李某的购房款项之偿还银行本息后的剩余部分，但不能基于对涉案房屋的预查封就启动对涉案房屋的拍卖程序。

3. 最高人民法院、国土资源部、建设部《关于规范人民法院执行和国土资源部房地产管理部门协助执行若干问题的通知》第十五条规定，是为了避免当商品房买卖合同的一方当事人为被执行人时，由于法院查封使开发商与购房者之间产生新的纠纷，或由于查封致使另一方当事人的合法利益受到损害，而明确了可以预查封的三种情形。该条规定并不是确认预售商品房所有权以是否出售作为物权变动的认定条件，物权变动应根据《物权法》相关规定予以确认。涉案房屋被预查封时，初始登记的权利人为房地产公司，尚未过户给李某，物权未发生变动，李某是否能够成为涉案房屋完全的或真正的权利主体，尚处于不确定状态。在此情况下，胶州市人民法院不能基于商品房预售合同或者预查封就将涉案房屋认定为李某所有的财产，从而对涉案房屋进行评估或者拍卖。

胶州市人民法院执行局对于房地产公司的上述执行异议，拒绝接受执行异议书面材料并口头告知异议不成立。在房地产公司通过特快专递方式向胶州市人民法院执行局及青岛市中级人民法院法院执行局递交了书面执行异议材料后，胶州市人民法院执行局通知房地产公司已受理该执行异议材料，并告知房地产公司，由于该案的特殊性和复杂性，胶州市人民法院执行局需要进一步研究该案如何处理。

最新进展：

经过房地产公司代理律师的不懈努力，2015年10月青岛市李沧区人民法院判决房地产公司与李某解除商品房预售合同，支持房地产公司解除商品房预售合同的诉讼请求。得到此"尚方宝剑"，房地产公司立即将该民事判决书提交给胶州市人民法院执行局，并补充了执行异议事实与理由：

《最高人民法院关于人民法院办理执行异议和复议案件若干问题的规定》第二十六条第（一）项规定：金钱债权执行中，案外人依据执行标的被查封、扣押、冻结前做出的另案生效法律文书提出排除执行异议，该法律文书系就案外人与被执行人之间的权属纠纷以及租赁、借用、保管等不以转移财产权属为目的的合同纠纷，判决、裁决执行标的归属于案外人或者向其返还执行标的且其权利能够排除执行的，应予支持。根据该规定，房地产公司经过青岛市李沧区人民法院判决被认定为执行标的（房屋）的所有权人，而正在执行的案件为金钱债权执行，在此情况下胶州市人民法院执行局不能再继续对涉案房屋采取执行措施，应支持房地产公司的执行异议请求。需要特别明确的是，青岛市李沧区人民法院判决书虽不是在涉案房屋被查封前做出，但却系涉案房屋的权属认定，发生物权优先于债权的效力。

目前该案尚未最终结论，房地产公司正在等待胶州市人民法院就其提出的执行异议举行听证或出具书面裁定书。

类似案件：

虽然胶州市人民法院至今未出具裁判文书，对商品房登记备案是否等同于预购商品房预告登记、预查封是否具有当然否定解除商品房预售合同判决书的效力，尚未给出一个明确的结论，但是江苏省高级人民法院曾出现过一个类似案例，两个案例基本案情和争议焦点均基本相同。江苏省高级人民法院在判决书中对上述两个焦点问题认为：

1. 商品房销售登记备案不能等同于预购商品房预告登记

依据《物权法》第二十条规定，当事人签订买卖房屋或者其他不动产物权的协议，为保障将来实现物权，按照约定可以向登记机构申请预告登记。预告登记后，未经预告登记的权利人同意，处分该不动产的，不发生物权效力。预告登记后，债权消灭或者自能够进行不动产登记之日起三个月内未申请登记的，预告登记失效。建设部第 168 号令颁布《房屋登记办法》第六十七条规定，有下列情形之一的，当事人可以申请预告登记：（一）预购商品房；（二）以预购商品房设定抵押；（三）房屋所有权转让、抵押；（四）法律、法规规定的其他情形。《城市商品房预售管理办法》第十条规定：商品房预售，开发企业应当与承购人签订商品房预售合同。开发企业应当自签约之日起 30 日内向房地产管理部门和市、县人民政府土地管理部门办理商品房预售合同登记备案手续。从案件查明的事实看，涉案的房屋未依据《物权法》的规定办理过预购商品房预告登记，只是依据建设部《城市商品房预售管理办法》的规定办理了登记备案。对于登记备案能否等同于预告登记的问题，法院认为，预告登记制度系《物权法》确定的一种物权登记制度，预告登记后，其请求权产生权利保全的效力，即：预告登记后，未经预告登记的权利人同意，处分该项不动产的，不发生物权效力，且有排斥后来的物权变动的效力，形成了对现实登记权利人处分权的限制。而《城市商品房预售管理办法》属部门规章，其关于合同登记备案的规定，是房地产管理部门出于行政管理的目的，对商品房预售合同进行的备案，系行政管理范畴，与《物权法》第二十条规定的不动产预告登记制度存在本质区别。根据物权法定原则，仅办理了商品房预售合同的登记备案，并不当然产生预告登记的物权效力。案件中房地产开发公司与购买人之间的商品房预售合同未依据《物权法》规定办理预告登记，故不产生物权效力。

2. 预查封不具有当然否定解除商品房预售合同判决书的效力

法院虽然对涉案房屋进行了预查封，但预查封是人民法院对被执行人尚未进行权属登记，但将来可能会进行登记的不动产进行的一种预先限制性登记，只有在登记机关核准登记产权时，才转为正式的查封。基于预查封的上述特性，法院认为，预查封并不能限制在商品房预售合同不能履行时，基于正当合理的理由予以解除。当商品房预售合同合法解除时，房屋不再是预查封的对象，需返还的购房款等成为预查封对象。因此，预查封不能当然否定解除商品房预售合同判决书的效力。

律师点评：
商品房预售登记备案与预告登记、预抵押、物权变动、预查封等，一直都是房地产开发与销售的"风险防控重灾区",上述案例就是其中较为典型的一例。当前经济环境下,房地产企业更应加强相关环节的风险把控,有效降低和/或避免法律风险。

商品房预售合同是指房地产开发企业将尚未建成商品房向社会销售并于建成后转移房屋所有权于买受人,买受人支付价款的合同。商品房预售合同订立时,商品房尚未建成,商品房的权属处于不确定状态,存在不同情况的变化。在预查封期间当房地产开发企业将房屋交付给购房者时,购房者应及时办理产权登记,预查封转为正式查封,法院执行的对象就是被执行人所有的房产;当房地产开发企业因某些原因不能交付房产或者商品房预售合同被解除时,购房者向房地产开发企业主张返还的购房款及主张的违约金、损失等就可以成为法院的执行对象。预查封的目的在于保持标的物的现状及价值,限制债务人对于预查封标的物的处分权,借以实现债权人的债权。因此,基于商品房预售合同的法律性质及预查封的目的,执行此类预查封房产的执行对象应是被执行人在履行商品房预售合同过程中取得的可供执行的财产权益,而不是商品房本身。

胶州市人民法院虽然对涉案房屋进行了预查封,但预查封是人民法院对被执行人尚未进行权属登记,但将来可能会进行登记的不动产进行的一种预先限制性登记,只有在登记机关核准登记产权时,才转为正式的查封。基于预查封的上述特性,预查封并不能限制商品房预售合同不能履行时,合同一方基于正当合理的理由请求解除商品房预售合同的权利。当商品房预售合同合法解除时,房屋不再是预查封的对象,需返还的购房款等成为预查封对象。

据此,由于涉案房屋一直没有过户给李某,未发生物权变动,其所有权一直属于房地产公司所有;更为重要的是,因李某拖欠农业银行借款未偿还,房地产公司代偿部分借款后向法院起诉要求解除与李某签订的商品房预售合同并收回房屋,且青岛市李沧区人民法院已经判决解除商品房预售合同,涉案房屋已经属于房地产公司所有;另外,该案也并不存在房地产公司与李某恶意串通损害其他权利人权利的行为,应依法保护房地产公司作为物权人的合法权利。基于上述理由,胶州市人民法院应停止对涉案房屋的拍卖程序,可以对李某在解除商品房预售合同过程中取得的可供执行的财产权益采取查封措施,即可以对房地产公司应退还李某的购房款项采取查封保全措施,但不能继续拍卖涉案房屋损害房地产公司作为房屋权利人的利益。

承办律师:韩传明

撰稿人:韩传明

招商银行股份有限公司济南分行与
中国工商银行股份有限公司济南历城支行、
山东汇欣担保投资有限公司执行异议纠纷案

关键词： 执行异议　保证金　优先受偿权

裁判要点： 债务人或第三人将金钱以特户、封金、保证金等形式特定化并移交债权人占有作为债权的担保时，在债务人不履行清偿义务，债权人对该金钱享有质权，对该金钱可以优先受偿。

相关法条：《担保法》第六十四条、《最高人民法院关于适用〈中华人民共和国担保法〉若干问题的解释》第八十五条

基本案情：

中国工商银行股份有限公司济南历城支行（以下简称工行历城支行）向济南市历城区人民法院申请执行山东汇欣担保投资有限公司（以下简称汇欣担保公司）在招商银行股份有限公司济南分行（以下简称招行济南分行）处设立 53190320451100037、53190320451100054、53190320451100068 三个账户上的存款 2517610.81 元。案外人招行济南分行认为，汇欣担保公司是其行部分贷款客户的担保人，上述涉案账户系双方约定的保证金专用账户，账户内的资金已经形成特定化，招行济南分行对涉案账户中的资金享有质权，且实现质权条件已成就。招行济南分行向济南市历城区人民法院提出执行异议，请求：1. 法院不予划拨上述账户内的资金；2. 解除对上述账户的查封。

案件审理经过：

招行济南分行为证明自己的上述主张，向法院提供了其与汇欣担保公司签订的《汽车消费贷款合作协议书》1 份、《专业担保机构担保合作协议》4 份、《个人购车贷款合作协议书》1 份、涉案账户流水明细以及与之相对应的"个人贷款保证金收取通知书"和"个人贷款保证金收取回执"、汇欣担保公司所担保借款人逾期还款明细。以上证据

用于证明下列事项：

1. 2008 年 8 月 21 日《汽车消费贷款合作协议书》证明：汇欣担保公司为招行济南分行办理汽车消费贷款的借款人提供连带保证责任；汇欣担保公司在招行济南分行处开立保证金账户，存放不低于发放贷款最高额 2% 的保证金，用于承担连带保证责任，借款人连续欠交三期月供时，招行济南分行有权从保证金账户中扣收相应款项。

2. 2010 年 1 月 12 日《专业担保机构担保合作协议》证明：招行济南分行向符合条件的借款人提供贷款，汇欣担保公司为借款人提供连带保证责任；最高担保额度 1000 万元；保证金余额不低于贷款额的 3%～5%；汇欣担保公司在招行济南分行处开立保证金账户并交存保证金；存入保证金专户的资金视为特定化并移交招行济南分行占有；保证金账户为 53190320451100037、53190320451100054；汇欣担保公司担保债务逾期时，招行济南分行有权从保证金账户中扣收；协议有效期从 2010 年 1 月 12 日至 2011 年 1 月 12 日。

3. 2010 年 9 月 1 日《专业担保机构担保合作协议》证明：招行济南分行向符合条件的借款人提供贷款，汇欣担保公司为借款人提供连带保证责任；最高担保额度 1.8 亿元；保证金账户为 53190320451100037、53190320451100054、53190320451100068；协议有效期从 2010 年 9 月 1 日至 2011 年 8 月 31 日；其他内容同上述 2010 年 1 月 12 日协议约定。

4. 2010 年 12 月 29 日《专业担保机构担保合作协议》证明：招行济南分行向符合条件的借款人提供贷款，汇欣担保公司为借款人提供连带保证责任；最高担保额度 2 亿元；保证金账户为 53190320451100037、53190320451100054、53190320451100068；协议有效期从 2010 年 12 月 29 日至 2011 年 12 月 28 日；其他内容同上述 2010 年 1 月 12 日协议约定。

5. 2011 年 3 月 23 日《专业担保机构担保合作协议》证明：招行济南分行向符合条件的借款人提供贷款，汇欣担保公司为借款人提供连带保证责任；最高担保额度 2.5 亿元，保证金账户为 53190320451100037、53190320451100054、53190320451100068；协议有效期从 2011 年 3 月 23 日至 2012 年 3 月 23 日；其他内容同上述 2010 年 1 月 12 日协议约定。

6. 2011 年 3 月 23 日《个人购车贷款合作协议书》证明：汇欣担保公司为招行济南分行办理汽车消费贷款的借款人提供连带保证责任；保证金账户为 53190320451100037；该协议未约定最高担保额，未约定协议有效期；其他内容同 2010 年 1 月 12 日协议约定。

7. 多份招行济南分行贷款业务部给内部相应部门的"个人贷款保证金收取通知书""个人贷款保证金收取回执"以及三个被冻结账户的流水明细。证明：招行济南分行从汇欣担保公司账户划拨资金到保证金账户的过程；53190320451100037 账户余额为 818470 元，转入时间自 2008 年 11 月 26 日至 2011 年 4 月 27 日；53190320451100054 账户余额为 1789140.81 元，转入时间自 2010 年 1 月 25 日至 2011 年 3 月 9 日；53190320451100068 账户余额为 2 万元，转入时间自 2010 年 3 月 4 日至 2010 年 4 月 30 日。

法院审理查明事实：

1. 2010 年 1 月 12 日至 2012 年 3 月 23 日期间，53190320451100037 账户为招行济南分行与汇欣担保公司约定的保证金账户，账户内的资金系 2008 年 11 月 26 日至 2011 年 4 月 27 日期间存入，余额为 818470 元，其中 2008 年 11 月 26 日存入的 10 万元不在双方约定的保证金账户合同期内。

2. 2010 年 1 月 12 日至 2012 年 3 月 23 日期间，53190320451100054 账户为双方约定的保证金账户，账户内的资金系 2010 年 1 月 25 日至 2011 年 3 月 9 日期间存入，余额为 1789140.81 元。

3. 2010 年 9 月 1 日至 2012 年 3 月 23 日期间，53190320451100068 账户系双方约定的保证金账户，账户内的资金系 2010 年 3 月 4 日至 2010 年 4 月 30 日存入，余额 2 万元，均不在双方约定的保证金账户合同期内。

裁判结果：

1. 济南市历城区人民法院于 2013 年 7 月 1 日做出〔2013〕历城执字第 228 - 2 号民事裁定书认定汇欣担保公司在招行济南分行处开设的 53190320451100037、53190320451100054 保证金账户的资金已设立有效质权，在该担保资金失去担保功能前，工行历城支行无权请求法院划拨上述账户资金用于清偿汇欣担保公司的其他债务。但招行济南分行提供的证据不足以证明其对保证金账户的担保资金实现质权条件已经成就，裁定驳回案外人招行济南分行对本院冻结 53190320451100037、53190320451100054、53190320451100068 三个账号上存款 2517610.81 元的异议。

2. 工行历城支行不服上述裁定，遂提起执行异议之诉。经庭审质证后，法院多次催告工行历城支行交纳诉讼费，但其迟迟不履行自己的交款义务。济南市历城区人民法院于 2013 年 10 月 11 日做出〔2013〕历城民初字第 2068 - 1 号民事裁定书，裁定本案按撤诉处理。

3. 招行济南分行在执行过程中又向济南市历城区人民法院补充提交了部分逾期借款人逾期清单、《个人借款及担保合同》及部分逾期借款人生效判决等证据材料，同时申请济南市历城区人民法院到招行济南分行的"招商银行零售业务平台"调取部分逾期借款人保证金存入原始数据。2014 年 12 月 18 日，济南市历城区人民法院做出〔2013〕历城执字第 228 - 4 号执行裁定书，裁定中止对汇欣担保公司在招行济南分行处设立保证金账户资金的执行，并解除了对涉案保证金账户资金的冻结。

裁判理由：

1. 招行济南分行要求法院不能扣划涉案保证金账户资金请求成立的理由

保证金账户合同期内，存入保证金账户的资金系汇欣担保公司向招行济南分行提供的担保资金，由于该款项存在特定的账户，已经形成特定化；按照双方约定，此特定账户的款项应视为已经交由招行济南分行占有。按照《最高人民法院关于适用〈中华人民共和国担保法〉若干问题的解释》第八十五条的规定，第三人将其金钱以保证金的形式特定化后，移交债权人占有作为债权的担保，债务人不履行债务时，债权人可以以该金钱优先受偿。故招行济南分行对保证金账户合同期内存入的担保资金有质权，享有优先受偿权。在该担保资金失去担保功能前，不能用于清偿汇欣担保公司的其他债务。故案外人要求现不能扣划此担保资金的请求成立。

2. 招行济南分行要求法院解除冻结涉案保证金账户的请求不成立理由

招行济南分行提供的部分借款人逾期还款明细，不足以证实汇欣担保公司对此部分借款人的贷款提供担保，保证金账户上的担保资金包含此部分贷款人的担保资金，其对保证金账户的担保资金实现质权条件已经成就。在此情况下，本院冻结保证金账户内的担保资金并无不当，招行济南分行要求解除冻结的请求不成立。

3. 部分资金不能被认定为保证金理由

虽然招行济南分行提供"个人贷款保证金收取通知书""个人贷款保证金收取回执"证明 53190320451100037 账户在 2010 年 1 月 12 日前存入账户资金为保证金（功能上特定化），但以上证据无法证实在 2010 年 1 月 12 日前，53190320451100037 账户是保证金账户（形式上特定化），故 2008 年 11 月 26 日存入该账户的 10 万元，不能认定为担保资金；也不能证实在 2010 年 9 月 1 日之前，53190320451100068 账户系保证金账户。由于该账户内的资金 2 万元是在 2010 年 3 月 4 日至 2010 年 4 月 30 日存入的，该账户的 2 万元不能认定为担保资金。

案件评析：

虽然〔2013〕历城执字第 228 - 2 号民事裁定书表面上驳回了招行济南分行对涉案保证金账户的解除冻结请求，但该裁定书已认定 53190320451100037、53190320451100054 保证金账户资金的质押特性，支持了招行济南分行要求法院不予划拨上述账户资金的请求，这为以后解除上述被冻结保证金账户资金打下坚实的基础。

回顾本案，其存在的争议焦点有两个，焦点一：汇欣担保公司在招行济南分行处保证金账户中资金是否设立有效质权；焦点二：招行济南分行对汇欣担保公司保证金账户资金行使质权条件是否成就。结合本案及法院裁判依据，下文就保证金设立有效质权、保证金质权实现的要件进行论述。

一、保证金设立有效质权的构成要件

《担保法司法解释》第八十五条规定：债务人或者第三人将其金钱以特户、封金、保证金等形式特定化后，移交债权人占有作为债权的担保，债务人不履行债务时，债权人可以以该金钱优先受偿。由此可知，设立有效金钱质押需要满足以下三个要件：

（一）出质人与质权人签订质押合同或者借款合同中包含质押条款是保证金设立有效质权的前提要件

《物权法》第一百七十二条规定，设立担保物权，应当依照本法和其他法律的规定订立担保合同。对担保债权数额种类、数额、履行债务期限、担保范围等做出相应约定。

本案中，招行济南分行与汇欣担保公司就担保事宜签订数份《汽车消费贷款合作协议书》《专业担保机构担保合作协议》《个人购车贷款合作协议书》以及与汇欣担保公司所担保每一借款人签订《个人借款及担保合同》中对保证金账户、所担保债务种类、保证金交纳比例、担保范围等做了相应约定，这满足第一个构成要件。

（二）保证金账户的资金已形成特定化

所谓特定化，是指保证金账户能够与其他普通结算账户加以区分，并且账户内资金性质均为保证金，账户的形式和功能均需要特定化。

1. 形式上的特定化

出质人在质权人处设立的保证金账户应与其他普通的结算账户加以区分，例如在质押合同或者质押条款中，对保证金账户加以明确，或者设立的账户名称后加注"保证金"字样，这样使第三人能够明确识别该账户资金的性质。

本案中，招行济南分行与汇欣担保公司在签订《汽车消费贷款合作协议书》《专业担保机构担保合作协议》《个人购车贷款合作协议书》中明确约定，53190320451100037、53190320451100054、53190320451100068为保证金账户，汇欣担保公司在招行济南分行处设立的保证金账户与其他普通结算账户明显被区分开来，这满足了保证金账户形式特定化的要求。

但是，53190320451100037账户在2010年1月12日之前存入该账户的10万元，及53190320451100068账户在2010年9月1日之前存入的2万元，因上述两笔款项未在双方约定的保证金账户有效期内存入，未达到形式上特定化的要求，故未被认定为保证金。

2. 功能上的特定化

保证金账户资金性质和用途具有唯一性——保证金，保证金账户不能用于普通的结算业务，只能专款专用，每笔保证金存入及释放的数额、原因、方式、时间均需相应的书面凭证加以证明，以避免保证金账户与普通账户内的资金相混同。假如保证金账户有一笔资金用于普通结算业务，那么该账户将失去特定化的属性，导致无法设立有效质权。

本案中，招行济南分行提供的每一份"个人贷款保证金收取通知书"和"个人贷款保证金收取回执"中的数额、存款日期均可与涉案保证金账户流水明细——对应，且"个人贷款保证金收取通知书"和"个人贷款保证金收取回执"明确记载款项性质系保证金，存款人为汇欣担保公司。以上证据证明涉案账户资金性质为保证金，涉案账户专门用于汇欣担保公司的担保业务，这满足了功能上特定化的要求。

3. 特定化不等于保证金账户中资金固定不变

因担保业务的不同，相应保证金账户的资金具有流动性，例如新业务的办理，按照合同约定需存入相应比例保证金，而被担保债权实现后又需释放相应比例的保证金，这样保证金账户的资金总额总是随着业务办理会发生相应变化。所以，特定化不等于保证金账户中的资金数额固定不变，不能仅仅以保证金账户金额没有固定而否定保证金账户内金钱的质押性质。但是，无论如何变化，只要确保该账户能够与其他结算账户加以区分，账户来往资金性质具有"保证金"唯一特性，就可以认定为该账户已经特定化。

（三）转移债权人占有

1. 出质人只能以自己的名义开设保证金账户

根据《物权法》第二百零八条规定，质权的设立需要出质人将质物移交质权人占有。此时，质物的占有权发生转移，而所有权并未发生转移。因金钱占有即所有的特性，若出质人以质权人名义开立账户，并把保证金存入该账户中，那么导致该账户内的资金所有权发生转移，不符合《物权法》的规定。

所以，出质人只能以自己的名义在质权人处设立保证金账户，供担保业务的进行。

2. 保证金转移占有的标志——质权人对保证金账户取得绝对控制权

招行济南分行与汇欣担保公司在合同中约定，出质人在未征得质权人同意的前提下，不得动用保证金账户中的资金；涉案保证金账户在招行济南分行处开立，招行济南分行对保证金账户设置使用权限，账户资金划转权利人为招行济南分行。因此，招行济南分行取得涉案账户绝对控制权，涉案账户保证金已转移质权人占有。

综上，只有同时满足以上三大要件，方可设立有效的金钱质押。据此，在被担保的债权无法实现时，质权人可以就保证金优先受偿权。

二、质权人要求解除被冻结保证金账户，主张实现质权需要举证证明的事项

济南市历城区人民法院在〔2013〕历城执字第 228－2 号民事裁定书中认为，招行济南分行提供的部分借款人逾期还款明细，不足以证实汇欣担保公司对此部分借款人的贷款提供担保，保证金账户上的担保资金包含此部分贷款人的担保资金，其对保证金账

户的担保资金行使质权条件已经成就，对于招行济南分行解除涉案账户冻结请求不予认可。由此可见，案外异议人要求解除被冻结保证金账户，主张行使质权，需证明以下事项：

1. 证明保证人为逾期借款人提供担保

招行济南分行向法院补充提交汇欣担保公司所担保的部分逾期借款人《个人借款及担保合同》，合同明确记载：汇欣担保公司作为逾期借款人的保证人，且借款的种类、借款的用途、借款发生的时间均可与招行济南分行、汇欣担保公司签订《专业担保机构担保合作协议》相对应，以上证据证明汇欣担保公司系部分逾期借款人的保证人。

2. 证明保证金账户中的担保资金包含逾期贷款人的担保资金

招行济南分行无法提供相应书面证据证明其提供部分逾期借款人保证金存放具体保证金账户，但在搜集证据过程中，招行济南分行发现"招商银行零售业务平台"的数据记载了部分逾期借款人的借款均在汇欣担保公司涉案保证金账户资金的质押担保项下。为确保上述证据客观性、真实性、合法性，招行济南分行申请济南市历城区人民法院到招行济南分行，通过"招商银行零售业务平台"调取相关原始数据。最终，上述证据得到济南市历城区人民法院和对方当事人的认可。

3. 保证人承担保证责任条件已成就

招行济南分行提供的"借款人逾期还款明细表"记载，被担保债务人均出现连续逾期三个月或累计逾期六次逾期还款情况。根据《个人借款及担保合同》《专业担保机构担保合作协议》约定，招行济南分行可以解除双方签订的《个人借款及担保合同》，并可直接扣划汇欣担保公司保证金账户资金，用于清偿所担保债务人的借款本息，况且招行济南分行将逾期借款人、汇欣担保公司起诉至法院，法院也已做出要求其承担还款责任生效判决。以上证据证明了汇欣担保公司的担保责任条件已成就。

综上所述，设立有效的金钱质押，不仅需要质权人与出质人签订有效的担保合同，质权人还应确保保证金账户形式和功能上的特定化，并取得该账户的绝对控制权。除此之外，质权人还应规范保证金的存入和支取流程，书面记载每笔保证金的存入（或释放）时间、金额、理由及对应的主债权，并将以上书面证据妥善保管。以便在法院提出协助执行要求时，质权人能证明账户资金的质押性质，有理有据对抗法院的无理扣划要求，最大限度维护自己合法权益。

承办律师：王　亮　崔晓宁

撰稿人：崔晓宁

葛某某诉烟台经济技术开发区
金建房地产综合开发公司、
恒丰银行股份有限公司房屋买卖合同纠纷案

关键词： 民事　购房差价损失赔偿　连带责任

裁判要点及核心价值： 房地产开发商预售房屋后，长期未能竣工验收，导致逾期交房不能，而解除房屋买卖合同，除应承担返还购房款责任，还应按经评估的同地段房屋价款赔偿房屋差价损失给购房者。

相关法条：《中华人民共和国合同法》第九十四条、第九十七条，《最高人民法院关于审理商品房买卖合同纠纷案件适用法律若干问题的解释》第十五条

基本案情：

1997 年 5 月 18 日，原告葛某某与被告烟台经济技术开发区金建房地产综合开发公司（以下简称开发区金建公司）签订房屋买卖契约约定：烟台金建公司将坐落于烟台市芝罘区北马路烟台科技大厦 19 层北向 8～9 轴间 B1 型建筑面积为 107.67 平方米的楼房出售给原告；房屋价款为 312243 元，由原告于 1997 年 5 月 18 日前一次性付清；烟台金建公司于 1997 年 7 月 1 日将上述房产正式交付给原告，如不能按期交付，每逾期一日，按房屋价款的万分之一支付滞纳金。合同签订后，原告将房款全额支付给了烟台金建公司，但该公司一直未履行交付房屋的义务。烟台金建公司系被告恒丰银行开办的实体。现烟台金建公司已被吊销停业，其全部资产、人员由恒丰银行接收。多年来，原告一直找两被告的负责人及主要领导协商解决房屋交付及赔偿问题，但两被告毫无诚意，采取拖延时间、压低价位等方式致原告的合法权益至今不能得到保护。故请求依法解除原告与被告烟台金建公司签订的房屋买卖合同，被告返还给原告房屋价款 312243 元，并赔偿原告经济损失 887757 元，两被告承担连带责任。

被告烟台金建公司缺席，且在法定期间既未书面答辩，亦未提供任何证据材料。被告恒丰银行辩称：本案诉争的烟台金建科技大厦的开发建设单位并非烟台金建公司，原

告与烟台金建公司签订的房屋买卖契约无效，相应的违约金条款亦属无效；诉争房屋至今没有竣工，未经验收合格，相关单位无法向原告交付房屋；我行不是诉争房屋的开发建设单位，也不是烟台金建公司的开办单位。综上，原告要求我行返还房款并赔偿经济损失没有依据，请求依法驳回原告对我行的诉讼请求。

原告提交开发区金建公司、烟台金建公司、恒丰银行工商登记信息、购房合同、烟台金建公司在工商局档案中的商品房预售许可证、支付购房款凭据，证明原、被告订立的房屋买卖合同有效，被告违约的事实及开发区金建公司被吊销营业执照后一直未清算；提交录音资料、申请法院调取恒丰银行拍卖诉争房产公告（后法院依职权调取到）证明恒丰银行实际上成建制接收了烟台金建公司，应对烟台金建公司债务承担责任；庭审中，被告称履行不能，原告依法变更诉讼请求，要求解除合同并赔偿购房差价损失，为此，原告向法院申请进行对诉争房屋价值进行评估，恒丰银行在评估过程中曾不予配合，后终进行评估，得出诉争房屋评估时价值应为983798.02元，证实被告违约给原告造成重大经济损失，被告除应返还购房款外，还应赔偿原告购房差价损失。

法院经审理查明的事实：

被告恒丰银行原名烟台住房储蓄银行，于1987年成立，2003年7月更名为恒丰银行股份有限公司。1992年6月29日，烟台住房储蓄银行注册成立了开发区金建公司。1995年6月22日，开发区金建公司与烟台开发区路宇房地产综合开发公司共同出资成立了本案被告烟台金建公司，从事房地产开发、销售、建筑材料销售。开发区金建公司于1994年6月28日与烟台东亚实业公司签订合作建设科研楼合同书，约定由烟台东亚实业公司负责办理开工手续及土地使用权证。双方签订联建合同时，任何一方均未取得该项目建设用地的土地使用权证，亦未办理联建审批手续。1994年9月，开发区金建公司取得了该项目的土地使用权证，1997年4月18日，烟台金建公司取得了位于烟台市芝罘区北马路北侧烟台科技大厦的商品房销售（实际为预售）许可证，该许可证载明房屋用途性质为商业、住宅。后因联建双方未经批准擅自改变原批准图纸，增加了建筑面积、改变用途，于1998年8月被烟台市政府有关部门责令停工和售房，收回了土地使用权证及商品房销售许可证。

1997年5月18日，烟台金建公司与原告在签订的房地产买卖契约中载明：烟台金建公司自愿将坐落于烟台市芝罘区北马路烟台科技大厦19层北向8~9轴间B1型建筑面积为107.67平方米的房产出卖给原告；房屋价款为312243元，由原告于1997年5月18日一次性付清；烟台金建公司于1997年7月1日将上述房产正式交付给原告，每逾期一日，应付给原告房屋价款万分之一的滞纳金。房屋移交时，该建筑物范围内的土地使用权一并转移给原告；烟台金建公司保证上述房产产权清楚，若发生产权纠纷或债权债务，由其负责清理和承担民事诉讼责任，并赔偿因此给原告造成的经济损失；烟台金建公司必须按期将房产交付原告使用，否则，每逾期一日应付给原告相当于上述房产价款万分之一的滞纳金。另外，合同还载明金建科技大厦的土地使用期限自1994年8月25日至2044年8月24日为50年。合同签订之前，原告即于1996年1月17日付清了房款，因当时烟台金建公司未取得诉争房屋的预售许可证，其收取了原告的房款后，在向原告出具的收款收据事由一栏中载明为合作投资款。2006年11月8日，烟台金建公司因未参加年检，被工商行政管理部门吊销了企业法人营业执照，该公司早已停业。2008年11月7日，开发区金建公司因未参加企业年检被工商行政管理部门吊销了企业法人营业执照，该公司也已停业。金建大厦所使用的土地现登记在开发区金建公司名下，土地性质系科研和商业服务用地。合同签订后，原告按约定履行了向被告烟台金建公司支付全部房屋价款的义务，而被告烟台金建公司收取了原告的房款后，因建设方的原因致使包括诉争房屋在内的金建科技大厦至今未能竣工验收，且烟台金建公司和开发区金建公司早已停业，金建科技大厦实际由被告恒丰银行接收控制使用。法院根据原告的司法鉴定申请，委托烟台市嘉信资产评估有限公司对诉争房屋的现值进行评估。评估公司几次联系恒丰银行到评估现场，以便评估人员进行现场勘验，但被告恒丰银行拒绝开门，致评估公司很长时间未能勘验现场。2011年11月28日，评估公司向法院递交了中止鉴定申请。法院遂书面通知责令恒丰银行配合评估，否则将参照同类同地段房屋的价格对诉争房屋的价值进行评估，并以此作为定案依据。2012年4月，法院再次委托上述评估公司进行现场评估，结论为诉争房屋的现值为983798.02元，原告为此支付评估费5800元。

裁判结果：

烟台市芝罘区人民法院于2014年2月11日做出〔2010〕芝民一初字第350号民事判决：一、解除原告与被告烟台金建房地产开发有限公司于1997年5月18日签订的〔1997〕房地产买卖契字066号房地产买卖契约；二、限被告烟台金建房地产开发有限公司于本判决生效之日起10日内经本院返还给原告购房款312243元，并赔偿原告购房差价款671555.02元，合计983798.02元。同时由被告恒丰银行股份有限公司承担连带责任。宣判后，恒丰银行提出上诉。烟台市中级人民法院于2015年5月19日做出〔2014〕烟民一终字第692号民事判决：驳回上诉，维持原判。

裁判理由：

法院生效判决认为：被告烟台金建公司与原告签订商品房预售合同时，烟台金建公司已取得了商品房销售许可证，故原告与烟台金建公司签订的房屋买卖契约有效，销售许可证虽然后来因联建方原因被收回，但不影该合同的效力。合同签订后，原告按约定履行了向被告烟台金建公司支付全部房屋价款的义务，而被告烟台金建公司收取了原告的房款后，因建设方的原因致使包括诉争房屋在内的金建科技大厦至今未能竣工验收，且烟台金建公司和开发区金建公司早已停业，金建科技大厦实际由被告恒丰银行接收控制使用的事实清楚，客观上诉争房屋未达到交付条件，主观上被告恒丰银行不同意将诉争房屋交付给原告的证据充分。故原告要求解除其与烟台金建公司签订的房屋买卖合同，返还房款，并要求按评估结论赔偿房屋差价损失，理由正当，于法有据。关于被告恒丰银行是否应对烟台金建公司的上述义务承担连带清偿责任。根据查明的事实，诉争的金建大厦项目原系开发区金建公司与烟台东亚实业公司合作开发建设，并由开发区金建公司出资开办的被告烟台金建公司对外预售，后由于开发区金建公司与烟台东亚实业公司在合作过程中产生纠纷并发生诉讼，最终经山东省高级人民法院主持调解，金建大厦全部转让给了开发区金建公司所有。而开发区金建公司又是被告恒丰银行出资开办的实体，在国家政策禁止银行开办实体时，开发区金建公司被停办，其人、财、物整体被恒丰银行接收，其中接收的资产包括了涉案房屋。被告烟台金建公司为何取得了对外预售金建大厦的销售许可证，在无其他相关证据证实的情况下，只能认定是得到了开发区金建公司或被告恒丰银行的授权。在金建大厦项目至今未能竣工并向原告交付房屋的情况下，被告烟台金建公司或开发区金建公司有义务向原告返还房款并赔偿相关损失，而被告恒丰银行在烟台金建公司或开发区金建公司未履行向原告返还房款并赔偿相关损失的情况下，整体接受了金建大厦，其对烟台金建公司或开发区金建公司应向原告承担的义务负有连带责任。被告恒丰银行并不否认其应当对原告履行烟台金建公司与原告之间商品房买卖合同的善后事宜负责进行处理。综合上述事实，法院认为被告恒丰银行应当负连带返还原告购房款并进行赔偿的责任。

案件评析：

本案属疑难案件，也属于逾期交房典型案例之一。该案裁判难点及焦点有二：一是恒丰银行是否应承担连带赔偿责任，其实在立案直到一审判决法庭调查结束，关于被告主体问题，一直存在争议；二是被告是否应赔偿原告购房差价损失。对于这两个难点，笔者认为，法院对该案认定事实清楚、适用法律正确，裁判理由逻辑严密、说理令人信服。该案的难点问题，其实最后成了该案判决的亮点：长期不能竣工验收导致逾期交房不能的，判令返还购房款并赔偿购房差价款，对维护商品房买卖市场的公平交易秩序有积极作用，符合诚实信用和公平原则，据此，本案也取得了公平、公正的效果，对类似案件处理有指导意义；再是开办单位在不履行清算义务情况下（且还整体接收企业资产、人员），应对被吊销企业债务承担连带责任，判令开办单位（也系清算责任主体）承担连带责任使得该案受害原告的利益能够得以实现，符合目前《公司法》司法实践中的处理原则，很有价值。在我国房地产市场上逾期交房现象越来越多的当下及将来，本案对处理相关类似案件具有指导意义。

承办律师：于　民　郑　勇
撰稿人：郑　勇

滨州海洋化工有限公司诉
山东山大环保水业有限公司买卖合同纠纷案件

关键词： 民事　发票开具义务　以起诉方式解除合同　违约金调整

律师观点： 解除合同可以以送达起诉状副本的形式通知。合同部分履行，未履行部分可以参照合同约定的违约金计算方法计算违约金。开具发票为行政法律关系，不属于民事法律关系，对于拒不开具发票的行为，只能向有关行政主管机关反映情况，对于不开具发票造成的经济损失，可以另行提起主张，但权利人应当举证证明损失的数额，此可能会涉及税务审计。因此，我们在合同的起草与审查中，应注意结合税收征管法以及发票管理办法的有关规定，把开具发票的义务采用适当的方法约定在合同当中。

相关法条：《中华人民共和国合同法》第九十六条、第一百一十四条、第一百三十六条

基本案情：

原告滨州海洋化工有限公司（以下简称海洋化工）诉称：2007 年 4 月 11 日，海洋化工与山东山大环保水业有限公司（以下简称山大水业）签订脱盐水装置买卖及相关服务合同，约定由山东水业供应 20 万吨/年烧碱、25 万吨/年聚氯乙烯项目中的脱盐水装置并提供相关技术服务。合同固定价格 1310 万元。合同签订后，原告及时支付了预付款，但被告以资金紧张为由，对合同约定的反渗透膜未予供货，导致整个合同装置无法安装调试，为保证合同履行，原告超出合同约定的付款进度向被告提前支付部分货款。截至 2008 年 9 月 5 日，支付货款累计 1179 万元，超出合同约定 917 万元，这种情况下，被告仍未供货。2008 年 3 月 3 日，双方签署会议纪要，确定被告确保在 6 月 5 日前整套系统达到合同规定的出水要求。2008 年 9 月 4 日，原、被告达成协议，被告承诺于 9 月 20 日对脱盐水系统进行调试，如迟延一天，将按每天 10 万元进行罚款。被告仍没有按照协议和承诺对脱盐水系统进行调试，而且调试前必需的反渗透膜仍未提供到现场。

2008 年 10 月 30 日，原告向滨州市中级人民法院起诉，请求：1. 解除原、被告签订的脱盐水装置买卖及相关服务合同；2. 被告支付迟延交货和调试违约金、解除合同违约金 528 万元；3. 被告开具 710 万元 17% 增值税专用发票和 600 万元建安发票。

被告山大水业辩称：

1. 根据合同法的规定，当事人主张解除合同的，应当通知对方，合同自通知到达对方时解除，有异议的方可向人民法院确认解除合同。合同解除只能由当事人发出通知的形式，而不能诉请法院直接解除；2. 原告主张的违约金过高，总的合同价款才 1310 万元，现原告主张的违约金为 528 万元，已大于超过合同总价款的 50%，且合同已得到大部分履行，只有数额很小的反渗透膜没有提供，因此请求法院予以调整；3. 原告要求开具发票不属于法院受理范围，对该请求应予以驳回。理由是根据税收征管法及发票管理办法的规定，发票的开具涉及税收，其是否缴纳、何时缴纳，受行政法律法规调整，因此开具发票属于行政法律关系，不属于平等主体的民事法律调整，该请求应当驳回。

法院经审理查明的事实：

2007 年 4 月 11 日，海洋化工与山大水业签订脱盐水装置买卖及相关服务合同。自 2007 年 4 月 16 日至 2008 年 9 月 5 日，海洋化工分次向山大水业付款共计 1179 万元。山大水业也已大部分履行供货义务，但在施工过程中，山大水业对脱盐水系统所需的反渗透膜未提供。

裁判结果：

滨州市中级人民法院于 2010 年 4 月 8 日做出〔2008〕滨中民四初字第 41 号民事判决：一、解除原、被告签订的脱盐水装置买卖及相关服务合同和补充协议；二、被告山东山大环保水业有限公司于本判决生效后 10 日内向原告滨州海洋化工有限公司支付违约金 262 万元；三、被告山东山大环保水业有限公司于本判决生效后 10 日内向原告滨州海洋化工有限公司交付涉案交易商品的增值税专用发票及安装、调试、技术服务项发票；四、驳回原告滨州海洋化工有限公司的其他诉讼请求。宣判后，山大水业提出上诉。山东省高级人民法院 2010 年 10 月 8 日做出〔2010〕鲁商终字第 151 号民事判决：一、维持滨州市中级人民法院〔2008〕滨中民四初字第 41 号民事判决第四项；二、撤销滨州市中级人民法院〔2008〕滨中民四初字第 41 号民事判决第三项；三、变更滨州市中级人民法院〔2008〕滨中民四初字第 41 号民事判决第一项为，"解除上诉人与被上诉人签订的脱盐水装置买卖及相关服务合同和补充协议的未履行部分"；四、变更滨州市中级人民法院〔2008〕滨中民四初字第 41 号民事判决第二项为，"上诉人山东山大环保水业有限公司于判决生效后 10 日内向被上诉人滨州海洋化工有限公司支付违约金 615360 元"。

裁判理由：

法院生效裁判认为：本案争议的焦点是：一、被上诉人以起诉方式解除合同能否得到支持；二、上诉人抗辩合同总价 20% 的解除合同违约金过高，应否予以调整；三、被上诉人要求开具发票的诉讼请求能否得到支持。

对于第一个焦点问题，被上诉人以起诉方式解除合同能否得到支持。本院认为，合同法第九十六条规定，"当事人一方主张解除合同的，应通知对方。合同自通知到达对方时解除"。法律未限定通知的方式和时间，故在起诉前未通知对方解除合同的，也可以在诉讼中以诉状的送达作为通知对方解除合同的方式。被上诉人向法院提起诉讼后，其要求解除合同的意思表示在诉状副本送达时到达上诉人。故被上诉人虽未在诉讼前通知，亦于法不悖。上诉人如对合同解除有异议，可在诉讼过程中通过抗辩的方式提出自己的主张。至于合同能否解除，被上诉人行使的解除权是否合法有效，最终由法院审理确定。故被上诉人以诉讼的方式要求解除合同，并不影响上诉人异议权利的行使。根据双方签订的脱盐水装置买卖合同及相关服务及会议纪要的约定，上诉人应在 2008 年 5 月 10 日供应反渗透膜，如迟交超过一个月，被上诉人有权解除合同。上诉人没有按上述约定供应反渗透膜，虽经被上诉人催促，仍未履行。在此情况下，被上诉人以起诉方式行使解除权，符合解除权行使的条件，合法有效。

关于第二个焦点问题，上诉人抗辩合同总价 20% 的解除合同违约金过高，应否予以调整。本院认为，上诉人与被上诉人签订的脱盐水装置买卖及相关服务合同和补充协议，合同总价为 1310 万元，合同大部分已履行完毕，上诉人尚未履行的仅是反渗透膜的供货义务和设备调试义务。根据被上诉人提交的证据，上述未履行部分的价款约计 3076800 元。合同已近履行完毕，根据公平原则和诚实信用原则，上诉人承担合同总价 20% 的解除合同违约金显系过高，依法应予降低。被上诉人未能提交证据证明其实际损失数额，且被上诉人只要求解除合同未履行部分的合同，综合衡量，本院认为，解除合同违约金按未履行部分价款的 20% 支付较为合理。

关于第三个焦点问题，被上诉人要求开具发票的诉讼请求能否得到支持。本院认为，本案的上诉人与被上诉人尚未结算，应付款数额尚未确定，被上诉人要求开具合同总价款的发票显然不符合交易习惯。且开具发票是一项法定义务，不是一项民事义务，违反了该义务所承担的是行政法律责任，而不是民事责任。故涉案合同的应付款数额确定后，如果上诉人仍不出具发票，被上诉人可以向税务部门反映并要求解决，对因未开具发票而遭受的损失，也可依法要求对方赔偿。

律师评析：

就上诉人抗辩合同总价 20% 的解除合同违约金过高的问题，根据最高人民法院《关于适用〈中华人民共和国合同法〉若干问题的解释（二）》明确：当事人主张约定的违约金过高请求予以适当减少的，人民法院应当以实际损失为基础，根据公平原则和诚实信用原则予以衡量，并做出裁决。当事人约定的违约金超过造成损失的 30% 的，一般可以认定为《合同法》第一百一十四条第二款规定的"过分高于造成的损失"。此处如何理解"超过造成损失的 30%"成为审理法官裁定是否进行违约金调整的前提。本案中，在被上诉人并未提供任何证据证明其造成的实际损失的情况下，一审判决根据合同总价款 1310 万元的 20%，即 262 万元确定为违约金明显不当。因为根据整个合同的履行情况，上诉人已履行了除盐水系统买卖合同的大部分内容，仅剩反渗透膜一项未曾履行，且双方对已履行部分没有任何争议。二审法院在向被上诉人释明其所主张的解除请求为解除尚未履行的部分合同内容后，根据尚未履行的部分价值的 20% 确定违约金可作为以后我们处理类似案件的参考。

就被上诉人要求开具发票的诉讼请求能否得到支持问题，在本案二审终审后，被上诉人又另行提起了诉讼要求上诉人赔偿营业税损失和所得税损失，而其并未提供任何损失形成的证据材料，而是仅仅依据上诉人未开具发票的数额乘以相税率 3%、25% 确定。根据我国的税收征管法律法规，并结合双方合同的约定，本案涉及如下税种：增值税、营业税、城建及教育费附加、印花税、所得税。就增值税、营业税而言，需要就总价款 1310 万元进行区分应当开具多少数额的增值税，多少数额的营业税。本案中就营业税来讲，上诉人所开具营业税发票交纳的营业税税款应当上交国家，被上诉人无权主张其权益；就增值税来讲，只有因上诉人不开具发票导致被上诉人增值税进项无法抵扣，形成实际损失的才能作为损失主张，因被上诉人并未进行税收审计，自然无法确定不能抵扣的损失数额；就所得税来讲，更是需要汇算清缴才能确定因上诉人未开具发票导致的被上诉人多交的所得税数额后，才能主张损失，而被上诉人也没有任何证据来证明。故作为律师，我们应充分了解并灵活运用我国税法的相应规定，才能在案件代理、合同审查等法律服务工作中最大限度地维护委托人的利益。

承办律师：李树森　赵灵强
撰稿人：赵灵强

某房产开发公司与沈某商品房买卖合同纠纷案

关键词： 商品房买卖　交付时未进行综合验收　格式条款无效　合同解除

裁判要点： 商品房买卖合同是开发商为了重复使用而预先拟定的，其中以"商品房的单体竣工验收合格"作为房屋交付条件的格式条款，排除了法律、行政法规和地方性法规规章的适用，免除了开发商的房屋交付义务责任，排除了买受人的主要权利，依法属于无效条款；由于开发商交房时不能向买受人提供综合验收备案证明，致使买受人的合同目的无法实现，买受人有权解除合同，且买受人已按照合同法相关规定通知解除合同，故判决商品房买卖合同解除、出卖人返还买受人已支付的购房款项并赔偿损失。

相关法条：《中华人民共和国合同法》第三十九条、第四十条、第五十二条、第九十四条、第九十六条、第九十七条，《最高人民法院关于适用〈中华人民共和国合同法〉若干问题的解释（二）》第六条、第十条，《中华人民共和国城市房地产管理法》第二十七条，《中华人民共和国城市房地产开发经营管理条例》第十七条、第十八条

基本案情：

原告山东某地房产开发有限公司（简称开发商）诉称：开发商于2011年10月10日与沈某签订了《济南市商品房买卖合同》；2012年12月31日，开发商按照合同约定的时间和条件交付房屋时，沈某拒绝收房，且书面通知解除《济南市商品房买卖合同》，开发商于2013年2月16日收到该通知。为此，开发商提起诉讼认为，原、被告签订的《济南市商品房买卖合同》合法有效，按照合同附件五补充协议第五条的约定，沈某不按期办理房屋交接手续，自《交房通知书》规定的房屋交付之日起，视为开发商已经交付房屋，沈某除应当按照总房款的万分之二向开发商支付违约金，按照物业管理各项规定缴纳各项费用外，还应承担房屋毁损灭失风险，要求沈某继续履行合同，并承担延迟办理房屋交接手续的违约责任。请求判令：1. 依法确认沈某要求解除合同的通知无效；2. 沈某继续履行合同；3. 沈某承担迟延办理房屋交接手续的违约金23100元；4. 诉讼费用由沈某承担。

被告沈某答辩称：

本案所涉《济南市商品房买卖合同》《合同补充协议》中关于商品房交付使用条件和交接的条款，是原告作为商品房出卖人为了重复使用而预先拟定、并在订立合同时未与答辩人协商的格式条款，既违法也未尽合理提示及说明义务，依法应认定无效，对合同当事人不具有约束力；在前述关于商品房交付使用条件、交接相应条款属于无效格式条款的前提下，答辩人依约有权拒绝原告向其交付不具备法定交付使用条件的商品房，由此产生的延期交房责任由原告承担；在原告没有按照合同约定期限向答辩人交付符合法定商品房交付使用条件房屋、交接逾期时间已达到约定解除合同条件的情况下，答辩人依法、依约向原告送达了解除合同的通知，答辩人的解除合同的行为合法有效，原告的诉讼请求没有事实根据和法律依据。

被告沈某反诉称：

2011年10月10日，反诉原告与反诉被告同时签订了编号为销售（字）201155613号《济南市商品房买卖合同》《合同补充协议》；2012年5月19日，反诉原告将购房款1049648元全部支付给反诉被告；2012年12月26日，反诉被告向反诉原告送达《交房通知书》。反诉原告按照《交房通知书》确定的时间和地点与反诉被告办理房屋交接手续时，发现反诉被告提供的交接资料中并无《综合验收备案证明》或《分期综合验收备案证明》，遂拒绝交接并要求反诉被告提交《综合验收备案证明》或《分期综合验收备案证明》。此后直至本反诉提出之日，反诉被告一直未向反诉原告提交前述证明。无奈之下，反诉原告于2013年1月31日以书面形式通知反诉被告解除合同；2013年4月28日，反诉原告再次以书面形式通知反诉解除合同。反诉原告认为，反诉被告未向反诉原告提交《综合验收备案证明》或《分期综合验收备案证明》的行为违反约定和法律规定，给反诉原告造成了经济损失；双方之间的合同已具备解除条件，反诉原告也依法行使了合同解除权。故请求判令：1. 依法判令解除反诉原告与反诉被告之间的销售（字）201155613号《济南市商品房买卖合同》《合同补充协议》；2. 依法判令反诉被告返还反诉原告已支付的购房款1049648元；3. 依法判令反诉被告承担违约责任并赔偿反诉原告损失；4. 本案诉讼费用由反诉被告承担。

法院经审理查明的事实：

2011年10月10日，反诉原告与反诉被告同时签订了编号为销售（字）201155613号《济南市商品房买卖合同》《合同补充协议》，总价款1049648元，开发商应于2012年12月31日前将房屋交付使用。2011年5月19日，沈某向开发商支付全部房屋总价款。关于房屋交接及出卖人逾期交房的违约责任，双方在《合同补充协议》中约定："商品房单体竣工验收合格后，视为房屋达到交付条件，室外工程不作为房屋交付的必要条件。买受人须持本人身份证、《济南市商品房买卖合同》、购房全额发票或收据办理房屋交接手续。通过竣工验收的房屋，买受人不得以国家法律和地方规章未规定的理由拒绝接受房屋（地方法规和地方规章的规定不作为房屋交付的依据）……出卖人逾期交房超过30日后，买受人有权解除合同。买受人解除合同的，出卖人应当自买受人解除合同通知到达之日起30日内无息退还全部已付款，并接受买受人累计已付款的1%向买受人支付违约金。"

2012年12月26日，开发商向沈某寄送《交房通知书》，通知沈某于2012年12月31日办理房屋交付手续。2012年12月31日，沈某向开发商出具《关于敦促开发商尽快出示〈分期综合验收备案证明〉的通知》，认为开发商在办理房屋交接时工作人员无法出示《分期综合验收备案证明》，不具备交房条件。该通知于2013年1月6日由开发商签收。2013年1月31日，沈某向开发商发送《关于解除合同的书面通知》，通知载明："截至2013年1月31日，贵方仍无法出示《分期综合验收备案证明》，依据济南市城乡建设委员会等五部门2011年4月27日联合印发的济建发〔2011〕7号文件和双方合同相关条款的约定，现通知贵方：解除双方之间的商品房买卖合同，并由贵方承担相应的法律责任，配合我们共同办理退房、退款手续。"该通知于2013年2月16日由开发商签收。

裁判结果：

济南市历下区人民法院于2014年4月17日做出〔2013〕历商初字第950号民事判决：一、沈某与开发商之间的《济南市商品房买卖合同》于2013年2月16日解除；二、反诉被告开发商于本判决生效之日起10日内支付反诉原告沈某已付房款1049648元；三、反诉被告开发商于本判决生效之日起10日内支付反诉原告沈某已付房款的利息损失；四、驳回原告开发商要求依法确认被告沈某要求解除《济南市商品房买卖合同》和《合同补充协议》的通知无效的诉讼请求；五、驳回原告开发商要求被告沈某继续履行合同的诉讼请求；六、驳回原告开发商要求被告沈某承担延迟办理房屋交接手续违约金的诉讼请求。宣判后，开发商提出上诉。济南市中级人民法院于2014年11月11日做出〔2014〕济民一终字第644号民事判决：驳回上诉，维持原判。

裁判理由：

一审法院裁判认为：1. 根据济建发〔2011〕7号文件要求，自2011年4月27日起，开发商与房屋买受人签订商品房买卖合同时，须将开发项目《综合验收备案证明》

或《分期综合验收备案证明》作为房屋交付使用的约定条款。本案中，商品房买卖合同并未将上述条款列入其中，故合同存在瑕疵。但根据《合同法》第五十二条之规定，只有违反法律行政法规方使得合同无效，故本案合同并不因此无效。2. 本案中，商品房买卖合同是开发商为重复使用而预先拟定的格式合同，根据《合同法》第四十条规定：格式条款具有本法第五十二条和第五十三条规定情形的，或者提供格式条款一方免除其责任、加重对方责任、排除对方主要权利的，该条款无效。本案中双方虽然约定"商品房单体竣工验收合格后，视为房屋达到交付条件"，但单体竣工验收与商品房的综合验收是两个不同的概念，根据【鲁建发〔2009〕11号】备案办法的规定，开发商除进行房屋单体验收外，还需取得《综合验收备案证明》或《分期综合验收备案证明》作为房屋交付条件之一。且根据济建发〔2011〕7号通知要求，自2011年4月27日之后的商品房买卖合同中均应将《综合验收备案证明》或《分期综合验收备案证明》作为商品房的交付条件之一。故原、被告商品房买卖合同中的该两条约定一是排除了地方性法规和地方规章的适用；二是限制了买受人的权利，加重了买受人举证义务，同时大大减轻了出卖人交房所需要负担的义务。该两条款应为无效条款。3. 鉴于上述约定无效，应按照《合同法》第六十二条所确定的方法予以确定，有行业标准的以行业标准来确定。本案中，即应依据【鲁建发〔2009〕11号】备案办法进行确定。截至目前，开发商尚未提交《综合验收备案证明》，即涉案房屋尚达不到交付使用条件，开发商未能按照合同约定交付房屋逾期已经超过30天，买受人有权解除本案的商品房买卖合同。沈某已经向开发商发送解除合同通知。自开发商收到通知之日起合同解除。

二审裁判认为，《城市房地产开发经营管理条例》第十七条第一款规定"房地产开发项目竣工，经验收合格后，方可交付使用；未经验收或者验收不合格的，不得交付使用"，第十八条规定"住宅小区等群体房地产开发项目竣工，应当依照本条例第十七条的规定和下列要求进行综合验收：（一）城市规划设计条件的落实情况；（二）城市规划要求配套的基础设施和公共设施的建设情况；（三）单项工程的工程质量验收情况；（四）拆迁安置方案的落实情况；（五）物业管理的落实情况。住宅小区等群体房地产开发项目实行分期开发的，可以分期验收"。根据上述规定，商品房交付使用是以开发项目的竣工验收为条件，而不仅是单项工程的质量验收。买受人对房屋的使用应包括使用住宅小区的基础设施和配套设施等。双方关于交房条件的内容不是双方经协商后填写的，属开发商预先拟定的格式条款。合同中关于"商品房单体竣工验收合格后，视为房屋达到交付条件"以及通过竣工验收的房屋买受人不得拒绝接受的约定，免除了开发商根据上述规定在交房前应完成综合验收的义务，排除了沈某依据上述规定在交房时开发商应保障的权利，属无效条款。开发商在约定期间未按照上述规定和【鲁建发〔2009〕11号】备案办法的规定、济建发〔2011〕7号文件的要求交付房屋，买受人沈某有权解除合同。

律师评析：

在本案诉讼程序中，康桥律师担任了买受人沈某的一审、二审诉讼代理人，对一审、二审裁决结果感到欣慰，对代理过程感受颇深。

首先，本案属于住宅小区的商品房交付纠纷，诉前买受人沈某已经拒绝收房并向开发商发出了《解除合同的通知》，双方立场严重对立、无协商解决的可能。本案诉讼结果如何，将对该小区相同情形的其他众多买受人有示范效应，开发商压力极大，审判机关也很重视这类可能涉及群体诉讼的案件处理的综合效果。

为了维护法律正确实施、维护当事人合法权益，代理律师在与当事人沈某充分沟通、仔细阅卷的基础上，根据《合同法》、司法解释、《城市房地产管理法》《城市房地产开发经营管理条例》的相关规定，深入研究了与商品房交付、综合验收有关的法理和实务，形成了"开发商故意规避关于综合验收的法律规定，《合同补充协议》第五条约定属于格式条款且存在违法、未提示买受人注意并合理说明、免除开发商责任、排除买受人主要权利等无效情形，在买受人买房目的无法实现、当事人一方迟延履行主要债务并经催告后在合理期限内仍未履行两种法定解除情形具备的情况下，买受人有权解除合同，且买受人已经按照《合同法》规定的条件和程序发出了解除合同通知"的代理思路，及时代理当事人提起反诉，为维护沈某作为购房人合法权益奠定了坚实的法律基础。

其次，就一审判决结果来说，合法公正，能够促使开发商更重视综合验收的法定义务，保护了买受人的合法权利，社会效果极好，当事人、代理人也是满意的，但美中不足的是：在裁判理由中，我国现行合同法律领域并没有"格式合同"的概念，应当是"格式条款"；无论是《城市房地产管理法》，还是《城市房地产开发经营管理条例》，对综合验收均有明确规定，这是房地产开发商在房屋交付使用层面的法定义务，一审未将效力层级高的法律、行政法规的规定作为裁判理由，存在缺憾；在认定格式条款无效的法律适用方面，与最高人民法院司法解释的相关规定比较，引用依据粗疏，尚未全面理解"格式条款认定无效日趋严格"的立法精神！

最后，就二审判决来说，其裁判理由相比一审更准确、更完整，弥补了代理律师认为的缺憾！

将该案例呈现出来，是因为群众个人买房不易，希望开发商尊重、认真对待法律赋予买受人的合法权利，而非规避法定义务、免除自己责任、排除对方权利，强化法律风险控制工作，不要触碰法律底线！

承办律师：司志庆　韩　博

撰稿人：张欣欣

案件领域

民　事

王某诉范某委托合同纠纷案

关键词： 承兑汇票　委托贴现　有偿委托与无偿委托　委托责任

裁判要点： 票据交付人（非票据权利人）基于委托合同关系向票据受托人主张票据损失，法院认定其享有主张票据损失的权利。票据受托人在票据贴现款无法追回的前提下，承担过失责任。

相关法条：《中华人民共和国合同法》第三百九十六条、第三百九十七条、第四百零六条，《中华人民共和国票据法》第十条

基本案情：

原告王某诉称：2011 年 12 月 28 日，被告范某从原告处借得银行承兑汇票 8 张，票面总金额 400 万元，现被告尚欠原告 100 万元。为维护原告合法权益，诉至法院请求依法判令被告偿还欠款及经济损失 125 万元。本案发回重审阶段，经法院释明，原告将诉讼请求变更为：原、被告双方应为委托代理关系，被告在票据贴现过程中归还了 150 万元。后经其他票据纠纷案件诉讼，票据持票人归还了 34.5 万元，对于未归还的 215.5 万元损失被告应承担委托过失责任。

被告范某辩称：（1）原、被告之间不存在借款合同关系；（2）原告非票据权利人，无权以票据主张权利；（3）原告并非通过支付对价取得汇票，且在票据流转中原告无经济损失；（4）原、被告之间不具有真实的交易关系和债权债务，被告仅是作为经手人将票据转交给第三人姜某贴现，被告不负有票据贴现的义务；（5）被告在票据转交过程中未有谋利，仅是朋友间介绍、帮忙而已。故请求驳回原告的诉讼请求。

案件审理经过：

原告在一审庭审过程中，主张原、被告存在民间借贷关系，被告范某收其 8 张汇票的行为系欠款行为。2013 年 10 月 12 日，淄博市张店区人民法院做出一审判决，确认原、被告双方欠款关系成立，被告范某赔偿原告王某经济损失 125 万元；范某不服一审

判决提起上诉，二审法院以认定事实不清、适用法律错误为由发回重审。在发回重审过程中，经法院释明，原告将诉讼请求变更为：原、被告双方应为委托合同关系，并将诉讼请求增加为215.5万元。2015年2月3日，淄博市张店区人民法院再次做出判决，认定原、被告双方委托合同关系成立，被告范某承担原告损失数额195.50万元15%的责任，即29.33万元。淄博市张店区人民法院做出该判决后，原、被告双方均提起上诉。山东省淄博市中级人民法院针对双方上诉于2015年6月12日做出〔2015〕淄商终字第139号民事判决，认定范某在从事委托事宜过程中存在重大过失，应承担王某票据损失数额195.50万元40%的责任，即78.20万元。

法院经审理查明的事实：

原告王某系淄博盛乡源农业发展有限公司员工，淄博盛乡源农业发展有限公司拥有其作为收款人的8张未到期的银行承兑汇票。被告范某与案外人姜某系战友关系，案外人姜某平时从事票据个人贴现业务。2011年12月28日，淄博盛乡源农业发展有限公司将8张银行承兑汇票（出票人为淄博同正国际贸易有限公司、收款人为淄博盛乡源农业发展有限公司、票面总金额为400万元，到期日为2012年6月27日）交付给王某，并同意王某将汇票交付范某委托其办理票据个人贴现事宜。范某收取上述汇票后，为王某出具收条一张用以证明收到票据。范某又找到案外人姜某，由姜某贴现，姜某承诺贴现金额为384万元。2011年12月29日，姜某将贴现款150万元汇入出票人淄博同正国际贸易有限公司法定代表人王海荣的账户中，剩余款项，案外人姜某一直未能支付。王某后来得知承兑汇票已经被姜某从他处贴现并挪作他用。遂由淄博盛乡源农业发展有限公司作为另案原告分别起诉案外最后持票人，经法院调解，淄博盛乡源农业发展有限公司在票据纠纷案件中共追回34.50万元。本案在审理过程中，淄博盛乡源农业发展有限公司为王某出具证明一份，证明内容为：公司同意王某以个人名义起诉范某，再由公司向王某追要票据贴现款。

裁判结果：

2013年10月12日，淄博市张店区人民法院做出一审判决，确认原、被告双方欠款关系成立，被告范某赔偿原告王某经济损失125万元。

范某不服一审判决提起上诉，二审法院以认定事实不清、适用法律错误为由发回重审。在发回重审过程中，经法院释明，原告将诉讼请求变更为：原、被告双方应为委托合同关系，并将诉讼请求增加为215.5万元。2015年2月3日，淄博市张店区人民法院再次做出判决，认定原、被告双方委托合同关系成立，被告范某承担原告损失数额195.50万元15%的责任，即29.33万元。淄博市张店区人民法院做出该判决后，原、被告双方均提起上诉。

2015 年 6 月 12 日，山东省淄博市中级人民法院做出〔2015〕淄商终字第 139 号民事判决，认定范某在从事委托事宜过程中存在重大过失，应承担王某票据损失数额 195.50 万元 40% 的责任，即 78.20 万元。

裁判理由：

1. 关于双方当事人委托关系是否有偿的问题

（1）双方当事人之间委托事项为，王某委托范某将淄博盛乡源农业发展有限公司面额为 400 万元的票据以 380 万元的价格向第三方进行贴现，并收回贴现款项。而涉案票据交易过程中，范某也实际从事了选任、与第三方协定价格、指定付款账户、接收及交付票据等行为。在此情况下，范某主张其只是受托交付票据的主张，与事实明显不符。

（2）双方当事人在票据交易前未约定报酬；票据交易后，范某也未实际获得报酬。至于范某本想通过委托事宜从中获取的利益，本质上也不属于因完成委托事项得到报酬的范畴。在此情况下，应认定双方之间形成无偿委托关系。

2. 关于王某是否有权向范某主张权利的问题

依据《中华人民共和国合同法》第四百零六条的规定，无偿的委托合同，因受托人的故意或重大过失造成损失的，委托人可以要求赔偿损失。本案原告王某基于委托合同关系主张赔偿损失，并没有就相关票据主张任何票据性权利，因此，其是否享有票据权利对本案处理并无影响。至于王某与淄博盛乡源农业发展有限公司之间的关系，该公司已书面同意王某在本案中以个人名义主张权利，其与王某之间的问题可另行处理。

3. 关于范某在票据交易过程中是否存在过错，应否承担赔偿责任问题

范某接受委托后找姜某进行票据贴现，王某为委托人，范某为受托人，姜某为交易相对方。受托人在接受委托后，无论有无报酬，均应认真维护委托人合法权益，想方设法完成委托事项。范某除交付票据外还有收回票款的义务，但范某并未全部收回票款，即范某未全部完成委托事宜。因此，范某对王某的损失应承担赔偿责任。

4. 关于王某损失数额的认定问题

范某主张王某并非通过支付对价取得汇票，且在票据流转中王某无经济损失。但根据票据背书人淄博盛乡源农业发展有限公司出具的证明可知，该公司已明确表示票据损失另行向王某主张权利，王某是否实际将贴现款支付给淄博盛乡源农业发展有限公司，对认定王某损失以及范某应否承担本案责任并无影响。

5. 范某赔偿责任比例问题

范某在从事委托事宜过程中存在重大过失，对于王某损失应承担 40% 赔偿责任，

即 195.50 万元×40% = 78.20 万元。

案件评析：

本案件中，双方当事人存在的争议焦点问题是，焦点一：原、被告双方之间的法律关系；焦点二：原告是否具有诉讼主体资格；焦点三：被告是否有偿接受委托？委托的具体事项？被告在委托过程中是否存在过失及应承担的责任比例。结合本案案情及法院裁判依据，本律师予以如下论述。

1. 原、被告双方之间的法律关系

原告依据被告为其出具的"票据收条一张"即主张原、被告之间存在债务关系，显属依据不足。根据法律规定来分析债产生的原因，无外乎有四类：侵权行为、无因管理、不当得利、合同之债。本案可完全排除前三种债产生的原因，分析第四种合同之债，本案原、被告之间不具有真实的交易关系，也无明确债的约定，因此也不符合合同之债产生的法定原因。那么原告王某将 8 张汇票交付被告范某，如何界定双方的法律关系，这是被告是否应承担法律责任的基础。根据原、被告双方提供的证据，可证明如下事实：原告王某将汇票交付被告范某前明确知道汇票贴现业务是由案外人姜某予以承办，被告范某所承担的仅是将承兑汇票交付姜某并催其将贴现款汇入指定账户的义务。因此，综合分析认定双方系委托合同关系。

2. 原告是否具有诉讼主体资格

（1）被告认为原告非票据权利人，无权依据票据主张权利。法律依据为《票据法》第二十七条第三款："持票人行使票据权利时，应当背书并支付汇票。"及《票据法》第三十一条："非经背书转让，以其他合法方式取得汇票的，依法举证，证明其汇票权利。"基于以上法律规定，被告主张：原告王某非票据背书人，且取得票据时不存在真实的经济交往，未支付对价。因此，原告并非票据权利人，无权依据票据主张权利。在本案审理过程中经法院释明，原告明确其向被告主张的是票据损失赔偿权，而非就相关票据主张任何票据性权利。综合分析原告变更后的诉求，基于双方票据委托过程中的损失，根据委托合同的相对性原则，原告（委托人）具有向被告（受托人）主张票据损失的权利。

（2）原告在票据流转过程中并非通过对价获得汇票，也非汇票贴现的利益获得者，其并未向票据权利人淄博盛乡源农业发展有限公司赔偿过钱款，即原告利益未实际受损。但票据权利人淄博盛乡源农业发展有限公司出具证明明确表示，公司因票据贴现导致的损失将另行向王某主张权利。因此，原告王某未向票据权利人淄博盛乡源农业发展有限公司实际赔偿并不能成为免除被告范某承担赔偿责任的理由。

3. 被告接受委托的具体事项？是否有偿接受委托？被告在委托过程中是否存在重

大过失及应承担的责任比例

（1）原告委托被告的具体委托事项双方各执一词。原告主张委托被告进行票据贴现，被告承担的是票据贴现的义务。而被告辩称自己承担的仅是票据转交义务，票据贴现的义务人是姜某而非自己。综合分析本案案情，被告范某负有将票据完好无损交付姜某的义务，对于票据贴现的回款，范某也存在实际催款的行为，但并不能因此认定范某负有票据贴现的义务。因王某将票据交付范某时已明确票据贴现相对方是姜某而非范某。

（2）根据原、被告提供的证据分析，在票据交易前，范某与王某未约定报酬或分成比例。票据交易后，范某也未从二人处获得任何利益，因此原、被告之间应为无偿委托关系。根据《中华人民共和国合同法》第四百零六条规定："有偿的委托合同，因受托人的过错给委托人造成损失的，委托人可以要求赔偿损失。无偿的委托合同，因受托人的故意或者重大过失给委托人造成损失的，委托人可以要求赔偿损失。受托人超越权限给委托人造成损失的，应当赔偿损失。"根据以上法律规定，结合本案事实分析，被告承担票据损失的前提是存在故意或者重大过失。一审、二审法院均认定范某在接受委托过程中存在过失行为，但判决数额却存在较大差异。一审法院认定原、被告之间系有偿委托关系，基于被告的过失应承担原告损失数额的15%；二审法院认定原、被告之间系无偿委托关系，基于被告的重大过失应承担原告损失数额的40%。

委托合同纠纷案件中，受托人基于过失行为承担损失数额的比例，各级法院在认定方面存在较大差异。正是基于法律规定内容及标准的不明确性，导致法官自由裁量的结果存在较大差异。建议立法机关统一此类案件裁量标准，以充分体现法律的严肃性与统一性。

承办律师：于　芳

撰稿人：于　芳

张某某诉山东某投资管理有限公司
民间委托理财合同纠纷胜诉案

关键词： 民间委托理财　合同效力　保底条款效力

裁判要点： 民间委托理财合同约定保证本金不受损失及固定收益，收益超出部分全部归受委托方所有，法律关系名为委托理财，实为民间借贷。

相关法条：《合同法》第一百九十六条借款合同是借款人向贷款人借款，到期返还借款并支付利息的合同。

一、基本案情

当事人张某某于 2012 年 1 月 30 日与山东某投资管理有限公司签订《操盘协议》，约定张某某委托山东某投资管理有限公司进行黄金投资操作，资金为人民币 2000 万元整，交易期限为 12 个月，自 2012 年 1 月 30 日至 2013 年 1 月 30 日，山东某投资管理有限公司保证张某某的月收益为 3.1％，超出部分的收益归该公司，并且山东某投资管理有限公司承担全部交易风险，期满如出现亏损时，山东某投资管理有限公司应补足本金归还张某某；还约定协议有效期内，张某某无权擅自进行交易，无权干涉山东某投资管理有限公司的交易策略，交易软件登录密码由山东某投资管理有限公司保管，委托账户的投资本金不得转出。另威海某房地产公司承担连带保证责任。

合同签订后，张某某于 2012 年 1 月 30 日将 2000 万元资金存入自己的建设银行账户，由山东某投资管理有限公司从中转款 2000 万元至关联的黄金期货交易账户，并进行具体操盘操作。但截至 2013 年 1 月 30 日合同期满，山东某投资管理有限公司仅支付张某某 7 个月的收益，并于 2013 年 1 月 16 日返还张某某本金 2958784.88 元，2013 年 1 月 18 日返还本金 1396213 元。张某某特诉至威海市中级人民法院，要求法院判决山东某投资管理有限公司返还其剩余的本金 15645002.12 元及 5 个月的收益 310 万元，威海某房地产公司承担连带责任。

二、争议焦点

本案开庭审理时，被告山东某投资管理有限公司除了抗辩本金欠付金额外，主要抗辩双方签订的《操盘协议》无效，理由是：一是因为该协议的性质是委托理财合同，合同标的物是黄金期货，而被告山东某投资管理有限公司不具有期货经纪主体资格或期货投资咨询资格，因此合同无效。二是因为该协议有保底条款，其作为整个合同的核心条款，保底合同无效则整个合同均无效。因此庭审时主要围绕双方签订的《操盘协议》的性质及效力展开。

三、办案过程及代理观点

经过查阅多起裁判案例，承办律师发现各级法院对该类似案件处理的结果均不一致，也没有法律、司法解释对此类案件的性质、认定有统一的意见。承办律师梳理出近10份审判文书，总结观点，提出张某某与山东某投资管理有限公司签订的《操盘协议》形式上虽然属于最高人民法院案由规定的民间委托理财合同，但《操盘协议》中约定：原告张某某开设账户并存入资金2000万元后，将交易账户委托被告山东某投资管理有限公司操作，交易账户的密码由被告保管。交易期限为12个月，被告承担全部交易风险，期满后若出现亏损时，被告应补足本金归还原告，被告保证原告的月收益为3.1%，其他盈亏与原告无关，余下盈余全部归被告，其运行费均由被告承担；合作期间，委托账户的投资本金不得转出，由此可见，合作协议中约定了保证本息固定回报的保底条款，该保底条款中的保本付息内容表明委托人即原告的合同目的和合同预期是追求资产的固定本息回报，对受托人管理资产行为及收益后的分成并无预期，此种协议实际上"名为委托理财，实为借贷"，双方成立的是借款合同关系，并且合同内容并没有违反法律的强制性规定，应当认定为有效合同，张某某根据合同约定提出的诉求应当受到法律保护。

四、法院裁决结果

威海市中级人民法院〔2014〕威商初字第34号民事判决认定原、被告签订的《操盘协议》系各方当事人真实意思表示，且不违反法律、行政法规的强制性规定，应认定为合法有效，原告将资金委托给被告进行黄金投资操作，双方成立民间委托理财合同关系，合作协议约定保证本金不受损失及固定收益，收益超出部分全部归被告所有，故原告与被告之间的法律关系名为委托理财，实为民间借贷。对于原告主张的本金及相当于同期银行贷款利率四倍的收益该判决全部予以支持，但对超出同期银行贷款利率四倍的收益法院未予以支持。被告不服提起上诉后，山东省高级人民法院维持原判，驳回其上诉。

五、律师感悟

民间委托理财，是指客户将资产交给资产管理公司、投资咨询公司、一般企事业单位等非金融机构或自然人，由非金融机构作为受托人的委托理财形式。金融机构委托理财的相关规定比较健全，有《证券法》《信托法》《证券投资基金法》等专门法对金融机构的委托理财活动加以规范，对于期货最高人民法院也有专门的司法解释，该相关规定对受托主体资质及禁止保底条款都有明确规定。但对非金融机构签订的委托理财合同即民间委托理财合同却存在法律的滞后性，使得该类案件变得复杂有争议。

在有保底的委托理财合同中，资金所有权的转移并非是具有决定意义的权利义务安排，因为，无论资金所有权是否转移，资金的控制权在实质上掌握在受托人手中，所有权是否转移仅仅是个形式而已。因此，更具决定意义的应当是保底条款的约定方法。合同中约定保证固定本金回报、超额利益全部归受托人所有的，与借款无异，符合《合同法》第一百九十六条"借款合同是借款人向贷款人借款，到期返还借款并支付利息的合同"的规定，应当视同借款合同。如果约定保证本金固定回报、超额利益分成，或者保证本金、本金之外收益分成的，则都不属于借款性质，而应按委托理财合同、风险共担原则进行处理。

承办律师：马山子

撰稿人：马山子

案件领域

民事

淄博铭泽工贸有限公司诉被告李某、第三人钟某等不当得利纠纷案

关键词： 民事　不当得利　恶意串通　物权转移　有独立请求权第三人　虚无判决

核心价值： 不当得利制度奠基于衡平理念，对于当事人间的财产流转关系起着调节作用，意在恢复当事人之间在特定情形下所发生的非正常的利益变动，但不当得利不能否定物权的变动。法院虚无判决，才是对当事人权益的损害。

相关法条：《中华人民共和国民法通则》第九十二条、《最高人民法院关于贯彻执行〈中华人民共和国民法通则〉若干问题的意见（试行）》第一百三十一条、《中华人民共和国物权法》第一百〇六条

基本案情：

1. 2011 年 11 月郑某向钟某借款，李某等作为保证人，后郑某、李某返还钟某部分借款本息。2014 年 5 月 29 日钟某作为原告向法院起诉郑某、李某等，要求返还借款 42 万元并支付逾期利息。诉讼中，2014 年 6 月 11 日法院根据钟某提出的财产保全申请，冻结被告李某在中国农业银行股份有限公司淄博周村城南分理处开立的 6228480282×××××5817 账户存款 47 万元，该账户内有存款 2875.69 元。2014 年 8 月 28 日淄博市周村区人民法院做出〔2014〕周民初字第 660 号民事判决，判决主文为：一、被告郑某、李某于判决生效之日起 10 日内返还原告钟某借款 260919.75 元；二、被告郑某、李某某于判决生效之日起 10 日内支付原告逾期利息 71647.21 元，并对借款 240736.44 元、20183.31 元分别按银行同期同类贷款年利率 5.60% 的四倍、5.60% 付息至判决生效止；三、被告李某对被告郑某上述付款义务承担连带清偿责任，被告李某承担保证责任后，有权向被告郑某追偿；四、驳回原告钟某其他诉讼请求。宣判后，被告李某提起上诉。

2014 年 9 月 19 日淄博铭泽工贸有限公司（以下简称铭泽公司）将 32.7 万元汇入被告李某已被查封的 6228480282×××××5817 账号。淄博市中级人民法院于 2014 年

11 月 10 日做出〔2014〕淄民一终字第 598 号民事判决，驳回上诉，维持原判。该判决生效后，原告向淄博市周村区人民法院申请强制执行，淄博市周村区人民法院已将被告李某账户中的 32.7 万元扣划至法院账户。

2. 2014 年 9 月 24 日铭泽公司作为原告向法院起诉李某，要求确认被告李某 6228480282××××5817 账户内 32.7 万元款项为原告所有并判令被告返还。而铭泽公司起诉理由是"其工作人员孙某某通过网银拟将赵某某银行卡资金 32.7 万元转入其名下农行账户，再从孙某某农行账户汇款至三孚公司农行账户时，因赵某某网银收款人名册中存储的孙某某与被告李某信息上下相邻，孙某某操作失误，将收款人错点为被告李某，致使该款项转入李某开立在中国农业银行股份有限公司淄博周村城南分理处账户"；法院受理后依职权追加钟某作为第三人参加诉讼。2014 年 12 月 10 日淄博市周村区人民法院做出〔2014〕周民初字第 1120 号民事判决：判决被告李某在中国农业银行股份有限公司淄博周村城南分理处开立的 5817 账户人民币 32.7 万元属于原告铭泽公司所有，于本判决生效之日起 10 日内返还给原告铭泽公司。宣判后，钟某（原审第三人）提出上诉。淄博市中级人民法院于 2015 年 3 月 30 日做出〔2015〕淄民一终字第 55 号民事判决：驳回上诉，维持原判。

该判决生效后，铭泽公司向淄博市周村区人民法院提出执行申请。钟某作为另案执行申请人为防止自己合法权益受到损害向淄博市周村区人民法院提出执行异议申请，淄博市周村区人民法院于 2015 年 6 月 12 日做出〔2015〕周执异字第 13 号执行裁定书：驳回异议人钟某的异议。异议人钟某向淄博市中级人民法院提出执行复议申请，淄博市中级人民法院中止执行。

法院经审理查明的事实：

1. 原告铭泽公司诉李某、第三人钟某案件法院裁判文书认定事实（以下称铭泽公司案件）

原告铭泽公司与唐山三孚硅业股份有限公司存在长期买卖四氯化硅业务关系，双方约定先款后货，以电汇或者银行承兑方式结算。自 2014 年 1 月 2 日至 9 月 17 日唐山三孚硅业股份有限公司为原告开具 2577568.00 元增值税发票。2014 年 8 月 20 日原告与唐山三孚硅业股份有限公司签订产品购销合同，约定至同年 9 月 30 日唐山三孚硅业股份有限公司交付原告 200 吨四氯化硅，合同价款 68 万元。

2009 年 1 月原告铭泽公司在山东周村农村商业银行股份有限公司营业部开立单位银行结算账户，该公司法定代表人张某某之妻孙某某于 2009 年 10 月在中国农业银行股份有限公司淄博周村支行开立主卡卡号 6228480281××××1316 的卡折一体账户。案外人赵某某自 2006 年至 2010 年曾在原告处工作。2013 年 1 月 16 日赵某某在山东周村农村商业银行股份有限公司营部开立银行卡（主卡卡号 6223190×××× 6681），该账户资金往来频繁，自开户至同年 12 月 31 日发生业务 230 笔，其中"网银电汇汇出"业务 34 笔；自 2014 年 1 月 1 日至同年 10 月 21 日发生业务 288 笔，其中"网银电汇汇出"业务 81 笔。2013 年 9 月 6 日被告李某向孙某某借款 4 万元，同日赵某某农商行 6681 账户以"借款"为由向被告李某农业银行 5817 账户网银电汇汇款 4 万元。在赵某某个人网上银行"收款人名册"中"6228480281××××1316 孙某某"与"6228480282××××5817 李某"信息上下相邻。2014 年 9 月 19 日 13 时许，赵某某农商行 6681 账户网银电汇汇出 32.7 万元转入被告李某农业银行 5817 账户。同日 15 时许，原告财务人员孙某某向山东周村农村商业银行股份有限公司营业部大堂值班人员张某某反映，其从所持有的赵某某农信 6681 银行卡网银转款 32.7 万元到其名下 1316 农行卡，但未收到转款信息。经查询赵某某网上银行交易日志，显示该款项汇入被告李某农业银行 5817 账户。

另查明，被告李某在中国农业银行股份有限公司淄博周村城南分理处开立的 6228480282××××5817 账户自 2011 年 7 月 4 日开户后资金交易频繁。至 2013 年 12 月 31 日共计发生业务 644 笔，自 2014 年 1 月 2 日至同年 6 月 11 日发生业务 161 笔，自 2014 年 6 月 12 日至同年 10 月 23 日包括涉案 32.7 万元资金交易在内共计发生业务 3 笔。

诉讼中，原告铭泽公司申请的证人张某某主张，其自 2012 年夏始在山东周村农村商业银行股份有限公司营业部大堂工作，期间原告财务人员孙某某同时持赵某某名下 6681 银行卡办理该公司业务。庭审中，证人赵某某主张，其家庭月收入约为 3000.00 元；山东周村农村商业银行股份有限公司营业部 6223190××××6681 银行卡系原告为业务需要以其名义申办，其自始未曾使用，该银行卡相关事宜皆与其无关。

2. 法院裁判文书对执行异议人钟某执行异议事实认定

申请执行人钟某与被执行人郑某、李某某、李某民间借贷纠纷一案，案件审理期间法院于 2014 年 6 月 11 日实际冻结被执行人李某在中国农业银行股份有限公司淄博周村城南分理处 5817 账户存款 2875.69 元。2014 年 9 月 19 日 13 时，铭泽公司向被执行人李某在中国农业银行股份有限公司淄博周村城南分理处 5817 账户转款人民币 32.7 万元。2015 年 1 月 30 日法院扣划被执行人李某在该账户存款 345061.46 元。2014 年 12 月 10 日法院〔2014〕周民初字第 1120 号民事判决书确定上述 32.7 万元是铭泽公司错误汇入被执行人李某 5817 账户，为被执行人李某的不当得利款项，应当返还铭泽公司。

裁判结果：

1. 铭泽公司案件

淄博市周村区人民法院于 2014 年 12 月 10 日做出〔2014〕周民初字第 1120 号民事

判决：被告李某在中国农业银行股份有限公司淄博周村城南分理处开立的6228480282×
×××5817账户人民币32.7万元属于原告淄博铭泽工贸有限公司所有，于本判决生
效之日起10日内返还给原告淄博铭泽工贸有限公司。

宣判后，钟某（原审第三人）提出上诉。淄博市中级人民法院于2015年3月30日
做出〔2015〕淄民一终字第55号民事判决：驳回上诉，维持原判。

2. 钟某提起执行异议案件

淄博市周村区人民法院于2015年6月12日做出〔2015〕周执异字第13号执行裁
定书：驳回异议人钟某的异议。

钟某提起执行复议申请，淄博市中级人民法院中止执行。

裁判理由：

1. 铭泽公司案件

法院生效裁判认为：不当得利的构成要件有四个，包括一方获得利益，他方受到损
失，获得利益和受到损失之间有因果关系，获得利益没有合法依据。就本案而言，所涉
32.7万元系从案外人赵某某名下账户转入被告李某账户，原告既主张此为不当得利，
即应证明其与款项的关系及款项转入被告账户的原因。

查明赵某某名下在山东周村农村商业银行股份有限公司营业部开立的涉案账户资金
交易频繁，单笔业务数额较大，与赵某某个人及家庭经济能力明显不符，亦不符合个人
日常使用银行卡交易常态，该事实结合证人赵某某、张某某之证言，对原告提出的该银
行卡由原告实际使用，系孙某某具体操作，账户内资金为原告所有的主张，法院予以采
信。该行为系将单位款项转入个人银行结算账户，为中国人民银行《人民银行结算账户
管理办法》所禁止，但对原告与赵某某产生约束，原告可作为账户资金的实际所有人主
张权利，故其主体适格。其次，原告提供的其与唐山三孚硅业股份有限公司之间产品购
销合同、通用回单、收据及增值税专用发票形成证据链条，使其提出的为履行与三孚公
司的买卖合同，而拟用赵某某名下6681账户内资金支付合同价款的主张符合客观实际，
真实可信。再次，被告李某5817账户交易明细中2013年9月6日转款汇入4万元交易
的摘要为"借款"，与同日被告李某向孙某某出具的4万元借据及赵某某名下6681账户
向被告李某5817账户网银转账支付4万款项的通用回单重付款用途为"借款"的记载
相互印证，对原告据此证明的被告李某5817账户信息出现在赵某某网银"收款人名册"
中"62278480281××××1316孙某某"与"6228480282××××5817李某"的事
实符合日常生活经验，法院亦予采信。综上，原告所提供的各证据之间能够相互印证，
形成完整的证据链条，各事实间存在稳定、有规律的联系，保证了通常情况下前一事实
的存在能够逻辑地引起后一事实的发生，符合绝大多数情况下事物发展的规律，符合通

常的事理、情理与法理，故对原告就涉案 32.7 万元款项从赵某某名下账户转入被告李某 5817 号账户原因所做的解释，法院予以采信；对原告提出的被告名下 5817 号账户资金 32.7 万元系不当得利的主张，法院予以支持。

关于第三人钟某的诉讼地位。因钟某与被告李某之间的民间借贷纠纷，诉讼中被告李某名下 5817 账户存款被冻结，禁止在一定期间内处分，系为保证将来生效的法律文书能够得到实际履行。诉讼中采取财产保全措施的，进入执行程序中，自动转为执行中的查封、扣押、冻结措施。故对于法院冻结后再行转入被告李某账户的涉案款项，原告如主张自己享有实体上的权利，请求法院对该实体上法律关系进行裁判，可以在钟某与被告李某等的〔2014〕周民初字第 660 号案进入执行程序后，依申请执行人钟某为被告提起案外人执行异议之诉；也可直接以不当得利为由起诉被告李某。若原告提起案外人执行异议之诉，钟某作为案件的被告享有处分实体权利有关的诉讼权利。而在不当得利案中，若如原告所主张，钟某只能作为无独立请求权的第三人，那么其在本案审理中只享有当事人的诉讼权利，有无上诉权依法院是否判决其承担民事责任而定，即判决其承担责任的，有上诉权，反之则无。而第三人钟某显然与本案原告诉求的法律责任无关，不可能承担本案民事责任。即如果将钟某列为无独立请求权的第三人，无论本案如何裁判，其都不享有上诉权，对自己权利的救济必止步于一审。此有悖于《民诉法》"第二审人民法院的判决、裁定，是终审的判决、裁定"的规定；且第三人钟某在本案的主张，既不同意原告的诉讼请求，也不同意被告的诉讼请求，是以独立的实体权利人的资格，向本院提起了一个新的诉讼，故第三人钟某在本案中应为有独立请求权的第三人。其诉讼地位相当于原告，享有原告的诉讼权利，承担原告的诉讼义务，本诉的原、被告即作为他的被告。

第三人钟某主张原告与被告恶意串通，对涉案账户资金 32.7 万元所达成的返还合意侵害其合法权益，应属无效。所谓恶意串通，是指民事活动中的当事人，为牟取不法利益合谋或者通谋实施的损害他人利益的违法行为。其构成要件主要包括：1. 恶意串通首先需要有双方损害第三人的恶意，即明知或应知某种行为会造成国家、集体或第三人的损害，而故意为之。司法实践中关于"恶意"的掌握标准，一般界定为行为人于行为时明知或应当知道其行为缺乏法律上的依据或行为相对人没有权利，行为可能损害国家、集体或他人利益而为之。2. 恶意串通以当事人之间存在着通谋为必要，所谓通谋是指双方当事人皆明了彼此的意图，而非一方当事人为非真意思表示，另一方当事人对此并不知情。根据《民事诉讼法》规定的举证责任分配原则，认定恶意串通是应由主张人来承担举证责任，对此，第三人钟某未提供证据支持其主张。另，实践中对"恶意串通"存在进行推定证明的必要性，从学理而言，属于一种"意图的推定"或"意思推定"，即根据一个正常人的一系列行为，推定其知道某一情形或知道自己行为的必然后果。其行为的必然后果也是其行为的目的，通过对其行为不合理情况的分析，可推定其在行为当时是否存在主观恶意。就本案而言，如果第三人主张的恶意串通事实成立，那么在被告知道自己账户被冻结后逾三个月，再与原告通谋将32.7万元资金转入该账户，使得双方都无法处分，目的却是为故意造成第三人钟某的损害，显然有悖常理，亦使一般人难以置信。退而言之，被告李某涉案账户于今年6月11日被冻结后，资金交易骤停，此情形下，如果原、被告存在经济往来，原告需转账支付被告32.7万元款项，按照交易习惯，对于大额资金的交付，双方通常都会对收款账户情况提前核对，以防疏漏，所以转款前双方预先沟通的可能性大于不预先沟通的可能性，出于趋利避害的自我保护本能，原告知情后会通过其他方式交付款项，不必转入该账户。故第三人提出的原告不知被告账户被查封，亦不向被告核对账户现状，即自行转账，尔后双方再恶意串通的主张，不符合日常生活经验。再者，转入被告账户的涉案资金，如根据合法，即属被告所有，在日后660号案执行过程中，可使第三人钟某的债权得以实现；如无合法依据，该款项与被告无关，更与第三人无关，对第三人造成损害后果无从谈起。据此，不当得利制度奠基于衡平理念，对于当事人间的财产流转关系起着调节作用，意在恢复当事人之间在特定情形下所发生的非正常的利益变动。因原告所主张的系给付原因自始不存在的给付不当得利，虽属既成事实也不能受到法律的保护，不当利益应返还给受损失的人，故对原告本案诉讼请求予以支持。

二审法院认为，本案的焦点问题为本案法律关系是两被上诉人恶意串通损害上诉人的行为还是被上诉人工作人员孙某某操作失误造成的不当得利行为。以上两种情况在实际生活中发生可能性都相对较低，当事人各自应对自己提出的主张提供证据予以证明，如不能提供证据或提供证据不能证明其主张的，应承担举证不能的法律责任。上诉人主张两被上诉人之间存在恶意串通及证人与被上诉人铭泽公司存在利害关系，但对其主张不能提供证据证明，特别是作为上诉人需要证明两被上诉人提供证据所提出的疑点也不足以达到可以推定两上诉人存在恶意串通的高度，故，上诉人未能完成对其举证责任的要求。而被上诉人铭泽公司对其主张提供的证据可以组成完整的证据链，此外，通过收款人名册当中已存在的人名进行转账需要对收款人等信息进行核实并不需要重新输入收款人的姓名，也导致在极其疏忽大意的情况下存在将收款人转错的可能性。此外，货币虽为种类物，但因被上诉人李某的账户被查封后，该笔款项已被特定化，原审法院根据被上诉人铭泽公司的诉求判定被告李某账户中32.7万元属于铭泽公司所有并返还，并无不当。

2. 钟某对铭泽公司提起执行异议案

法院认为，生效民事判决书对案款性质的认定不能因法院对该款项采取执行措施而改变。法院2015年1月30日扣划被执行人李某在5817账户中的32.7万元，法院

〔2014〕周民初字第 1120 号民事判决书已判定上述款项为被执行人李某的不当得利款，应当依据生效判决确定该款项归属。异议人钟某要求将该款作为执行过付款转入其账户，理由不成立，应予驳回。

律师案件评析：

在本案诉讼程序中，本律师担任了铭泽公司案件二审上诉人钟某（原审第三人）的诉讼代理人，虽本案案件结果已经尘埃落定，但给笔者的感想颇多：

1. 从铭泽公司案件审理事实上，我方认为有如下三观点。

第一，铭泽公司将款项汇入李某账户，如果李某无正当理由取得该款项，铭泽公司与李某是法律关系相对方，取得不当利益的是李某，该款项返还责任判决李某偿还即可，但不能以已经进入李某账户中的资金偿还。因货币属于种类物，转入的资金与原账户中的资金发生了混同，且因其账户被司法机关查封，且该查封在本案立案或铭泽公司对李某账户采取之前，查封所依据的法律文书已经生效，因此其账户资金的归属性已特定化，因此法院不能判决将李某账户中的资金退还铭泽公司，且当时李某账户资金已经被人民法院依据另外的生效文书划走，然而法院直接判决该账户中汇入的资金归铭泽公司所有，由李某归还，显然系适用法律错误。法院判决李某赔偿损失更适当！

第二，法院认定赵某某网上银行收款人名册中孙某某与被上诉人李某信息相邻，被上诉人铭泽公司汇款时点错信息误将该款项汇入李某账户的事实符合日常生活经验，该认定明显让人难以置信。因为收款人名册中的信息是可以删除或重新排列的，且网上银行付款程序非常复杂，至少要 3~4 次确认，被上诉人铭泽公司的财务人员作为经常操作的熟练人员，怎可能出现如此低级错误？该认定怎能让人信服！

第三，被上诉人铭泽公司称"该笔款项是给三孚公司汇款，从赵某某账户转到孙某某账户，再从孙某某账户回到三孚公司"，同时被上诉人铭泽公司提供与三孚公司往来、银行回单、收据、增值税专用发票等，但通过往来票据看出被上诉人铭泽公司与三孚公司的银行回单付款人全是被上诉人铭泽公司，而非孙某某个人，即都是公对公账户转款，然而法院不考虑实际情况，单纯地认定被上诉人拟将该款项支付三孚公司合同价款的主张符合实际情况，该认定真让人啼笑皆非！

2. 淄博市周村区人民法院预将从李某账户中划转的款项向铭泽公司支付，钟某提起执行异议，我方认为该款项应属钟某，该款项不能用来承担李某对铭泽公司的偿付义务。

第一，即使铭泽公司案件没有通过再审等程序推翻，淄博市周村区人民法院扣划李某账户中的 32.7 万元也应支付给钟某，首先，法院判决的是李某返还（实际当时账户中已经没有资金）而不是钟某返还；其次，涉案款项即 32.7 万元所有权已发生转移，该款项的扣划依据是钟某诉李某等的给付之诉的法律文书；同时该扣划行为发生在铭泽公司不当得利之诉生效判决做出之前，也即该款项在不当得利之诉下判前，李某账户中的资金已发生转移或已经不存在。该款项虽至今未支付给申请人但该款项已经被特定化，申请人取得该款项符合《中华人民共和国物权法》等规定的善意取得，货币属于种类物，该款项实际进入李某账户时已发生了所有权转移，更何况在进入李某账户后又发生了一次转移（因钟某诉李某等民间借贷纠纷案件而扣划），至于李某对铭泽公司的赔偿行为，应由李某用其他货币清偿。

第二，执行异议人钟某作为第三人参与到了铭泽公司案件之中，该诉下判决时该款项已经不在李某账户，实际执行异议人钟某依据钟某诉李某等民间借贷纠纷案件生效法律文书，享有了该资金的所有权，该案判决时也并没有判决由执行异议人返还或偿付该款项，况且至今异议人对资金的权利，没有被其他法律文书确定为非法占有。

综上所述，虽本案终审结果已明确，但本案在事实认定方面以案件执行程序中仍有亟须解决的难题，需进一步分析探讨。

承办律师：徐学东

撰稿人：徐学东

案件领域

民事

台州众至燃料油贸易有限公司
诉张某某不当得利纠纷案

关键词：买卖合同　不当得利　民间借贷　举证责任

律师观点和裁判要点：在汇款人已经举证证明了付款的根据是买卖合同，且买卖合同已经确认不成立的情况下，收款人应当对继续保有收到的款项具有合法依据负有举证责任；举证不能的为不当得利应予返回。

相关法条：《中华人民共和国民法通则》第九十二条，《最高人民法院关于审理民间借贷案件适用法律若干问题的规定》第十六条、第十七条，《最高人民法院关于民事诉讼证据的若干规定》第二条、第五条、第七条、第六十四条、第七十条、第七十一条、第七十二条、第七十三条

基本案情：

2013年1月21日，台州众至燃料油贸易有限公司（以下简称众至公司）通过自己的业务员的口头联系，自己公司作为买方与张某某作为卖方，通过传真形式订立了《产品购销合同》，约定张某某向众至公司供应毛油40吨，货款254800元。合同订立当日，众至公司通过其法定代表人金某某的个人账户向张某某汇款254800元（合同中载明了张某某的开户行账号等信息）。因为没收到货，众至公司向东营市东营区人民法院起诉，要求解除合同，退还货款254800元并支付违约金50960元。张某某辩称，与众至公司从未发生过业务，合同中"张某某"的签名非其本人所写。法院审理认为众至公司主张存在买卖合同关系证据不足，判决驳回诉讼请求。

众至公司委托本律师再次起诉称，2013年1月21日，原告收到以被告名义签署的《产品购销合同》传真一份，约定被告名义的供方向原告供应毛油的相关事项。原告在不明真相的情况下，依据该传真合同通过自己的法定代表人账户向被告账户汇入现金254800元。因迟迟未收到货，原告向东营市东营区人民法院提起诉讼，经该院审理查明被告确实收到了原告的汇款254800元，但被告与原告并不认识，不存在买卖合同关

系，传真合同中的签名并非被告所签，法院确认双方之间的买卖合同关系不成立。由此，被告收到了原告汇款就没有合法的根据，违反了等价有偿的原则，构成不当得利，应予返还全部款项 254800 元。

张某某辩称，原、被告素不相识，怎么会凭借一传真件向被告汇出如此大的一笔款项呢？法院只是判决买卖合同关系证据不足，而没有确认买卖合同关系不成立。原告向被告汇款 254800 元是有合法根据，原告并没有因此受损。事实是，原告欠案外人朱某借款，原告在向朱某归还借款时，因朱某欠被告借款，朱某要求原告将借款直接汇入被告账户。对于原告欠朱某借款的事实有银行交易明细佐证。请求驳回原告诉讼请求。

审理经过：

1. 众至公司除提交了买卖合同纠纷的判决书、产品购销合同传真、银行转账 254800 元的记录以及汇款后向张某某发出告知函的相关证据，另提交了众至公司、上海晨升石油化工有限公司（以下简称晨升公司）盖章的业务确认函、晨升公司发给中航国际贸易（福建）有限公司的告知函传真，以证明三公司之间存在业务合作关系，且告知函传真中晨升公司也向中航国际贸易（福建）有限公司确认 2013 年 1 月 22 日向山东供货商采购 40 吨毛油，时间、供货商身份、单价、数量与众至公司据以汇款的产品购销合同传真件相符。张某某质证认为与本案无关。

2. 张某某申请证人朱某出庭作证，称朱某是通过晨升公司的叶某认识金某某的，叶某和金某某是发小，关系非常好，叶某是朱某的老公，是晨升公司的总经理。提交了朱某账户与金某某账户之间的银行转账明细，拟证明朱某分几次向金某某出借了 27 万元，称因其向张某某借款 25 万元，口头告知金某某将 254800 元直接还给张某某，其中 4800 元为利息。本律师质证认为，张某某与朱某系关系非常好的同事（均为某所的律师）有利害关系，并且其所主张的朱某和金某某之间存在借贷关系证据不足，仅有转账证明不能证明存在借贷的合意，因晨升公司与众至公司之间有合作关系，此转账实际是两公司之间的业务来往，与个人无关，且有工商登记材料证实在此资金往来期间，朱某是晨升公司的法定代表人，更说明是公司行为而不是其个人行为。对于所称朱某欠张某某借款的情形，更没有任何证据证实，既没有借贷合同或借条等证明借贷合意的证据，也没有资金实际交付的证据，仅仅是其两人的口头陈述，不能证明民间借贷关系成立。

3. 一审判决后，张某某上诉的理由是不当得利的举证责任应当由众至公司承担，本律师答辩意见是已经对汇款行为的根据进行了举证，系误以为购销合同成立，举证责任转为由张某某证明具有合法根据保有涉案款项。

法院经审理查明的事实:

判决书载明,法院审理查明了众至公司向张某某账户汇入了 254800 元的事实,以及买卖合同纠纷案的起诉、审理及判决相关事实。

裁判结果:

一审经审判委员会讨论,判决被告张某某于本判决生效之日起 10 日内返还原告众至公司 254800 元并承担案件受理费,二审判决驳回上诉,维持原判。

裁判理由:

法院认为,没有合法根据,取得不当利益,造成他人损失的,应当将取得的不当利益返还受损失的人。张某某对收到众至公司汇款 254800 元无异议,但否认与原告存在买卖合同关系和其他任何业务关系。被告主张该案系朱某偿还其借款,提供的证人朱某证言,在无其他证据证明的情况下,不能认定其与朱某间的借贷关系,亦不能证明朱某与原告或金某某之间的借贷关系。综上,被告收取原告 254800 元,无合法根据,应予返还。二审法院进一步阐明,众至公司提交的《产品购销合同》载明的付款时间、付款金额及收款人与其实际的付款金额、付款时间及收款人互相印证,可以证明众至公司系依据该合同向张某某付款。但该《产品购销合同》上"张某某"的签名不能证明是张某某本人所签,且张某某否认双方存在买卖合同关系,故张某某不能依据上述合同取得涉案款项。张某某认可收到涉案款项,应当对继续保有收到的涉案款项具有合法依据负有举证。张某某主张涉案款项系案外人朱某指示众至公司代为偿还的借款,但其提供的证据不能证实相关事实的存在。张某某收取众至公司的款项无合法根据,上诉理由不成立。

案例评析:

本案涉及买卖合同、不当得利、民间借贷等多种法律关系,比较复杂,需要厘清各种法律关系的区别,准确把握其构成要件;更加上不当得利法律关系的举证内容中包含了"得利无法律上原因"这一消极事实,需要公平把握举证责任的分配。

1. 买卖合同,是一般的诺成性合同,只有合同当事人经过邀约承诺达成合意,是其真实意思表示,合同才能成立。本案中的产品购销合同,张某某并没有承诺,合同不成立。其所称买卖合同关系证据不足并非买卖合同关系不成立,这完全是无理狡辩。

2. 不当得利的四个构成要件是,一方得利、一方受损、一方得利与另一方的受损有因果关系、得利没有合法根据;本案中前三个要件双方都无异议,争议只在于第四个要件，即得利有无合法根据，双方的举证责任就针对该要点确定。学术界对这一要件证明责任的分配分歧较大。但是各学者都未对不当得利这一要件的证明责任采用"一刀切"的方式，而是在对不当得利进行类型化研究的基础上对不当得利的举证责任进行区分，不能把所有举证责任都分配给其中一方。

（1）虽然"没有合法根据"是一个消极的事实，消极事实客观上难以证明，有观点就认为应当依据民事诉讼证据规则第七条将举证责任分配给受益人。但是不当得利的发生是存在一定的原因的，大部分给付型不当得利的发生是基于一定的基础关系，如合同、赠予、借贷、委托等，在非给付型不当得利中，不当得利的发生基于侵权行为或者事实行为，总之不当得利的发生并不是"无缘无故的爱"，请求人是有能力证明基础关系的消失或者侵权行为、事实行为的发生的，并不是要证明某些事物不存在，这样的虚无缥缈的、深奥的如哲学版的事实，相反是要请求人证明某些事物存在过、发生过。从离证据远近的角度看，请求人对于自己的给付都是十分谨慎的，给付"不经意"发生的可能性微乎其微。所以在给付型不当得利中，基于人的趋利性，请求人对自己所遭受的损失、损失由谁造成的总是十分明晰的。是请求人将财产处于权属不明的状态，是因请求人的原因导致不当得利的产生，请求人对给付的原因是知悉的，所以请求人有责任也有能力对"给付无法律上的原因"进行举证。所以本案中众至公司是负有证明基础关系存在及其消失的责任的，也就是要证明自己汇款的理由和理由消失的事实。而众至公司举出了合同、转账记录、告知函等证据，证明了自己汇款的依据，又举出了买卖合同纠纷的判决和审理卷宗、结合张某某的否认陈述，又证明了汇款基础依据的不合法；所以众至公司尽到了自己的举证责任，被告虽然否认基础关系但没有任何反驳证据。那么接下来，很显然被告想继续保有款项就应举证自己的合法根据。

（2）被告主张自己取得款项是基于两个民间借贷关系的存在；而民间借贷合同是实践性合同，既要双方达成合意，更要有实际的资金交付行为。相应的，举证责任方既要证明合意成立，也要证明资金实际交付。虽然本案发生和审理时，《最高人民法院关于审理民间借贷案件适用法律若干问题的规定》这个针对民间借贷的专门司法解释尚未出台，但民法通则和民事诉讼证据规则等规定也是清楚的，山东省高级人民法院、东营市中级人民法院、浙江省高级人民法院等等也都有相应的指导意见，普遍都强调了上述举证要求，本律师有向法官提交了相关材料并阐述理由，获得了法院支持。本案中除了转账记录外没有其他证据，所以张某某主张的两个民间借贷关系都未能尽到举证责任，不能成立。

（3）另外，本案还涉及传真件的效力问题、双方证据证明力大小对比问题、法官的自由心证和高度盖然性的证明标准等问题，这些都从属于上述两个方面，不再一一赘述。

3. 本案的另外一点警示是，本案似乎应当在第一起诉讼中就予以根本解决。第一是因为双方当事人在诉前是有过交涉的，原告方似乎应当得知了传真件中签名非被告所签的事实，那么在委托律师起诉时仍然仅仅以买卖合同关系起诉要求解除合同、返还资金并支付违约金是不妥当的，是不是可以将诉求笼统化，仅诉求返还资金？或者将诉求分解为递进式的两项，一是合同效力的处理，二是返还请求；同时在事实与理由部分分成相应的两部分。第二是法院是否应当从节约诉讼资源的角度，在审理确认买卖合同不成立时即行使释明权，明确告知原告变更诉讼请求呢？这在证据规则第三十五条等也有相应规定。这些问题值得律师思考。

承办律师：刘国涛

撰稿人：刘国涛

王某与盖某、莱芜市某房地产开发有限公司执行异议、执行复议一案

关键词：执行异议　执行复议　注册资金不实　抽逃出资　追加股东为被执行人　隐名股东的法律责任

律师观点：在执行程序中追加股东为被执行人需要经过严格的程序，且人民法院无权在执行程序中直接追加隐名股东为被执行人。本案历经执行异议，执行复议，发回重审后再次被驳回异议，再次执行复议，最终维护了当事人的合法权益，为当事人挽回重大损失。

相关法条：最高人民法院《关于人民法院执行工作若干问题的规定（试行）》第八十条、最高人民法院《关于适用〈中华人民共和国公司法〉若干问题的规定（三）》第二十六条

一、执行异议、执行复议情况

申请执行人莱芜市某经贸有限公司与被执行人莱芜市某仓储管理有限公司、莱芜市某房地产开发有限公司借款纠纷一案，经莱芜市中级人民法院调解结案，莱芜市某房地产开发有限公司承担连带清偿责任。执行中，申请执行人由莱芜市某经贸有限公司变更为盖某。

2014年12月19日，莱芜市钢城区人民法院做出（2011）钢执字第321-3号执行裁定书，以出资不实为由裁定王某为被执行人，在1300万元注册资金不实的范围内对申请执行人盖某承担责任。执行法院冻结了王某的银行账户和查封了王某的多处房产，王某向莱芜市钢城区人民法院提出执行异议。

2015年1月14日，莱芜市钢城区人民法院做出（2015）钢执异字第1号执行裁定书，驳回了王某的执行异议。王某对裁定不服，向莱芜市中级人民法院提起复议申请。

2015年9月16日，莱芜市中级人民法院做出（2015）莱中执复字第4号执行裁定书，裁定撤销（2015）钢执异字第1号执行裁定，发回莱芜市钢城区人民法院重新

171

审查。

2015 年 12 月 3 日，莱芜市钢城区人民法院做出（2015）钢执异重字第 1 号执行裁定书，驳回了王某的执行异议。王某对该裁定不服，再次向莱芜市中级人民法院提起复议申请。

2016 年 8 月 26 日，莱芜中院做出（2016）鲁 12 执复 10 执行裁定书，裁定撤销（2015）钢执异重字第 1 号执行裁定，撤销莱芜市钢城区人民法院做出（2011）钢执字第 321-3 号执行裁定。

至此，经历多个程序后，王某不再承担责任，被查封的财产执行法院也委托当地法院予以解封。

二、案情背景

本案一波三折的原因在于既涉及执行程序中被执行主体追加，也涉及通过何种程序追加，以及如何理解本案属于注册资金不实还是抽逃注册资金行为，王某是否属于隐名股东，执行程序能否追加隐名股东为被执行人，在执行听证中如何举证等问题的存在，使得本案看似简单，实际复杂。

关于被执行人莱芜市某房地产开发有限公司背景情况，2009 年 7 月 28 日，由原莱芜市某某投资公司变更为现有名称，为自然人独资公司，股东和法定代表人为张某荣。该公司的实际控制人系孙某，也是整个事件的操作者，张某荣只是名义股东，一切文件的签署以及股权的转让均听从于孙某的安排；也是基于孙某的安排，张某荣与王某之间进行了所谓的股权交易，使王某成为该公司的股东。王某与孙某系 2008 年清华大学房地产总裁班的同学。由于王某本人从事房地产开发，孙某自称也从事房地产开发，且孙某在莱芜市有一个项目不错，开发前景良好，多次邀请王某对莱芜项目进行考察。经过考察王某发现该项目土地用途不符合开发目的，孙某答应可以协调改变土地用途以及对公司进行增资、增资质，以便对项目进行开发，同时孙某提出由于王某是外地人，如果成为该公司的股东可以享受莱芜市的招商引资优惠政策，极力鼓动王某成为莱芜市某房地产开发有限公司的股东，在此基础上孙某安排名义股东张某荣与王某签订股权转让协议。

基于孙某的安排王某虽然成为莱芜市某房地产开发有限公司的股东，但并未实际控制、经营该公司，甚至连该公司如何运营都不晓得，王某也只是名义上的股东，实际控制人依然是孙某。

2009 年 6 月 18 日，王某与张某荣签订《委托持股协议》，约定由王某增资 1300 万元，将注册资本由 500 万元变更为 1800 万元，王某受让张某荣的股权，并委托张某荣暂为代持股权。需要注意的是，签订本协议时，莱芜市某房地产开发有限公司这个名称并不存在，还未变更至现有名称，导致委托持有的股权标的不存在。这份协议也是法院认为王某为实际出资人，系隐名股东的证据。

2009 年 9 月 7 日，莱芜市某房地产开发有限公司由 500 万元增资至 1800 万元，并由会计师事务所出具验资报告。2009 年 9 月 8 日，该公司将 1300 万元增资款转出返还给各出借人，上述增资行为均是在王某不知情的情况下由孙某指挥完成，上述事实通过公安机关的讯问笔录可以明确证实资金的来源和去向。

2010 年 3 月 24 日，王某与张某荣签订《股权转让协议》，将张某荣持有的 100% 股权转让给王某，王某成为该公司的股东并办理了工商登记手续，法定代表人还是张某荣。

2010 年 3 月 31 日，王某发现事情不对时，赶紧又和张某荣签订协议解除了股权转让协议，由于张某荣的问题未及时办理股权变更登记，以及孙某涉嫌犯罪导致莱芜市某房地产开发公司被吊销，致使王某现在在工商登记中显示的还是股东。

三、代理要点

（一）本案在执行程序中能否追加王某为被执行人

代理律师认为，莱芜市钢城区人民法院追加王某为被执行人不当，无论从认定事实还是适用法律上均存在错误，通过执行程序追加王某为被执行人显属不当。

首先，关于 2009 年 6 月 18 日《委托持股协议》效力问题。本协议签订并不意味着王某成为隐名股东，更不能成为法律意义上的股东。本协议签订时，被执行人莱芜市某房地产开发有限公司并不存在，变更为现有名称的时间为 2009 年 7 月 24 日，也就是说委托持股协议中公司的股权并不存在，既然交易标的都不存在，就无法认定本份协议"意思表示真实，权利义务关系明确"。

其次，关于 2010 年 3 月 24 日股权转让协议。纵观整份协议内容，1800 万元的股权交易简单至极，从而进一步说明本次股权交易不是典型的、真正的、实际的股权交易。实际上王某也并未支付 1800 万元的股权转让款，诚然，即便是王某未支付 1800 万元的股权转让款，也不能视为未履行出资义务。按照本协议其支付款项的行为是基于股权转让协议而不是履行出资义务，这是两种截然不同的两个法律行为，其产生的法律后果也完全不同。即便王某未按照约定支付股权转让款，其后果也只是对张某荣承担违约责任，而不是对公司的债权人承担法律责任。

第三，一审法院认为协议签订后，合同双方应当按照约定全面履行义务，该说法比较模糊。如果王某未履行合同义务，无论是《委托持股协议》还是《股权转让协议》，那只是王某与合同相对人之间承担违约责任，而不是其他法律责任，人民法院应当尊重合同签约方意思自治原则，不能随意扩大王某未履行合同义务的责任范围。

第四，莱芜市某房地产开发有限公司1300万元增资的时间是2009年9月7日，而王某成为工商登记显示的股东时间是2010年3月4日，在增资时股东为张某荣。因此本案人民法院如果需要追加股东为被执行人，也只能追加张某荣，而不是王某。王某不具有法律上的股东资格，执行程序中也不能直接追加隐名股东（若是）为被执行人，只能通过诉讼程序认定隐名股东的身份。一审法院以执代审违背法定程序。根据最高人民法院《关于适用〈中华人民共和国公司法〉若干问题的规定（三）》第二十六条之规定，公司债权人以登记于公司登记机关的股东未履行出资义务为由，请求其对公司债务不能清偿的部分在未出资本息范围内承担补充赔偿责任，股东以其仅为名义股东而非实际出资人为由进行抗辩的，人民法院不予支持。名义股东根据前款规定承担赔偿责任后，向实际出资人追偿的，人民法院应予支持。据此，即便是根据审判程序，也只能向名义股东主张权利，不是直接向隐名股东主张权利，名义股东承担责任后，享有的是追偿权。本案中，一审法院直接绕过审判程序，绕过名义股东，直接追加王某为被执行人完全是错误的，既违反法律规定，也违反法定程序。

第五，一审法院选择性的采信证据，没有全面、客观审核本案的全部证据，尤其是2010年3月31日张某荣、王某、莱芜市某房地产开发有限公司三方签订《协议书》。本份协议是王某的真实意思表示，王某发现莱芜市某房地产开发有限公司存在问题且具有风险性，王某赶紧联系孙某，要求尽快把股权再过户至张某荣名下，孙某也答应尽快将股权过户到张某荣名下，于是安排签订了本份协议，时隔股权转让至王某名下仅仅一个星期。由于孙某涉及犯罪以及张某荣未及时转出，这足以说明王某既没有参与公司的经营，也未对公司形成任何控制行为。需要进一步说明的是，一审法院对涉及的两份协议审查认定采用两种审查标准，即对王某与张某荣签订的《委托持股协议》认为虽然没有经过登记，但是依然据此认定其有出资义务，为隐名股东，合法有效；而对2010年3月31日三方《协议书》置之不理，既没有采信，也没有说明不采信的事由。

第六，一审法院认定股权转让、登记变更等民事行为，应视为异议人（即王某）与被执行人（莱芜市某房地产开发有限公司）履行《委托持股协议》的延续。这种认定是错误的，一是《委托持股协议》签订主体并不是莱芜市某房地产开发有限公司；二是签订《委托持股协议》时莱芜市某房地产开发有限公司名称并不存在；三是股权转让、登记变更是基于2010年3月24日《股权转让协议》，而不是基于《委托持股协议》的延续。

王某的股东地位仅仅是工商登记显示的，并不代表王某就是实际股东或者实际控制人。至于王某是否因此对公司债务承担责任，应当依据《公司法》或者《公司法》的相关司法解释通过审判程序评判，而不是在执行程序中直接认定。本案在执行程序中追加王某为被执行人既没有事实依据，也违反法定程序。

（二）王某是否应当对抽逃资金的行为承担责任

经过莱芜市中级人民法院发回重审后，一审法院在本次裁定中变更了追加事由，通过重新审查，认定出资不实是不成立的。根据查明的事实，本案中王某并未抽逃出资，而是张某荣在孙某的指挥下擅自增资和抽逃资金，那么就与王某没有关系。一审法院也没有证据证明王某存在抽逃资金的行为，更没有证据证明其授意或者以任何方式指挥任何人对注册资金进行抽逃。其对整个过程根本不知情，其在受让股权时，注册资本已经完成了增资行为，因此王某不应当对本次增资行为以及抽逃注册资金行为承担法律责任。

（三）一审法院严重违反法定程序

2015年10月23日一审法院出具的《出庭通知书》中载明的合议庭成员以及实际听证中参与的人员均是同一人，但是在做出（2015）钢执异重字第1号执行裁定书中，合议庭成员有一人发生变化，该合议庭成员并未参与案件的审理，在审理过程中也未告知当事人更换合议庭成员。根据最高人民法院《关于人民法院合议庭工作的若干规定》第三条之规定：合议庭组成人员确定后，除因回避或者其他特殊情况，不能继续参加案件审理的之外，不得在案件审理过程中更换。更换合议庭成员，应当报请院长或者庭长决定。合议庭成员的更换情况应当及时通知诉讼当事人。根据最高人民法院《关于人民法院办理执行异议和复议案件若干问题规定》第二十三条之规定，合议庭的组成不合法属于严重违反法定程序的行为。

四、二审法院裁判观点

关于莱芜市某房地产开发有限公司的股东于2009年9月7日增资后抽逃，是出资不实还是抽逃出资的问题。2009年9月7日，莱芜市某房地产开发有限公司股东新增注册资本1300万，变更注册资本为1800万元并通过验资办理注册资金变更登记，注册资金到位；同年9月8日，莱芜市某房地产开发有限公司股东将1300万元增资款转出并返还给各出借人，属于抽逃出资的行为，不是出资不实。

关于如果存在抽逃出资，王某是否应当对抽逃出资承担责任，能否在执行程序中直接追加其为被执行人的问题。强制执行程序中追加被执行人是特定情形下对执行依据义务履行主体的扩张，应当严格遵守法律及司法解释关于追加被执行主体的相关规定。参照《最高人民法院关于人民法院办理执行异议和复议案件若干问题的规定》第二十五条第一款：对案外人的异议，人民法院应当按照下列标准判断其是否系权利人……第四项股权按照工商行政管理机关的登记和企业信用信息公示系统公示的信息判断。2009年9月7日，莱芜市某房地产开发有限公司增资时登记股东为张某荣，2010年3月24日股东才变更为王某，并经工商登记部门核准后才具有公示公信效力。依据最高人民法院《关于人民法院执行工作若干问题的规定（试行）》第八十条规定：被执行人无财产清偿债务，如果其开办单位对其开办时投入的注册资金不实或抽逃注册资金，可以裁定变更或追加其开办单位为被执行人，在注册资金不实或抽逃注册资金的范围内，对申请执行人承担责任。最高人民法院《关于股东因公司设立后的增资瑕疵应否对公司债权人承担责任问题的复函》中公司股东若有增资瑕疵，应承担与公司设立时的出资瑕疵相同的责任的答复精神。莱芜市某房地产开发有限公司抽逃出资时的股东为张某荣，不是王某，在执行程序中直接追加王某为被执行人，责令其在抽逃注册资金的范围内对申请执行人承担责任不当，至于王某是否应当承担其他法律责任，执行异议复议程序无权审查，相关当事人可以选择审判程序处理。

关于一审法院合议庭的组成是否严重违反法定程序问题。根据最高人民法院《关于人民法院合议庭工作的若干规定》第三条之规定，以及最高人民法院《关于人民法院办理执行异议和复议案件若干问题规定》第二十三条之规定，结合听证通知书、听证笔录记载，一审法院合议庭组成不合法，严重违反法定程序。鉴于已经发回重审一次，将不再发回重审，将直接做出最终的复议审查结果。

因此，莱芜市中级人民法院依法裁定撤销莱芜市钢城区人民法院做出的（2015）钢执异重字第1号执行裁定和（2011）钢执字第321-3号执行裁定。

承办律师：金荣奎　仪江勇

撰稿人：仪江勇

杨某某诉殷某某、孟某某、山东鲁能泉城客运出租有限公司、英大泰和财产保险股份有限公司山东分公司道路交通事故损害赔偿纠纷案

关键词： 交通事故　伤残等级　侵权赔偿责任

裁判要点： 侵权赔偿责任承担及比例赔偿，赔偿费用特别是残疾赔偿金计算。

相关法条： 《中华人民共和国侵权责任法》第六条、第十六条、第二十二条、第四十八条，《中华人民共和国道路交通安全法》第七十六条，《最高人民法院关于审理道路交通事故损害赔偿案件适用法律若干问题的解释》第十六条

基本案情：

2013 年 10 月 25 日 2 时 15 分许，被告殷某某驾驶鲁 AT4523 号小型轿车沿纬二路由北向南行驶至经七路与纬二路交叉路口时，与沿纬二路机动车道由南向北行驶至此向西左转弯的原告杨某某骑行的自行车相撞，造成杨某某受伤，两车损坏的道路交通事故。经济南市公安局交通警察支队市中区大队事故认定，出具济（市中）公交认字〔2013〕第（00653）号交通事故认定书，认定被告殷某某负本次交通事故的主要责任，原告杨某某承担事故次要责任。经查，肇事车辆鲁 AT4523 号小型轿车车主为被告山东鲁能泉城客运出租有限公司（以下简称鲁能公司），该车在英大泰和财产保险股份有限公司山东分公司（以下简称英大保险山东公司）投保交强险及第三者责任险。

事故发生后，原告在医院重症监护室治疗，后在 2014 年 3 月转入山东省残疾人第一康复医院进行康复训练至今。请求判决：1. 四被告连带赔偿原告医疗费 549973 元、住院伙食补助费 8190 元、护理费 39064 元、交通费 1125 元，营养费 557 元，共计 598909 元。2. 四被告连带赔偿原告残疾赔偿金 468052 元、残疾器具费 400 元、出院后护理费 927720 元，共计 1396172 元。3. 精神抚慰金 20000 元。4. 鉴定费 2500 元。

案件审理经过:

被告殷某某辩称:对交通事故基本事实和责任认定无异议。请求法院依法处理。

被告孟某某辩称:我已将我与被告殷某某签订的协议提交法庭,当时被告殷某某是借用我的客运手续在被告鲁能公司租的车辆。因被告殷某某负事故主要责任,原告杨某某要求的损失应由被告殷某某承担,我不应该承担赔偿责任。

被告鲁能公司辩称:对交通事故基本事实和责任认定无异议。我方认为该事故的发生殷某某与原告杨某某均有过错,应考虑双方的过错对责任比例进行划分。另外原告杨某某要求的护理期限过长、护理费用过高,请求法院依法确定合理的护理费。我方已在先予执行中向原告杨某某支付了 4 万元,请求予以扣除。其他损失根据原告杨某某的举证情况进行质证。

被告英大保险山东公司辩称:我方同意在交强险各分项限额内赔偿,超出部分按照事故责任予以赔偿,另外根据我公司与鲁能公司签订的保险合同约定,在保险合同中未投保不计免赔,因该车辆负事故的主要责任,应在商业三者险范围内扣除 15% 的免赔率,对超出交强险医疗费部分应扣除 10% 的非医保用药。另外我公司已向原告杨某某先行支付了 17 万元,应在我公司应当承担的范围内予以扣除,同时我公司不承担诉讼费、鉴定费等程序性费用。

法院经审理查明事实:

交通事故发生后,原告住院期间,被告殷某某为原告杨某某支付住院押金 9000 元,垫付急救费 300 元(该费用不在原告杨某某的请求范围内),被告鲁能公司先予执行支付其 4 万元,被告英大保险山东公司在交强险范围内垫付医疗费 1 万元,先予执行支付现金 16 万元。

鲁 AT4523 号小型轿车登记所有权人为被告鲁能公司,该车在被告英大保险山东公司投保机动车交通事故责任强制保险,交强险赔偿限额为 122000 元,其中医疗费赔偿限额为 1 万元,伤残死亡赔偿限额为 11 万元,财产损失赔偿限额为 2000 元;该车还在该被告处投保商业三者险,限额 20 万元,未投保不计免赔,该次交通事故发生在交强险和商业三者险合同期间内。

关于被告殷某某与被告孟某某、被告鲁能公司之间的关系问题,被告鲁能公司提供了 2009 年 8 月 3 日与被告孟某某签订的承包运营合同,认为被告鲁能公司与被告孟某某存在承包运营关系,涉案车辆承包给被告孟某某进行经营,合同中约定因交通事故造成的损失由被告孟某某承担,因此孟某某对殷某某的侵权责任承担连带责任。

本案审理过程中,原告杨某某申请对其伤残等级、后续治疗费及康复费用、护理等级及期限进行司法鉴定，山东银丰司法鉴定所接受本院委托后，于2014年6月24日出具司法鉴定意见书，鉴定意见为被鉴定人杨某某损伤致四肢瘫，构成二级伤残；其损伤致脑脊液鼻漏，构成十级伤残；后续治疗费及康复费用建议按有资质的医疗机构相应方案的实际费用予以核定；其损伤构成完全护理依赖，其中住院期间为2人护理，出院后需1人长期护理。

裁判结果：

山东省济南市市中区人民法院于2014年8月28日做出〔2013〕市民初字第3975号民事判决：一、被告英大泰和财产保险股份有限公司山东分公司在交强险和商业三者险限额内赔偿原告杨某某医疗费21万元，残疾赔偿金11万元，共计32万元。扣除其已经支付的17万元，余款15万元于判决生效之日起10日内付清。二、被告山东鲁能泉城客运出租有限公司赔偿原告杨某某医疗费231978.4元、住院伙食补助费6504元、营养费445.6元、护理费440760元、交通费900元、残疾赔偿金286441.6元、残疾辅助器具费320元、精神损害抚慰金16000元、鉴定费2000元，共计9854396元。扣除已经支付的49000元，余款936349.6元于判决生效之日起10日内付清。三、驳回原告杨某某的其他诉讼请求。

裁判理由：

法院生效裁判认为，原告杨某某与被告殷某某于2013年10月25日发生的道路交通事故已经公安交警部门做出认定，被告殷某某承担事故的主要责任，原告杨某某承担事故的次要责任。根据法律规定，机动车与非机动车、行人发生交通事故造成人身伤亡、财产损失的，由保险公司在机动车第三者责任强制保险责任限额范围内予以赔偿，超过责任限额的部分，由机动车一方承担责任，机动车一方能够证实非机动车或行人一方对于事故的发生存在过错的，可以适当减轻机动车一方的赔偿责任。结合双方当事人事故发生时驾驶的车辆的性质，法院酌定被告殷某某承担80%的责任，原告杨某某承担20%的责任。考虑到出租车的运行利益和运行控制判断标准、风险与收益的相互匹配、充分保护受害人等因素，对于被告殷某某因交通事故对原告杨某某的侵权赔偿责任应由被告鲁能公司承担。法律同时规定，超出交强险的部分，由承保商业三者险的保险公司根据保险合同予以赔偿，仍有不足的，依照《道路交通安全法》和《侵权责任法》的相关规定由侵权人予以赔偿。故原告杨某某因该事故造成的损失首先应由被告英大保险山东公司在交强险责任限额范围内予以赔偿，超出部分由被告英大保险山东公司在商业三者险限额内按照80%的比例予以赔偿，仍有不足的，由被告鲁能公司按照80%的比例予以赔偿。

关于原告杨某某因本次交通事故所产生的各项损失，法院逐项分析如下：（1）医疗费。医疗费根据医疗机构出具的医疗费、住院费等收款凭证，结合病历和诊断证明等相关证据确定；赔偿义务人对治疗的必要性和合理性有异议的，应当承担相应的举证责任；医疗费的赔偿数额，按照一审法庭辩论终结前实际发生的数额确定。本案中，原告杨某某受伤后治疗期间支出医疗费有病历及相应医疗费票据予以证实，对原告杨某某主张的医疗费549973元予以认定。（2）住院伙食补助费。原告杨某某住院271天，其主张按每日30元计算住院伙食补助费符合法律规定，对其主张的住院伙食补助费8130元予以认定。（3）护理费。护理费根据护理人员的收入状况和护理人数、护理期限确定；护理人员有收入的，参照误工费的规定计算；护理人员没有收入或者雇佣护工的，参照当地护工从事同等级别护理的劳务报酬标准计算。护理人员原则上为1人，但医疗机构或者鉴定机构有明确意见的，可以参照确定护理人员人数。本案中，原告杨某某提供的护理合同及发票、收据足以证实其住院期间因护理支出护理费32550元，本院予以认定。关于其出院后的护理费，护理的最长期限不应超过20年，考虑其年龄因素，本院酌定其出院后需1人护理18年，参照当地护工的劳动报酬标准每日80元计算，本院认定其出院后的护理费为518400元，故认定原告杨某某的护理费合计为550950元。（4）交通费。交通费根据受害人及其必要的陪护人员因就医或者转院治疗实际发生的费用计算。交通费应当以正式票据为凭，有关凭据应当与就医地点、时间、人数、次数相符合。本案中，原告杨某某主张交通费提供了票据一宗，结合其提供的票据与其就医、治疗时间相对照，本院对原告杨某某主张的交通费1125元予以认定。（5）残疾赔偿金。四被告对原告杨某某主张的残疾赔偿金468052元均无异议。本院予以认定。（6）精神损害抚慰金。根据本案的实际情况，由于本次交通事故，原告杨某某受到人身损害并已构成一处二级伤残、一处十级伤残，造成了较为严重的损害后果，故其主张精神损害抚慰金的请求理由正当，结合被告殷某某的过错程度、原告杨某某的伤残程度以及本地区生活水平状况，本院对原告杨某某主张的精神损害抚慰金20000元予以认定。（7）营养费。营养费根据受害人的伤残情况参照医疗机构的意见确定。本案中，原告杨某某伤后伤情严重，其在治疗初期因昏迷无法进食，购买布恩食品补充营养是合理和必要的，故对其主张的营养费557元本院予以认定。（8）残疾辅助器具费。四被告与原告杨某某购买轮椅支出的400元均无异议，本院予以认定。（9）鉴定费。原告杨某某为确定其伤残等级及损失进行司法鉴定支出鉴定费2500元，有鉴定费发票予以证实，本院予以认定。

案件评析：

这是一起典型性机动车与非机动车交通事故赔偿案件，裁判焦点为受害人伤残赔偿金的计算。

1. 残疾赔偿金计算标准演变

关于残疾赔偿金的计算标准，由于在《中华人民共和国民法通则》以及《中华人民共和国侵权责任法》等相关法律法规中并无明确规定，现我国法院在审理时依据的主要是 2004 年 5 月 1 日起施行的《最高人民法院关于审理人身损害赔偿案件适用法律若干问题的解释》。该司法解释第二十五条规定了残疾赔偿金的计算标准，即"残疾赔偿金根据受害人丧失劳动能力程度或者伤残等级，按照受诉法院所在地上一年度城镇居民人均可支配收入或者农村居民人均纯收入标准，自定残之日起按二十年计算。但六十周岁以上的，年龄每增加一岁减少一年；七十五周岁以上的，按五年计算。受害人因伤致残但实际收入没有减少，或者伤残等级较轻但造成职业妨害严重影响其劳动就业的，可以对残疾赔偿金作相应调整。"2006 年 4 月 3 日，《最高人民法院民一庭关于经常居住地在城镇的农村居民因交通事故伤亡如何计算赔偿费用对云南省高级人民法院做出复函》，"人身损害赔偿案件中，残疾赔偿金、死亡赔偿金和被扶养人生活费的计算，应当根据案件的实际情况，结合受害人住所地、经常居住地等因素，确定适用城镇居民人均可支配收入（人均消费性支出）或者农村居民人均纯收入（人均年生活消费支出）的标准。"该复函改变了之前单一的以受害人户籍作为判断标准的情形，在确定残疾赔偿金、死亡赔偿金的计算标准时引入了经常居住地、主要收入来源地等判断因素，使得计算标准更加灵活可操作，有利于更好地保护受害人利益。

2. 本案残疾赔偿金计算方式

本案应当按照济南市 2013 年度城镇居民人均可支配收入标准，自 2014 年起计算，由于受害人年龄为 62 周岁，应当按照 18 年计算。

同时，受害人被鉴定为一处二级伤残，一处十级伤残，属于多等级伤残，需要综合计算伤残赔偿系数，套用多等级伤残赔偿金综合计算公式 $C = Ct \times C1 \times (Ih + Ia, i)$（$Ia. i \leqslant 10\%, i = 1, 2, 3, \cdots n$，多处伤残）进行计算，最终计算所得为 92%。

依据山东省统计局于 2014 年 2 月 28 日出具的《2013 年山东省国民经济和社会发展统计公报》第十三条人口、居民生活和社会保障可知，2013 年城镇居民人均可支配收入 28264 元。

综上，本案受害人残疾赔偿金计算公式即：28264 元/年 ×（20 － 2）年 ×92% ＝ 468052 元。

综上所述，办案律师认为，本案法院认定事实清楚，适用法律准确，裁判理由充分，对于原告杨某某因本次交通事故所产生的各项损失分析与计算公正得当。其中，尤其是对于赔偿方问题，法院并未单一从侵权人赔偿受害人出发，而是具体问题具体分析，综合考虑到出租车的运行利益和运行控制，充分保护受害人的合法权益，最大程度的保障受害人的损失得到及时与充分的赔偿，法院判决被告鲁能公司承担侵权赔偿责任，是从人道主义及保护弱势群体的角度出发，对于受害人的保护具有十分重要的意义。

承办律师：宋　琰　张　丹　李　丹

撰稿人：李　丹

胡某等人诉王某、陈某等
机动车交通事故责任纠纷案

关键词： 民事　过错责任原则　机动车交通事故责任划分

裁判要点： 在交警部门没有对事故责任进行认定时，人民法院应当结合事故发生实际情况，依据道路交通安全法律法规，对事故责任进行客观准确的责任划分。

相关法条：《中华人民共和国道路交通安全法实施条例》第五十一条、《中华人民共和国道路交通安全法》第七十六条

基本案情：

2013 年 5 月 14 日 20 时 47 分，胡某某驾驶鲁 H8005R 小型轿车沿金乡县金城路由东向西行驶至与文化路交叉路口处时，与对行左转弯王某驾驶的鲁 HMX971 号重型自卸货车（车主陈某，该车挂靠在梁山某运输有限公司名下运营）相撞，致鲁 H8005R 号小型轿车驾驶人胡某某当场死亡，鲁 H8005R 号小型轿车乘车人周某受伤，两车受损的交通事故。2013 年 5 月 29 日，金乡县公安局交通警察大队出具道路交通事故证明：该道路事故形成原因无法查清。原告认为：事故造成原告各项经济损失共计 5514458 元。被告王某驾驶车辆在左转弯时违反了《中华人民共和国道路交通安全法实施条例》的有关规定，负造成本次事故的主要责任，故请求依法判令各被告赔偿经济损失 564458 元。

案件审理经过：

庭审过程中，被告王某在本案审理期间未作答辩。被告陈某辩称，发生本次事故的原因在于胡某某醉酒驾驶，观察不足，采取措施不力，在其雇用的驾驶员王某采取刹车措施并停车后，胡某某撞击答辩人的车辆，造成本次事故的发生，胡某某本人应承担全部责任，答辩人不应承担责任。被告梁山县某运输有限公司在本案审理期间未作答辩。被告中国人民财产保险股份有限公司宿州市分公司辩称，对事故发生的经过没有异议，对鲁 HMX971 号货车在答辩人公司投保交强险这一事实无异议，请求法院根据双方的责

任、过错大小来划分赔偿比例，答辩人公司在交强险责任范围内承担合理赔偿责任，本案的鉴定费及诉讼费不在保险理赔范围内，保险公司依法不予赔偿。

被告中国人寿财产保险股份有限公司济宁市中心支公司辩称，请求法庭依法核实事故车辆HMX971号货车驾驶人员的驾驶证、行车证、上岗证、服务资格证及营业运输等相关手续，以便确认该事故车辆是否为被保险车辆，如果是，答辩人公司将根据与被告中国人寿财产保险股份有限公司济宁市中心支公司的第三者商业险合同约定承担相应的赔付责任。另外，根据被告陈某的答辩，事故车辆在本次事故中没有责任，那么答辩人公司作为商业险保险公司就不应当承担赔付责任。答辩人对本案所涉及的诉讼费、鉴定费、评估费等各项间接损失不承担责任。原告为证明自己的主张，向法院提供如下证据：身份证、户口本常住人口登记卡复印件一份；道路交通事故证明一份；道路交通事故尸体检验报告一份；胡楼村委证明一份；机动车保险单一份。以上证据用于证明下列事项：

1. 身份证及户口本常住人口登记卡证明：受害人的身份信息以及受害人家庭成员情况；

2. 道路交通事故证明：金乡县公安局交通警察大队对事故的基本情况及当事人责任情况的说明，并且认为该道路事故形成原因无法查清；

3. 道路交通事故尸体检验报告证明：受害人的死亡情况；

4. 胡楼村委证明：受害人配偶的身份，以及家庭成员情况，进一步证明相关抚养费问题。

5. 机动车保险单证明：事故车辆的投保情况，向保险公司主张理赔的依据。

通过上述证据以及庭审情况，原告认为：

第一，被告王某超速行驶、突然变更车道，应对本案交通事故的发生承担全部责任。

1. 从交通事故现场绘制图可以看出，被告王某在进入岗区之前就压双黄实线突然变更了车道，占用原告方车辆所在车道，处于逆行状态。同时，《山东交院交通司法鉴定中心交通事故鉴定意见书》经过计算分析得出，被告方车辆鲁HMX971号重型自卸货车发生事故时驶出距离约为9.3m，占逆行半个车道以上的距离不足5m，时间约为0.36s，事故发生时的平均速度为44km/h。在短短零点几秒的时间内，死者胡某某发现对方逆行后根本来不及采取应对措施。而且44km/h只是平均速度，其突然变道时的速度远远大于44km/h，故被告王某是超速行驶、突然变道，致使本案交通发生，被告王某具有重大过错，其违法行为是本案交通事故发生的直接原因。

2. 金乡县公安局交通警察大队事故科对王某的询问笔录。讯问笔录中王某陈述，其是左转弯绿灯剩两秒，怕闯红灯，停在路口等红灯，刚停下，原告方车辆就撞在了其驾驶的货车上。但是事故现场，也即金城路与文化路的交叉路口处的红绿灯并没有读秒器，而且交警大队对货车乘车人陈某、王某某的询问笔录中，二人也陈述被告王某是突然刹车，并非正常停车。可见被告王某作了虚假陈述。同时，在其询问笔录中，其多次强调将车停在左转车道内，但这与事实明显不符，前面已述，被告王某根本没有将车驶入左转车道内，其在岗区之前就变换车道，突然进入原告方车辆所在车道，致使原告方车辆根本来不及采取任何应对措施。由此可见，被告王某的陈述均是虚假陈述，目的就是为了掩饰其重大过错，从这一点也可以反证被告王某对本案交通事故的发生具有重大过错，其违法行为直接造成了事故的发生，应承担全部责任。

3. 死者胡某某是正常行驶，除了饮酒之外，没有违反任何交通规则。但胡某某饮酒驾驶并不是本案交通事故发生的原因，因为面对被告王某的突然变更车道，在短短零点几秒的时间内，即使是没有饮酒的正常驾驶人也来不及采取应对措施，本案交通事故的发生是不可避免的。如果被告方车辆没有在进入岗区之前就突然变更车道，从交通事故现场绘制图中原告方车辆的位置可知，本案交通事故根本不会发生。故胡某某饮酒与本案交通事故没有因果关系，胡某某对事故的发生没有责任。

第二，赔偿责任主体。

1. 被告王某的违法行为致本案交通事故发生，同时其驾驶的鲁 HMX971 号重型自卸货车的实际车主为陈某，故王某、陈某应对原告方所受损害承担赔偿责任。同时，陈某将车挂靠在梁山县某运输有限公司。《最高人民法院关于适用〈中华人民共和国民事诉讼法〉若干问题的意见》第四十三条规定："个体工商户、个人合伙或私营企业挂靠集体企业并以集体企业的名义从事生产经营活动的，在诉讼中，该个体工商户、个人合伙或私营企业与其挂靠的集体企业为共同诉讼人。"《民法通则》第一百三十条规定："二人以上共同侵权造成他人损害的，应当承担连带责任。"被挂靠单位从法律意义上讲就是车辆所有人，对所挂靠的车辆没有尽到监督、管理的义务，被挂靠单位也即梁山县某运输有限公司应当对挂靠车辆发生交通事故造成的损失承担连带赔偿责任。

2. 被告方车辆在中国人寿财产保险股份有限公司济宁市梁山支公司投保了商业险，在中国人民财产保险股份有限公司宿州市分公司投保了交强险，故此二被告应当在保险责任限额内承担赔偿责任。

第三，赔偿项目、数额。

根据《最高人民法院关于审理人身损害赔偿案件适用法律若干问题的解释》第十七条、第十八条的规定，原告主张的赔偿项目及数额为：死亡赔偿金（25755 元/年 × 20 年 = 515100 元）、被抚养生活费（胡某某儿子生活：6776 元/年 × 5 年 ÷ 4 = 8470 元，胡某某配偶生活费：6776 元/年 × 5 年 ÷ 4 = 8470 元）、丧葬费（21418 元）、交通费（1000 元）及精神损害抚慰金（10000 元），合计为 564458 元。

被告中国人民财产保险股份有限公司宿州市分公司应在交强险责任限额内承担赔偿

责任，赔偿限额为112000元。鉴于胡某某饮酒驾驶，原告方作为继承人自愿承担30%的损失，其他被告按照承担剩余损失数额的70%，即（564458元－112000元）×70% = 316720.6元。

法院审理查明事实：

2013年5月14日20时47分，胡某某驾驶鲁H8005R小型轿车沿金乡县金城路由东向西行驶至与文化路交叉路口处时，与对行左转弯王某驾驶的鲁HMX971号重型自卸货车相撞，致鲁H8005R号小型轿车驾驶人胡某某当场死亡，鲁H8005R号小型轿车乘车人周某受伤，两车受损的交通事故。2013年5月29日，金乡县公安局交通警察大队出具金公交证字〔2013〕第20130514号道路交通事故证明，该道路事故形成原因无法查清。济宁市公安局刑事科学技术研究所检验报告，从被告王某的血液中未检测出乙醇成分，从胡某某的血液中检出乙醇成分（130.5mg/100ml）；被告王某驾驶鲁HMX971号福田牌重型自卸货车事故时的平均行驶速度约为44km/h；胡某某醉酒驾驶鲁H8005R号小型轿车沿金乡县金城路由东向西行驶至与文化路交叉路口处时，与对行左转弯王某驾驶的鲁HMX971号重型自卸货车相撞，致胡某某当场死亡，鲁H8005R乘车人周某受伤，两车受损的交通事故；王某驾驶鲁HMX971号重型自卸货车左转弯时未靠中心点左侧转弯。

裁判结果：

山东省金乡县人民法院于2015年3月10日做出〔2013〕金民初字第1040号民事判决：一、被告中国人民财产保险股份有限公司宿州市分公司于本判决生效后10日内在交强险范围内赔偿原告死亡赔偿金、被抚养人生活补助费、丧葬费、精神抚慰金、交通费共计41989.79元。二、被告中国人寿财产保险股份有限公司济宁市中心支公司于本判决生效后10日内在第三者商业险范围内赔偿原告死亡赔偿金、被抚养人生活补助费、丧葬费、精神抚慰金、交通费共计103655.20元。三、被告陈某于本判决生效后10日内赔偿原告死亡赔偿金、被抚养人生活补助费、丧葬费、精神抚慰金、交通费共计262072.55元。四、被告梁山县某运输有限公司对上述第三项承担连带赔偿责任。五、被告王某不承担赔偿责任。

裁判理由：

被告王某驾驶的鲁HMX971号重型自卸货车与胡某某驾驶的鲁H8005R号小型轿车相撞，致胡某某当场死亡，周某受伤，两车受损的交通事故。由于《道路交通安全法实施条例》第五十一条第三款明确规定，机动车通过有交通信号灯控制的交叉路口向左转弯时，靠路口中心点左侧转弯，转弯时开启转向灯。该交通事故现场道路系沥青路面的城市十字交叉路口，属于红绿灯控制的路口，夜间有路灯照明。金乡县公安局出具道路交通事故证明：被告王某驾驶鲁 HMX971 号重型自卸货车左转弯时未靠中心点左侧转弯；鲁 HMX971 号重型自卸货车事故时的平均速度为 44km/h。故被告王某在该次事故中存在主要过错，侵害了他人民事权益，应当承担侵权责任，以承担 70% 为宜。死者胡某某驾驶鲁 H8005R 利亚纳牌小型轿车碰撞瞬间的速度约为 43km/h，且系醉酒驾驶沿金乡县金城路由东向西行驶至与文化路交叉路口处。故胡某某在该次事故中存在相应过错，以承担 30% 为宜。

案件评析：

在该道路交通事故人身损害赔偿案件中，存在两个争议焦点：第一，在无法确定交通事故双方当事人责任的情况下，如何划分责任；第二，机动车驾驶人并非实际车主时，赔偿责任主体如何确定。

1. 根据过错原则，确定责任承担

因《中华人民共和国道路交通安全法》及《中华人民共和国道路交通安全法实施条例》对无法确定双方当事人责任的情形没有做出明确规定。人民法院在审理道路交通事故损害赔偿案件时，应将公安机关交通管理部门制作的交通事故认定书作为确定交通事故责任的证据材料之一。在交警部门没有做出责任认定的情况下，人民法院应综合全案双方当事人举证的证据材料，根据构成道路交通事故损害赔偿责任的要件要求，综合认定道路交通事故当事人的行为对发生交通事故所起的作用以及过错程度，确定当事人的责任。

具体到本案中，因本案是一起机动车之间发生的交通事故，根据《中华人民共和国道路交通安全法》第七十六条："机动车发生交通事故造成人身伤亡、财产损失的，由保险公司在机动车第三者责任强制保险责任限额范围内予以赔偿；不足的部分，按照下列规定承担赔偿责任：（一）机动车之间发生交通事故的，由有过错的一方承担赔偿责任；双方都有过错的，按照各自过错的比例分担责任。"同时，《道路交通安全法实施条例》第五十一条第三款明确规定："机动车通过有交通信号灯控制的交叉路口向左转弯时，靠路口中心点左侧转弯，转弯时开启转向灯。"本案中，根据交通事故现场绘制图以及《山东交院交通司法鉴定中心交通事故鉴定意见书》：交通事故现场道路系沥青路面的城市十字交叉路口，属于红绿灯控制的路口，夜间有路灯照明。被告王某驾驶鲁 HMX971 号重型自卸货车左转弯时未靠中心点左侧转弯，平均速度为 44km/h。而且 44km/h 只是平均速度，其突然变道时的速度远远大于 44km/h，故被告王某是超速行驶、突然变道，致使本案交通发生，其违法行为是本案交通事故发生的直接原因，应当承担主要的侵权责任。死者胡某某饮酒驾驶，存在一定的过错，但其饮酒驾驶并不是本案交通事故发生的原因，面对被告王某的突然变更车道，即使是没有饮酒的正常驾驶人也来不及采取应对措施，本案交通事故的发生是不可避免的。故胡某某饮酒与本案交通事故没有因果关系，但饮酒驾驶存在过错，应承担一部分责任。

2. 机动车驾驶人并非车辆所有人时，赔偿责任主体如何确定

机动车驾驶人并非车辆所有人，主要存在以下情形：盗窃者驾驶、借用人驾驶、挂靠者驾驶发生交通事故等。

（1）盗窃者驾驶车辆发生交通事故，完全由驾驶该车辆的人承担。《最高人民法院关于被盗机动车辆肇事后由谁承担损害赔偿责任问题的批复》规定："使用盗窃的机动车辆肇事，造成被害人物质损失的，肇事人应当依法承担损害赔偿责任，被盗机动车辆的所有人不承担损害赔偿责任。"

（2）借用人驾驶车辆发生交通事故，根据我国《侵权责任法》第四十九条规定："因租赁、借用等情形机动车所有人与使用人不是同一人时，发生交通事故后属于该机动车一方责任的，由保险公司在机动车强制保险责任限额范围内予以赔偿。不足部分，由机动车使用人承担赔偿责任；机动车所有人对损害的发生有过错的，承担相应的赔偿责任。"由此可以看出，车辆所有人出借车辆给他人使用造成交通事故时有无过错是承担责任的前提。

（3）挂靠者驾驶车辆发生交通事故，《最高人民法院关于适用〈中华人民共和国民事诉讼法〉若干问题的意见》第四十三条规定："个体工商户、个人合伙或私营企业挂靠集体企业并以集体企业的名义从事生产经营活动的，在诉讼中，该个体工商户、个人合伙或私营企业与其挂靠的集体企业为共同诉讼人。"《民法通则》第一百三十条规定："二人以上共同侵权造成他人损害的，应当承担连带责任。"就本案而言，梁山县某运输有限公司作为挂靠单位，对所挂靠的车辆没有尽到监督、管理的义务，应当对挂靠车辆发生交通事故造成的损失承担连带赔偿责任。

（4）雇员驾驶车辆发生交通事故，根据《最高人民法院关于适用〈中华人民共和国民事诉讼法〉若干问题的意见》第四十五条规定："个体工商户、农村承包经营户、合伙组织雇佣的人员在进行雇佣合同规定的生产经营活动中造成他人损害的，其雇主是当事人。"《道路交通事故处理办法》第三十一条规定："——机动车驾驶员在执行职务中发生交通事故，负有交通事故责任的，由驾驶员所在单位或者机动车的所有人承担赔偿责任。"因而，可以看出车主所雇佣的驾驶员在执行驾驶职务过程中造成他人损害的，车主是诉讼当事人，应承担民事赔偿责任。另外，《道路交通事故处理办法》第三十一条规定："驾驶员所在单位或者机动车的所有人在赔偿损失后，可以向驾驶员追偿部分或者全部费用。"显然，车主在赔偿损失后，就可以向其所雇佣的驾驶员追偿部分或全部费用，这就规定了

赔偿损失是雇主的法定义务，雇主在履行了法定义务后，可以向人民法院起诉，其追偿权利一样受到法律保护，没有受到侵犯。

本案中，虽然交警部门未划分责任，胡某某亦系醉酒驾驶，但是法院裁判并不草率，而是严格本着过错责任原则，结合道路交通事故安全实体法进行责任划分。应当说，法院认定事实比较全面客观，适用法律准确，裁判理由恰当，突破了机动车交通事故责任纠纷裁判实务中的不成文的裁判规则。

承办律师：杜建民
撰稿人：杜建民

中国银行股份有限公司烟台莱山支行
诉刘某某、门某某金融借款合同纠纷案

关键词：民事　借款合同　共同还款责任

相关法条：《中华人民共和国合同法》第六十条、第一百零七条、第二百零六条、第二百零七条

基本案情：

原告中国银行股份有限公司烟台莱山支行（以下简称中行莱山支行）诉称：2014年1月13日，刘某某、门某某与原告签订《个人贷款合同》，向中行莱山支行贷款30万元，用于购货，并对相关条款进行了相关的约定。2014年1月13日，原告依约向被告指定账户发放借款30万元。自2015年1月13日，被告未按照合同约定向被告支付借款本金，截至2015年3月13日，被告共拖欠原告借款金额309438.26元（其中拖欠本金299649.37元，自2015年1月13日产生的拖欠本金罚息9788.89元）。

两被告刘某某、门某某未到庭参加诉讼，亦未作答辩。

法院经审理查明的事实：

2014年1月2日，两被告刘某某、门某某到中行莱山支行申请贷款30万元，被告刘某某为借款人。2014年1月3日，两被告刘某某、门某某签署了承诺及授权书，承诺及授权书载明：借款人刘某某，借款金额为30万元。债务人郑重承诺：上述贷款为借款人与门某某共同债务，愿共同履行合同，承诺偿还借款本息的责任，承诺期限到债务人偿清全部贷款本息为止。被告刘某某在"借款人"处签字捺印，被告门某某在"共同还款人"处签字捺印。

2014年1月13日，两被告与中行莱山支行签订了《中国银行股份有限公司个人贷款合同》，约定：借款人刘某某，贷款人中行莱山支行；贷款金额为30万元；贷款用途为购货；借款期限为12个月，自实际放款日起算；合同项下的贷款利率为浮动利率，

浮动周期为 12 个月，即从贷款人实际放款日起每 12 个月重新定价一次，重新定价日为实际放款日适用的中国人民银行公布的相应档次的贷款基准利率上浮 40% 执行，每满一个浮动周期后，以重新定价日适用的中国人民银行公布的相应档次的贷款基准利率上浮 40% 作为下一个浮动周期的使用利率；借款按月还息，到期一次还本；借款人同意并授权贷款人将贷款划入借款人指定的交易对手账户：开户行：中行，户名：曹某某，账号：209121072577；若借款人为按照约定期限还款，就逾期部分，从逾期之日起按逾期贷款罚息利率按日计收利息，直至清偿本息为止，逾期贷款利率为本合同约定的贷款利率水平加收 50%。同日，中行莱山支行将借款 30 万元付至被告刘某某指定的账号，被告刘某某在"中国银行个人贷款凭证"上签名，该凭证载明月利率为 7‰。

中行莱山支行发放贷款后，被告刘某某按合同约定按月付息直至合同到期。合同到期后，被告刘某某未偿还借款，中行莱山支行从刘某某的还款账户扣划 350.63 元，尚欠借款 299649.37 元至今未还。

中行莱山支行请求的罚息 9788.89 元，系按照合同约定的罚息利率即合同利率上浮 50% 为月利率 1.05%，对尚欠本金 299649.37 元自合同到期计算至 2014 年 4 月 23 日的逾期利息。

裁判结果：

烟台市莱山区人民法院于 2015 年 6 月 18 日做出〔2015〕莱山商初字第 212 号民事判决：一、被告刘某某、门某某共同偿还中行莱山支行借款 299649.37 元、罚息 9788.89 元（计算至 2015 年 4 月 23 日），合计 309438.26 元于本判决生效之日起 10 日内履行。二、被告刘某某、门某某共同支付原告中行莱山支行自 2015 年 4 月 24 日起至还清借款本金之日止的罚息（以尚欠本金为基数，按月利率 1.05% 计算），于偿还借款本金之日支付相应罚息。

裁判理由：

中行莱山支行和被告刘某某、门某某签订的"个人贷款合同""承诺及授权书"系当事人的真实意思表示，且未违反法律、法规的强制性规定，合法有效，当事人应按约履行。

《中华人民共和国合同法》第二百零六条规定："借款人应当按照约定的期限返还借款。"第二百零七条规定："借款人未按照约定的期限返还借款的，应当按照约定或者国家有关规定支付逾期利息。"本院认为，被告刘某某未按照合同约定的期限偿还借款构成违约，应当承担继续偿还借款的责任，并应按合同约定向中行莱山支行支付逾期利息即合同约定的罚息。被告门某某作为共同还款债务人，应按其承诺对上述债务承担共同还款责任。

因被告刘某某、门某某经法院依法传呼无正当理由拒不出庭，视为放弃抗辩权，可依法缺席判决。

律师观点：

本案为金融借款合同纠纷，贷款类型为商户贷。所谓商户贷是中行推出的针对广大中小个体经营商户的一种贷款模式，指贷款人向符合条件的个体工商户发放的，用于解决其正常生产、经营资金需求的人民币贷款，在风险可控的前提下，无须提供不动产抵押或自然人及第三方担保，仅需要保险人提供保证保险，即可申办，办理手续简单，快捷。但是，这种贷款模式下银行发放的贷款存在很大的风险，即贷款发放之后，借款人虽然能够按照合同约定支付利息，但是在合同期满，面临同时支付本金加最后一期利息的情况下，很多借款人就出现了不能偿清借款的现象。本案中刘某某、门某某就是典型的商户贷借款人不能偿还到期债务的例子。

针对银行最近出现的诉讼案件，本律师从以下方面阐述应该如何做好银行贷款业务的风险防范工作。

1. 事前防范

所谓事前防范，是指在借款人向银行申请贷款，银行和借款人签订借款合同之前应当进行的防范工作，主要有：

（1）认真审核借款人（含担保人）提供的身份信息，包括但不限于借款人提供的身份证、户口本、结婚证、离婚证等资料。

（2）仔细甄别借款人的还款能力，具体的措施包括验证借款人的工资收入、租金收入、投资收入和经营收入等方面。

（3）仔细核对借款人提供的企业营业执照等信息，尤其在商户贷、企业贷中要仔细核对，必要时向工商行政管理部门核实。

（4）在抵押、质押担保中针对担保人提供的物保，是房产的须向房管部门核实，是浮动抵押的须到现场核实。

2. 事中防范

事中防范主要是指在签订合同的过程中，应该注意的问题，主要包括：

（1）落实合同主体，即签订合同之人是否为申请贷款之人，有配偶存在的，配偶是否承诺承担共同还款义务。

（2）不向借款人提供空白借款合同，由借款人填写相关内容，并向借款人明确说明合同主要条款。

（3）落实借款人、保证人的签字、捺印。即保证在合同最后借款人处的签字和在合同首页借款人处的签字保证一致。

（4）存在共同还款人的，要求其提供共同还款人承诺书，保证直至借款人还清贷款之前承担共同还款责任。

3. 事后防范

事后防范，是指在合同签订、贷款发放之后，对借款人借款进行风险防范的措施，主要包括：

（1）及时核对资金流向。即在把借款打给借款人之后，监督借款人按照合同约定使用借款。

（2）当借款人出现逾期不还款的情况时，及时通过电话、电子邮箱、发送催收函、上门催收等方式向借款人催收借款。

（3）当借款人出现不良时，及时采取诉讼手段维护自己的合法权益。

承办律师：刘运霞

撰稿人：刘运霞

预抵押登记是否具有现实的抵押权

关键词： 抵押预告登记　实现抵押权

相关法条：《中华人民共和国物权法》第二十条：当事人签订买卖房屋或者其他不动产物权的协议，为保障将来实现物权，按照约定可以向登记机构申请预告登记。预告登记后，未经预告登记的权利人同意，处分该不动产的，不发生物权效力。

预告登记后，债权消灭或者自能够进行不动产登记之日起三个月内未申请登记的，预告登记失效。

《房屋登记办法》第六十八条规定：预告登记后，未经预告登记的权利人书面同意，处分该房屋申请登记的，房屋登记机构应当不予办理。预告登记后，债权消灭或者自能够进行相应的房屋登记之日起三个月内，当事人申请房屋登记的，房屋登记机构应当按照预告登记事项办理相应的登记。

裁判理由：

原告中国银行股份有限公司烟台分行因金融借款合同纠纷依法将被告（借款人）刘某某、被告烟台某某置业发展有限公司（开发商、阶段性担保人）诉至烟台市芝罘区人民法院。

原告诉称：2011 年 11 月 18 日，被告刘某某因购房资金短缺而向原告贷款，双方签订《个人一手房贷款合同》一份。约定，被告刘某某购买第二被告烟台某某置业发展有限公司开发的位于烟台市芝罘区蓁山花园 A 区 47 号楼西 3 单元 2 号房产一套，总价款 509362.5 元，刘某某向原告贷款 356000 元整，贷款期限 276 个月；采用等额本息还款法按月归还贷款；如未按约定还款，就逾期部分贷款从逾期之日按照逾期贷款罚息利率按日计收利息，直至清偿之日止；在借款人发生列举的"未按期归还贷款本息……"时，贷款人有权解除合同并宣布合同项下的全部贷款提前到期。被告烟台某某置业发展有限公司：主合同项下为上述贷款提供阶段性连带责任保证。保证责任范围为：包括本金、利息、违约金、赔偿金、实现债权的费用（包括但不限于诉讼费用、公证费用、执行费用、律师费用等）。2012 年 3 月 2 日，该房产办理预抵押登记，权利人为原告。

合同签订后，原告于 2011 年 11 月 18 日向第一被告发放了贷款 356000 元，被告也按约定还款至 2014 年 9 月。自 2014 年 10 月开始，被告刘某某未还款至今。被告烟台某某置业发展有限公司也未按约定履行担保责任。

根据上述事实，原告依法请求判决解除原告与第一被告之间于 2011 年 11 月 18 日签订的《个人一手房贷款合同》；请求第一被告依法偿还原告贷款本息、罚息等合计 341790.50 元（暂计算至 2014 年 11 月 24 日，自 2014 年 11 月 25 日起仍按合同约定向原告支付利息、罚息至被告实际付款项之日止）；依法判令被告承担原告为实现债权支出的律师费 19489.5 元。以上款项共计 361280 元。依法确认原告对被告抵押的芝罘区秦山花园 A 区 47 号楼西 3 单元 2 号房产享有优先受偿权；判令第二被告对第一被告应向原告承担的全部支付义务承担连带清偿责任；本案诉讼费、保全费由被告承担。

第一被告对于原告起诉的事实在答辩中称属实。第二被告答辩中要求解除与第一被告之间的房屋买卖合同。烟台市芝罘区人民法院在庭审过程中也对原告起诉所依据的事实进行查明属实。

烟台市芝罘区人民法院认为：

1. 原告与被告签订《中国银行股份有限公司个人一手房贷款合同》是当事人的真实意思表示，权利义务关系明确，不违反法律禁止性规定，故本院依法认定真实有效。

2. 履约中，原告依约履行了出借人民币 356000 元给被告刘某某的义务，被告刘某某取得借款后，自 2014 年 10 月 18 日未按期偿还借款本息，逾期超过两次，符合合同约定的解除条件。截至 2015 年 4 月 21 日，被告刘某某共欠本金 335523.92 元及利息罚息 8187.60 元的事实清楚。借款合同当中约定第二被告承担阶段性担保责任，保证期间自借款人办妥本合同项下贷款所购房屋抵押登记手续并且贷款人收到他项权证之日止。由被告刘某某偿还全部借款本息；赔偿律师费 19489 元；第二被告对上述费用承担阶段性连带担保责任的请求，理由正当，本院予以支持。

3. 本案系争议房产上设定的抵押预告登记，与抵押权设立登记具有不同的法律性质和法律效力。根据《中华人民共和国物权法》等相关法律法规的规定，预告登记后，未经预告登记的权利人同意，处分该不动产的，不发生物权效力。预告登记后，债权消灭或者自能够进行不动产登记之日起三个月内未申请登记的，预告登记失效。即抵押权预告登记所登记的并非现实的抵押权，而是将来发生抵押权变动的请求权，该请求权具有排他效力。因此，原告中国银行股份有限公司烟台分行作为系争房屋抵押权预告登记的权利人，在未办理房屋抵押权设立登记之前，其享有的是当抵押登记条件成就或约定期限届满对系争房屋办理抵押权登记的请求权，并可排他性地对抗他人针对系争房屋的处分，但并非对系争房屋享有现实抵押权，原告请求对芝罘区秦山花园 A 区 47 号楼西

3 单元 2 号房产享有优先受偿权的诉请，本院依法不予支持。

综上所述，依照《中华人民共和国合同法》第六十条第一款、第九十六条、第九十七条、第一百零七条、第一百九十六条，《物权法》第二十条，《民事诉讼法》第一百四十四条之规定，判决如下：

1. 解除原告中国银行股份有限公司烟台分行与被告刘某某、被告烟台某某置业发展有限公司在 2011 年 11 月 18 日签订的《个人一手房贷款合同》。

2. 限被告刘某某于本判决生效之日起 10 日内偿还原告借款本金 335523.92 元、利息 8187.60 元，律师费 19489 元。第二被告烟台某某置业发展有限公司对第一被告的给付义务承担阶段性担保责任。

3. 驳回原告关于确认对被告抵押的芝罘区蓁山花园 A 区 47 号楼西 3 单元 2 号房产享有优先受偿权的诉讼请求。

律师观点：

本案是一起较简单银行金融借款合同案件，案件双方当事人对借款及拖欠银行借款本息均无异议。但本案值得注意的一个焦点问题是：预告抵押登记权利人在未办理正式抵押登记的情况下是否可以依法请求实现抵押权。

抵押预告登记是否具有物权效力以及权利人是否因此而享有抵押权（优先受偿权），在理论和实务上一直都有争议，在司法实践中甚至存在截然相反的判例。这对保障债权人利益，尤其是为预售商品房提供贷款的商业银行而言，存在极大的不确定性风险。在此之前本案的审理法院对与本案相类似案件的裁判观点一直是支持预抵押登记可以实现抵押权。该院裁判观点的改变主要是受《最高人民法院公报》判例的影响发生的改变。预售商品房抵押贷款中，虽然银行与借款人（购房人）对预售商品房做了抵押预告登记，但该预告登记并未使银行获得现实的抵押权，而是待房屋建成交付借款人后银行就该房屋设立抵押权的一种预先的排他性保全。如果房屋建成后的产权未登记至借款人名下，则抵押权设立登记无法完成，银行不能对该预售商品房行使抵押权。该判例的出现将会对该院辖区内银行及房地产开发企业产生深远的影响。

首先，预抵押房产无法实现抵押权，在银行借款人出现逾期还款违约情况后，银行无法通过法律手段对预抵押房产实现抵押优先受偿权，加大了银行按揭贷款业务的风险。

其次，加重了房产开发企业的阶段性担保责任。根据《物权法》第一百七十六条规定：被担保的债权既有物的担保又有人的担保的，债务人不履行到期债务或者发生当事人约定的实现担保物权的情形，债权人应当按照约定实现债权；没有约定或者约定不明确，债务人自己提供物的担保的，债权人应当先就该物的担保实现债权。开发商在按揭抵押贷款过程中承担阶段性担保责任，按照原裁判思路开发商一般只需要对预抵押房产价值不足以偿还银行借款的部分债务承担连带责任，担保责任范围较小。但依据法院新的裁判思路，如果没有办理正式的抵押登记，那么银行将无法取得抵押权，更无法取得优先受偿权，变相加重了开发商的担保责任。律师在为银行及房地产开发企业提供法律服务涉及此问题时应对法院在裁判方面的这种变化进行掌握并进行必要的风险提示。

承办律师：初　磊

撰稿人：初　磊

东营银行股份有限公司淄博分行
诉山东龙诺化工销售有限公司、
淄博骏业经贸有限公司、
刁某某、王某某金融借款合同纠纷案

关键词： 民事　金融借款合同　连带清偿责任

相关法条：《中华人民共和国合同法》第六十条、第一百零七条、第二百零六条、第二百零七条，《中华人民共和国担保法》第十二条、第十八条

基本案情：

原告东营银行股份有限公司淄博分行诉称：2014 年 1 月 29 日，原告东营银行股份有限公司淄博分行与被告山东龙诺化工销售有限公司签订《流动资金借款合同》，约定被告山东龙诺化工销售有限公司向原告借款 500 万元，借款期限自 2014 年 1 月 29 日至 2014 年 8 月 29 日，借款年利率为 7.8%，逾期罚息利率在原借款利率基础上加收 50% 确定，原告为实现本合同项下债权已付和应付的费用包括律师费、评估费等由被告山东龙诺化工销售有限公司承担。同时，被告淄博骏业经贸有限公司、刁某某、王某某为被告山东龙诺化工销售有限公司的上述借款向原告提供连带责任保证。原告如约履行了合同义务。然而，借款清偿期限届满后，经原告多次催要，被告山东龙诺化工销售有限公司拒不履行清偿借款义务，被告淄博骏业经贸有限公司、刁某某、王某某亦拒不承担连带清偿责任。四被告的行为已构成违约，侵犯了原告的合法权益。现原告为维护自身的合法权益，特诉至人民法院，请求依法裁判。

四被告共同的委托代理人到庭参加诉讼，对原告陈述的事实予以认可，希望以调解的方式解决纠纷。

法院经审查查明的事实：

2014 年 1 月 29 日，原告东营银行股份有限公司淄博分行与被告山东龙诺化工销售

有限公司签订《流动资金借款合同》，约定被告山东龙诺化工销售有限公司向原告借款
500万元，借款期限自2014年1月29日至2014年8月29日，借款年利率为7.8%，逾
期罚息利率在原借款利率基础上加收50%确定，原告为实现本合同项下债权已付和应
付的费用包括律师费、评估费等由被告山东龙诺化工销售有限公司承担。同时，被告淄
博骏业经贸有限公司、刁某某、王某某为被告山东龙诺化工销售有限公司的上述借款向
原告提供连带责任保证。原告已如约履行了合同义务。然而，借款清偿期限届满后，被
告山东龙诺化工销售有限公司未履行清偿借款义务，被告淄博骏业经贸有限公司、刁某
某、王某某亦未承担连带清偿责任。

裁判结果：

经淄博市中级人民法院调解，原告东营银行股份有限公司淄博分行与被告山东龙诺
化工销售有限公司、淄博骏业经贸有限公司、刁某某、王某某达成调解协议。淄博市中
级人民法院对该调解协议予以确认，做出〔2014〕淄商初字第272号民事调解书，确定
"一、被告山东龙诺化工销售有限公司于2014年12月20日之前偿还原告东营银行股份
有限公司淄博分行借款本金5000000.00元，利息152781.16元（计算至2014年11月
30日），之后的利息按照借款合同约定计算至实际支付之日；二、被告山东龙诺化工销
售有限公司于2014年12月20日之前支付原告东营银行股份有限公司淄博分行律师费
160000.00元；三、被告淄博骏业经贸有限公司、刁某某、王某某对上述第一项、第二
项确定的给付义务承担连带责任。被告淄博骏业经贸有限公司、刁某某、王某某承担保
证责任后，有权向被告山东龙诺化工销售有限公司追偿；四、案件受理费29494.50元，
由被告山东龙诺化工销售有限公司、淄博骏业经贸有限公司、刁某某、王某某承担。"

裁判理由：

原告东营银行股份有限公司淄博分行与被告山东龙诺化工销售有限公司、淄博骏业
经贸有限公司、刁某某、王某某签订的《流动资金借款合同》《保证合同》《东营银行
股份有限公司担保信息表》系当事人的真实意思表示，且未违反法律、法规的强制性规
定，合法有效，当事人应按约履行。

《中华人民共和国合同法》第六十条规定："当事人应当按照约定全面履行自己的
义务。当事人应当遵循诚实信用原则，根据合同的性质、目的和交易习惯履行通知、协
助、保密等义务。"第一百零七条规定："当事人一方不履行合同义务或者履行合同义
务不符合约定的，应当承担继续履行、采取补救措施或者赔偿损失等违约责任。"第二
百零六条规定："借款人应当按照约定的期限返还借款。"第二百零七条规定："借款人
未按照约定的期限返还借款的，应当按照约定或者国家有关规定支付逾期利息。"

本院认为，原告东营银行股份有限公司淄博分行与被告山东龙诺化工销售有限公司、淄博骏业经贸有限公司、刁某某、王某某自愿达成的调解协议是其真实意思表示，且不违反法律规定，应当依法予以确认。

律师观点：

本案为金融借款合同纠纷。所谓金融机构借款合同是指办理贷款业务的金融机构作为贷款人一方，向借款人提供贷款，借款人到期返还借款并支付利息的合同。金融机构借款合同为借款合同的一种，具有有偿性、要式性、诺成性。金融机构借款合同所具有的法律约束力，主要体现为合同双方当事人的权利和义务。这种贷款模式下银行发放贷款是存在风险的，即贷款发放之后，借款人是否能够按照合同约定支付利息、偿付借款受到诸多因素影响。

针对银行最近出现的诉讼案件，本律师从以下方面阐述应该如何做好银行贷款业务的风险防范工作。

1. 建立健全商业银行信贷风险管理内控机制

（1）对商业银行信贷部门进行组织结构重建。为了有效防止不良贷款的出现，有必要对商业银行的信贷组织结构进行重建，以达到统一指挥、各负其责、责权利清晰、互相监督的目的。授信审批部门应负责一线业务部门报送的贷款项目的审批工作，贷后监督部门负责贷后检查工作，不良贷款管理部门负责追讨不良贷款。经过这样的部门设置，可以把银行各级机构的利益紧紧地拴在一起，形成利益共享、严格问责的局面。

（2）授信审批权必须适当集中、上收，并实行专业人员审批制。我国商业银行要加大上级银行集中经营力度。作为上级银行应当担负起全局调控的职责，不要让下级银行在无奈中发放连他们自己都没有信心的贷款。要优化资源配置，有意识地压缩低效用机构的信贷投放，集中资源，投向经济发展状况较好的地区以及抗风险能力较强的客户。

（3）建立保障充分的内控机制。银行作为以货币为经营客体的特殊企业，风险高的特性较为突出，操作环节和业务流程较为复杂，应当说银行每一个职位、每一个流程在不同水平上都蕴藏着一定的风险。因此，银行需要建立保障充分的内控机制，重点需要做好四个方面的工作：一是建立和完善一套规范的制度；二是建立运行高效的监督约束机制；三是强化职业道德教育，减少道德风险；四是建立一整套卓有成效、积极进取的企业文化体系。

（4）健全激励约束机制。健全激励约束机制要从三个方面着手：一是实行正向激励机制。为提高银行贷款营销层次及管理水平，金融机构要建立健全激励机制，加大激励力度。二是强化责任追究。对办理中小企业业务过程中出现的操作风险和道德风险，按现行规定严肃处理。三是建立问责、免责制度。区别对待主观失误和客观条件变化所形成的风险责任，出台免责条款，鼓励信贷人员培育和发展信贷客户。

2. 不断提升商业信贷基础管理水平

（1）加大信息管理建设力度。为了使信息管理更为规范，建立一套信息管理制度作为银行工作的章程和准则必不可少。一是建立一套电子化管理系统专门用于不良资产处置，通过灵敏的信息反馈，达到对不良资产实时监控的目的。二是以法律约束的形式，建立系统的信息披露制度，着实有效地化解企业信息不对称和信息失真问题。从重处罚虚假信息提供者。三是积极开展业务创新，加强信息沟通。

（2）调节和改善信贷结构，化解贷款集中度风险。贷款结构的调节和改善能够降低和分散贷款风险。一是避免将鸡蛋放入一个篮子，贷款投放集中某些行业和企业的情况要予以杜绝。二是在贷款方式上尽可能缩小信用放款额度，加大担保、抵押贷款在贷款总额中的占比。

（3）要完善主办银行制度，明确主办银行与企业双方的权利和义务，对大型优质客户要推行客户经理制，加强贷款在使用全过程中的监督，不可一放了之、放任不管，必要时可以派驻厂、驻公司信贷员或是项目的专门信贷员，落实其职责，明确其任务，切实预防贷款风险的发生。

（4）严格执行资产负债比例管理和资产风险管理，建立健全信贷资金管理制度，使资产和负债的比例协调，在时间和数量上相对称。

（5）切实把握好贷款投向。要根据当前经济发展的趋势和国家金融政策、金融法规有关精神以及当地实际，稳健而积极地开拓创新，开办一些新的业务。特别是要发展消费信贷，调整资产结构，避免贷款过分集中在少数几个大企业或一两个行业上，应大力发展消费贷款和个体私营企业（自然人）贷款，既符合国家的政策，又促进当地的经济发展，同时也分散了贷款风险。

承办律师：刘胜远　张　珂

撰稿人：刘胜远　张　珂

辛某某提供劳务者受害责任纠纷

关键词： 农民工　人身损害　赔偿

核心价值： 我国建筑行业吸纳了大量农民工就业，但因管理不规范、安全意识薄弱等原因致使人身伤亡事件频繁发生。同时，农民工维权意识淡薄以及普遍性的缺乏用工合同、工资发放记录等证据，致使其维权艰难，农民工得不到合理赔偿甚至得不到任何赔偿的情况比比皆是。事故发生后，如何创造性地帮助农民工收集固定证据，以及如何举证使农民工获得合理的赔偿，是此类案件处理的关键问题。

基本案情：

原告：辛某某

被告：潍坊职业学院（工程发包方）

河北京府建筑安装工程有限公司（工程承包商）

高某某（外墙保温项目转包人）

案情简介：

2012年6月，辛某某在其安徽省老乡高某某带领下，与其他老乡一起到位于潍坊市滨海新区潍坊职业学院正在建设的新校区从事外墙保温工程安装施工。刚工作不到一个月时间，辛某某在工作过程中不慎从高处跌落，被紧急送往解放军第八十九医院救治，经诊断为"胸椎骨折、脑震荡"，花费医疗费4万余元。出院后，辛某某因腰椎受伤长期不能参加工作希望得到适当的赔偿，但高某某、工程发包方潍坊职业学院、工程承包商河北京府建筑安装工程有限公司等均避而不见或不承认有此事故发生，拒绝承担赔偿责任。辛某某在向当地公安、劳动监察、政府清欠办公室等部门寻求帮助时，因证据不足，该纠纷未得到合理解决，辛某某遂委托我所代为处理该案。

办案过程:

接受辛某某委托后,代理人通过了解案情,发现本案的最大难点是证据的缺乏——辛某某现有的材料无法证明其事故发生地点、事故发生原因、事故的发生与潍坊职业学院正在建设的新校区的关联性以及辛某某与高某某等存在雇佣关系等情况。

之所以出现这种情况,是因为辛某某刚到潍坊工作不到一个月时间,事发时从未发过工资及签订过劳动合同,同来的其他老乡在其出院时也已离开潍坊且也无任何劳动合同等证明,而高某某、河北京府建筑安装工程有限公司、潍坊职业学院等因不愿意承担赔偿责任,拒不承认辛某某系在该工地受伤的事实。该种情况下,当地法院以无任何证据为由拒绝受理该案,案件陷入僵局。

万般无奈之下,代理人想到了潍坊电视台"为人民服务"栏目,遂打电话求助,希望通过电视台的帮助给赔偿责任人施加压力并获取证据。接到新闻线索后,潍坊电视台随即派出了3人的采访小组随同代理人到项目部采访,面对摄像机和记者的追问,河北京府建筑安装工程有限公司等最终承认了辛某某系受高某某雇佣,在其公司所承包的项目施工中受伤的事实,但是仍然以种种理由推脱责任的承担。多次协商未果的情况下,代理人根据采访取得的证据,经过辛某某同意,以提供劳务者受害责任纠纷为由向潍坊市寒亭区人民法院提起诉讼。

然而,看似一个简单人身损害赔偿纠纷诉讼案件,在随后的诉讼过程中却面对重重阻力,审判过程一波三折。历经一审、二审和重审,最终案件获得了公正合理的审判结果。

诉讼中的争议焦点:

此案在诉讼过程中,双方争议焦点主要是两个方面:一、承担责任的主体;二、赔偿标准和数额。

本案中,经多方了解高某某虽为直接雇主但缺乏赔偿能力,如何使法院判决河北京府建筑安装工程有限公司或潍坊职业学院承担赔偿责任,将是维护辛某某合法权益的关键。否则,极可能出现"赢了官司输了钱"的局面。同时,辛某某为农业户口,虽长期在外务工依法可以根据城乡接合部或城镇标准赔偿,但一直没有签订过正式的劳动合同,缺乏有效的证据支持,因而根据其构成八级伤残的司法鉴定结果,依据农村标准还是城乡接合部或城镇标准赔偿,赔偿数额将会有2~3倍的差别,差距较为悬殊。

针对第一个问题,庭审中我方认为河北京府建筑安装工程有限公司将楼体的外墙保温工程施工分包给没有任何建筑施工资质且缺乏必要安全设备的个人高某某,根据《最高人民法院关于审理人身损害赔偿案件适用法律若干问题的解释》第十一条第二款

"雇员在从事雇佣活动中因安全生产事故遭受人身损害，发包人、分包人知道或者应当知道接受发包或者分包业务的雇主没有相应资质或者安全生产条件的，应当与雇主承担连带赔偿责任"的规定，河北京府建筑安装工程有限公司应当承担连带赔偿责任。河北京府建筑安装工程有限公司则答辩称，其将涉案工程分包给了潍坊新春天保温工程有限公司，被告高某某系从该公司分包的工程并雇佣辛某某等施工，因而应当由高某某和该公司承担赔偿责任，原告追究河北京府建筑安装工程有限公司承担赔偿责任没有法律和事实依据。但是，庭审中河北京府建筑安装工程有限公司并未提供证据证明其与潍坊新春天保温工程有限公司存在分包关系以及该公司具有相关建筑施工资质，法院对其答辩意见未予采信，依法支持了我方的主张。对于潍坊职业学院，经法院审理查明，潍坊职业学院虽为发包方，但其将工程发包给具有相应建筑资质的河北京府建筑安装工程有限公司，发包过程中并无过错，不应当承担本案的损害赔偿责任。

针对第二个问题，一审中我方提交了辛某某在安徽省六安市徐集镇于2010年购买两套房产的购房合同、当地政府及公安机关出具的其自2010年在此居住至今的证明、开发商出具的购房时为现房但房产证尚未办出的证明等证据，以证明辛某某及其家人在城镇居住满一年以上的事实，要求对伤残赔偿金、护理费、被扶养人生活费等按照城镇标准计算赔偿。一审法院认为，原告虽然提交了上述证据，但辛某某及其家人均为农业户口且提交的证据不足以证明其在城镇居住的事实，各赔偿项目应当按照农村标准进行计算，判决被告高某某、河北京府建筑安装工程有限公司连带赔偿医疗费、伤残赔偿金、误工费、护理费等各项损失共计106079.61元。

一审判决后，辛某某对判决不服，认为赔偿标准的适用与事实不符，赔偿数额过低，于2013年9月提起上诉。二审法院经审理认为，辛某某提交了证明其在事故发生前已在城镇连续居住满一年以上的证据，原审法院未综合分析上述证据的证明力，认定事实不清，于2014年6月发回重审。2014年9月该案由潍坊市寒亭区人民法院另行组成合议庭重新审理，经再次开庭审理及双方当事人重新质证、举证，法院于2015年3月做出判决认为原告提供的证据能够证明其自2010年起居住在城镇的事实，结合原告受伤前从事建筑行业的情况，其伤残赔偿金等应当按照城镇标准计算，判决被告高某某、河北京府建筑安装工程有限公司连带赔偿医疗费、伤残赔偿金等各项损失共计206357.13元。

律师评析：

农民工外出务工，在建筑工地施工过程中发生的人身损害事故在目前比较普遍，因一般都不与建筑单位签订劳动合同、缺乏社会保险保障、法律意识淡薄等状况，事故发生后经常会遇到索赔难、举证难的问题。通过本案的办理，代理律师总结出以下建议供参考：

第一，建筑施工属于高危行业，农民工外出务工时一定要注意人身安全。施工前，雇主或农民工应考虑投保一份或多份意外伤害保险，以防万一。

第二，在发生人身或财产损害事故时，第一时间打电话报警，由公安机关查明案件事实。这样有利于区分事故的责任、性质，同时也有利于固定证据，为以后可能发生的诉讼纠纷做好准备。

第三，对于缺乏证据、索赔难的人身意外伤害纠纷，不宜采取激进、极端的维权措施，可以考虑通过新闻媒体等曝光的方式搜集、固定证据，给赔偿方施以压力，争取获得适当的赔偿。

第四，对于一些较为严重的损伤事故，不同的赔偿标准对最终可获得赔偿数额的影响很大，因而有必要向律师事务所进行咨询或委托代理，以更好地维护自己的合法权益。

同时，从本案中也可以看出，建筑发包方和承包商也应当注意如下法律问题：

第一，工程发包或分包过程中，一定要将工程发包或分包给具有相应建筑资质的承包主体，否则一旦发生此类事故，后续可能会承担较大的连带赔偿责任。

第二，对于雇佣的农民工等工作人员，在其入场施工前应当为其投保一定的意外伤害保险，必要时考虑为其投保社会保险，这样既有利于维护工作人员的合法权益，也可适当降低事故发生后自身的赔偿责任。

第三，工程施工过程中应当做好安全防护措施，加强施工人员以及其他项目工作人员的安全教育，尽量降低或避免事故的发生。

承办律师：徐兵伍
撰稿人：徐兵伍

崔某某诉谢某某雇员受害赔偿纠纷案

关键词： 民事　人身损害赔偿　合同关系　雇佣关系　劳务关系　承揽合同关系

裁判要点或律师观点、案例核心价值： 本案代理的关键是准确把握和认定双方之间存在的法律关系及其法律适用，以确定风险及责任承担的民事主体。承揽关系与雇佣关系最主要的区别在于承揽关系的双方是平等关系，不具有隶属性，在承揽合同中，用工方式、用工程度、操作规程和劳动过程全由承揽人自行确定，定做人接受承揽人物化的劳动成果，此成果是定做人付酬的直接对象。

相关法条：《中华人民共和国民事诉讼法》第六十四条，《中华人民共和国合同法》第二百五十一条，《最高人民法院关于审理人身损害赔偿案件若干问题的解释》第九条、第十条

基本案情：

一审：

崔某某诉称：原告受雇于被告为其装卸货物。2011 年 5 月 5 日中午 12：30 左右原告接到被告电话要求去被告的仓库装车，一起随行的还有另外 5 个工友。在货物装卸过程中原告受伤并住院治疗。事故发生后原、被告就赔偿问题未能协商一致。为此起诉要求被告支付医疗费用 30000 元。在诉讼过程中，原告将诉讼请求变更为 137000 元。

被告谢某某辩称：原告所称其受雇于被告不是事实。原、被告之间不存在雇佣关系。原告系流动于淄川建材城的众多劳务工之一，每天自主为不特定的商铺提供劳务活动。原告是否在被告处受伤被告不清楚，原告也未提供证据证实。即使是在被告处受伤，被告也无法定的赔偿义务。

法院经审理查明的事实：原告在淄川建材城从事装卸工作，被告从事瓷砖经营。2011 年 5 月 5 日，原告接到被告电话，原告及另外 5 人去被告的仓库装车。在货物的装卸过程中，原告受伤导致右侧根骨粉碎性骨折。原告于 2011 年 5 月 6 日至 5 月 11 日在淄博市中心医院住院治疗，共支出医疗费 20749.60 元。2012 年 4 月 11 日，原告伤情经

鉴定为九级伤残，支出鉴定费用 1000 元。另查明，原、被告之间没有劳动合同，没有固定工资。每次装卸货物时，被告打电话通知原告，原告带几个人、带谁去装卸货物由原告自己决定，被告按照装卸货物的多少支付原告报酬，一般都是当天结算。原告除了给被告装卸货物外，也给其他客户装卸货物，同样是按照货物的多少获得报酬。

二审：

一审判决后，原告不服，以一审法院认定双方为合同关系但没有确定何种合同关系，双方之间存在雇佣关系，一审法院认定事实不清、适用法律错误为由，向淄博市中级人民法院提起上诉，并申请两位证人出庭作证、提交新证据电话录音一份。

办案过程与思路：

本案是由担任淄博泉州商会法律顾问的合伙人刘胜远律师交办并由笔者主办的一起真实案例。

据来访商会领导与客户讲，很多泉州老乡在淄川建材城租赁店铺从事瓷砖销售业务，且基本上都采用从市场上流动的民工中找人装卸货物的用工方式。该案胜负将会起到以点带面作用并直接影响到他们的整体利益，对律师寄予厚望并务求必胜。

从原告的起诉状可以看出，对方是主张双方之间存在雇佣关系，并且是在从事雇佣活动中造成了自身损害要求被告承担赔偿责任。笔者认为，本案双方法律关系的定性直接影响到法院最终的裁判结果。

接手该案后，笔者围绕对方主张的雇佣关系问题，利用互联网进行了大量的检索工作，并获取了包括《劳务关系、雇佣关系、劳动关系之辨析与建构》等在内的大量关于雇佣关系方面的学术文章，逐渐对雇佣关系有了更明晰的认识，确定了初步的办案思路。为慎重起见，笔者围绕本案法律关系定性又与淄博分所同事进行了更加深入的案件研讨。

在研讨过程中，有以下几种不同观点：有人认为双方构成雇佣关系应承担赔偿责任，也有人认为现行法律法规对雇佣关系的解释和规定不明确，而且根据最高人民法院民事证据规则精神，是否构成雇佣关系要由用人单位举证，法院有可能最终认定雇佣关系成立并判被告赔偿。笔者结合本案案情及自己多年办案经验，通过对搜集的学术论文、现行法律规定等材料的综合分析，认为该案中的原告系流动于建材市场的没有特定雇主的众多劳务工之一，每天在市场上自主承揽装卸劳务并为不特定的商铺服务，服务结束即行报酬结算走人，可自主再为其他商铺提供类似服务，其与被告之间仅是基于《合同法》调整的纯粹经济合同即承揽合同关系，而非具有人身依附关系并受用人单位管理、服从用人单位安排并遵守其规章制度的雇佣关系。根据《最高人民法院关于审理人身损害赔偿案件适用法律若干问题的解释》第十条的规定，被告作为定做人，不应对原告作为承揽人在从事劳务服务时的自身伤害承担赔偿责任。

确定代理思路后，笔者认真梳理归纳，并代客户撰写了答辩状，于庭前提交法庭，主动与承办法官进行了电话沟通，为案件审理做好了充分的准备。

裁判结果：

一审：淄博市淄川区人民法院于 2012 年 6 月 11 日做出〔2012〕川民初字第 1355 号民事判决：驳回原告崔某某的诉讼请求。

二审：淄博市中级人民法院于 2012 年 8 月 20 日做出〔2012〕淄民三终字第 358 号民事判决：驳回上诉，维持原判。

裁判理由：

一审法院经审理认为：原告以自己的体力劳动获得报酬，被告以不特定的提供劳务人为给付对象，按照货物数量支付报酬。当被告有货物需要装卸时，被告打电话找原告装卸货物，双方即以默认的方式建立了一种合同关系。这种习惯仅是双方合同成立的一种便利条件，并不是雇佣关系的形成。在这一合同中，原、被告双方仅就临时装卸货物达成协议，至于原告及其他人如何分工装卸货物均由自己确定，被告仅按货物数量一次性支付报酬。原告提供劳务的行为不受被告意志的左右，无须服从被告的监督管理，原、被告双方没有形成人身依附关系，货物装卸完毕并给付报酬后双方合同关系即告终结。因此，原、被告之间并非雇佣关系，原告要求被告作为雇主赔偿医疗费等共计137000 元，本院不予支持。根据《中华人民共和国民事诉讼法》第六十四条之规定，判决驳回原告崔某某的诉讼请求。

二审法院经审理认为：上诉人崔某某二审提供的证人证言能够证明两位证人和崔某某在建材城专门从事装卸货物的工作，有商铺需要装卸货物时，商铺就与崔某某电话联系，崔某某根据货物数量安排装卸工一起去装卸货物。货物装卸完毕，商铺给崔某某支付装卸货物的报酬，崔某某再发给装卸工报酬这一基本事实，但不能证明装卸工装卸货物时直接接受商铺的监督管理。《中华人民共和国合同法》第二百五十一条规定，承揽合同是承揽人按照定做人的要求完成工作，交付工作成果，定做人给付报酬的合同。本案被上诉人谢某某将其装卸货物的工作以协商价格交由崔某某完成，双方虽然没有书面协议，但口头协议系双方当事人的真实意思，合法有效。崔某某组织哪些装卸工装卸、如何组织装卸，被上诉人谢某某不具有控制、支配和指挥的权利，完全由崔某某自主决定，崔某某的主要义务就是以其技能在约定的时间内完成装卸工作交付装卸结果，被上诉人谢某某支付报酬，二者之间构成承揽合同关系。……崔某某在承揽的装卸工作中受伤，与谢某某之间不存在雇佣关系。根据《最高人民法院关于审理人身损害赔偿案件若干问题的解释》第十条之规定，承揽人在完成工作过程中造成自身损害的，定做人不承担赔偿责任。本案中，谢某某作为定做人，不对承揽人崔某某的自身伤害承担赔偿责任。上诉人崔某某认为双方存在雇佣关系的上诉理由无事实和法律依据，本院不予支持。原审判决认定事实清楚，适用法律准确，审判程序合法，本院依法予以维持。据此，依照《中华人民共和国民事诉讼法》第一百五十二条、第一百五十三条第一款第（一）项、第一百五十八条之规定，判决驳回上诉，维持原判。

律师评析：

在法庭调查阶段，承办法官主要围绕双方之间存在何种法律关系进行了调查。笔者向法庭提交了原告与被告之间仅是基于《中华人民共和国合同法》发生的平等民事主体间的承揽合同关系，而非具有人身依附性质的雇佣关系，原告在提供劳务过程中造成自身伤害应风险自担，应依法驳回原告的诉讼请求的代理意见。

在代理意见中，笔者对关于雇佣关系、劳务关系、承揽关系在法律上的认定，做了如下陈述和剖析：

雇佣关系是指受雇用人在一定或不特定的期间内，接受雇用人的指挥与安排，为其提供特定或不特定的劳务，雇用人接受受雇人提供的劳务并依约给付报酬的权利义务关系。

劳务关系是指两个或两个以上的平等主体之间根据口头或书面约定，由劳动者向用工者提供一般性或特定的劳动服务，用工者依约支付报酬的一种有偿服务的法律关系。

承揽关系是当事人约定一方为他方完成一定工作并向他方交付工作成果，他方接受工作成果并给付一定报酬的关系，是一种典型的劳务关系。

承揽关系与雇佣关系、劳务关系最主要的区别在于承揽关系的双方是平等关系，不具有隶属性，在承揽合同中，用工方式、用工程度、操作规程和劳动过程全由承揽人自行确定，定做人接受承揽人物化的劳动成果，此成果是定做人付酬的直接对象。

具体来讲，雇佣关系与承揽关系的主要区别如下：

承揽合同是当事人约定一方为他方完成一定的工作成果，他方待工作成果交付后给付报酬的合同。承揽关系是基于承揽合同的履行在定做人与承揽人之间产生的法律关系。

第一，主体地位不同。雇佣关系中雇主与雇员之间存在着一定的人身依附关系。雇主可以对雇员实行管理和监督，可以制定一系列的规则和制度来约束雇员。雇主可以随时对工作进行修正，雇员工作过程中必须听从雇主的指挥与安排，其提供劳务的时间和方式往往不能由自己决定。雇员的劳动系一种"从属性劳动"。而承揽关系中，定做人与承揽人地位平等，承揽人在完成工作中具有独立性，如何完成工作，由承揽人自己决定，不受定作人的监督。承揽人一般以自己的设备、技术和劳力完成工作，他有权根据自己的经验、知识和技能选择他认为完成工作的最好方法，承揽人的劳动系一种"独立劳动"。

第二，目的不同。雇佣关系中，雇佣合同以直接提供劳务为目的，合同标的是提供劳务，劳务是指不以实物形式而以提供活动的形式满足他人某种需要的活动。故无须要求劳务是否产生了雇主可期望的结果，雇员只要提供了劳务就有权获得报酬。而在承揽关系中，承揽合同以完成工作成果为目的，提供劳务仅仅是完成工作成果的手段。承揽人一般对工作成果具有瑕疵担保义务，工作成果质量的高低，将会影响到承揽人能否依约获得报酬。可见，雇佣关系偏重于劳动者出卖劳动力的行为，承揽关系则偏重于完成的劳动成果。

第三，债务不履行的判断标准不同。雇佣关系中，不涉及工作成果的交付，侧重于提供的劳务是否合格，雇员未按雇主要求提供劳务即构成违约。而承揽关系中，承揽合同属于交付成果型合同，没有交付成果或交付的成果不符合约定即为违约。

第四，劳务专属性程度不同。雇佣关系中，未经同意，雇员不能将自己应付的劳动义务转移给他人承担，必须亲自履行。而承揽关系中，承揽人只要能完成一定工作成果即可，并不一定要由承揽人自己提供劳务，可以将承揽的部分工作交给第三人来完成。

第五，风险承担者不同。雇佣关系中，合同履行过程中发生的危险、意外事故或损失，一般是由接受劳务的雇主承担。而承揽关系中，合同履行过程中发生的风险则是由完成工作的承揽人承担，除非损失是由定作人的指示过失等原因造成的。

笔者认为，原、被告之间完全是一种平等民事主体之间根据口头协议，由原告向被告提供临时性的、维系时间较短的劳务服务，原告只需依约支付劳务报酬的有偿服务法律关系。双方之间只存在纯粹的经济合同关系。原告自主管理、自由支配劳动力，被告仅享有劳动成果而不对原告进行管理与控制，原告也只是按照约定获得相应的劳务报酬。在这种基于《合同法》调整的平等主体之间的劳务关系中，被告无须承担原告的劳务风险，原告也只能自行承担劳务风险。

双方之间的关系，根本不符合雇佣关系所必须具有的法律特征：在雇佣关系中，雇员与雇主之间是一种不平等民事主体之间的法律关系，双方建立的劳务关系是比较稳定、比较紧密和维系时间相对较长的服务关系；雇员必须固定的为雇主提供劳务服务，而且可以获得除工资之外的社会保险、奖金、劳保、福利等待遇，而且雇员还必须服从雇主的管理与安排，遵守雇主的规章制度，双方之间存在非常明确和清晰的人身依附关系；而且雇员在受伤害时，雇主必须为雇员从事雇佣活动中受到的伤害承担雇主责任风险。

在法律适用法方面，笔者认为根据《最高人民法院关于审理人身损害赔偿案件适用法律若干问题的解释》第十条的规定，在定做人对定作、指示或者选任没有过失的，承揽人在完成工作过程中对第三人造成损害或者造成自身损害的，定做人不承担赔偿责任。法院应在依法查明双方的法律关系并非原告主张的雇佣关系后，根据《民事诉讼法》第六十四条的规定，应依法驳回原告的诉讼请求。

笔者在二审中，基本坚持了一审的代理意见并建议二审法院将双方的法律关系予以明确。

一审、二审法院在认定事实、适用法律、裁判理由方面，基本全部采纳了笔者的代理意见。

劳务关系、雇佣关系和劳动关系在司法实践中是经常容易混淆、法律规定不明确并难以区别判断的三种法律关系。本案的代理思路和法院的判决无疑为以后代理和审判类似案件提供了参考依据。

承办律师：刘永顺

撰稿人：刘永顺

山东华狮啤酒有限公司
诉青岛啤酒股份有限公司不正当竞争案

关键词： 知识产权　反不正当竞争　排他性协议

案件核心价值： 具有竞争关系的市场主体应当遵循自愿、平等、公平、诚实信用的原则参与交易行为，保持市场主体行为的正当性，遵循和维护自愿、公平、诚实信用的市场原则以及普遍公认的商业道德，禁止经营者通过不正当手段争取比其他诚实正当的经营者更多的交易机会；经营者采用财物或者其他手段贿赂经销商以明示禁止或限制其他商品的市场份额，构成不正当竞争，给被侵害的经营者造成损害的，应当承担损害赔偿责任。

相关法条：《中华人民共和国反不正当竞争法》第二条、第八条、第二十条

基本案情：

原告山东华狮啤酒有限公司（以下简称华狮公司），住所地和生产地均在山东省淄博市，该公司主要产品"绿兰莎"啤酒系山东省著名商标、山东名牌，尤其在淄博市场销售成绩突出，赢得消费者的依赖和喜爱。原告诉称：自 2007 年 6 月底开始，被告青岛啤酒股份有限公司下属淄博办事处采取大规模针对绿兰莎啤酒的不正当竞争行为，恣意采取所谓"除莎行动"，通过向下游经销商进行商业贿赂，并与之签订排他性专卖协议，对华狮公司所属的"绿兰莎"啤酒恶意诋毁。被告青岛啤酒股份有限公司与淄博市辖区的 400 多家酒店签订《青岛啤酒合作协议》《青岛啤酒淄博地区会员店协议》，以高额利益诱惑经销商，协议中明确约定了"不允许销售绿兰莎啤酒"等恶意条款。仅 2007 年 6 月底至 9 月初不到 3 个月的时间里，被告青岛啤酒股份有限公司通过前述不正当竞争手段抢占了 500 多家规模较大的酒店，直接参与不正当竞争的经销商多达 60 家以上，导致绿兰莎啤酒的销量严重下滑，给原告公司造成了直接且严重的经济损失。同时，原告提交淄博市工商行政管理局的淄工商消处字〔2007〕第 14 号《行政处罚决定书》、淄博市中级人民法院〔2008〕淄行初字第 4 号行政判决书，证明被告的行为已

经构成侵权。为维持原告的合法权益和正常的市场竞争秩序，根据《反不正当竞争法》规定，被告青岛啤酒股份有限公司已构成不正当竞争行为，请求法院依法判令被告立即停止不正当竞争行为，并赔偿原告经济损失490万元，诉讼费用由被告承担。

被告青岛啤酒股份有限公司，在淄博市设立青岛营销分公司淄博地区办事处，负责淄博地区青岛啤酒、崂山啤酒的市场营销工作。被告辩称：（1）《青岛啤酒合作协议》《青岛啤酒淄博地区会员店协议》不能证明原告的诉讼请求和主张，协议从形式上尚未成立，合同内容给付为支付终端酒店的宣传费用，并非无偿赠送，是一种合理的经营行为，而非商业贿赂；根据合同的约定，给付的主体是个别中间商，也并非是由被告给付，并不能证明被告实施过商业贿赂行为；（2）青岛啤酒股份有限公司青岛营销分公司淄博地区办事处通讯录、合同履行情况反馈表和监控表等证据均真实性存疑，其内容并没有反映任何的商业贿赂或排除原告产品的内容存在；（3）行政处罚书尚未生效，其处罚决定书所认定的不正当竞争行为并未被生效的法律文书所认定；且，淄行初字第4号判决书并不能证明原告是否受到经济损失，以及经济损失的具体数额，根据证据规则的有关规定，不能依据该判决书认定被告实施商业贿赂；（4）原告提交的销售汇总表及促销计划均真实性存疑。

原告山东华狮啤酒有限公司与被告青岛啤酒股份有限公司反不正当竞争纠纷一案，由山东省淄博市中级人民法院受理，依法组成合议庭，公开开庭审理。原告山东华狮啤酒有限公司的委托代理人秦鹏、韩奇峰，被告青岛啤酒股份有限公司的委托代理人纪斌、王锦到庭参加了诉讼。

法院经审理查明的事实：

1. 青岛啤酒股份有限公司青岛营销分公司淄博地区办事处（或称淄博售后服务站）系青岛啤酒股份有限公司青岛营销分公司下属的办事机构，其工作人员及业务员隶属青岛啤酒股份有限公司青岛营销分公司。自2007年上半年开始，青岛啤酒股份有限公司青岛营销分公司淄博地区办事处开始以青岛啤酒股份有限公司青岛营销分公司的名义与部分中间商及经营业户（酒店、宾馆、超市等）签订《青岛啤酒合作协议》，以"青岛啤酒淄博地区"的名义直接与多家经营客户签订《青岛啤酒淄博地区会员店协议》，其中《青岛啤酒合作协议》计有183份，《青岛啤酒淄博地区会员店协议》288份，上述两种协议中均含有经营客户拒绝或限制销售其他品牌啤酒均可获得一定数量的附赠青岛啤酒或崂山啤酒（财物）的内容，其中部分协议约定经营客户清除原告生产的"绿兰莎"啤酒等明确禁止销售"绿兰莎"啤酒的条款。且，两种协议均已履行。

2. 2007年8月，淄博市工商行政管理局接举报立案，对青岛啤酒股份有限公司青岛营销分公司涉嫌在淄博地区违法经营进行查处。经淄博市工商行政管理局调查后认定，青岛啤酒股份有限公司青岛营销分公司在淄博地区市场销售青岛啤酒、崂山啤酒的过程中，通过签订和履行《青岛啤酒合作协议》和《青岛啤酒淄博地区会员店协议》的方式给供销商一定数量的附赠物品，以商品贿赂手段排挤竞争对手，构成商业贿赂行为，遂于2007年10月23日做出淄工商消处字〔2007〕第14号《行政处罚决定书》，对青岛啤酒股份有限公司青岛营销分公司处以18万元的行政处罚。青岛啤酒股份有限公司青岛营销分公司对该处罚决定不服，向淄博市人民政府提出复议，淄博市人民政府于2008年3月11日做出复议决定，维持了淄博市工商行政管理局的处罚决定，青岛啤酒股份有限公司青岛营销分公司仍不服，遂向淄博市中级人民法院提起行政诉讼。淄博市中级人民法院于2008年7月1日做出〔2008〕淄行初字第4号行政判决：维持淄博市工商行政管理局于2007年10月23日做出的淄工商消处字〔2007〕第14号《行政处罚决定书》。对该行政判决，双方当事人均未提出上诉，该判决已发生法律效力。

3. 青岛啤酒股份有限公司青岛营销分公司是经工商部门依法登记的青岛啤酒股份有限公司的企业分支结构，无法人资格。以上事实由《青岛啤酒合作协议》和《青岛啤酒淄博地区会员店协议》、淄工商消处字〔2007〕第14号《行政处罚决定书》、〔2008〕淄行初字第4号行政判决书以及双方当事人在庭审中的陈述为证，足以认定。

裁判结果：

山东省淄博市中级人民法院于2008年10月12日做出〔2007〕淄民三初字第66号民事判决：一、青岛啤酒股份有限公司停止与经销客户签订约定其经销客户禁止或限制销售原告产品"绿兰莎"啤酒或其他品牌啤酒的协议，并停止实施原已签订的相同或类似协议；二、青岛啤酒股份有限公司赔偿山东华狮啤酒有限公司经济损失235.5万元，于本判决生效后10日内付清；三、驳回山东华狮啤酒有限公司的其他诉讼请求。案件受理费4.6万元，由山东华狮啤酒有限公司负担1.6万元，由青岛啤酒股份有限公司负担3万元。

裁判理由：

《中华人民共和国反不正当竞争法》第八条第一款明确规定：经营者不得采用财物或者其他手段进行贿赂以销售或者购买商品。在账外暗中给予对方单位或者个人回扣的，以行贿论处；对方单位或者个人在账外暗中收受回扣的，以受贿论处。国家工商行政管理局《关于禁止商业贿赂行为的暂行规定》第八条规定："经营者在商品交易中不得向对方单位或者其个人附赠现金或者物品。但按照商业惯例赠送小额广告礼品的除外。违反前款规定的，视为商业贿赂行为。"被告青岛啤酒股份有限公司的分支机构青岛营销分公司在淄博地区市场销售青岛啤酒、崂山啤酒的过程中，通过签订《青岛啤酒合作协议》和《青岛啤酒淄博地区会员店协议》中明确约定，相关经销客户如酒店、烧烤店、快餐店等如果只销售其指定的产品或者限制销售其他企业的产品，将得到一定数量的附赠商品，并且该宗协议均已实施。因此，青岛啤酒股份有限公司青岛营销分公司显属法律法规规定的不正当竞争行为中的商业贿赂行为。且，青岛啤酒股份有限公司青岛营销分公司的行为业已被生效的行政处罚决定书认定为商业贿赂行为。青岛啤酒股份有限公司青岛营销分公司对法院做出的相关行政判决书也未提出上诉。因此，被告关于其行为不构成不正当竞争的辩解理由，法院不予支持。

《中华人民共和国反不正当竞争法》第二条明确规定："经营者在市场交易中，应当遵循自愿、平等、公平、诚实信用的原则，遵守公认的商业道德。"反不正当竞争法的立法宗旨在于保护具体的经营者的经营行为，维护和规范整个市场的竞争秩序，确保市场主体行为的正当性，建立和维护一种自愿、公平、诚实信用和遵守公认的商业道德的竞争秩序，做到既维护具有直接竞争关系的经营者之间的正当竞争，也维护包括相关市场在内的整个市场的竞争秩序，即禁止经营者通过不正当手段争取比其他诚实正当的经营者更多的交易机会。原告山东华狮啤酒有限公司与被告青岛啤酒股份有限公司均为生产销售啤酒的企业，双方之间存在竞争关系。青岛啤酒股份有限公司青岛营销分公司在淄博地区实施商业贿赂行为，通过变相给予有关经销啤酒的客户财物的形式来获得商业机会，实现独占交易，取得了优于其他经营者包括原告山东华狮啤酒有限公司的竞争地位，特别是在与经销客户签订的相关协议中明示要求其经销商禁止或限制销售其他啤酒甚至明示禁止或限制销售原告产品"绿兰莎"啤酒，违反了基本的商业道德，剥夺了其他经营者特别是原告山东华狮啤酒有限公司公平竞争的权利。原告山东华狮啤酒有限公司住所地和生产地均在淄博市，淄博地区也是其主要销售区域。因此，青岛啤酒股份有限公司青岛营销分公司无论在其协议中是明示拒绝或限制销售其他啤酒，还是拒绝或限制销售原告产品"绿兰莎"啤酒，均排挤了原告山东华狮啤酒有限公司和有关经销商的交易机会，限制了原告山东华狮啤酒有限公司参与公平、自由竞争，势必造成原告销售市场的减少，损害了原告的合法权益，依法应当停止其不正当竞争行为，给予原告赔偿。因青岛啤酒股份有限公司青岛营销分公司是经工商部门依法登记的青岛啤酒股份有限公司的企业分支机构，并无法人资格，不能独立承担民事责任，因此，其民事责任应当由被告青岛啤酒股份有限公司承担。

根据《中华人民共和国反不正当竞争法》第二十条的规定："经营者违反本法规定，给被侵害的经营者造成损害的，应当承担损害赔偿责任，被侵害的经营者的损失难以计算的，赔偿额为侵权期间因侵权所获得的利润；并应当承担被侵害的经营者因调查该经营者侵害合法权益的不正当竞争行为所支付的合理费用。"原告提供的其损失计算依据，属于原告单方测算的数据，被告不予认可，原告的计算依据也不足以证明其损失数额；同时，原、被告双方也未提供证据证明被告侵权期间因侵权所获得的利润。因此，在侵权人因侵权所获得的利益和权利人所受损失均难以确定的情况下，应当根据侵权情节合理确定赔偿数额。本院认为，被告与471家经销客户签订的协议中明确约定其经销客户禁止或限制销售其他啤酒甚至是禁止或限制销售原告产品"绿兰莎"啤酒，这471家经销客户均是原告的客户或潜在客户，因此，被告的行为可视为实施了471次独立的侵害原告利益的不正当竞争行为，结合被告实施不正当行为的性质、实施时间、范围，原告可能受到的损失以及原告调查报告的不正当竞争行为所必然产生的合理费用等因素，法院酌定被告每与一家经销客户签订并实施相关排他协议，即实施一次独立的侵害原告利益的不正当竞争行为，按5000元计算原告的经济损失，总计被告赔偿原告经济损失235.5万元。

律师感想：

1. 法院认定证据规则合理，充分尊重当事人诉权。适用法律正确，裁判理由具有说服力，将说理释法过程融入判决之中。就请求权基础的法律方法角度而言，法官对案件的裁判过程就是运用证据规则认定具体的案件事实，再将案件事实置于法律规范的构成要件之下，以获得一定裁判结论的逻辑思维过程。

2. 本案裁判理由部分，始终围绕原、被告双方多个争议焦点，逐一从法律、事实、证据阐述法律采纳或不采纳的理由，深入浅出地将法理全面公开展示在判决之中。对当事人提出的争议焦点问题逐一根据案件事实和法律规定做出回应，让普通大众能够比较清晰地看到法官如何理性地采纳或摒弃当事人提供的证据，感受到法律如何理性地运用到具体案件之中。有理有据的确定案件的性质、是非责任，以严谨缜密的逻辑实现事实与理由一致，理由与结果呼应，把说理释法过程公开展现在判决之中。

3. 本案双方当事人，均为具有一定影响力的著名企业，甚至具有一定的国际影响力，本案的判决对于今后律师从事反不正当竞争案件代理具有一定的借鉴参考价值。

承办律师：秦　鹏

撰稿人：秦　鹏

花甲老人领取低保过生活
代理人助其获得二十年退休工资

关键词： 劳动　低保　诉讼时效

相关法律： 《中华人民共和国劳动合同法》第七条、第七十二条、第七十三条，《国务院关于工人退休、退职的暂行办法》第二条

基本案情：

1970年10月，年仅三十岁的王某立志革命事业，义无反顾地投身到工作中去。根据组织安排，王某进入济宁市衡器厂（以下简称衡器厂）工作。在衡器厂工作持续十几年后，由于一次事故，王某负伤无法继续工作，于1984年11月从衡器厂办理了内退。之后一直到1994年10月，衡器厂每月都为王某发放内退工资。期间，王某及家人多次找厂领导，要求为王某办理退休手续，但衡器厂一直到改制为员工缴纳社会保险既未为王某办理退休手续，也没有为其缴纳养老保险。1994年11月衡器厂改制后，王某按月领取的内退工资也停发了，这对本身就工伤负身的王某无疑是雪上加霜。厂领导金某可怜王某生活困难，为王某申请了低保，并由金某以衡器厂的名义为王某开具家庭困难证明来领取低保以维持日常生活。一直到本案王某提起劳动仲裁从未间断。如今衡器厂已经被济宁某商贸公司（以下简称某商贸公司）兼并，但某商贸公司却矢口否认这一事实，也不按照国家规定支付王某退休工资，以至于年逾古稀的王某晚年生活困难。

某商贸公司辩称，一、王某的诉讼请求已超过诉讼时效，其主张应予驳回。二、王某主张的退休工资实质是退休金，根据相关司法解释，不属于法院受理范围。三、工资的发放以提供劳务为前提，原、被告不存在劳动关系，王某无权要求被告为其支付任何费用。四、根据2011年济宁市市中区政府文件，王某建立社保个人账户所补缴的费用由其个人承担。综上，应驳回王某的诉讼请求。

承办过程：

为维护自身的合法权益，王某及其家属踏上了维权之路。他们曾多次找衡器厂领导交涉，厂领导拒不理睬，且态度蛮横。无奈，王某及其家属多次赴省、市、县有关部门信访。2014年5月28日，山东康桥（济宁）代理人事务所代理人赵恩彬接到王某女儿的电话来访，赵恩彬律师听罢，引导他们通过法律援助途径依法理性、客观、冷静地表达诉求。2014年6月6日，济宁市法律援助中心受理并批准了王某的法律援助申请，指派赵恩彬律师承办此案。2014年9月23日，赵恩彬、李旭两位代理人在办公室接待了王某的家人，因王某年迈由其女儿代办此事。

两位代理人在对王某的情况简要讨论、分析后，认为本案的关键点：一是王某的年龄超过了仲裁的受案范围，此案势必会进行诉讼，但主张退休工资及养老保险未超过诉讼时效的举证责任在王某；二是在诉讼时效未过的前提下，支付王某退休工资及养老保险的依据何在，如何计算具体数额；三是支付的时限是多长。

为此，赵律师按照分析的脉络，要求王某及其家人提供手中掌握的关于诉讼时效的线索，并要求王某提供其1994年之前的领取内退工资的证明，以及领取低保的证明。

庭审中，某商贸公司作为被告要求申请证人出庭作证并一再强调，一、王某的诉讼请求已经超过诉讼时效，其主张应予驳回。二、王某主张的退休工资实质是退休金，根据相关司法解释，不属于法院的受理范围。三、工资的发放以提供劳务为前提，王某未为某商贸公司提供劳动，故不存在劳动关系，王某无权要求某商贸公司为其支付任何费用。四、根据2011年济宁市市中区政府文件，王某建立社保个人账户所缴纳的费用由其个人承担。综上，应驳回王某的诉讼请求。

庭审中，代理人逐一对其答辩予以反驳。并指出，本案作为劳动争议案件属于法院的受案范围。而王某庭前提交的退休工资证及领取低保的贫困证明足以证实，王某为衡器厂员工。根据《劳动部关于实行劳动合同制度若干问题的通知》（劳部发〔1996〕354号）第十二条规定，"已办理厂内离岗休养或退养手续的原固定工，用人单位应当与其签订劳动合同，明确权利义务关系"，而根据《劳动部办公厅关于对（劳部发〔1996〕354号）文件有关问题解释的通知》第一条规定，"《通知》第十二条'已办理厂内离岗休养或退养手续的原固定工'是指已经办理厂内离岗退养手续的原固定工"。根据《最高人民法院关于审理企业改制相关民事纠纷案件若干问题的规定》第三十一条规定，"企业吸收合并后，被兼并方的债务应当由兼并方承担"。同时，根据某商贸公司提供的证人金某的证言，代理人李律师反驳认为，因为王某领取低保开具的证明每个季度需要开具一次，这样王某每年都会找金某四次，因为低保的数额较养老保险太低，因此足以推断出王某在找金某开具证明的时候要求办理退休手续及养老保险事宜，从而说明王某的主张没有过诉讼时效。

在法庭调查阶段，王某向法庭提交了如下证据：

1. 工人退休证。这份退休证证明了王某与衡器厂存在劳动关系的开始时间为1970年，一直到1984年由于工作原因，王某身体曾遭受创伤，于1984年申请离岗休养，而这份退休证也显示，直到1984年衡器厂才批准王某离岗休养，并为其办理了正式的退休手续。但退休证记载王某的退休金领取到1994年12月，此后衡器厂再也没有为王某发放退休金。

2. 济宁衡器厂证明。这份证明显示从1994年12月之后，衡器厂再也没有为王某发放过退休金，其中原因是衡器厂经营状况不善，近乎倒闭。而这份证明最主要的内容则是当时的衡器厂厂长为照顾老职工，给低保发放部门开具的领取低保的证明，用以照顾退休后的为衡器厂做出贡献的老职工。这份证明一个季度开具一次，从1995年第一季度直到2013年第四季度，每年开具四份，分别记载着相应的日期、内容及相应单位和负责人的签章。这份证据与某商贸公司申请的证人（原衡器厂厂长）出庭作证的证言不谋而合，这恰恰说明了王某的诉讼请求未过诉讼时效。

3. 济区政字〔2013〕18号文件。这份文件记载了当时的区政府同意性质为集体企业的衡器厂进行改制，并由某商贸公司进行接收这一事实。其中记载的时间及内容也证实王某所诉的某商贸公司具有诉讼主体资格。

4. 不予受理通知书。这份证据证明王某曾经向劳动争议仲裁委员会提交相应的劳动仲裁申请，但劳动仲裁认为此案当事人王某因年龄已经超过60岁的法定退休年龄，该案不属于劳动仲裁的受案范围，故不予受理此案。

某商贸公司为证明自己的主张提交了如下证据：

1. 证人金某某出庭的证言。某商贸公司希望该证人证明王某系因身体原因申请的提前退休人员，但证人当庭也表示认可每个季度为王某开具相应的贫困证明，用以领取相应的低保费。而证人也明确表示其证言皆属事实，对于证人的证言，王某认为与事实符合，并对其证言认可。这与王某提交的证据正好印证了王某主张的事实。

2. 衡器厂在职人员及退休人员名单。某商贸公司希望通过此份证据证实衡器厂从未有过王某这个人，退休人员名单中也确实没有这个人。但王某及两位代理人对此并不认可。因为1994年衡器厂改制时就没有向当时的收购方提供王某的信息，这属于衡器厂的工作疏忽，但衡器厂作为用人单位工作失误导致了王某近二十年无法领取到相应的工作待遇，以致晚年生活贫困，对此，衡器厂有着不可推卸的责任，相应的后果应该由承继衡器厂权利义务的某商贸公司承担。

庭后两位代理人将庭审发表的代理意见，整理后向法庭提交书面代理词，详细论述了自己的观点：

1. 王某自 1970 年 10 月至今与被告存在劳动关系。王某自 1970 年 10 月参加工作以来，便一直在衡器厂（由被告于 2013 年兼并）工作。王某由于个人身体不好于 1984 年申请离岗休养，直到 1986 年衡器厂方才为王某办理了正式的内退手续。由于衡器厂由街道企业向集体企业转体过程中遗漏了王某，以致王某在 1994 年以后便无法享受退休等社保待遇。根据劳动部《关于实行劳动合同制度若干问题的通知》（劳部发〔1996〕354 号）第十二条规定，"已办理厂内离岗休养或退养手续的原固定工，用人单位应当与其签订劳动合同，明确权利义务关系，其离岗休养或退养的有关文件作为劳动合同的附件"，而根据《劳动部办公厅关于对（劳部发〔1996〕354 号）文件有关问题解释的通知》第一条规定，"《通知》第十二条'已办理厂内离岗休养或退养手续的原固定工'是指'已经办理厂内离岗休养手续或厂内离岗退养手续的原固定工'"，因此，我们认为王某一直与衡器厂存在劳动关系。

为此，王某多次找衡器厂厂长金某某商量退休工资及养老保险等事宜。为了照顾生活困难的王某某，厂长金某某每一个季度便开具一次贫困证明，以此来证明王某为衡器厂员工，一直到 2014 年 1 月 15 日（最后一次开具的证明），从未间断。

衡器厂在 2013 年 6 月 6 日便被济宁德莫特尔商贸有限公司（本案被告）兼并，根据《最高人民法院关于审理与企业改制相关的民事纠纷案件若干问题的规定》第三十一条规定，"企业吸收合并后，被兼并企业的债务应当由兼并方承担"，因此，我们认为王某自 1970 年 10 月至今与被告存在劳动关系。

2. 被告应赔偿王某退休费及养老保险金损失。

对于因衡器厂怠于履行其为劳动者缴纳社会保险的义务导致王某无法享受达到法定退休年龄应该享有的社保待遇而发生的纠纷，我们认为理应由被告承担相应的义务。根据《最高人民法院关于审理劳动争议案件适用法律若干问题的解释（三）》第一条规定，"劳动者以用人单位未为其办理社会保险手续，且社会保险经办机构不能补办导致其无法享受社会保险待遇为由，要求用人单位赔偿损失而发生争议的，人民法院应予受理"及《国务院关于工人退休、退职的暂行办法》第二条规定，我们认为被告应赔偿王某退休费及养老保险金损失 132720 元。

代理人的代理意见融情于理，事实清楚，证据确凿充分，被济宁市任城区人民法院依法采纳。2014 年 12 月 28 日，济宁市任城区人民法院判决某商贸公司应于判决生效之日起 10 日内支付王某 20 年的退休工资 92904 元。至此，本案花甲老人领取低保过生活案件，通过法律援助得以圆满解决。

法庭最终查明，1970 年 10 月，王某参加工作。1985 年 10 月 15 日，该厂为其办理了退休手续，并颁发了"工人退休证"。王某每月自该厂领取退休金，1994 年 12 月份停发。

另查，2013 年 6 月 6 日，济宁市市中区人民政府下达了"济区政字〔2013〕18号"文件，"同意济宁市德莫特尔商贸有限公司兼并济宁衡器厂。"2014 年 5 月 30 日，王某向济宁市劳动人事争议仲裁委员会提出仲裁申请，要求"补发 20 年的退休工资及养老保险"。同日，该委员会以"申请人的仲裁请求超过仲裁申请时效"为由，做出了"不予受理通知书"。济宁市历年最低月工资标准为：1995 年 4 月为 170 元；1996 年 9 月为 220 元；1999 年 7 月为 290 元；2001 年 7 月为 340 元；2002 年 10 月为 380 元；2005 年 1 月为 470 元；2006 年 10 月为 540 元；2008 年 1 月为 620 元；2009 年 5 月为 760 元；2011 年 3 月为 950 元；2012 年 3 月为 1100 元；2013 年 3 月为 1220 元；2014 年 3 月为 1350 元。

案件点评：

本案是一起涉案年龄较大，历史遗留问题复杂的案件。王某在其劳动权益受到侵害时，不知如何通过法律方式解决问题，诉求无门，导致生活质量下降。在接访、办理案件过程中，代理人积极主动为王某提供法律援助，引导其合理客观冷静地表达诉求，为其挽回了较大损失。

根据《中华人民共和国劳动合同法》第七条规定："用人单位自用工之日起即与劳动者建立劳动关系。用人单位应当建立职工名册备查。"《中华人民共和国劳动法》第七十二条规定："社会保险基金按照保险类型确定资金来源，逐步实行社会统筹。用人单位和劳动者必须依法参加社会保险，缴纳社会保险费。"《中华人民共和国劳动法》第七十三条规定："劳动者在下列情形下，依法享受社会保险待遇：（一）退休；（二）患病、负伤；（三）因工伤残或者患职业病；（四）失业；（五）生育。劳动者死亡后，其遗属依法享受遗属津贴。劳动者享受社会保险待遇的条件和标准由法律、法规规定。劳动者享受的社会保险金必须按时足额支付。"《国务院关于工人退休、退职的暂行办法》第二条规定："工人退休以后，每月按下列标准发给退休费，直至去世为止。（一）符合第一条（一）（二）（三）项条件，抗日战争时期参加革命工作的，按本人标准工资的百分之九十发给。解放战争时期参加革命工作的，按本人标准工资的百分之八十发给。中华人民共和国成立后参加革命工作的，连续工龄满二十年的，按本人标准工资的百分之七十五发给；连续工龄满十五年不满二十年的，按本人标准工资的百分之七十发给；连续工龄满十年不满十五年的，按本人标准工资的百分之六十发给。退休费低于二十五元的，按二十五元发给。（二）符合第一条第（四）项条件，饮食起居需要人扶助的，按本人标准工资的百分之九十发给，还可以根据实际情况发给一定数额的护理费，护理费标准，一般不得超过一个普通工人的工资；饮食起居不需要人扶助的，按本人标准工资的百分之八十发给。同时具备两项以上的退休条件，应当按最高的标准发给。退休费低于三十五元的，按三十五元发给。"依据上述法律规定，原告王某某从 1970 年 10 月至 1985 年 10 月一直在衡器厂工作，双方存在事实劳动关系，原告达到退休年龄后，依法应当享受退休待遇。鉴于原告无固定的工资发放标准，可参照济宁市历年最低工资标准确定其工资额。被告兼并衡器厂，应承继衡器厂的权利义务。王某要求被告补发原告 20 年退休工资的理由正当，应予支持。对于养老保险金的诉求，应属于社会保险的范畴，法院不予处理。因王某多次到某商贸公司单位主张权利，所以某商贸公司提出王某的请求超过诉讼时效的抗辩不能成立，法院不予采纳。

承办律师：赵恩彬　李　旭

撰稿人：李　旭

耕地占用税是否属于
《股权转让协议》约定的漏债

关键词： 股权转让　违约　抗辩　漏债

裁判要点： 股权转让后，标的公司未按合同约定维护自己的利益，自行承担土地占用费，是对其民事权利的处分，与被告无关，该税费不属股权转让中的漏债。

相关法条：《合同法》第四十四条第一款、《民事诉讼法》第二百五十九条

基本案情：

2011年10月9日王某某等七名股东与马某某签订了《股权转让协议》及备忘录，约定七名股东将持有某某公司的86.61%股权作价3266.67万元转让给马某某，同时约定了股权转让价款及付款方式。协议签订后，马某某支付了协议定金及预付款1700万元，七名股东配合被告将自己所占公司86.61%的股权由工商机关将86.61%的股权变更登记至被告名下，但被告未按股权转让协议的约定，向原告支付剩余的股权转让款1566.67万元。七股东依法向法院提起诉讼请求支付拖欠的股权转让款，法院判决支持了七股东的诉讼请求。马某某与标的公司又以上述七股东为被告，以七股东转让完股份后公司向当地税务机关缴纳了7797050.39元耕地占用税，认为属于《股权转让协议》约定的漏债为由，请求七股东偿付7797050.39元，承担经济损失280354.61元。

案件审理经过：

马某某诉称，七股东均系标的公司前股东，2011年10月9日，七被告与原告马某某签订《股权转让协议》，七被告将其持有的标的公司86.61%股权转让给马某某。七被告与原告马某某对公司债务范围进行了明确确认。《股权转让协议》第三章第三条明确约定，"所有标的公司的债权、债务应以2011年10月5日财务报表及双方确认数据为准。如另有负债，则应由甲方（本案七股东）自行承担偿还责任。"2011年11月15日，七股东将股权变更登记至马某某名下。但在之前的2011年6月，某某县有关部门

已认定，标的公司应缴尚未缴纳的耕地占用税 7797050.39 元。但该笔公司债务，在七股东与马某某股权转让过程中，未列入双方交接确认的公司债务范围内。在股权转让完成后，标的公司补缴耕地占用税共计 7797050.26 元。七被告应向马某某和标的公司偿付该款项及损失。

为证明自己的上述主张，马某某向法院提交了以下证据包括：（1）《股权转让协议》及备忘录各一份；（2）财务报表一份；（3）滨州市中级人民法院〔2012〕滨中商初字第 43 号民事判决书一份；（4）完税发票四张；（5）某某县地税局出具的关于标的公司耕地占用税缴纳情况的证明一份；（6）《某某县某某镇人民政府关于无偿提供土地使用权招商引资合同》一份；（7）中国银行同期贷款利率表一份；（8）某某县地税局基层机构变更的情况说明。以上证据用于证明下列事项：

1. 《股权转让协议》及备忘录各一份。证明：《股权转让协议》明确约定，如另有负债，则应由七股东承担。

2. 财务报表一份。证明：股权转让时，公司债务中不包括标的公司应当缴纳的耕地占用税，本案涉及的耕地占用税应属于财务报表没有列明的漏债。

3. 滨州市中级人民法院〔2012〕滨中商初字第 43 号民事判决书一份。证明：在该生效的法律文书中，对《股权转让协议》、财务报表的真实性及股份变更事实予以确认。

4. 完税发票四张。证明：标的公司分别于 2011 年 12 月 1 日、2012 年 3 月 15 日、2012 年 6 月 8 日、2013 年 3 月 10 日，分四次缴纳了共计 7797050.26 元的耕地占用税的事实。

5. 某某县地税局出具的关于标的公司耕地占用税缴纳情况的证明一份。证明：标的公司 2011 年 6 月应缴耕地占用税 7039924.26 元，2011 年 6 月已缴纳 2762836 元，尚未缴纳 4277088.26 元，另根据有关规定提高 50% 的耕地占用税 3519962.13 元，共计尚欠缴纳 7797050.39 元。2011 年 6 月缴纳的 2762836 元是于 2011 年办理西厂区土地使用证时直接从土地款中扣除，到 2013 年 3 月公司已经缴清所有欠缴的税款。标的公司缴纳的部分耕地占用税，是该公司在 2011 年 6 月应当缴纳而未缴的税款，依法按照《股权转让协议》约定应由七被告承担。同时通过该书证也证明七股东在股权转让时恶意隐瞒欠缴税款的事实，达到高价转让股权的目的。还证实该耕地占用税于 2011 年 6 月已经确定产生，并非七股东所讲股权转让时还没有产生。

6. 《某某县某某镇人民政府关于无偿提供土地使用权招商引资合同》一份。证明：该份证据系股权转让前七股东向马某某提供的。根据该合同约定，某某镇政府将无偿提供 300 亩土地给公司使用，并承担全部税费。基于该优惠政策，马某某同意受让公司股权。即股权转让时双方已经把免交 300 亩土地的税费的政策优势考虑在内。且七股东向马某某承诺公司新增的 300 余亩土地不需缴纳任何税费。通过该书证可以证实，在《股权转让协议》签订时，马某某有理由相信财务报表未列应缴耕地占用税，因为马某某认为按照无偿提供合同的这份协议该土地为标的公司无偿使用。财务报表中资产项目栏中未列该土地使用权从财务角度讲也是正常的，因为该土地为无偿使用且没有办理土地证，因此，在资产栏中未列该使用权。

7. 中国银行同期贷款利率表一份。证明：诉讼请求中的利息计算方式。

8. 某某县地税局基层机构变更的情况说明。证明：某某地税机构名称为某某中心税务所，由原来的某某分局变更而来。2011 年 6 月对标的公司耕地占用税的审计即为某某县地税局某某分局，现在的名称为某某中心税务所，进一步证明马某某提交的证据 5 是有效的。

七股东质证称，对证据 1 的真实性无异议，但是对马某某要证明的事项有异议：

（1）股权转让协议第 3.3 条的约定与股权转让协议确定的以实际出资额为标准确定转让价格是矛盾的，因此，我们认为第 3.3 条中如另有负债则由甲方自行承担责任的约定是无效的。

（2）马某某片面的理解了第 3.3 条约定，因为第 3.3 条第 2 款后面还有一个但书条款，约定与二期工程有关的款项以及质保金除外，据此，马某某主张的耕地占用税属于二期工程中支出的款项，应属除外的范围，且所有二期工程所支出的款项必然对应的有收益，如果单独将支出由被告承担而收益由原告享有，权利义务是不对等的，是不公平的。

（3）关于第 3.3 条约定的如另有负债则由甲方承担还款责任，也与甲方的所占 86.61% 的份额不对应，加重了甲方的责任。

对证据 2 的真实性无异议，但是对这份资产负债表反映数字的准确性有异议，因为当时该资产负债表未经独立的中介机构审计，七股东保留对本案中涉及的股权转让协议所涉及的转让价格以及净资产进行审计的权利，应以最终的审计结果为准。

对证据 3 的真实性无异议，对其内容不发表评价。

对证据 4 的真实性无异议，但是对于与本案的关联性有异议，因为马某某并未提供其他证据证明该缴纳的费用背后所应当具有的征地的相关手续及相关土地出让合同。另外，这些单据上所体现的缴纳时间是在《股权转让协议》签订以后以及办理股权变更登记以后，因此，与七股东无关。

对证据 5 的真实性有异议，因为开具证明的主体是某某县地税局某某中心税务所，而税务所是派出机构，无权对外代表税务局出具证明，且该证明的内容也与事实不符。其中 2011 年 6 月所谓缴纳的 2762836 元，是因为前任股东办理 128504 平方米的土地使用证时向有关政府土地管理部门缴纳 2000 万元，从中扣除了 2762836 元作为耕地占用税，该 128504 平方米的土地缴纳相关费用的情况与 2011 年新增土地 198934.34 平方米的情况是不同的，该证明将其混为一谈，故七股东对证明内容的真实性有异议，保留进一步查证的权利。出具的单位名称与完税证上的征收机关名称不一致，出具证明的是某某中心税务所，而征收机关是某某县地税局某某分局，两者显然是不一致的。

对证据 6 的真实性有异议：

（1）因为该合同中乙方的落款中应有负责人签字，但实际没有签字，且落款时间 2010 年 3 月 1 日也有疑问，须征求股东意见之后再进一步查证该证据的真伪。

（2）首先，合同内容不完全符合法律规定，有些属于国家法律规定依法缴纳的费用，地方政府无权减免；其次，该合同内容的主要含义应当是免费使用土地，也就是作为农村建设用地的租赁费，地方政府承诺免费使用，如果需要办理土地出让手续应当根据法律规定缴纳相应的税费，正如标的公司原来使用的约 200 亩土地一样，一开始也是免费租赁使用了很多年，后来，办理土地出让手续时原股东控股下的标的公司向有关政府部门缴纳了 2000 万元，但是也相应地增加了土地资产，财务账目是平衡的，权利义务也是对等的。因此，二期工程所缴纳的耕地占用税以及其他应当缴纳的费用会产生相应的收益，财务账目也是平衡的，权利义务是对等的。因此，马某某主张耕地占用税应依据其何时办理土地使用权证，马某某应提供相应的证据进行举证。

对证据 7 认为其本身不是证据，马某某要证明所谓耕地占用税应按照贷款利率计算利息的观点是错误的，不予承认。

证据 8 是复印件，对其真实性无法确认，对马某某要证明的内容有异议：政府机关对外的公文应当以政府机关的公章为准，分局或者下属机构无权对外出具证明；同时该证据表明 2011 年 11 月已经变更为某某中心税务所，而在马某某提交的完税证明中，2012 年 3 月的完税征收机关依然是某某县地税局某某分局，故马某某提供的两份证据前后矛盾。

七股东提交以下证据：

1. 《股权转让协议》及备忘录各一份；

2. 某某县人民政府下发的邹政字〔2003〕24 号文和 2003 年 8 月 1 日某某县某某镇人民政府关于无偿提供土地使用权招商引资合同各一份；

3. 某某县国土资源局官网下载的某某县国土资源局国有土地使用权招拍挂出让成交公示一份。

以上证据用于证明下列事项：

1. 《股权转让协议》及备忘录各一份。证明：耕地占用税不应由被告承担。

2. 某某县人民政府下发的邹政字〔2003〕24 号文和 2003 年 8 月 1 日某某县某某镇

人民政府关于无偿提供土地使用权招商引资合同各一份。证明：标的公司原有 200 亩征地手续的一切税费均由某某镇政府承担，某某镇政策承诺标的公司免费使用这 200 亩土地。

3. 某某县国土资源局官网下载的某某县国土资源局国有土地使用权招拍挂出让成交公示一份。证明：在 2014 年 5 月 16 日标的公司拍卖所得土地两宗，其中一宗是 0.6667 公顷，成交价为 2013434 元；另一宗是 0.7569 公顷，成交价为 2285838 元。该两宗地的位置是涉案的二期工程土地，该土地的成交价格应当由标的公司自行承担，因为标的公司付出了土地的出让款，得到的是土地的资产权益，与本案之前标的公司缴纳的耕地占用税是一个道理，付出的是耕地占用税税款，得到的是土地的资产权益，故原告主张耕地占用税税款由前任股东承担，但土地的资产增值权益仍留在标的公司是不公平的。

马某某质证称，对证据 1 真实性无异议，对其他的质证意见不再赘述。对证据 2，认为不是原件，不予质证，马某某在 2011 年 10 月才接手标的公司，对此情况不了解。证据 3 是复印件，对其真实性不予认可；即使是真实的，标的公司通过出让程序获得土地使用权这一事实与本案追要耕地占用税没有关联性。

本案在审理过程中到某某镇政府、某某镇税务所和财政所进行调查，税务所反映的情况是：税务所出具的交税证明是真实的，标的公司缴纳了相应的土地占用税；在财政所反映的情况是：从 2010 年以后，某某镇政府没有给予标的公司在土地方面的优惠政策，不存在先缴后退的情况。

原告对本院的两份调查笔录没有异议。

七股东对两份调查笔录的真实性没有异议，但认为：（1）对税务所出具的缴税证明形式有异议，因为作为税务机关的下属机构，无权对外出具证明；（2）对该证明中所体现的缴纳税款的数额以及真实性没有异议，但是对该证明中所称系 2011 年 6 月审计时应缴尚未缴纳的税款的说法有异议，因为这与客观缴税的时间不符，另外，也未提供相应的审计报告作为旁证，因此七股东认为该说法不具客观真实性；（3）对财政所工作人员的笔录，仅是财政所工作人员的个人观点，不能涵盖全部客观事实。

法院审理查明事实：

七被告均系标的公司原股东。2011 年 10 月 9 日，七股东共同作为出让方，与马某某签订《股权转让协议》及备忘录一份。该协议约定：七股东将其所有的标的公司 86.61% 股权转让给马某某；转让总价款为 3266.67 万元；所有标的公司的债权、债务应以 2011 年 10 月 5 日财务报表及双方确认数据为准，如另有负债，则由七股东承担还款责任。备忘录载明：签订《股权转让协议》前马某某对标的焦化公司项目开发、银行债务等情况已了解并接受。二期项目已投入 1.03 亿元，经双方确定，按实际情况增减，增减款项在转让尾款中体现。

2011 年 10 月 11 日，马某某向七股东支付转让款 1700 万元。2011 年 11 月 15 日，标的公司完成了股权变更登记。原股东退出公司，马某某成为公司股东，持股比例为 86.61%。

2012 年 7 月 31 日，七股东因马某某未支付剩余股权转让款向本院提起诉讼。本院于 2013 年 3 月 21 日判令马某某于本判决生效之日起 10 日内付给王某某等五股东股权转让款 6195004.27 元，利息 678011.13 元（计算至 2012 年 7 月 13 日）；支付给陈某某股权转让款 1588563.04 元，利息 233431.10 元。（注：香港公司的股权转让款另行主张，亦由法院做出了限期支付的判决）

另查明，2010 年 3 月 1 日，某某镇政府与标的公司签订《关于无偿提供土地使用权招商引资合同》一份。该合同约定：某某镇政府无偿提供坐落于某某镇工业园内 300 亩土地给标的公司使用，使用年限自 2010 年 3 月 1 日至 2040 年 3 月 1 日止；某某镇政府负责办理征地手续并承担一切税费（包括土地部门征地费、青苗补偿费、地上物清除补偿费、城市综合开发费及各种手续费、规划建设等一切费用）；本合同不得因双方法定代表人变更而变更或解除。标的公司股权交接时，七股东将该合同移交给了马某某。

裁判结果：

山东省某某市中级人民法院于 2015 年 7 月 13 日做出〔2013〕某中民二外字第 1 号民事判决书：一、驳回原告马某某的诉讼请求；二、驳回原告某某焦化有限公司的诉讼请求。

裁判理由：

本院认为，本院两份调查笔录，原、被告双方对其真实性无异议，可以作为定案依据。对原告提交的证据 1、证据 2、证据 3、证据 4，被告对其真实性无异议，本院予以确认。原告提交的证据 5、证据 6、证据 8，与调查笔录能够相互印证，亦予以确认。原告提交的证据 7 是利息利率计算方式，不应作为证据予以认定。对被告提交的证据 1，原告对其真实性无异议，予以确认。被告提交证据 2 及相应陈述，与原告证据 6 反映的事实可以相互印证，予以支持。被告提交证据 3 与本院缺乏关联性，不予确认。

另外，本案被告香港某公司是在香港注册的公司法人，本案属于涉港商事案件。各方当事人均选择适用中华人民共和国法律，故审理本案以中华人民共和国法律为准据法。

本案的争议焦点是马某某诉求的土地占用税是否属于股权转让合同中所约定的漏

债。本院认为，第三人某某镇政府与标的公司签订的《关于无偿提供土地使用权招商引资合同》约定某某镇政府负责办理征地手续并承担一切税费。在股权转让时，七股东已将该份合同移交给马某某，马某某对标的公司无偿使用涉案300亩土地的事实应当明知。股权转让后，标的公司未按合同约定维护自己的权利，自愿承担了土地占用费，是对其民事权利的处分，与七股东无关，该税费不属于股权转让中的漏债，马某某的诉讼请求应予驳回。标的公司不是股权转让协议的当事人，其无权依据股权转让合同要求七股东承担漏债，故对标的公司的诉讼请求不予支持。

案件评析：

本案的争议焦点是原告诉求的土地占用税是否属于股权转让合同中所约定的漏债。

本案法院裁判的核心观点是："股权转让后，标的公司未按合同约定维护自己的权利，自愿承担了土地占用费，是对其民事权利的处分，与七股东无关，该税费不属于股权转让中的漏债"。作为被告的代理律师，对法院的裁判结果我们当然是欢迎的，但对该裁判理由我们认为深度不够，角度也不全面，我们的代理词中有更全面、更深入的剖析意见，同时代理词中对其他争议焦点也有更全面的阐述，内容如下：

1. 本案标的公司不具有原告诉讼主体资格。

首先，根据原告陈述的事实与理由，两原告起诉主张欠款的依据是本案被告与原告马某某签订的《股权转让协议》。而原告标的公司并不是《股权转让协议》的当事人，其无权依据此协议向原告主张权利。其次，标的公司只是税款缴纳主体，纳税是其法定义务和责任，其也没有因股权转让而造成损失的事实。被告与标的公司之间并不存在任何纠纷。基于以上两点，标的公司作为原告主张欠款是没有任何事实和法律依据的，其不具备作为原告的主体资格。

2. 耕地占用税税款应当包含在取得土地的成本中。

首先，本案中标的公司虽然支出了耕地占用税，但增加了土地无形资产的价值，标的公司所缴纳的每一分钱，都会形成相应的资产权益。这一点相关税法是认可的，根据《中华人民共和国土地增值税暂行条例》第六条："计算增值额的扣除项目：第一项：（一）取得土地使用权所支付的金额；"以及根据《中华人民共和国土地增值税暂行条例实施细则》第七条第（一）项："取得土地使用权所支付的金额，是指纳税人为取得土地使用权所支付的地价款和按国家统一法规缴纳的有关费用"。第七条第（二）项第二款："土地征用及拆迁补偿费，包括土地征用费、耕地占用税、劳动力安置费及有关地上、地下附着物拆迁补偿的净支出、安置动迁用房支出等"。因此原告要求被告承担耕地占用税，却由自己享受由此带来的土地增值权益，没有任何道理。

其次，根据会计法的相关规定，耕地占用税列入在建工程科目，将来列入固定资产科目，可见原告标的公司所缴纳的耕地占用税，虽然减少了现金，但增加了在建工程，支出与收入是平衡的，要求被告承担属于曲解合同。

3. 被告标的公司所缴纳的耕地占用税税款，既不同于一般的负债，也不同于单纯支出性的税费。

首先，根据原告马某某与被告签订的《股权转让协议》第3.3条约定的"债务"，显然是指一般性的债务，即指标的公司已经享受了相应的权益，但没有对应的支出，如果有这种债务，相应的权益由原股东享有了，对应的由原股东承担是合理的，但本案中的耕地占用税这种"负债"，属于权益性负债，标的公司虽然支出了耕地占用税，但增加了无形资产或在建工程的收入，没有损失一分钱，让原股东承担显失公平。

其次，关于耕地占用税，一般认为属于资源税兼具行为税的特点，该税种在财务上是进成本的，且属于分期摊销的成本。而企业所得税属于收益税，是对扣除成本后的所得征税，征税后减少净利润。增值税属于流转税，是对增值部分征税，也就是说是对赚的毛利进行征税，也属于减少收入。显然耕地占用税即便是欠缴，也与欠企业所得税及增值税的性质截然不同，后者属于单纯的负债，前者属于负债与收益平衡的负债。

4. 退一步讲，本案诉争的二期工程的198934.34平方米土地资产价值，及第一期工程中土地128504平方米土地中所补缴的耕地占用税1381418元，未列入股权转让的资产范围内。

首先，根据原告马某某与被告签订的《股权转让协议》所约定的股权转让基准日2011年10月5日的财务报表，本案诉争的二期工程的198934.34平方米土地资产价值未列入转让的范围内，显然，该二期工程中198934.34平方米土地资产所产生的耕地占用税6415632.47元不应当由前任股东承担，如果该耕地占用税由前任股东承担，那么以后产生的土地出让金、耕地复垦费、契税及其他相关税费等是否也应当由前任股东承担？那么股权转让的价值中是否也应当重新计算二期工程中土地的价值。

其次，第一期工程中土地128504平方米土地中所补缴的耕地占用税1381418元，也不应当由前任股东承担，因为根据双方签订的《股权转让协议》所约定的股权转让基准日2011年10月5日的财务报表中没有该项支出，对应的该一期工程中土地资产的成本价值中就没有包含该1381418元的价值。并且本案中的股权转让并不是根据评估资产的市场价值减去负债计算确定的股权转让价格，而是根据标的公司内部所确定的现有股东出资额的确认，在此基础上确定的转让价格。

5. 本案涉及的耕地占用税是在2011年12月之后标的公司缴纳的，而被告与原告马某某签订《股权转让协议》是在2011年10月，完成变更登记是在2011年11月。签订《股权转让协议》时该耕地占用税并没有产生。该税费是股权转让之后新产生的，并不属于2011年10月5日应列入财务报表而未列入款项。因此，原告依据《股权转让协议》第3.3条认为税款属于确认债权债务之外是没有依据的。

6. 退一步讲原告要求被告承担全部的税款没有依据。

本案中，退一步讲被告转让给原告马某某的股权占标的公司股权的86.81%，而原告却诉求被告承担全部耕地占用税是没有依据的。

7. 原告应当根据标的公司与某某镇人民政府签订招商引资合同以标的公司的名义向某某镇人民政府主张权利。

根据标的公司与某某镇签订的招商引资合同，标的公司使用土地的全部费用都由某某镇人民政府承担。原告应当根据标的公司与某某镇人民政府签订招商引资合同以标的公司的名义向某某镇人民政府主张权利。原告向被告主张权利是错误的。

并且，根据《中华人民共和国耕地占用税暂行条例》第十二条的规定，耕地占用税的缴纳应当由土地管理部门通知用地单位或个人。本案中，原告未接到土地部门的通知就缴纳，不符合缴纳程序。

8. 某某县地税局某某中心税务所出具的证明，没有法律效力。

首先，从形式上，作为分支机构，某某县地税局某某中心税务所无权对外出具证明，不具有对外主体资格。

其次，从政策上，国家三令五申，不允许行政机关随意对外发表意见，应当由具有对外代表资格的权力部门，对外出具法律意见。

第三，从内容上看，该证明武断的说明"系2011年6月审计时应缴尚未缴纳的税款"，我们认为当地的耕地占用税什么时间开征，应当提供法定的证明文件，比如土地主管部门的征收文件、政策和征收通知等，而不是仅由税务机关的分支机构就能认定属于什么时间的税款。

承办律师：刘胜远　张学文

撰稿人：刘胜远　张学文

张某某诉山东汇欣建设有限公司、
山东汇欣建设有限公司东营分公司
居间合同纠纷案

关键词： 民事　居间　代理　合同效力

裁判要点或律师观点、案例核心价值： 居间合同的要件是：由居间行为促使居间合同的委托人与第三人订立合同。因此居间合同的合同标的即为居间行为，而居间行为是否属于《合同法》第五十二条规定的法律禁止性行为则成为居间合同是否有效的关键。

居间行为与代理行为之间具有根本性的区别，居间行为中，居间人只负有向委托人报告合同订立机会的义务，而代理行为则应由代理人亲自处理委托人委托的具体事务。

相关法条： 《中华人民共和国合同法》第五十二条、三百九十六条、四百二十四条

基本案情：

原告张某某诉称：2014 年 4 月 12 日，原告与被告山东汇欣建设有限公司东营分公司（以下简称汇欣东营分公司）订立工程居间协议，约定汇欣东营分公司委托原告就东营市某中学拆建工程施工项目对外承包施工一事，引荐汇欣东营分公司与建设单位洽谈、提供项目信息以及最终促成被申请人与建设单位签订该工程项目的专业承包施工合同等居间介绍事项，居间成功后汇欣东营分公司付给原告居间费 230 万元。合同签订后，原告按约定履行了上述义务，最终促成汇欣东营分公司与东营市某中学签订了该工程项目的专业承包施工合同，但汇欣东营分公司约定的 230 万元居间费始终未向原告支付。2014 年 9 月 16 日，汇欣东营分公司抵押给原告一辆轿车，给原告打了一份欠条，居间费一直拖欠，原告多次与被告协商，但被告汇欣东营分公司以各种理由予以拒绝。汇欣东营分公司无资产，不能独立承担责任，根据法律规定分公司的权利义务可由总公司承担。现原告请求判令被告山东汇欣建设有限公司（以下简称汇欣公司）支付工程居间费 230 万元及逾期付款约定 9.2 万元。

被告汇欣东营分公司辩称：（1）原告所诉与事实不符，原告所诉之居间合同签订

之前——即 2014 年 3 月 29 日，本案所涉之工程即已由汇欣公司通过公开招投标取得承包权并签订了工程施工合同，与本案的原告和汇欣东营分公司双方均无关。（2）汇欣东营分公司不具备独立诉讼主体资格，不能独立承担民事责任。（3）本案所涉之居间合同违反了《中华人民共和国招标投标法》第三条、《工程建设项目招标范围和标准规定》（国家计委令第 3 号）之规定，符合《中华人民共和国合同法》第五十二条第五项规定的合同无效情形，系无效合同。（4）本案涉案工程中不存在任何居间行为，是由汇欣公司通过正常的招投标程序取得，无居间活动，更谈不到原告所谓之"居间成功"。

被告汇欣公司辩称：原告诉讼请求与其无关，请求依法驳回原告对其的诉讼请求。

法院经审理认定的事实：东营市市级机关政府采购中心就东营市某中学迁建工程（教学实验楼等）发布东建招公字〔2014〕25 号施工招标公告，确定 2014 年 2 月 11 日至 2014 年 2 月 17 日进行网上报名。2014 年 3 月 9 日汇欣公司法定代表人于某向岳某出具法人授权委托书，授权岳某为其签署东营市某中学迁建工程投标文件的委托代理人，全权代表其签署该工程的投标文件。后岳某参加了政府采购答疑会议、施工核对工程量、政府采购技术标书等投标事项。2014 年 3 月 29 日，汇欣公司以 7815.9551 万元价格中标涉案工程。同日，汇欣公司与东营市某中学签订建设工程施工合同，双方就工程概况、工期、价款及支付方式等进行了约定。2014 年 8 月 15 日，东营市市级机关政府采购中心、东营市住房和城乡建设委员会盖章确认。2014 年 4 月 12 日，原告张某某（乙方）与被告汇欣东营分公司（甲方）签订工程居间协议，双方约定乙方接受甲方委托，就东营市某中学待建施工工程，引荐甲方和该项目建设单位直接洽谈，向甲方提供关于该工程项目的重要信息，并最终促成甲方与建设单位签订该工程项目的专业承包施工合同；甲方付给乙方居间费 230 万元，甲方与建设单位签订书面工程施工合同后 10 日内全部付清。该协议中甲方有张甲（汇欣东营分公司员工）、张乙（汇欣东营分公司法定代表人）签字、汇欣东营分公司盖章确认及乙方张某某、岳某签字。2014 年 9 月 16 日，张甲为原告出具欠条一份，载明："因二中工程中介费 230 万元，早已有居间协议，现有车辆鲁 CVY956 奥迪车一部自愿抵押给张某某。"诉讼中，原告以被告汇欣东营分公司无独立资产不能承担民事责任为由，追加汇欣公司为本案共同被告，并要求汇欣公司承担赔偿责任。

裁判结果：

东营经济技术开发区人民法院依照《中华人民共和国合同法》第四百二十四条、四百二十六条的规定，于 2015 年 7 月 23 日做出（2015）东开商初字第 44 号民事判决：一、被告山东汇欣建设有限公司于判决生效之日起十日内支付原告张某某居间费 230 万元，并支付自 2014 年 8 月 26 日起至付清之日止的违约金；二、驳回原告张某某的其他诉讼请求。

裁判理由：

法院生效裁判认为：《合同法》确立了居间合同法律制度，我国法律没有禁止建设工程承包合同居间。招标公告虽然为公开事项，但并非公开的事项就众所周知。因此，公开招标的事项也存在向他人报告投标和订阅合同机会的情形，投标人也可以将自己在投标活动中所办理的投标事项委托他人代理或者协助进行。招投标活动遵循公开、公正、公平和诚实信用原则，但并非招投标活动有居间行为就违反了招投标活动的规定。《中华人和共和国建筑法》和《招标投标法》等相关法律规定的均是发包方与承包方之间不得以不正当手段签订建筑工程承包合同。本案各方当事人没有提供证据证实存在发包方与承包方以及居间人之间有违反相应规定的行为，亦无证据证实居间活动存在行贿或回扣等情形，且居间协议加盖汇欣东营分公司印章，建设工程合同汇欣公司委托人张乙即为汇欣东营分公司负责人，能够认定张甲签订工程居间协议的行为是职务行为，非个人行为，其行为后果应由公司承担。虽然工程居间协议晚于建设工程施工合同载明的签订时间，但不影响其效力，故被告关于该协议违反法律规定而无效的主张证据不足，不予支持。居间人促成合同成立的，委托人应当按照约定支付报酬。本院调取的证据及原告提交的工程居间协议、欠条，足以证明签订工程居间协议的原告委托代理人岳某，参与了涉案工程的招投标事项，应当支付居间费。建设工程施工合同系汇欣公司与建设单位签订，岳某系接受汇欣公司委托，根据合同相对性原则，应由汇欣公司支付相关报酬。虽然工程居间协议系汇欣东营分公司与原告签订，因汇欣东营分公司作为汇欣公司的分支机构，不具有法人资格，其民事责任亦应由公司承担，故对原告根据合同约定主张汇欣公司支付居间费 230 万元的诉讼请求予以支持。根据原告提交的证据本院确定逾期付款违约金从 2014 年 8 月 26 日起开始计算，按中国人民银行同期同类贷款基准利率计算，直至付清之日止。

案例解析：

代理人认为在该案中涉及的焦点问题有：（1）居间合同的标的行为是否属于法律禁止性规定；（2）本案的行为实为代理，而非居间；（3）本案居间合同以及居间合同所涉之方合同的权利义务主体均不一致。

本案中法院对案件的基本事实已做了详细的调查，本案中各方当事人之间的法律关系可以归纳为：（1）原告张某某、案外人岳某作为张某某的代理人与被告汇欣东营分公司及其法定代表人张乙、工作人员张甲均在本案诉讼之主合同——居间合同上签字盖

案件领域

民事

233

章（时间为2014年4月12日）；（2）本案涉案工程之发包方东营市某中学与被告汇欣公司签订了工程施工合同（时间为2014年3月29日）；（3）被告汇欣公司曾经授权岳某作为本公司代理人参与招投标事项；（4）原告诉讼中称岳某系其公司工作人员。

法院判决认为我国法律没有禁止建设工程承包居间合同，并非有居间行为就违反《招投标法》相关规定，只要没有证据证明居间活动中存在行贿或回扣情形，即应当认可居间活动存在，居间合同即为合法有效。代理人认为这一观点将本案居间合同与涉案工程施工合同完全割裂开来是错误的。本案居间合同所指之居间成功后的合同即为涉案工程施工合同，而涉案工程具有其特殊性，根据《中华人民共和国招标投标法》《工程建设项目招标范围和标准规定》，该工程系科技、教育、文化、公用事业等关系社会公共利益的项目，须进行公开招投标的工程建设项目，有严格的招投标程序和制度，有网上公开招标公告，无须他人报告订立机会也不允许建设单位与投标单位直接洽谈，一切过程公开透明，公平公正。因此本案的居间合同内容违反了法律法规强制性规定，属于《合同法》第五十二条第五项规定的无效情形。

《合同法》第四百二十四条对居间合同的定义为："居间合同是居间人向委托人报告订立合同的机会或者提供订立合同的媒介服务，委托人支付报酬的合同。"而《合同法》第三百九十六条同时规定："委托合同是委托人和受托人约定，由受托人代理委托人事务的合同。"委托行为中受托人须以委托人名义、按照委托人指示处理委托事项。而居间行为则只需为委托人报告订立合同的机会，或者提供订立合同的媒介服务。居间人只作为委托人与第三人签订合同的介绍人，自己并不参与直接订立该合同，既非为任何一方代理，又非保证任何一方履行合同的责任。就本案来讲即使有被告汇欣公司对岳某的授权，岳某代理了汇欣公司在招投标中的具体事项，也仅能认定案外人岳某和汇欣公司之间的委托关系。尽管在诉讼中原告想要证明岳某是原告张某某所经营公司的工作人员，岳某代理汇欣公司招投标的行为就代表本案原告张某某履行了居间合同中约定的居间义务。但岳某参与招投标活动是基于汇欣公司与岳某个人之间的委托关系，与本案居间合同的原告张某某无关，与法律上的居间行为有根本的区别，甚至与原告所谓之居间合同约定的内容也相去甚远，因为原告所诉之居间合同明确载明原告的居间行为是："引荐甲方和该项目建设单位直接洽谈……并最终促成甲方与建设单位签订该工程项目的承包施工合同。"所以本案中岳某的行为实为代理而非居间。

法院判决被告汇欣公司承担支付居间费的依据是汇欣东营分公司是汇欣公司的分支机构，不具有法人资格，其民事责任由汇欣公司承担。但从该案所涉及的几个合同来看，居间合同的一方当事人是汇欣东营分公司，受居间合同效力约束的当事人也是汇欣东营分公司，签订时间是2014年4月12日。居间合同所指向的施工合同一方当事人则是汇欣公司，签订时间是2014年3月29日，与居间合同的双方当事人并无法律关联，该两份合同无论在主体上还是时间顺序上都不能证明因原告履行了居间合同而生成了工程承包施工合同。

综上，代理人认为，本案中无论从法律规定的居间行为的特性，还是双方当事人对居间行为及后果的约定，以及各个合同中的签订主体，都不应认定该居间合同的效力并据此要求被告支付居间费。

承办律师：徐学东　孙　静

撰稿人：孙　静

孟某与张某婚约财产纠纷

关键词： 婚约财产　返还请求权　赠予　撤销权

裁判要点： 原、被告双方交往过程中购买财物的行为应定性为婚约财产还是无偿赠予以及出现纠纷后处理方式。

相关法条：《最高人民法院关于适用〈中华人民共和国婚姻法〉若干问题的解释（二）》第十条，《合同法》第一百八十五条、一百八十六条、一百九十二条

基本案情：

原告张某与被告孟某2014年8月20日通过一婚介机构组织的相亲活动结识，后以恋爱名义开始交往。交往过程中，张某经常邀请孟某出游，相关费用均由张某自行支付。2014年11月，当张某在与孟某交往中得知孟某准备开设淘宝网店，需要购买笔记本电脑等设备的情况后，以自己曾从事电脑销售工作，具备相关专业知识和购买渠道为由，通过网络购买三星笔记本电脑一台赠予孟某，孟某接受。2014年12月底，在张某和孟某的安排下，双方父母见面，并依习俗开始谈婚论嫁。2015年2月，孟某得知张某隐瞒婚史的情况，提出分手。张某随之要求孟某返还相识交往过程中的花费10000元及赠送的三星笔记本电脑一台或者返还电脑货款4300元，遭孟某拒绝。张某随之具状诉至法院，产生此纠纷。

案件审理经过：

原告张某为支持自己的主张，向审理法院提交了录音资料一份、购买电脑的网站交易经过截图一份、消费发票和刷卡凭证若干份。用以上证据证明如下事实：

1. 录音资料用以证明：被告孟某承认购买笔记本电脑属实，并承认该笔记本现在自己处；

2. 网站交易截图用以证明：购买笔记本电脑的价格；

3. 消费发票和刷卡凭证证明：交往过程中的花费10000余元。

法院审理查明事实：

原、被告双方于2014年8月相识并恋爱，在双方交往过程中，原告为被告购买三星牌笔记本电脑一台。后原、被告双方分手，该电脑现在被告处。

另查明：原、被告之间不存在婚约关系。

裁判结果：

淄博市淄川区人民法院于2015年7月31日做出〔2015〕川民初字1562号民事判决书：判决驳回原告张某的诉讼请求。张某不服一审判决提起上诉，主张购买笔记本电脑的行为不是赠予，而是代购，诉求撤销一审判决。二审法院审理后维持原判。

裁判理由：

1. 原告主张被告在双方交往期间以恋爱为名骗取财物，但是没有任何证据予以证明。原告为被告购买笔记本电脑的行为是双方在交往过程中原告对被告的赠予，该电脑在交付给被告后财产权利已经转移，原告未提供证据证明存在法定可撤销赠予的情形，故原告要求被告返还笔记本电脑没有法律依据，对于原告主张返还笔记本电脑或者购买电脑款4300元不予支持。

2. 原告主张其在交往过程中在被告处花费10000余元，仅有相关支付凭证，并无证据证明其所支出的款项与被告有关。对于原告主张偿还现金10000元不予支持。

案件评析：

在该婚约财产纠纷案件中，存在两个审理焦点：焦点一：本案法律关系是婚约财产关系还是赠予合同关系；焦点二：婚约财产返还请求权和赠予合同撤销权在司法实践中处理方式。结合本案及法院裁判依据，下文将对婚约财产的认定及返还请求权和赠予合同生效条件和赠予人撤销权情形进行论述：

1. 婚约财产和赠予合同的区别

（1）婚约财产

要弄清楚婚约财产的概念，首先应搞清楚什么叫"婚约"。严格意义上讲，婚约概念形成于各地的婚姻风俗，属于一个约定俗成的社会概念。但是基于我国"十里不同风，百里不同俗"的复杂情况，法律无法对婚约进行精确的定义。所以关于婚约的法律性质，法学界有两种见解：一是基于婚约概念的契约说：婚约是作为本约的结婚契约的预约，违反婚约责任是一种契约责任；另一种是基于法律事实状态的事实说：婚约是结婚的一个实施阶段，但不是必经阶段，不是独立的契约，更不存在契约之债，因此任何人不能根据婚约提起结婚之诉，也不能约定不履行婚约时承担契约责任。

但是我国《合同法》第二条却有这样的规定："本法所称的合同是平等主体的自然人、法人、其他组织之间设立、变更、终止民事权利义务关系的协议。婚姻、收养、监护等有关身份关系的协议，适用其他法律的规定"。该条明确承认了人身关系的协议也是一种合同。婚约是关于人身关系方面的协议，所以婚约理应是一种契约，只不过这种契约有它的特殊性，那就是不具有履行人身关系的违约义务。

因此，婚约的法律概念就应定义为：无配偶的男女双方以结婚为目的达成的协议，又称订婚或定婚。

而婚约财产则是在婚约这样一个人身关系协议存在期间，男女双方依照风俗或者为增进感情或为牢固婚约等特定原因从对方获得数额较大的财物。具体的表现即为"彩礼"。

（2）赠予合同

赠予合同的概念相对清晰：赠予合同是当事人一方将自己的财产无偿给予他方的意思表示，经他方接受而生效的协议。作为一个成熟的法律概念，《合同法》对赠予合同的法律特征有着相当详尽的解析：是一种双方的法律行为、无偿转让、单务无偿、诺成。

总的来说，赠予合同即是：赠予人将自己的财产无偿的转让给受赠人，受赠人表示接受，赠予合同关系即告建立；受赠人在取得受赠财产的所有权时不需要付出任何代价，赠予物所有权转让后，赠予合同行为即告完成。

2. 婚约财产的返还请求权和赠予人撤销权的处理方式

（1）婚约财产的返还请求权

目前，我国的《婚姻法》及其他相关法律中，关于婚约财产返还纠纷问题没有很具体的或者操作性很强的规定，立法上的空白使其对社会的回应便出现缺失。现阶段司法实践中关于婚约财产纠纷的处理一般会按照《最高人民法院关于适用〈中华人民共和国婚姻法〉若干问题的解释（二）》对婚约财产纠纷中彩礼问题做出的原则性规定进行处理。

从我国各地的习俗来看，婚约中的彩礼指的是男女双方在完婚之前，由男方付给女方作为缔结婚姻关系的财物，女方接受彩礼后，婚事初定。但是，对于彩礼给付行为的性质，目前并没有统一的认识。一种观点认为：婚约期间的财产赠予是以对方将来与自己结婚作为赠予所附的条件。当双方未能成为夫妻时，应视为赠予条件未成就，受赠人应当返还全部财产；另一种观点则认为：婚约期间的财产流转是一种民事赠予关系，一旦所赠予的财物交付对方，所有权就发生转移，即使婚约解除，受赠人也无须返还受赠财物；此外还有从契约说观点、定金观点等。

在现实中，婚约财产一般会以三种形式出现：①基于买卖婚姻而发生的财产给付；②借婚姻为由索取的财物；③出于结婚目的，一方向另一方赠予数额较大的财产或者迫于风俗压力一方向另一方支付超出正常承受能力的财产。

以上前两种婚约财产，实质为买卖婚姻或者借婚姻为名骗取财产的行为，无论最终是否结婚，都应根据《婚姻法》及有关司法解释，认定无效，相关财物予以返还。这种处理方式无论在理论界还是实践中都无大的争议。而第三种形式的婚约财产，《最高人民法院关于适用〈中华人民共和国婚姻法〉若干问题的解释（二）》第十条也赋予了当事人明确的返还请求权，在司法实践中也有很多成熟案例。

（2）赠予合同中赠予人的撤销权

依据我国《合同法》第一百八十六条的规定：赠予人在赠予财产的权力转移之前可以撤销赠予；第一百九十二条则明确规定了赠予人可以撤销赠予的三种法定情形：①严重侵害赠予人与赠予人的近亲属；②对赠予人有抚养义务而不履行；③不履行赠予合同约定的义务。

以上第一百八十六条赋予了赠予人的撤销权，而一百九十二条则规定了赠予人撤销赠予的法定情形。撤销权是以权利人的单方意思表示消灭民事法律关系效力的民事权利。撤销权是形成权的一种。一旦权利人行使撤销权，则被撤销行为的效力溯及地消灭，当事人的权利义务应恢复到此民事法律行为未发生时的状态。

综上可以看出，如果本案按照立案时原告主张的婚约财产法律关系进行审理。而原告主张涉案财产为婚约财产，对被告来说是极为不利的。在庭审过程中，原告始终紧抓被告"索取"财物的要点，想把被告塑造成一个"借婚骗财"的角色，从道义上贬低被告，从法律上套用《婚姻法》第三条的"禁止借婚姻索取财物"的相关规定，达到其主张返还财产的诉讼目的。虽然因为证据的原因导致原告一审败诉，但是原告的诉讼思路是没有太大问题的。

接手本案后，承办律师查阅了相关法律规定，对婚约财产和赠予合同两个相近的法律关系有了充分的认识，从而确定了本案的诉讼思路：不能在婚约财产问题上与对方过多的纠缠，而是应该从本案的法律关系上扭转局面。只有将本案的法律关系由婚约财产纠纷转变为赠予合同撤销权纠纷，才能从根本上推翻原告的诉讼基础。

在一审庭审中，承办律师明确指出：原告主张被告借婚约索取财物没有事实基础；被告与原告不存在任何形式的婚约，原告的诉讼标的物性质不属于"彩礼"，而是恋爱期间男女双方处于生活上的关心、帮助，或相互尊重彼此感情而赠予的财物，应属赠予财产。本案的法律关系应为赠予合同纠纷，应依法适用《合同法》相关规定处理。本案中被告不存在《合同法》一百九十二条中的撤销赠予的法定情形，因此原告要求返还赠予财产没有法律依据，应依法驳回其诉讼请求。

最终，淄博市淄川区人民法院完全支持了承办律师的上述主张。并经二审程序维持了一审判决。

承办律师：崔杰保

撰稿人：崔杰保

东营市逸扬广告有限公司
诉东营宝龙房地产开发有限公司、
东营区南王屋居委会财产侵权纠纷案

案例核心价值： 合法的权益才受法律保护！财产利益的取得不合法则失去了受法律保护的基础。企业在经营活动中以协议的方式取得权益要确保协议的主体符合法律规定以及协议的内容合法，否则依据协议不能取得合法的财产权利，在受到侵害时，其财产利益得不到法律的保护。特别是企业与作为民事主体的行政机关签订民事合同时，应当对行政机关是否符合职权法定的原则进行审查，同时对合同所涉及的内容是否在其职责权限范围，或者得到法律或有权机关的授权进行审查，否则依据该合同不能取得相应的民事财产权利，在其财产利益受到损害时得不到法律的救济。

相关法条： 《侵权责任法》第一条：为保护民事主体的合法权益，明确侵权责任，预防并制裁侵权行为，促进社会和谐稳定，制定本法。

《合同法》第九条第一款：当事人订立合同，应当具有相应的民事权利能力和民事行为能力；第五十二条：有下列情形之一的，合同无效：（五）违反法律、行政法规的强制性规定。

《民法通则》第五十五条：民事法律行为应当具备下列条件：（一）行为人具有相应的民事行为能力；（二）意思表示真实；（三）不违反法律或者社会公共利益。

基本案情：

原告东营市逸扬广告有限公司诉称：原告东营市逸扬广告有限公司与东营市城市管理行政执法局签订《广告代建及经营权出让协议》，协议约定原告投资为东营市城市管理行政执法局在东营市黄河路与胜华路交叉口西南侧建一广告牌，总面积180平方米，建完后原告以10年广告牌经营权出让金抵顶建设费用，出让期限2008年5月15日至2018年5月14日。

原告依据上述协议获得了位于黄河路与胜华路交叉口广告牌的经营权，当经营到

2013 年 11 月时，发现该广告牌已经被二被告推倒，广告牌建设地点被二被告实际占用，导致原告受到严重损失，已经无法正常经营。

期间，2012 年 11 月 23 日原告与中国移动通信集团山东公司东营分公司达成《户外广告发布合同》，合同约定原告为中国移动通信集团山东公司东营分公司发布广告期限两年，年广告费 9 万元。由于二被告故意损坏行为，导致原告一年不能履行合同，造成经济损失 9 万元。

2014 年 1 月 5 日原告与东营灵动智能科技有限公司签订《户外广告位租赁合同》，合同约定广告位租赁期限三年六个月，租赁费总计 45 万元；另还约定任何一方违反合同，违约方支付租赁费 20%，即 9 万元。该合同共造成原告损失 54 万元。

被告东营宝龙房地产开发有限公司辩称：

1. 原告不具有合法的广告牌使用权，其提起诉讼属主体不适格。东营市城市管理行政执法局系国家机关，不属经营性单位，并无经营资质，其无权以自己的名义在任何地方设立广告牌，也没有权力将广告牌的经营使用权出租或转让。因此东营市城市管理行政执法局与原告签订的《广告代建及经营权出让协议》是无效合同。原告所主张的权利没有事实和法律依据，其不具有提起诉讼的主体资格。

2. 原告将答辩人列为被告起诉并要求赔偿系错列被告。答辩人公司于 2014 年 2 月 14 日设立，东营宝龙项目用地由上海龙潜实业发展有限公司于 2014 年 1 月 14 日摘牌成交，而原告诉称的广告牌被推倒时间为 2013 年 11 月。因广告牌被推倒时答辩人还没有设立，答辩人对原告诉称的广告牌被推倒的事实并不知情，更没有实施拆除行为。因此答辩人并非侵权责任人，原告将答辩人列为被告要求赔偿是错误的。

3. 原告主张的损失没有事实和法律依据。

（1）原告诉称的与中国移动通信集团山东公司东营分公司的合同损失，因该合同损失并非因广告牌被推倒所造成的直接经济损失，原告要求赔偿没有法律依据。

（2）原告诉称的与东营灵动智能科技有限公司签订的合同损失并不存在。从原告的起诉状能够看出，原告称其发现广告牌被推倒的时间为 2013 年 11 月，与东营灵动智能科技有限公司签订合同的时间为 2014 年 1 月 5 日，也即签订合同时原告已经知道广告牌被推倒的事实，其仍与东营灵动智能科技有限公司签订租赁合同。并经了解，东营灵动智能科技有限公司设立的时间为 2013 年 12 月 6 日，注册资金为 3 万元，并不具备履行该合同的能力。原告显然想通过这种不正当的方式夸大其损失，对答辩人进行讹诈，因此该合同不能成为原告索赔合法有效的依据。同时，即使侵权事实存在并且原告确实因此遭受合同违约损失，该损失也是其自行扩大的损失，不应当由侵权人承担。综上请求驳回原告对其诉讼请求。

第二被告南王屋居委会答辩称：

1. 原告不具有合法的广告牌使用权，其提起诉讼属主体不适格。

2. 原告建设、经营广告牌构成侵权。

原告建广告牌所占用的土地使用权在 2014 年 5 月 26 日前归答辩人所有，在答辩人所有的东区国用（94）第 585 号国有土地使用权证载明的土地范围内。原告未经土地使用权人同意，私自在答辩人的土地上建设并经营广告牌构成侵权，答辩人有权拆除侵权广告牌，并且对于原告长期占用答辩人土地所造成的损失，答辩人保留向其依法索赔的权利。

3. 原告主张的损失没有事实和法律依据。

综上，原告起诉答辩人要求赔偿没有事实和法律依据，请求依法驳回原告对答辩人的诉讼请求。

裁判结果：

东营市东营区人民法院做出〔2014〕东民初字第 2505 号民事裁定书：准许原告东营市逸扬广告有限公司撤回起诉。

办案经过：

作为被告代理律师，接受当事人的委托后，我们首先对原告起诉的基础法律关系进行了审查，通过审查原告提交的起诉状和证据能够看出，原告所称的广告牌经营权的取得是有瑕疵的，其主张的广告牌经营权的依据是其与东营市城市管理行政执法局的广告牌代建协议。而东营市城市管理行政执法局显然并不具备建设、经营广告牌的资质，并且作为国家行政机关，也无权进行经营。因此，他们双方的协议是无效的。并且经了解，广告牌所占用的土地使用权在被征收之前属南王屋居委会所有。东营市城市管理行政执法局与原告协议建设的广告牌未经权利人同意而占用其土地，本身属侵权行为。这样原告所称的广告经营权的取得就存在严重的问题，该"权利"是基于无效合同并对他人侵权形成的，本身不是合法的财产权，在受到侵害时，当然不能得到法律的保护。原告因不是合法权利人，其起诉自然也就不存在合法性和正当性，其主体资格存在严重的瑕疵。

其次，从原告提交的侵权证据来看，仅提交了广告牌的照片和东营宝龙房地产开发有限公司修建的售楼处照片，并没有提交任何证据能够直接证明二被告拆除其广告牌。在庭审中，我方代理东营宝龙房地产开发有限公司提交了营业执照、拍卖成交确认书等证据证明在原告所称的广告牌被推倒时，东营宝龙房地产开发有限公司还没有设立，其起诉东营宝龙房地产开发有限公司要求赔偿显然没有事实依据。原告也不能提供直接证据证明广告牌是被南王屋居委会推倒的。

第三，从原告主张的损失来看，其提交的与东营灵动智能科技有限公司签订的合同从时间来看是在其所主张的推倒广告牌之后，其明知广告牌不存在仍与对方签订合同有串通讹诈之嫌。

综合以上分析，我方在庭前进行了周密的准备，收集了相关证据，在庭审中依据事实和法律对原告的起诉进行了有力的回击。庭审后，原告多次要求调解被拒后无奈撤诉。

案件评析：

本案作为原告方的广告公司在与东营市城市管理行政执法局签订《广告代建及经营权出让协议》时没有对签约主体的资质进行法律上的审查，想当然的认为政府机关具备签约能力和资格，最终导致损失无法弥补的结果，是企业与政府机关经济交往活动中存在的一个比较典型的案例。政府机关作为民事主体订立民事合同具有特殊性，签署此类合同时，政府机关作为合同主体不仅要符合民、商法上的规定，更要符合行政法上的规定，如《政府采购法》等。本案争议的焦点不在原告所主张的侵权事实是否存在及其损失的大小，而是其所主张的权利是否合法有效。东营市城市管理行政执法局显然不具备建设、经营广告牌的资格，其与原告广告公司所签订的合同违反了法律的强制性规定而无效，并且所建广告牌所占用的土地未经权利人许可，本身就是侵权行为，最终导致广告公司不能依法取得广告牌经营权。在政府机关作为主体签订的合同中，若作为政府一方不具备相关经营资质，或未按法律规定履行招投标或其他政府采购的程序性规定，则可能因违犯法律强制性规定而导致合同无效，作为合同相对方的企业不仅很难实现订立合同的目的，并且可能会给企业造成巨大的经济损失或带来经营上的风险，而这种损失或风险很难得到法律的保护。因此，企业在订立合同时要加强对合同的法律审查，避免法律风险和损失。

承办律师：张吉全
撰稿人：张吉全

国家海洋局北海分局
诉青岛顺联码头发展有限公司
解除《码头出让合同书》纠纷案

关键词：合同解除　约定解除　法定解除　保全自己财产的效力

裁判要点、案例核心价值：《合同法》对于合同的解除规定了法定解除和约定解除两种情形，本案诠释了法定解除和约定解除所构成的要件。另外，本案对于"自己保全自己名下的财产"的问题给予了明确答案，即保全的目的在于保障将来生效判决的履行，而对于被保全的财产在谁名下则无禁止性的规定，所以自己完全可以保全自己的财产。

相关法条：《中华人民共和国合同法》第九十三条、第九十四条，《中华人民共和国民事诉讼法》第一百条第一款、第一百○二条

基本案情：

2002年6月8日，国家海洋局北海分局（以下简称北海分局）与青岛顺联码头发展有限公司（以下简称顺联公司）签订《码头出让合同书》，约定北海分局将位于青岛港区内的码头（包括土地、建筑物和设备等）出让给顺联公司，出让价格3.05亿元；顺联公司30日内支付首付款6000万元，合同生效后两年内付清全部款项；如顺联公司连续两期不能按时支付码头转让款项时，北海分局有权解除合同，并收回码头的全部权益。2002年9月26日北海分局与青岛市国土资源和房屋管理局签订《国有土地使用权出让合同》，北海分局通过缴纳土地出让金的方式，将上述《码头出让合同书》中的码头用地从划拨地变为出让地。

后由于顺联公司一直没有支付《码头出让合同书》中约定的6000万元合同首付款，经双方协商，北海分局同意先将码头国有土地使用权转让给顺联公司，由顺联公司用码头国有土地使用权银行抵押贷款6000万元向北海分局支付合同首付款。2002年10月22日，北海分局与顺联公司签订了《国有土地使用权转让合同》，将码头国有土地使用

权过户至顺联公司。2002 年 10 月 28 日，北海分局与顺联公司签订《补充协议》一份，合同约定由顺联公司在《补充协议》签订后 20 日内付清 6000 万元的首付款。后顺联公司用码头国有土地使用权向银行抵押贷款 6000 万元作为首付款支付给了北海分局。顺联公司在支付首付款之后，余款 2.45 亿元一直没有能力支付。2005 年 7 月 5 日，北海分局与顺联公司的股东杨某某（顺联公司法定代表人，占 55% 股份）、黄某某（占 45% 股份）签订《协议书》一份，协议约定杨某某与黄某某在协议签署之日起 17 日内将名下的股份转让给北海分局指定人名下，如果杨某某、黄某某在 17 日内以顺联公司名义招商成功，则 2002 年 6 月 8 日签订的《码头出让合同书》继续沿用，否则杨某某、黄某某将在约定期限内办理股权过户手续，逾期则须支付违约金。

2005 年 9 月 1 日，顺联公司与北海分局签订《关于顺联码头发展有限公司股权变更的协议》，该协议约定了顺联公司的股东由杨某某、黄某某变更为刘某某、孙某某。北海分局支付 2000 万元的股价款。若顺联公司能找到合作伙伴，则北海分局再将顺联公司的股权变更为杨某某、黄某某。2005 年 10 月 25 日，北海分局指派刘某某与杨某某签订了《股权转让协议》，由刘某某继受取得了顺联公司 55% 的股权。同时北海分局指派孙某某与黄某某签订《股权转让协议》，由孙某某继受取得了顺联公司 45% 的股权，并到工商部门办理了股权过户手续。至此北海分局实际控制顺联公司，并于 2006 年和 2008 年分两次偿还了顺联公司在银行抵押贷款的 6000 万元。

股权过户后，杨某某按照 2005 年 9 月 1 日《关于顺联码头发展有限公司股权变更的协议》约定要求北海分局支付 2000 万元股价款，北海分局经查账发现杨某某、黄某某在成立顺联公司时根本没有出资（虚假出资），因此北海分局拒绝向杨某某和黄某某支付 2000 万元股价款。杨某某在无法额外获得 2000 万元股价款后，于 2008 年向即墨市人民法院起诉，要求北海分局支付其转让顺联公司 55% 计 1100 万元股价款，在庭审中变更为请求确认在 2005 年与刘某某签订的《股权转让协议》无效；黄某某直接向法院起诉，要求确认在 2005 年与孙某某签订的《股权转让协议》无效。该两起案件经即墨市人民法院、青岛市中级人民法院审理确认两份《股权转让协议》均无效。杨某某、黄某某依据生效判决重新取得顺联公司的股东资格，并控制了顺联公司。

2008 年 11 月 4 日，北海分局起诉顺联公司，请求法院确认双方于 2002 年 10 月 22 日签订的《国有土地使用权转让合同》无效，并请求返还码头国有土地使用权。青岛市中级人民法院以顺联公司成立时股东未实际出资不具备法人主体资格，以及顺联公司在明知股东未实际出资的情况下仍与北海分局签订《国有土地使用权转让合同》之行为存在欺诈为由，判决北海分局与顺联公司签订的《国有土地使用权转让合同》无效，并判令顺联公司返还码头国有土地使用权。山东省高级人民法院经审理维持了一审判决。北海分局通过执行将码头国有土地使用权从顺联公司过户至北海分局名下。杨某某、黄某某在重新取得顺联公司股权并实际控制顺联公司后，向最高人民法院提出再审申请，最高人民法院受理了该再审申请，并决定由山东省高级人民法院再审该案。再审的结果为，撤销原一审、二审判决，改判确认《国有土地使用权转让合同》为有效合同，依此驳回了北海分局的诉讼请求。鉴于再审的审判结果，顺联公司向法院申请了执行回转，即请求法院将码头国有土地使用权再执行回转至顺联公司名下。

案件的发展致使北海分局面临财物两空的境地，即顺联公司在未支付码头转让款的情况下，通过执行回转将码头土地使用权执行至自己名下。另外，顺联公司本身就是一个空壳公司，并且其存在大量的债务。若码头土地使用权被执行至顺联公司名下，那么顺联公司的债权人将随即对码头土地使用权采取强制执行措施，一旦码头土地使用权被拍卖，则北海分局将无法再将码头土地使用权或转让款追回，势必造成重大的国有资产流失。

代理人接受北海分局委托后，为最大限度维护国有资产，提出以下法律方案：立即启动诉讼程序，诉请山东省高级人民法院依法判令解除双方于2002年6月8日签订的《码头出让合同书》以及2002年10月22日签订的《国有土地使用权转让合同》，从根本上解决问题。同时，为保护码头土地使用权，在诉讼过程中提起诉讼保全，对码头土地使用权采取保全措施。

裁判结果：

山东省高级人民法院做出了〔2011〕鲁民一初字第17号民事判决书，裁判内容：解除原告国家海洋局北海分局与被告青岛顺联码头发展有限公司于2002年6月8日签订的《码头出让合同书》、2002年10月22日签订的《国有土地使用权转让合同》、2002年10月28日签订的《补充协议》。

裁判理由：

法院生效裁判认为，原、被告在签订《码头出让合同书》《国有土地使用权转让合同》《补充协议》并部分履行后，顺联公司未依约支付剩余2.45亿元码头转让款，北海分局转让码头的合同目的不能实现，北海分局已经返还了顺联公司支付的6000万元首付款，其请求解除合同符合《合同法》有关约定解除和法定解除的规定，涉案三份合同应予解除。

律师评析：

本案起因于北海分局与顺联公司于2002年6月8日签订的《码头出让合同书》，后顺联公司无力履行该合同，但是码头土地已经过户到顺联公司名下，为收回码头土地使用权，北海分局通过诉讼确认了《国有土地使用权转让合同》无效，进而通过执行收回了码头土地。但是顺联公司成功提起再审，并通过诉讼程序将北海分局的执行依据撤销。后顺联公司向青岛市中级人民法院提出执行回转申请，企图侵吞码头土地使用权。

面对可能发生的国有资产被侵吞的局面，代理人提出了"解除《码头出让合同书》"为主要诉讼请求的诉讼方案，以求彻底解除北海分局与顺联公司的合同关系，进而达到对抗执行回转，保护码头土地使用权的目的。为避免涉案码头土地被实际过户至顺联公司名下，代理人又提出了向法院申请保全已经在原告名下的码头土地使用权。

一、根据《合同法》规定的法定解除和约定解除情形，本案涉案合同及补充协议应当解除。

1. 顺联公司存在履行不能导致合同根本目的不能实现的事实。双方于2002年6月8日签订《码头出让合同书》后，顺联公司除了用北海分局先行过户的码头国有土地使用权银行抵押贷款支付了6000万元首付款外，余款2.45亿元一直未能支付，导致北海分局出让码头项目的合同根本目的不能实现。

2. 由于顺联公司没有能力按照《码头出让合同书》约定支付转让价款，具备了《码头出让合同书》约定的解除条件，双方经协商达成解除《码头出让合同书》合意并签订了有关解除协议，双方均以自己的行为表明不再履行合同。

（1）双方于2005年7月5日由北海分局作为甲方、杨某某、黄某某作为乙方签订了《协议书》。根据《协议书》内容，双方达成合意，有条件的解除《码头出让合同书》，解除方式为将顺联公司的股权过户至北海分局或者指定人名下。

（2）为顺利解除《码头出让合同书》，继2005年7月5日《协议书》之后，双方又于2005年9月1日签订《关于顺联码头发展有限公司股权变更的协议》，明确约定顺联公司将其公司的股权由杨某某、黄某某变更为刘某某、孙某某，细化了解除事宜和解除操作方案，进一步证明双方已经达成了解除《码头出让合同书》的协议。该股权变更协议有杨某某签字和顺联公司盖章。

（3）结合双方签署2005年7月5日《协议书》和2005年9月1日《关于顺联码头发展有限公司股权变更的协议》的行为和协议本身内容，北海分局与顺联公司达成了解除《码头出让合同书》的合意。

3. 双方签订有关解除《码头出让合同书》协议后，按照解除协议进行了股权转让，从行为上完成了对《码头出让合同书》的解除。根据2005年7月5日《协议书》和2005年9月1日《关于顺联码头发展有限公司股权变更的协议》约定，由于顺联公司没有在限期内招商成功也没有转让成功，具备了解除《码头出让合同书》的条件，双方进行了解除《码头出让合同书》的具体操作：2005年10月25日，杨某某与刘某某、黄某某与孙某某分别签订《股权转让协议》，由刘某某受让了杨某某持有的顺联公司

55%的股权、孙某某受让了黄某某持有的顺联公司45%股权。鉴于刘某某、孙某某的持股系代北海公司持股，由此北海分局持有了顺联公司100%股权。由于此时码头国有土地使用权登记在顺联公司名下，北海分局获得顺联公司100%股权，意味着北海分局收回了已经转让的码头国有土地使用权。

4. 达成解除《码头出让合同书》合意后，双方按照法律规定终止履行《码头出让合同书》，并对已经履行部分进行了恢复。双方达成解除《码头出让合同书》合意并完成股权过户后，双方事实上进行了解除《码头出让合同书》后的相互返还工作：北海分局向顺联公司返还了6000万元首付款本息，由顺联公司用于向银行偿还6000万元贷款本息；顺联公司通过安排股东出让股权的方式将国有土地使用权返还给北海分局，并将码头项目交给北海分局管理和运营，由此北海分局收回了出让给顺联公司的码头项目（包括过户至顺联公司名下的国有土地使用权）。

根据上述分析，客观上顺联公司存在履行不能导致北海分局出让码头之合同根本目的不能实现的事实，主观上双方经协商达成了解除《码头出让合同书》的合意并签署了相关解除协议，且在签署解除协议后进行了解除合同后的终止履行和相互返还行为，能够证明双方不再履行合同的真实意思表示。所以，依据《合同法》第九十三条、九十四条的规定，法院应当判令合同解除。

二、关于诉讼保全的问题的处理。

在诉讼过程中，北海分局向法院提出了诉讼保全申请，请求法院保全码头土地使用权。由于在诉讼过程中尚未执行回转，所以码头土地使用权是在北海分局名下。因此，法官对于"自己保全自己名下的财产"提出质疑。代理人认为：《民事诉讼法》第一百条第一款规定："人民法院对于可能因当事人一方的行为或者其他原因，使判决难以执行或者造成当事人其他损害的案件，根据对方当事人的申请，可以裁定对其财产进行保全，责令其做出一定行为或者禁止其做出一定行为；当事人没有提出申请的，人民法院在必要时也可以裁定采取保全措施。"《民事诉讼法》第一百〇二条规定："财产保全限于请求的范围，或者与本案有关的财物。"从上述条文中可以看出，法律并未规定保全的财产不能是自己的财产，所以法院应当受理北海分局的保全申请。最终法院采纳了代理人的观点，对码头土地使用权采取了保全措施。

承办律师：张巧良　孔庆刚　张颖清

撰稿人：张颖清

案件领域

刑　事

廖某某贩卖毒品罪死刑复核被发回重审案

关键词： 刑事　死刑复核的代理　特情间接引诱　被告人案前表现

案件核心价值： 毒品犯罪案件中存在"特情引诱"的情形下，无论涉案毒品数量多大，都不得判处死刑立即执行，但对于"特情间接引诱"实践中却认定不多，而根据相关规定，也应参照特情引诱的情形进行量刑。

相关法条：《全国部分法院审理毒品犯罪案件工作座谈会纪要》第六部分"特情介入案件的处理问题"、《最高人民法院、最高人民检察院、公安部、国家安全部、司法部关于办理死刑案件审查判断证据若干问题的规定》第三十六条、《最高人民法院关于〈适用中华人民共和国刑事诉讼法〉的解释》第三百五十条

基本案情：

承办律师的当事人即原审被告人廖某某系四川省双流县人，2010 年 7 月，其与原审另一被告人周某某共谋，二人各准备一部分毒品，由廖某某运输至青岛后，再由周某某进行贩卖。廖某某共计运输到青岛的毒品为 3300 克甲基苯丙胺，后，廖某某及周某某分别被警方抓获。归案后，周某某供述其让廖某某运输到青岛的毒品系 2 公斤即 2000 克，剩余的 1300 克与她无关。但廖某某供述周某某让其运输的是 3000 克，只有剩余的 300 克是他自己的。2012 年 5 月 16 日青岛市中级人民法院〔2012〕青刑一初字第 72 号刑事判决做出一审判决，认定周某某构成贩卖毒品罪，廖某某构成贩卖、运输毒品罪，均被判处死刑，两被告人均上诉至山东省高级人民法院。山东省高级人民法院于 2013 年 6 月 24 日做出〔2012〕鲁刑四终字第 158 号刑事判决，认定周某某贩卖甲基苯丙胺的克数为 2000 克，因有侦查人员安排的线人向其要货，其才要贩卖，存在特情引诱，因此改判死刑缓期两年执行；而廖某某贩卖、运输的甲基苯丙胺克数为全部查获的 3300 克，维持了原审以贩卖、运输毒品罪判处廖某某死刑的判决。

在报请最高人民法院核准时，承办律师接受委托，作为廖某某死刑复核程序的辩护人向最高人民法院提出辩护意见，并与复核的主审法官多次进行交流沟通。针对主审法

官提出的质疑，承办律师及时补充辩护观点并组织家属补充证据，最高人民法院终于于2013年10月23日做出〔2013〕刑一复50133499号刑事裁定，不核准死刑并撤销了山东省高级人民法院〔2012〕鲁刑四终字第158号刑事判决中维持一审以贩卖、运输毒品罪判处廖某某死刑，剥夺政治权利终身，并处没收全部财产的判决，发回山东省高级人民法院重新审判。

承办律师继续代理此案，最终，山东省高级人民法院于2013年12月20日做出〔2013〕鲁刑四终字第158-1号刑事判决书，改判廖某某犯贩卖、运输毒品罪，判处死刑缓期两年执行。

案件评析：

本案的争议焦点为被告廖某某是否存在"特情间接引诱"情节，特情间接引诱能否作为其从轻处罚量刑情节？

因为毒品犯罪案件存在"特情引诱"情形时，司法审判实务中明确为无论贩卖、运输毒品数量多大都不得判处死刑立即执行，但对于"特情间接引诱"实践中却认定不多，而根据相关规定，也应参照特情引诱的情形进行量刑。

本案所涉及的毒品数量特别巨大，乍一看指控金额确实应该判被告人以极刑，但仔细研读案卷资料，却发现运输、贩卖如此巨大数量的毒品另有隐情。二审判决也认定，其中一上诉人"周某某贩卖毒品3383克、海洛因21.7克……依法应予严惩"，"但鉴于向周某某定购毒品的犯罪嫌疑人特情人员尹某某归案后，侦查机关未就相关事实将特情人员尹某某移送审查起诉，尚不能确定周某某贩卖毒品甲基苯丙胺3300克的行为是否受到特情引诱"，因此二审判决认定"不能排除特情人员是公安机关的特情对周某某进行了引诱"，故依法判处周某某死刑，可不立即执行。但对于上诉人廖某某仍然维持了一审死刑立即执行的判决结果。

而根据案卷材料，周某某答应特情人员尹某某向其贩卖毒品后，请托廖某某帮其运输毒品到青岛一起贩卖，廖某某才实施了运输行为，完全符合"特情间接引诱"的构成要件。所谓"特情间接引诱"，是指受特情引诱的被告人的行为又引起了原本没有毒品犯意的其他人产生毒品犯罪故意，并实施了毒品犯罪行为。本案特情人员尹某某对周某某的特情引诱又引起了廖某某实施了运输、贩卖相关大宗毒品，完全构成特情间接引诱。但争议存在于廖某某运输的3300克毒品是否全部属于特情间接引诱，还是只有周某某自认的2000克属于特情间接引诱，而剩余的1300克属于廖某某自己主动运输、贩卖的金额。如果是后者，根据《刑法》第三百四十七条，贩卖、运输甲基苯丙胺五十克以上就处十五年有期徒刑、无期徒刑或者死刑，1300克的甲基苯丙胺足以判处廖某某死刑。

根据《全国部分法院审理毒品犯罪案件工作座谈会纪要》【法〔2008〕324号】第六部分"特情介入案件的处理问题"规定，对因"犯意引诱"实施毒品犯罪的被告人，根据罪刑相适应原则，应当依法从轻处罚，无论涉案毒品数量多大，都不应判处死刑立即执行；对不能排除"犯意引诱"和"数量引诱"的案件，在考虑是否对被告人判处死刑立即执行时，要留有余地。同时规定："对被告人受特情间接引诱实施毒品犯罪的，参照上述原则依法处理。"

据此，承办律师在代理廖某某死刑复核程序中向最高人民法院承办法官提出本案廖某某涉及的全部毒品数量不排除具有受"特情间接引诱"的量刑情节，不应被判处死刑立即执行的观点。

律师感悟：

代理死刑复核程序，要根据与承办法官交流的反馈情况及时补充证据，充实观点，注重搜集当事人案前表现的证据，为当事人的合法权益、生命权据理力争到最后。

在与承办法官面对面交流中，承办律师明显感觉到承办法官对廖某某的为人及案前表现存在疑虑甚至偏见，其认为如此巨大数量的毒品犯罪不应该是廖某某初次偶发的犯罪，剩余的1300克毒品是廖某某主动贩卖、运输的可能性比较大。但承办律师认为疑虑总归是主观臆断，刑事证据的标准要求确实充分，排除一切合理怀疑，在没有证据的情况下不能以是否符合常理来推断。

同时，根据《最高人民法院、最高人民检察院、公安部、国家安全部、司法部关于办理死刑案件审查判断证据若干问题的规定》，当事人的平时表现及案前表现是审理死刑案件的法官非常注重审查的情节内容，该情节确实足以影响法官对其一贯行为的内心确认，应当补充该相关证据。一审阶段因并非承办律师承办，案卷中除了户籍证明及当地派出所简单的案前无犯罪记录的证明外，没有关于廖某某案前具体表现、为人表现的其他证据。为了廖某某的合法权益必须继续据理力争。

为此，承办律师回到济南后针对主审法官的异议抓紧书写了《关于廖某某贩卖、运输毒品案件补充意见书》，对廖某某涉嫌的全部毒品数量不排除存在间接引诱的可能性进行了进一步的深入阐述；除此之外，承办律师又及时与廖某某的家属沟通，在承办律师安排下调取了廖某某居委会、街坊邻居百余人的联名证明材料证明廖某某的平时表现，并提交给最高人民法院。

最终，最高人民法院以认定事实不清裁定不核准廖某某死刑，发回山东省高级人民法院重审。山东省高级人民法院重审后，判决廖某某死刑缓期两年执行，廖某某的合法权益得到了维护。

综上所述，维护当事人的生命权、自由权应是律师执业最大的意义，也是律师实现自身价值、维护社会公平正义的最大体现。对当事人的合法权益，我们要孜孜不倦地研究案卷寻找突破，即便是面对困境、被动、偏见，仍然要对当事人不抛弃、不放弃，据理力争到最后一刻。

承办律师：程　华　马山子

撰稿人：马山子　崔晓宁

犯罪嫌疑人协助抓捕应视为立功的浅议

——林某民故意杀人案

关键词： 刑事　故意杀人　立功　从轻量刑

案　由： 故意杀人

律师观点、案例核心价值： 犯罪嫌疑人向侦查机关提供同案犯罪嫌疑人犯罪后的手机号码，抓获该犯罪嫌疑人的，属协助司法机关抓捕其他犯罪嫌疑人之情形，以立功论。

相关法条： 《刑法》第六十八条、《最高人民法院关于处理自首和立功具体应用法律若干问题的解释》第五条

基本案情：

某省某市中级人民法院审理某市人民检察院指控被告人林某民、林某其、林某科故意杀人案。于 2012 年 12 月 13 日做出〔2012〕某刑一初字第 61 号刑事附带民事判决。

原审法院认为：林某民、林某其、林某科不能正确处理与他人的矛盾，共同殴打受害人冯某，后又阻止他人救助，致人死亡，其行为构成故意杀人罪。在共同犯罪中，被告人林某民持刀致人死亡，起主要作用，系主犯；考虑到本案系民间纠纷引发，归案后三被告人能认罪悔罪，对被害人亲属积极赔偿，故可对被告林某民、林某其酌情从轻处罚，对被告人林某科减轻处罚。鉴于三被告人系共同犯罪，其行为相互联系，应根据其各自在共同犯罪中的地位、作用及情节承担相应的刑事责任，根据刑法的有关规定，以故意杀人罪判处被告人林某民无期徒刑，剥夺政治权利终身。

原审被告人林某民不服一审判决，提出上诉。律师事务所在接受被告人林某民亲属委托后，指派笔者担任其二审辩护人，在征得被告人同意后，为其出庭辩护。

二审查明事实：

二审法院开庭审理后，查明上诉人林某民、林某其、林某科三人系同村村民。林某

科系该村电工，受害人冯某在该村开矿。1996 年 4 月，因林某科没有及时给冯拉电，双方产生矛盾。为防冯某因拉电问题找林某科争执，三被告人商议暂不走远，以便互相照应。同年 4 月 11 日 11 时 30 分，冯某的岳父陈某基，到林某科家中商量拉电事宜，林某科让陈某基转告冯某到其家中。当日中午，林某科、林某其与徐某某等人在林某科家中吃饭，饭后林某民赶到林某科家中。当日 15 时许，冯某酒后赶往林某科家中，冯某的妻子担心出事，让村民林某林、马某开劝冯某回家，林某林等人劝冯某未果，便在冯某身后不远处跟随前行。当冯某走进林某科家中后，林某民走出林某科家，并在院外与林某林、冯某相遇，冯某质问林某科为何不给其拉电，随即二人发生争执并厮打在一起。林某林、马某开遂进林某科家中拉架，被林某其、闻讯返回的林某民阻拦，后林某民持匕首朝正与林某科厮打的冯某的腹部、臀部捅刺三刀，并用木棍击打冯某头部一下，致冯某昏迷。后冯某因腹主动脉破裂大出血死亡。公安人员接报案赶到现场，将林某科抓获。林某民、林某其潜逃。2011 年 9 月 1 日，公安人员在某市将林某民抓获，根据林某民提供的林某其的联系方式等信息，公安人员于 9 月 2 日在某县将林某其抓获。

二审法院判决：

二审法院认为：本案事实清楚，证据确实、充分，上诉人林某民等人致他人伤情严重后，放任他人死亡结果的发生，致人死亡，其行为均构成故意杀人罪。上诉人林某民在共同犯罪中起主要作用，系主犯。原审判决考虑到本案系因民间纠纷引发，鉴于二审审理期间，上诉人林某民的家属与被害人的亲属就民事赔偿部分达成协议，并取得了被害人亲属的谅解，且上诉人林某民有立功表现，依法可对上诉人林某民予以从轻处罚。依照 1979 年《中华人民共和国刑法》第一百三十二条，《中华人民共和国刑法》第十二条第一款、第二十五条第一款、第二十六条第一和第四款、第二十七条、第六十八条，《最高人民法院关于处理自首和立功具体应用法律若干问题的解释》第五条，《最高人民法院关于适用〈中华人民共和国刑事诉讼法〉的解释》第一百五十七条和《中华人民共和国刑事诉讼法》第二百二十五条第一款第（二）项的规定，判决如下：

维持某省某市中级人民法院〔2012〕某刑一初字第 51 号刑事附带民事判决对被告人林某民的定罪部分；撤销某省某市中级人民法院〔2012〕某刑一初字第 51 号刑事附带民事判决对被告人林某民的量刑部分；上诉人林某民犯故意杀人罪，判处有期徒刑十五年。

辩护人办理本案的心得：

（一）辩护人提出被告人具有立功表现的辩护意见，二审予以采纳，对被告人从轻量刑

根据《最高人民法院关于处理自首和立功具体应用法律若干问题的解释》第五条

规定，"刑法第六十八条第一款的规定，犯罪分子到案后有检举、揭发他人犯罪行为，包括共同犯罪案件中的犯罪分子揭发同案犯共同犯罪以外的其他犯罪，经查证属实；提供侦破其他案件的重要线索，经查证属实；阻止他人犯罪活动；协助司法机关抓捕其他犯罪嫌疑人（包括同案犯）；具有其他有利于国家和社会的突出表现的，应当认定为有立功表现。"

最高人民法院于 2010 年 12 月 22 日发布的法发〔2010〕60 号《关于处理自首和立功若干具体问题的意见》第五条规定："关于协助抓捕其他犯罪嫌疑人"的具体认定：

犯罪分子具有下列行为之一，使司法机关抓获其他犯罪嫌疑人的，属于《解释》第五条规定的"协助司法机关抓捕其他犯罪嫌疑人"：1. 按照司法机关的安排，以打电话、发信息等方式将其他犯罪嫌疑人（包括同案犯）约至指定地点的；2. 按照司法机关的安排，当场指认、辨认其他犯罪嫌疑人（包括同案犯）的；3. 带领侦查人员抓获其他犯罪嫌疑人（包括同案犯）的；4. 提供司法机关尚未掌握的其他案件犯罪嫌疑人的联络方式、藏匿地址等。但是，犯罪分子提供同案犯姓名、住址、体貌特征等基本情况，或者提供犯罪前、犯罪中掌握、使用的同案犯联络方式、藏匿地址，司法机关据此抓捕同案犯的，不能认定为协助司法机关抓捕同案犯。

本案中，辩护人认为林某其在案发后的数年里，已更名换姓，漂白了身份，并且有了一份正当的职业，司法机关若通过正常途径和渠道几乎无法获知他现在的具体信息，公安机关虽收缴了林某民的手机，但该手机通讯录联系人列表，林某其也被林某民化名为"其实"予以保存，而并非林某其真实姓名。上诉人林某民向公安机关提供的林某其的手机号码，是林某其在犯罪后潜逃中所使用的联系方式，提供的居住地也是逃离了案发地后的常住地，侦查机关根据林某民提供的以上线索，将林某其抓获（某市公安局出具的抓获经过、某地分局出具的抓获经过可以证明这一事实），即林某民的上述行为对公安人员抓获林某其起到协助作用，其符合"协助司法机关抓捕其他犯罪嫌疑人"法律规定。故林某民的行为应认定为立功。

综上，二审法院支持了辩护人提出林某民具有立功表现，具备法定的从轻情节这一辩护意见。

（二）办理案件要秉承认真、细致的工作态度

在代理二审辩护时，辩护人多次会见被告人。认真并详细询问了被告人案发经过、归案经过、一审审理情况等事项。通过和被告人、被告人亲属的多次交谈及查阅案件卷宗材料，辩护人认为现有卷宗材料对于被告人林某其的归案情节，并没有过多涉及。在和被告人家属交谈的过程中，其亲属提到被告人林某民在被抓获时，当地报纸曾对该案件做过报道。虽然，辩护人并不知晓该报道是否有涉及本案案情的描述，且该报道与案件并没有法律或事实上的关联，但辩护人认为从需要对本案全部案情进行深入知悉的角

度出发，应该尽可能地收集到该份报纸。后在被告人亲属的配合下，辩护人见到了该份报纸。令辩护人欣慰的是该份报纸在报道中对被告人协助抓捕同案犯的事实进行了描述。根据卷宗材料及该份报纸在报道中所描述的情形，辩护人及时与承办人沟通、交流，陈述了被告人林某其归案证明不充分、林某民可能具有立功情节之观点，提出对林某其的抓获经过进行进一步查明之请求。后公安机关及时就抓获经过做出了书面说明，证实林某民提供林某其的现有电话联系方式、居住地等信息，公安人员根据此线索抓获林某其。

（三）法律的正确适用是公平、合法裁判的基础

在公安机关出具的抓获经过中，对于被告人提供同案犯林某其的手机号码及漂白身份后的名字及常住地做了说明。对于该说明，控辩双方都没有异议。但对于是否具有立功情节，如何正确理解有关立功的司法解释，还是出现了不同的声音。一种声音认为：被告人向公安机关交代自己的犯罪事实时，应如实供述同案犯情况，提供同案犯姓名、住址、体貌特征等基本情况属于如实供述的情节，为犯罪分子的法定义务。结合本案，被告人林某民的行为不应认定为立功；一种声音认为：林某民提供的同案犯姓名、电话等系其在犯罪后所使用的，不为外界所知，故林某民的行为属立功表现。笔者认为被告人提供的线索是否对抓获同案犯确实起到协助作用，是判断被告人提供线索抓获同案犯行为能否构成立功的实质性标准。本案中，对于同案犯林某其犯罪后的联系方式不属于林某民必须交代的犯罪事实，林某其现住地并非与其户籍所在地一致，联系方式、常住地等一切身份信息并不为公安机关所掌握，林某民归案后向公安机关交代了公安机关不掌握的、同案犯林某其作案后新更换的手机号，后公安机关依据此电话号码将同案犯抓获。根据现有证据，不能否认公安机关系根据林某民提供的线索将同案犯抓获，且相关司法解释也以列举的方式明确了不能认定为协助抓捕的情形，而提供犯罪后的掌握同案犯的联络方式等并不在不应认定为立功的情形之内。互联网时代，人们间的交流方式多样且灵活，QQ、微信、网络昵称等使用的普遍化，司法实践中，协助抓捕的方式不应限定得过于苛刻、严格，如协助提供以上信息并且抓捕结果的取得与协助行为之间具有直接的因果联系，应认为具有立功表现。辩护人认为刑法所确立的立功制度的目的一方面是要鼓励犯罪分子悔过自新，重新做人，使其能以积极和悔罪的态度协助司法机关工作，提高司法机关的办案效率，节省办案资源；另一方面，这一制度可以有效地瓦解犯罪势力，促使其他犯罪分子主动归案，减少因犯罪而对社会造成的不安定因素。如果对本应认定为协助抓捕型立功的行为仅仅认定为"如实供述同案犯"，会使得"立功制度"的设立评价不足，对本应给予从轻或者减轻处罚的量刑情节未予采信，也不利于鼓励犯罪分子积极协助司法机关抓捕同案犯。最终，法院采纳了辩护人的观点。

办理该案时，虽然曾经有不同的声音出现，认为林某民的行为不应认定为立功，属

于如实供述范畴。但司法机关在办理该案时秉承执法为公，司法为民的执法心态，以严谨、细致的工作作风，勤奋、好学的工作态度，在充分听取辩护人的辩护观点和保障辩护人辩护权益的情形下，使本案顺利结案，判决合法、公正。同时，被告人也得到受害人亲属的谅解，几个家庭间数年的仇恨归于消亡，化解了社会不安定因素，维护了当事人的合法权益！

承办律师：李　珺

撰稿人：李　珺

曾某故意杀人案

关键词： 刑事　故意杀人　激情杀人　缓刑

案情简介：

2002年1月9日中午，被告人曾某与被害人王某等人一同喝酒，期间王某因前恋爱对象与曾某订婚一事不满双方发生争执。下午2时许，王某伙同他人到曾某所在单位对曾某进行侮辱、殴打，并威胁其家人安全，曾某气愤之下从家中拿来匕首，捅刺王某的颈部和心脏，致使王某当场死亡。

起诉意见：

被告人曾某于2001年10月与鹿某确立恋爱关系。鹿某前男友王某心怀嫉妒，多次对曾某进行殴打、威胁、侮辱和敲诈。2002年1月9日中午曾某为摆脱被害人王某的纠缠，被迫请王某等人吃饭。席间王某故意将手机摔在地上后对曾某进行殴打，并强迫曾某到曾某所在的联通公司为其购买新手机，王某在联通公司继续对曾某进行辱骂和殴打，并对曾某及其家人的安全进行威胁。此时，曾某产生杀人之恶念，遂借口取钱回家拿一把水果刀。曾某先持刀将被害人王某的头部捅伤，王某摔倒在地后，曾某又持刀猛捅王某颈部数刀。被害人王某因被锐器横断颈部血管致失血性休克死亡。案发后曾某打电话向公安机关投案自首。被告人曾某因长期受被害人迫害而基于激愤杀人致人死亡，其行为触犯《中华人民共和国刑法》第二百三十二条之规定，构成故意杀人罪，但情节较轻。曾某在案发后主动打电话向公安机关投案自首，依照我国刑法第六十七条之规定，可以从轻或减轻处罚。

辩护意见：

一、被害人王某对被告人曾某长期的、持续的、变本加厉的、手段残忍的殴打、威胁、侮辱和敲诈是导致曾某杀人犯罪的直接原因，被害人王某对案件的发生有难以推卸的责任。辩护人从通过法庭调查查明的下列事实对被害人王某行为的恶劣性和主观过错性进行证实和分析。

1. 被害人王某骚扰、侮辱、迫害曾某的过程

（1）2001年10月下旬，曾某与鹿某认识并建立恋爱关系。认识以后不久，王某就对曾某进行敲诈勒索。先是王某让鹿某捎信给曾某，要和曾某谈谈，并只要曾某和鹿某两个人去，而王某却叫了十多个"兄弟"，要曾某掏钱请客，地点是某快餐店。席间，曾某要求王某以后不要打电话骚扰鹿某，王某则要求曾某掏钱请客，曾某将身上仅有的300元钱给了王某。一方面王某答应曾某和鹿某好和好散，另一方面又威胁曾某"不要耍花"，否则的话就"做掉"曾某全家。

（2）2001年11月中旬，王某及其所谓"兄弟"董某、王某某到曾某单位以曾某本人和曾某家人的人身安全威胁曾某，要曾某为王某处理手机话费，曾某没有答应。

（3）2001年12月12日下午，王某某、董某又来到曾某的单位，到曾某办公室对曾某进行殴打、威胁，并砸坏了曾某办公室的饮水机和其他办公用品，同时告诉曾某，如果曾某再不答应，就找人把曾某做掉。当天晚上，曾某为化解矛盾，花490元请王某、董某、王某某等人吃饭，并给王某付手机话费274元。当天，王某又一次表示，以后不再找曾某的麻烦了。

（4）2002年1月8日下午，王某到曾某办公室，听曾某说他和鹿某准备登记结婚。

（5）2002年1月8日晚9点多，王某又给曾某打电话，要曾某到影剧院去"解释解释"，并威胁说，如果不去，就把曾某全家收拾了。曾某害怕家里出事，就到了影剧院。在影剧院，王某和他的所谓的"兄弟"刘某、杨某、郑某、孙某等人先是对曾某拳打脚踢，并用砖头和橡胶棒对曾某进行殴打。然后王某再次对曾某进行威胁，说曾某如果不"解释清楚"，就把曾某做掉或者把曾某绑到莱芜，说随时可以让曾某消失。并要求曾某在第二天中午12点以前做个解释，如果解释不清，就剁掉曾某的左胳膊和右腿，或者绑到莱芜叫曾某家人拿10万元赎人。在曾某回家的路上，王某又打手机给曾某，威胁曾某不要报案，如果报案，他在里面也可以照样收拾曾某。

（6）2002年1月9日中午，曾某为摆脱王某的纠缠，被迫再次请王某等人吃饭，刘某殴打曾某后要曾某下午拿500元钱。席间王某用手机给鹿某打电话，因话不投机，王某故意将手机摔在地上后对曾某进行殴打，并强迫曾某到联通公司为其购买新手机。在去联通公司的路上，王某继续对曾某进行殴打威胁。

（7）2002年1月9日下午，到联通公司后，王某当着曾某公司同事多人的面，在营业厅对曾某进行侮辱和殴打，不仅对曾某进行拳打脚踢，并且把曾某的头按到柜台上，逼迫曾某为其购买新手机。同时，当着曾某众多同事的面，对曾某及其家人的安全进行威胁。而且这种威胁、殴打和侮辱一直从一楼的营业厅持续到曾某的办公室。随

后，曾某被逼无奈，从家中取来刀子将王某杀死。

以上事实，有曾某本人当庭的陈述，并有曾某的女朋友鹿某、曾某的同学吴某、江某、杜某、康某、邱某、刘某、曾某的朋友唐某、安某，还有王某的同伙刘某和孙某等人的证言证实。在这个过程当中，前后时间只有两个月多一点，但有证据证实的王某对曾某的侮辱、殴打、威胁和敲诈就有 7 次之多。仅王某等人向曾某勒索的钱财，就有 1600 多元，其间曾某所受到的伤痛和屈辱是难以想象的。

2. 关于在被告人曾某和被害人之间存在的矛盾

被告人曾某和被害人王某原来素不相识。两人之间的矛盾是因为曾某的女友鹿某以前曾和王某谈过恋爱，后来因为王某不务正业，鹿某和王某结束了恋爱关系并和曾某相恋。王某对此一直心怀嫉妒，因此开始对曾某不断地进行骚扰和迫害。在他们的矛盾当中，曾某一直抱着一种息事宁人的态度，从一开始就迫于王某的暴力和无赖行径而一再满足王某的无理要求，为的是能保护自己的家人，保护自己的爱情。曾某一而再、再而三的让步屈服的结果是王某变本加厉地迫害。曾某不是没有想到过报警，但在王某明确告诉他报警的结果是自己的家人的人身安全将会受到威胁的情况下，曾某没有报警。法庭调查的过程已经证实了上述事实和情节的客观存在。曾某在案发当天下午包括回到联通公司营业部以后，上楼以前，从来没有产生过要杀死王某的念头。王某的逼迫最终使善良、老实的曾某走上了犯罪的道路。

3. 关于王某在案发前的表现

关于被害人王某在案发前的表现，特别是他在迫害曾某的过程中的表现，可以说，法庭调查过程中的每一份证人证言都涉及了。辩护人想讲的是法庭调查查明的王某在迫害曾某以外的其他表现。

我们在法庭调查中看到了许多来自县城普通群众的请愿书，其中有一份 856 人签名的请愿书，是这样写的："我们为社会少了一个坏蛋，多了一份安宁而庆幸！王某生前无恶不作，劣迹斑斑，已成为社会一大公害，县公安局有他的案底，请领导前来调查取证（县影剧院门前的摊贩，以及那条街上的个体餐馆均是受害者之处）"。

来自王某原工作单位的证明材料是这样评价王某的："王某原系我公司驻广东办事处业务员，1997 年入厂。在广东办事处工作期间，王某不仅没有积极努力工作，回报公司领导的信任，而是借工作之便，侵占公司财产 10 余万元用于个人享受，思想极端堕落，行为令人不齿，被公司发现后报公安经侦大队介入调查，于 1999 年 3 月 17 日至 1999 年 4 月 16 日两次拘留审讯，后取保候审。取保候审期间，恶习不改，工作不努力，经常酗酒闹事，1999 年 8 月至 9 月两次酒后持刀在公共场所恫吓过路群众，后群众报警后被 110 干警制服。鉴于王某的恶劣表现，经公司研究，于 2000 年 7 月 18 日将其开除出厂。"

关于王某一贯表现的证明材料很多，在此不一一列举，从上面这些材料所反映的内容我们可以清楚地看到被害人王某是一个什么样的人。

4. 关于知情人和广大群众对曾某杀死王某这一事件的评价和看法

案件发生后，在当地引起了很大的震动。人们不仅震惊于曾某的杀人，更加震惊于案发前王某对曾某长期的、变本加厉的迫害和折磨。正义的天平是永不倾斜的，人们本着自己的良知，对本案进行了最公正的评价。案发后，有数以千计的普通群众写信给司法机关，为曾某请愿，要求对曾某从轻处罚，要求给曾某这个善良的年仅 26 岁的青年一个改过自新、重新做人的机会。也许并不是因为他们了解曾某，更多的是因为他们了解王某，而在他们进一步了解了事情的经过以后，他们更为曾某感到惋惜和不值。这些来自各单位各阶层的群众表达的意思只有一个，那就是曾某杀人是在长期受王某等人的迫害而迫于无奈的情况下所为，是王某等人的霸道行径逼着曾某走上了犯罪的道路。辩护人需要特别指出的是曾经和王某一起对曾某进行殴打和迫害的刘某的评价。刘某在 2002 年 2 月 7 日的证明材料中说："我认为王某被杀死是活该，王某欺人太甚，多次殴打、侮辱曾某，并到曾某单位去闹，让曾某无法正常上班，讹诈曾某，让曾某买手机，确实太过分，曾某杀人是被逼无奈。"

从上述事实我们可以清楚地看到，在曾某杀人一案中，被害人王某存在极大过错。正是王某长期的、不断变本加厉的迫害，使得曾某最终被逼无奈，忍无可忍，才产生了只有杀死王某才能摆脱这种暗无天日的生活的念头，进而走上杀人犯罪的道路。

二、被告人曾某一贯表现很好，不论是在工作单位还是在同学、朋友乃至在素不相识的群众当中，都得到良好的评价。

被告人曾某住所地这样评价曾某："我们亲眼看见曾某从小长到大，一直本分老实。"

曾某老家这样评价曾某："曾某系我村村民，从小我们看着他长大。他学习刻苦，热爱党，热爱祖国，热爱人民，热爱劳动，本分老实，敦厚善良，尊老爱幼，孝敬爹娘，受到全体村民的一致好评。"

曾某所在单位全体工作人员对曾某所做的评价是："他为人诚实，性格沉稳，很有修养，并且乐于助人，孝顺父母，在我们公司是公认的好人，参加工作两年来，他兢兢业业，勤奋能干，工作能力也十分出色，是我公司重点培养的管理人才，凡是和曾某打过交道的人都对他的人品和才能异常敬佩。"

来自全国各地的曾某的中学同学这样评价曾某："他为人忠厚逊让，虚心好学，是品学兼优的好学生。参加工作后，表现好，进步很快。"

甚至，曾某单位对过小卖部的业主，都这样评价曾某："很不错的年轻人，挺懂礼貌，很平和的年轻人。"

可见，曾某的一贯表现得到了社会的认可，得到了广大群众的认可，他们对一个走上犯罪道路的年轻人的评价，辩护人相信是认真的，也是客观公正的。

三、曾某系初犯，此前无任何违法犯罪记录。

四、曾某案发后一直如实、全面的交代了自己的犯罪事实，无任何隐瞒。且曾某当庭表现出了强烈的悔过自新、重新做人的愿望，有良好的认罪、悔罪态度。

五、在本案开庭审理之前，曾某的家人就民事赔偿问题与被害人王某的亲属达成了调解，并已经按照协议进行了民事赔偿，在一定程度上弥补了其犯罪行为所造成的社会危害性。

被告人曾某的行为，系事出有因，是在遭受被害人王某多次殴打、威胁、侮辱和敲诈的情况下，难以忍受被害人无端的长期的手段残忍迫害的情况下所为，系义愤杀人，其犯罪情节较轻；案发后主动打电话向公安机关投案自首，依照《中华人民共和国刑法》第六十七条的规定，可以从轻或者减轻处罚；本案被害人王某对案件的发生有极大的过错；被告人曾某系初犯，无违法犯罪记录；有良好的认罪和悔罪态度；已经向受害人家属进行了民事赔偿。我国刑法第六十一条规定，对于犯罪分子决定刑罚时，应当根据犯罪的事实、犯罪的性质、情节和对社会的危害程度，依照刑法的有关规定判决。在此，辩护人郑重请求合议庭，充分考虑被告人存在的上述情节，对被告人曾某予以从轻或减轻处罚。

判决结果：

依照《中华人民共和国刑法》，被告人曾某犯故意杀人罪，判处有期徒刑三年，缓刑五年。

裁判理由：

法院审理查明，被害人王某与鹿某曾系恋爱关系，后因王某涉嫌经济犯罪及喝酒滋事被所在单位开除，常与社会上一些无业人员厮混、游手好闲，鹿某与其断绝了恋爱关系。2001年10月，经人介绍，被告人曾某与鹿某认识并恋爱。王某得知后心怀嫉妒，不断骚扰鹿某。为此，曾某曾花费300元请王某及其一些"兄弟"吃饭，希望王某不再纠缠鹿某。之后，王某并未甘心，又以自己手机话费有问题要求曾某报销话费为由，两次到曾某办公室无理取闹。遭拒绝后，王某还多次指使一些社会无业人员到曾某办公室自称"黑社会"对曾某恐吓。曾某为彻底摆脱王某的骚扰，经朋友介绍，通过王某的朋友张某向王某"说和"。同年12月12日，曾某花490元宴请王某、张某等人，还为王某支付了274元的手机话费。席间，王某当众假意承诺不再找曾某、鹿某二人的麻烦。

2002 年 1 月 8 日晚,王某得知曾、鹿二人准备结婚的消息后,恼羞成怒,打电话威胁曾某必须立刻赶到影剧院。当晚九时许,赶到影剧院的曾某下车即遭到王某及其纠合的郑某、刘某、孙某等人拳打脚踢及用橡胶棒、砖头等实施的殴打。王某同时威胁曾某必须在次日中午前向其"解释清楚",否则就要给曾某剁掉胳膊和腿、"做掉"他全家。曾某为平息王某的怒气,次日上午主动打电话向王某道歉,中午请客向王某"赔礼"。席间,王某先暗中安排刘某向曾某勒索现金 500 元,随后,王某用自己的手机接通鹿某的电话,当鹿在电话中再次斥责王某的讹诈行为时,曾某唯恐再惹恼王某,急忙接过手机劝止鹿某,却被王某夺过手机摔在地上。随后王某等人开始对曾某拳打脚踢,强迫曾某结账后给王某买一部新手机。王某等四人在"押"曾某去联通公司买手机的路上,仍不停地随意殴打和侮辱曾某。到联通公司营业厅后,被害人王某在多名联通公司职工面前大吵大闹,并将曾某摁在经营手机的营业柜上强迫曾某为其买手机。王某无休止的殴打和敲诈,使一直不敢反抗、委曲求全的曾某再也不堪忍受,产生"与王某同归于尽"的念头。曾某挣脱王某后回到自己的办公室寻找可以杀死王某的工具。而未得到手机不肯罢休的王某,此时不顾郑某、孙某的劝止,追曾某至办公室继续对其殴打。曾某此时彻底绝望,在隔壁办公室痛哭着给好友唐某打电话,恳求他送来工具要与王某拼命。曾某在得知不可能的情况下,想到自己家中有一把水果刀,便回到办公室对王某说"你等我去拿钱",随后骑摩托车回家取来一把单刃水果刀,先朝王某胸部、头部捅刺,后持刀捅割王某的颈部,最后朝王某胸部猛捅数刀。经法医鉴定,王某系因锐器横断颈部血管致失血性休克死亡。作案后,曾某主动打电话向公安机关报案,并在作案现场被赶来的公安干警抓获。

另查明,被害人王某因涉嫌经济犯罪被取保候审,留厂察看期间又喝酒滋事被单位开除,与一帮无业人员厮混在影剧院,靠讨黑账、敲诈勒索生活,在县城内小有名气,附近商贩和群众被调查时无不谈到这帮人就"变色"。被告人曾某自幼为人本分老实,父母的单位、街坊对其反映较好,曾某工作努力且出色,是单位的重点培养对象,历史上无任何劣迹。曾某案发前一直屈服王某,是因为其十分孝顺,惧怕王某有可能会危及其家人的安全。直到案发前,曾某一直将王某威胁骚扰的事瞒着自己家人。

庭审中,被告人曾某的辩护人当庭提交了有关单位出具的书面证明及数百名群众请愿书,分别证实了被害人王某生前和被告人曾某犯罪前的一贯表现情况,及上述单位和群众请求对被告人曾某从轻处罚的意愿。公诉机关当庭表示对辩护人所提供的证明材料无异议。

法院认为,被告人曾某故意非法剥夺他人生命,持刀杀死一人,其行为构成故意杀人罪。公诉机关指控罪名成立。被害人王某无理干涉被告人曾某与鹿某恋爱自由,在短短两三个月间数次威胁、勒索曾某,对本案的发生具有严重过错。案发前王某再次挑起事端，变本加厉地敲诈、殴打并当众侮辱曾某，曾某在受到王某强烈的精神刺激下，出于绝望心态，突发故意实施杀人行为，属于激情杀人，犯罪情节较轻。被告人曾某作案后主动打电话向公安机关投案，并在作案现场等候处理构成自首，且归案后认罪态度好，积极赔偿被害人亲属的经济损失，有悔罪表现，依法应当对其从轻处罚。被告人曾某一贯表现良好，系初犯、偶犯，且系在特殊环境下对特定人实施的犯罪行为，对其适用缓刑不致再危害社会。

办案心得：

根据刑法规定，故意杀人的，处死刑、无期徒刑或者十年以上有期徒刑；情节较轻的，处三年以上十年以下有期徒刑。本案之所以能在法定最低刑以下判处缓刑，关键在于律师辩护时准确把握了个案的特殊性，把本案被告人事出有因并激情杀人的情节进行了特别突出的强调与论证。同时充分利用了当地社会舆论对本案的关注，博得了法官对当事人的同情。

接受委托后辩护人第一时间会见了犯罪嫌疑人曾某，并接触了曾某的家人。当时，被告人父母对律师唯一的要求就是"保命"！辩护人经过会见被告人、与公安机关办案人员沟通后，意识到案情的复杂，并在反复论证后确定了辩护思路。首先，牢牢抓住本案中被害人存在的严重过错，用事实和证据证实被告人实施犯罪行为的特殊原因。辩护人了解到曾某一贯表现较好，系在特殊情况下长期受被害人迫害基于激愤杀人。同时了解到被害人王某一贯表现较差，劣迹较多，社会评价很差。基于上述情况，辩护人确定了被告人曾某系受到被害人长期的、持续的殴打、威胁、侮辱和敲诈的情况下无法忍受而导致的激情杀人这一主要辩护思路。其次，充分考虑到了当地广大人民群众对被告人曾某一贯表现的认可和对其行为的同情以及对于被害人王某一贯表现的愤慨和不满。经过侦查、审查起诉和审判三个阶段的工作，在庭审中，辩护人提交了有近千名当地群众签名的请愿书，并被合议庭采纳。

同时因本案当时的重大社会影响，辩护人在辩护过程中特别强调了法律的社会性，强调了法律对于弘扬正义、抑制邪恶的社会价值。本案的判决结果对于弘扬社会正义，打击邪恶势力起到了积极的重要的意义。

淄博市中级人民法院的一审判决最终认定被告人曾某系"在受到王某强烈的精神刺激下，出于绝望心态，突发故意实施杀人行为，属于激情杀人，犯罪情节较轻"。同时认定"被告人曾某一贯表现良好，系初犯、偶犯，且系在特殊环境下对特定人实施的犯罪行为，对其适用缓刑不致再危害社会。"至此，辩护人的辛勤劳动得到了最高程度的价值体现。

本案判决后，《鲁中晨报》以"杀人犯当庭释放"为大标题报道了本案的案情和判决结果，对于辩护人的工作和法院的判决进行了充分的肯定。辩护人通过本案，深切体会到了作为一个律师在维护社会公平，弘扬社会正义中的作用。也真正感触到，在面对重大复杂的刑事案件时，应当充分考虑到案件本身的特殊性，在吃透案情的同时，还要充分考虑并利用案件本身的社会影响来确定辩护思路，展开辩护工作，才能取得最好的辩护结果。

承办律师：王曙光

撰稿人：苟洪标

诸葛某某故意杀人案

关键词：刑事　间接故意杀人　数罪并罚　证据　法律适用

案情简介：

诸葛某某，男，汉族，初中文化，无业。某某市人民检察院以某检刑诉〔2008〕65号起诉书指控被告人诸葛某某犯故意杀人罪、故意伤害罪、寻衅滋事罪、抢劫罪，被告人赵某某、刘某某犯窝藏罪，与2008年9月9日向法院提起公诉。附带民事诉讼原告人孙某某、黄某分别向法院提起附带民事诉讼，要求被告人诸葛某某赔偿经济损失。2008年12月16日，某某市人民法院（2008）某刑一初字第58-2号判决：诸葛某某数罪并罚判处死刑缓期两年执行。

2008年12月23日，诸葛某某提出上诉。2008年12月26日，某某市人民检察院提出刑事抗诉书。2009年7月1日山东省高级人民法院（2009）某刑四终字第14号判决：驳回上诉、抗诉，维持原判。

律师承办过程：

山东康桥（淄博）律师事务所2008年3月14日接受诸葛某某家属的委托，指派王曙光承办此案。王曙光律师在认真阅卷的基础上，积极联系会见在某某区看守所的犯罪嫌疑人诸葛某某，了解其对涉嫌故意杀人罪的态度和叙述的事实。就阅卷中发现的事实和证据问题向犯罪嫌疑人核实，并征求被告人自己的看法，交流辩护观点和意见。

本案辩护过程中，辩护人根据本案的事实，熟练运用法律，抓住以下几个要点和环节，充分维护了被告人的合法权益。

主要辩护观点如下：

一、被告人诸葛某某的行为不构成故意杀人罪。被告人的行为应为过失致人死亡。

（一）从主观上看，被告人诸葛某某没有非法剥夺被害人生命的主观故意。

故意杀人是指故意非法剥夺他人生命的行为。主观上要求行为人应当具有非法剥夺他人生命的主观故意，也就是说行为人要以剥夺他人生命为目的。而在本案中，被告人诸葛某某显然没有非法剥夺被害人高某生命的主观故意，被害人高某的死亡完全出于被告人诸葛某某的意料，也是被告人诸葛某某完全不能接受的结果。

首先，被告人诸葛某某不具备杀害被害人的目的和动机。故意犯罪特别是直接故意犯罪要求行为人必须具有犯罪动机和犯罪目的。行为人犯罪故意的内容、犯罪动机、犯罪目的相对于客观犯罪行为、犯罪结果来说都是主观因素，需要我们全面地、综合地分析案件的证据材料和客观事实后，才可以对行为人的主观心理状态做出符合客观真实的判断和结论，进而对行为人的犯罪行为给予正确的认定。在本案中，我们可以从多个方面来考察被告人的主观心理状态。

第一，被告人诸葛某某和被害人高某从小都在一条街上长大，彼此熟悉且关系较好，没有矛盾。

第二，本案事出有因，从引发本案的前因后果综合分析，被告人根本不可能产生杀死被害人高某的动机和目的。

其次，被告人诸葛某某拿子弹、装子弹、打开保险等一系列行为完全是出于一种显摆自己能耐的心理。被害人高某的死亡完全出乎被告人诸葛某某的意料。事实上，猎枪在被告人诸葛某某手里突然打响并致被害人死亡的结果不仅出乎被告人的意料，也出乎当时在场所有人的意料。

第一，在场证人的证言，特别是许某兵的证言可以证实被告人诸葛某某有显摆自己的习惯。

第二，当时在场的所有人包括被害人高某在内都没有提防被告人诸葛某某拿枪、往枪里装子弹、开保险等一系列行为。

第三，枪响后被告人看到被害人高某被打死以后的表现充分说明了他对这一结果的意外和恐惧。

再次，被告人诸葛某某当天晚上没有携带任何凶器到现场，导致被害人高某死亡的猎枪是由崔某某和被害人高某从宋某手里拿来准备交给许某兵的。

（二）从客观上看，被告人诸葛某某没有"开枪"的行为，涉案猎枪打死被害人高某完全是因为该猎枪走火导致子弹发射。

第一，基于前述对被告人主观方面的充分分析，我们完全有理由相信，被告人诸葛某某没有任何理由要在2008年9月26日零时许，在高某等人出面调解宋某与许某兵之间矛盾的现场用高某和崔某某从宋某那里拿去的准备转交给许某兵的猎枪对准作为调停人的高某开枪。

第二，涉案猎枪有走火的历史，而且就在案发两天以前。

第三，被告人诸葛某某自归案后到今天的庭审过程中，从未承认过自己有意识地扣动了涉案猎枪的扳机而使子弹发射导致被害人死亡。需要指出的是，虽然案发后诸葛某某在逃，但涉案枪支在案发后一直处于公安机关控制之下，对于被告人诸葛某某是否用手扣动过扳机，完全可以通过提取扳机上的指纹来进行确定，但遗憾的是，公安机关并没有对猎枪扳机上的指纹进行提取和鉴定，因而无法证明被告人是在扣动扳机的情况下枪才打响的。

第四，有证据证明猎枪打响时被告人的右手是握住猎枪的枪托而不是扳机。

第五，猎枪是在被告人诸葛某某刚把枪抬起来时突然响的。

第六，在场所有人都认为被告人诸葛某某不是故意开枪打死被害人高某的，都认为是枪支走火造成的误伤。

第七，关于公诉机关补充提交的公安机关的侦查实验报告。

所以，辩护人认为，该侦查实验报告不应该作为本案事实的证据使用。

综合分析上述七个方面的客观事实，公诉机关指控被告人"对高某的头部开枪"没有事实证据，不能成立。现有证据足以证明涉案猎枪打死高某系走火所致。

（三）被告人的行为构成过失致人死亡罪。

通过上述对主观和客观方面的分析可以看出，被告人在主观上不存在非法剥夺被害人生命的犯罪动机和目的，也不存在放任枪支走火可能打到在场其他人的心理状态。因此被告人的行为既不是直接故意，也不构成间接故意。被告人的行为应该定性为过失致人死亡。

本案的事实证明，被告人来到案发现场以后，因为气氛轻松融洽而被告人与在场的人都熟悉且关系较好才顺手拿起猎枪把玩，为了显摆自己会玩枪和在场的其他人随意的说话。对于该猎枪有走火的历史这一事实被告人根本不知道，也没有人提醒他。猎枪走火完全出乎被告人诸葛某某的预料，而被告人对于被害人的死亡结果持根本的否定态度。从被告人在拿枪过程中猎枪突然打响到他看到被害人死亡后的表现，当时在场的人包括被告人本人的供述都证明了一个基本事实，那就是被告人在拿枪时枪突然打响并打到高某以后被告人喊了一声："呀，兵啊。"然后接着就跑了。被告人当时在案发前后的这种表现充分说明了被告人对猎枪突然打响和被害人被打死这一结果的意外和恐惧。被告人看到被害人脸上有血，头往后仰，已经不动了，显然会首先意识到被害人被自己打伤或打死这一严重的后果，这是正常人的正常心理反应。在这种情况下被告人因为突然发生的巨大的意外和恐惧选择了逃跑。辩护人认为这不能被视为是被告人对被害人死亡结果的放任，而事实证明被害人是当场死亡，并非因抢救不及时导致死亡。

另外，被告人诸葛某某当庭的陈述和辩护人向法庭提交的病例可以证明被告人所说的一直在逃而没有投案自首与被告人诸葛某某的弟弟的病情有直接的关系。被告人只有兄弟两个，在其胞弟患白血病生命垂危的情况下，被告人诸葛某某成为这个家庭唯一的经济来源和精神支柱。可以说没有被告人诸葛某某在 2005 年 5 月为其胞弟移植骨髓干细胞的话，其弟可能活不到今天。而因为其弟弟病情的需要，后续治疗的费用筹措和其他相关事宜都离不开被告人诸葛某某。所以，被告人当庭所陈述的情况是可以理解的。不能以被告人诸葛某某的事后在逃作为评价其之前行为时心理状态的依据。

因此，上述被告人案发前后的表现充分说明被告人对于被害人死亡这一结果是持完全否定的态度的。

过失致人死亡罪在主观方面的表现是应当预见自己的行为可能发生致人伤害或死亡的结果，因为疏忽大意而没有预见，或者已经预见而轻信能够避免。从本案事实来看，被告人诸葛某某显然是知道枪里有子弹且打开保险以后只要扣动扳机枪支就可以击发这一众所周知的客观规律，但也正是基于这种认识，被告人在不知道该猎枪有走火历史和走火可能的情况下轻信只要不扣动扳机就不会有危险，最后因枪支意外走火导致了被害人被打死的结果发生。这完全符合过失致人死亡的主观方面的特征，属于过于自信的过失。

二、起诉书指控被告人诸葛某某犯抢劫罪，依法不能成立。被告人的行为符合敲诈勒索罪的犯罪构成，但被告人在本节犯罪中存在自首情节。

起诉书指控：2006 年 8 月份的一天，被告人诸葛某某与王某某（在逃）在某某市某某区建业花园附近，持气手枪将宋某拦住，以宋某抢其生意为由，采用威胁手段当场劫走宋某现金一万元。公诉机关因此认为被告人诸葛某某构成抢劫罪。

首先，辩护人认为公诉机关的指控没有事实和法律依据，依法不能成立。理由如下：

第一，从事情的起因看，被告人到建业花园找宋某，只是为了处理他们之间的纠纷。被告人诸葛某某在 2006 年 8 月份的一天在建业花园找到宋某，并非以当场劫取其财物为目的。在行为的主观方面看，不符合抢劫罪的特征。

第二，从被告人当时的行为事实来看，被告人没有对被害人当场使用暴力或者以当场使用暴力相威胁。

第三，从被害人反应的被告人在车上与其交流的内容来看，被告人诸葛某某在建业花园找到宋某并非以当场劫取财物为目的。被告在整个与宋某见面并交流的过程中，目的非常明确，一个就是不让被害人继续掺和安丘送料的事情，另一个就是因为被害人的报案致使被告人的同伙被派出所抓了而向被害人索要赔偿，不存在当场非法劫取被害人财物的目的。

第四，最终被告人诸葛某某从被害人宋某那里拿走一万元钱，是被告人与被害人经过交流以后被害人主动拿出来的，是作为对诸葛某某损失的赔偿。并非在被告人当场使用暴力或以当场使用暴力相威胁的情况下被迫给的。

其次，被告人构成自首。本案被告人诸葛某某在向被害人宋某勒索钱财后，宋某一直没有报案。直到 2007 年 12 月 2 日，被告人诸葛某某在公安机关尚未掌握的情况下主动供述了上述犯罪事实，公安机关又于 2007 年 12 月 3 日找到宋某进行核实后才得以破案。被告人诸葛某某的供述和被害人宋某的陈述完全吻合，说明被告人的供述是真实的，不存在隐瞒或避重就轻的情形。同时，公安机关于 2008 年 11 月 5 日形成的说明材料也证明了被告人诸葛某某供述以前并不掌握该节犯罪事实的情况。因此，根据《刑法》第六十九条第二款的规定，被告人诸葛某某在本节犯罪中构成自首。

三、关于起诉书指控的第二起即故意伤害罪。

辩护人认为，被告人之所以会拿出随身携带的军刺挥舞致人伤害，是因为被告人诸葛某某在当时受到了众多保安人员的围攻。证人赵某某等人的证言可以证实当时有十几个保安手拿镐柄围攻被告人诸葛某某的事实。在这种情况下，被告人诸葛某某的行为应该是出于自卫的本能，而对方也就是对其进行围攻的保安人员也存在一定程度的过错。而且事后诸葛某某也主动找人说和，表现了自己的悔罪态度，也请合议庭予以考虑。

四、关于起诉书指控的第三起即寻衅滋事罪，辩护人不想多说，只希望合议庭充分考虑该纠纷事后已经通过当事人之间的私了而取得的受害人谅解以及通过民事赔偿而将社会危险性降到最低等这些客观因素。

五、被告人自归案以来，一直表现了良好的认罪、悔罪态度。

被告人自归案以来，对其实施的所有犯罪事实进行了如实供述，表现了良好的认罪态度。同时，对于因其犯罪行为所导致的严重后果表示了发自内心的痛悔情绪，也明确表示愿意对所有受害人的损失进行积极的赔偿。虽然被告人无论怎么赔偿，都不能使本案最大的被害人高某起死回生，但被告人真诚认罪、痛心悔罪的态度希望合议庭充分注意。

综上所述，被告人诸葛某某的行为不符合故意杀人罪的法律特征，应以过失致人死亡罪对其定罪量刑；被告人针对宋某的行为不构成抢劫罪，应以敲诈勒索罪对其定罪量刑，同时被告人在此节犯罪中有自首情节；被告人在起诉书指控的其他犯罪事实中存在依法可以从轻的酌定情节；被告人认罪态度良好，且有真诚的悔罪表现，并愿意积极赔偿所有被害人的损失。请合议庭充分考虑辩护人的辩护意见，对被告人诸葛某某予以从轻、减轻处罚。

裁判结果及裁判理由：

2008 年 12 月 16 日，某某市人民法院（2008）某刑一初字第 58－2 号判决书判决：被告人诸葛某某故意非法剥夺他人生命，致一人死亡；故意非法损害他人身体，致一人重伤；以非法占有为目的，敲诈勒索他人钱财，数额巨大；故意损毁公私财物、随意殴打他人。情节严重，其行为分别构成故意杀人罪、故意伤害罪、敲诈勒索罪、寻衅滋事罪。被告人赵某某、刘某某明知诸葛某某是犯罪的人而为其提供钱财帮助逃匿，其行为构成窝藏罪。公诉机关指控被告人诸葛某某犯故意杀人罪、故意伤害罪、敲诈勒索罪、寻衅滋事罪，指控被告人赵某某、刘某某犯窝藏罪，罪名成立；指控被告人诸葛某某犯抢劫罪罪名不成立，依法应按照敲诈勒索罪定罪处罚。被告人诸葛某某、刘某某系累犯，依法应从重处罚。被告人诸葛某某的敲诈勒索犯罪是其主动供述公安机关不掌握的犯罪事实，以自首论，依法可对该起犯罪从轻处罚。

关于被告人诸葛某某的辩护人所提"诸葛某某不构成故意杀人，应认定为过失致人死亡"的辩护意见，经查：被告人诸葛某某作为正常的成年人，其供述了解一定的枪械常识，明知猎枪是杀伤力很大的危险武器，在压上子弹、打开击锤情况下如果扳动扳机会导致击发。但诸葛某某处于向他人炫耀枪械技术的心理，在众人面前拿起猎枪、压上子弹、打开击锤、枪口对人，诸葛某某上述行为已经使猎枪处于极度危险的状态下，此时诸葛某某应当负有更大的义务控制猎枪不被击发，然而诸葛某某实际并未采取有效措施，最终导致猎枪的扳机被触动、猎枪被激发打死被害人高某。法院认为，被告人诸葛某某的一系列行为完全符合间接故意杀人的构成要件，应以故意杀人罪定罪处罚。故辩护人的上述辩护意见不能成立，不予采纳。被告人诸葛某某故意杀人罪行极其严重，依法本应判处死刑，但鉴于诸葛某某系间接故意杀人，可不立即执行。

关于被告人诸葛某某的辩护人所提的"故意伤害案中被害人有过错"的辩护意见，经查：被害人黄某等人作为保安人员，在制止诸葛某某违规操作游戏机过程中与之发生争执，起因上并无过错，且现有证据不能认定双方厮打是保安首先动手引发，故不足以认定被害人有过错，辩护人的上述辩护意见不能成立，不予采纳。由于在本院审理期间，被告人诸葛某某积极赔偿被害人黄某的经济损失，可酌情对其故意伤害犯罪从轻处罚。

被告人诸葛某某的犯罪行为给附带民事诉讼原告人孙某某造成的经济损失应当依法赔偿，诉求超出法律规定部分，本院不予支持。

判决如下：一、被告人诸葛某某犯故意杀人罪，判处死刑缓期二年执行，剥夺政治权利终身；犯故意伤害罪，判处有期徒刑四年；犯寻衅滋事罪，判处有期徒刑三年；犯敲诈勒索罪，判处有期徒刑三年；数罪并罚决定执行死刑缓期二年执行，剥夺政治权利终身（死刑缓期执行的期间，从判决确定之日起计算）。

二、作案工具猎枪一支予以没收。

三、被告人诸葛某某赔偿附带民事诉讼原告人孙某某造成的经济损失共计人民币327595.80元。

办案心得：

本案在某某市产生了较大社会影响。辩护人接受被告人家属委托后，通过仔细阅卷并会见被告人充分了解案情，与公诉机关及时做好沟通，根据案情确定具体辩护思路。本案的关键在于公诉机关起诉被告人诸葛某某故意杀人、故意伤害、寻衅滋事、抢劫四个罪名，而其中被告人诸葛某某能否保住性命的关键在于故意杀人和抢劫两个罪名是否成立以及能够得到被害人家属的谅解两个方面。经辩护，一审法院认定被告人诸葛某某构成故意杀人罪，但采纳辩护人意见认定为间接故意杀人，认定抢劫罪不成立，改判敲诈勒索罪。在此基础上，一审法院做出了判处被告人死刑缓期二年执行的判决。而此判决的做出，是在被害人家属始终拒绝民事调解并坚决要求对被告人诸葛某某判处死刑立即执行的态度前提之下。因此，辩护人的工作不仅得到了当事人的认可，同时也赢得了公诉人和法庭的尊重，取得了良好的辩护效果，部分辩护观点也值得广大律师同仁研讨和参考。

一审判决后，公诉机关以诸葛某某系直接故意杀人、构成抢劫罪及未取得被害人一方谅解为由提出抗诉。经山东省高级人民法院二审，最终驳回抗诉，维持原判。

承办律师：王曙光

撰稿人：李志强

刘某某等挪用资金案件

关键词： 票据诈骗罪　　挪用资金罪　　共同犯罪

一、案情简介

刘某某，男，1970 年 1 月 12 日出生于淄博市淄川区，汉族，大学文化，某银行联通路支行行长。2009 年 12 月 24 日因涉嫌票据诈骗罪被刑事拘留，2010 年 1 月 28 日被逮捕。2010 年 3 月 28 日因涉嫌挪用资金罪被移送审查起诉。2010 年 6 月 23 日，张店区人民检察院向张店区人民法院提起公诉。在案件审理过程中，公诉机关两次建议延期审理，并以事实证据发生变化为由，于 2011 年 1 月 12 日申请撤回起诉。同日，公诉机关在变更了部分被告人后重新起诉。2011 年 4 月 7 日，张店区人民法院依法开庭审理本案。

该案被告刘某某系银行支行行长，涉嫌挪用资金 1927 万元，数额巨大；本案在侦查和审理过程中，涉及被告人数人，案情复杂，无论是案件事实还是适用法律均存在若干争议，引起社会上一定范围的关注，案件审理在当地有较大社会影响。

二、承办过程

山东康桥（淄博）律师事务所 2010 年 2 月 10 日接受刘某某家属委托，指派王曙光律师承办此案。王曙光律师承办此案后，向办案的公安机关递交了委托手续，并严格按照《刑事诉讼法》的规定履行了律师在侦查阶段的义务。其后，在案件审查起诉阶段，又先后多次会见犯罪嫌疑人刘某某。在案件进入审判阶段后，及时到法院递交委托手续并复制了全部卷宗。同时，通过会见关押在看守所的犯罪嫌疑人刘某某，了解了其对涉嫌挪用资金罪的态度和叙述的事实，对案件事实进行核实和分析。

随后，辩护人进行了较为详细的阅卷，对涉嫌罪名的事实证据及法律适用进行了详细的法律分析。此后，辩护人又多次会见被告人，就阅卷中发现的事实和证据问题向被告人核实，并征求被告人自己的看法，交流辩护观点和意见。2011 年 4 月 7 日，本案在张店区人民法院开庭审理。庭审过程中，辩护人充分行使辩护权利，在全面质证的基础上发表了辩护词，充分阐述了辩护律师的辩护观点，也赢得了被告人刘某某及旁听亲属的高度评价。

三、律师辩护意见

1. 被告人刘某某虽然是本案的第一被告，但其在挪用资金共同犯罪中只起次要、辅助的作用，系从犯，依法应当从轻或者减轻处罚。

第一，主观上，被告人刘某某既非共同犯罪犯意的发起者，也未参与事前的策划和共谋。

首先，被告人刘某某不是共同犯罪犯意的发起者。

被告人孙某某在讯问笔录中是这样陈述的："2009年三四月份，闫某某找我帮忙借款，我先后从卢某某、张某某、韩某、李某某等人处借款给闫某某使用，闫某某答应给我好处费。闫某某开始还按时给付利息，后来就不给了。卢某某、韩某催着我还钱。""韩某在今年11月中旬的一天到我办公室找到我，说老卢能给我介绍个两千万元的存款，存在银行里，存一年不动，能让我用一年，但是20%的年息，我说行啊，她说这个钱一年不动，正好还他们的钱，一年老闫的贷款也就下来了。我问人家同意咱放出去吗，她说同意，这么高的利息不放怎么挣钱，我说签个协议吗，她说等钱来了再说。这样我们就定下了这个事。然后我就和老闫说了这个事，说人家领导给存个钱过来，让你用来还钱，期限一年，年息20%，钱到了还账，光还本金不还利息，能行吗？老闫愿意用这个钱，但他说不还息怕人家不愿意，让我帮忙还这钱，我说考虑考虑。"

被告人韩某在2009年12月26日的讯问笔录中讲到："2009年11月份，我到卢某某办公室去，和他谈贷款的事情，卢某某是做房地产的，他自己从银行贷不出款来，就和我说他可以拉来2000万元存款，把这笔钱存到银行后，可以一年时间不动，但必须当天付给存款单位20%的年利息，让我找个接受人。正好孙某某需要拉存款，我就给孙某某打电话，问她要不要存款，孙某某说只要年利息不超过24%就可以。我和卢某某说对方同意24%的年利息，卢某某就同意拉存款的事情，还说事情办成后我和卢某某每个人都有1.5%的好处。我从卢某某办公室走后，就到了孙某某的办公室里，孙某某问我能不能降1个点的利息，我就联系卢某某，卢某某同意了。""孙某某和我说，开始是想把钱存到薛某的银行里的，后来又改为存到刘某某的银行里，我说这个事情我不管。"

上述事实清楚地证明了本案共同犯罪犯意的发起者是孙某某、韩某、闫某某和卢某某。正是因为被告人闫某某通过被告人孙某某向韩某和卢某某等人借款，而闫某某不能按期还款，韩某、卢某某等人向孙某某催要；同时，卢某某需要资金而自己贷不下款来，想通过拉来存款收取高额利息的方式缓解资金紧张。基于上述出发点，孙某某、闫某某、韩某、卢某某等人才产生了从山东某矿拉来存款然后通过非法手段将钱转出来用的犯罪故意。而被告人刘某某对上述情况毫不知情。

其次，被告人刘某某没有参与事前的共谋和策划。

在前述共同犯罪故意形成以后，孙某某、韩某和卢某某三人多次就存款的利息及与存款单位的协议等问题进行了协商并达成一致意见，孙某某又与闫某某商量并取得了闫某某的同意。在存款单位山东某铁矿还没有开户存钱以前，孙某某就已经开始对这笔存款进行预算了。韩某在2009年12月26日的讯问笔录中是这样供述的："在孙某某的办公室里，孙某某就把这个2000万元进行计划了，先扣去400万元的利息，扣除还人账的钱，大约剩下500万元。这个拉存款的方式我们都是心知肚明的事情，就是拉到存款后，把这个存款转出来用，具体怎么把钱转出来我不知道。我就告诉卢某某把钱存到联通路商业银行，卢某某让我告诉他公司的出纳员杜某某，到联通路商业银行去开户，我就联系杜某某，杜某某去开户的，我听卢某某说杜某某到山东某铁矿找人家来开的户。"

被告人孙某某在讯问笔录中是这样陈述的："老闫愿意用这个钱，但他说不还息怕人家不愿意，让我帮忙还这钱，我说考虑考虑。我去商业银行西七路支行找薛某行长，想和她说把这2000万元放在她的行里，到时通过正当手续把钱取出来，但当时薛某开会去了不在，我给老闫打电话说我想把这钱放在薛某行里，她不在，我明天再去找她。老闫说让我放在刘某某任行长的联通路支行，我不愿意，怕刘某某办不好，老闫说他去找刘某某。好像第二天，老闫给我说刘某某同意放他那，能办好。我就和韩某说让她把这个钱存在商业银行联通路支行刘某某那里。第二天老卢的人领着去开了户，韩某和我说了这是山东某铁矿的钱，我也和老闫说了这是山东某铁矿的钱。"

根据上述事实，本案的事前预谋和策划一共分两部分，一部分是从山东某铁矿拉存款的预谋和策划，这次预谋发生在被告人孙某某、韩某和卢某某之间。另一部分是如何使用这笔存款的预谋和策划，这次预谋发生在孙某某和闫某某之间。整个事前预谋过程中，被告人刘某某没有参与。因此，起诉书指控刘某某与闫某某和孙某某预谋没有事实依据。

再次，刘某某事实上只是孙某某和闫某某等人操纵和利用的对象，他们利用了刘某某急切盼望闫某某归还欠款的心理，并使用了诱骗的手段，使得刘某某不得不接受他们的摆布。

根据被告人刘某某当庭的陈述以及闫某某本人的供述，刘某某通过孙某某借给闫某某现金近四百万元，由于闫某某不能按期偿还，而自己又面临着亲戚朋友追债的局面。在这种情况下，2009年11月份，闫某某来找刘某某，说在外面拉了一笔存款，可以帮助刘某某完成行里的存款任务。闫某某当时并没有提到要套出这笔资金使用的问题。这笔资金存到刘某某所在的某银行联通路支行以后，闫某某又几次找到刘某某要求刘某某提供开户单位山东某铁矿的印鉴章，刘某某开始并不同意，后来在闫某某多次劝说并欺骗刘某某说已经和存款单位讲好了能用一年不会出事的情况下，刘某某考虑到可以先还上闫某某欠自己的钱，最后才同意向闫某某提供存款单位的印鉴章。在这个过程中，被告人闫某某利用了刘某某急于要求偿还债务的心理，同时又虚构事实欺骗刘某某说已经和存款单位达成协议，该笔款项可以在联通路支行存一年不动，同意他们使用。致使被告人刘某某出于侥幸心理，提供并伪造了开户单位的印鉴章。

被告人闫某某在讯问笔录中明确承认刘某某曾多次嘱咐他"一定弄好"存款单位的承诺书。闫某某在 2009 年 12 月 26 日的讯问笔录中讲到："孙某某还告诉我山东某铁矿的一把手和财务处长知道这件事。我又告诉了刘某某，他嘱咐我说出资方的承诺一定要弄好。""孙某某打电话问准备好了吗？我知道她指的是山东某铁矿的印鉴，我就打电话问刘某某这些东西准备好了吗？当时刘某某有点犹豫。"在把印鉴章交给闫某某时，刘某某又"嘱咐我一定弄好，手续也要弄好（指出资方的承诺书）。"

上述事实充分说明被告人刘某某向闫某某和孙某某提供开户单位山东某铁矿的预留印鉴章的行为，是在受到闫某某的诱骗和多次教唆的情况下实施的。本案的犯意发起和犯罪行为的预谋、策划均是由孙某某、闫某某和韩某等人完成的。被告人刘某某在主观上不具备主犯应该具备的发起共同犯罪故意和策划共同犯罪行为的要件。

第二，客观上，在整个犯罪过程中，被告人刘某某既不是共同犯罪人的纠集者或组织、指挥者，也不是积极参与者或主要实行者。

首先，被告人刘某某不是本案共同犯罪的纠集者。

本案中从韩某找孙某某商量拉存款的事情，到孙某某接受韩某的提议与闫某某商量是否接受，再到孙某某和闫某某共同预谋找刘某某安排存款，再到拿到印鉴后安排王某去购买支票，再到孙某某授意王某如何骗取银行工作人员的信任顺利买到支票，再到孙某某填写支票分配赃款，最后山东某铁矿的存款一笔一笔按照孙某某等人的策划被非法转出等等事实都清楚表明了谁是本次共同犯罪的主要纠集人和指挥者、策划者。本案中山东某铁矿的 2000 万元存款是由韩某、卢某某在与孙某某预谋后拉来的，被告人刘某某没有参与预谋和拉存款的行为。本案中找银行接受存款和安排指挥购买支票分配存款的行为，都是孙某某、闫某某、韩某等人所为，刘某某没有任何的参与。

其次，被告人刘某某也不是本案犯罪行为的积极参与者。

本案事实清楚地表明，被告人刘某某除了提供开户单位山东某铁矿的预留印鉴章以外，既没有参与拉存款的行为，也没有参与套取现金的任何行为，更没有参与赃款的分配和使用。被告人孙某某按照自己的意愿对赃款进行了分配，其中，卢某某得到了总共

600 万元，韩某分得了 155 万元，剩余的 1172 万元均由被告人孙某某一人占有和支配。被告人刘某某不仅对整个分配赃款的过程一无所知，而且没有得到一分钱。

再次，被告人刘某某利用职权伪造山东某铁矿的预留印鉴章行为不在本案中起关键作用。

山东某铁矿在银行预留的印鉴章是财务专用章和法定代表人的个人章，而这两个章往往会出现在开户单位的很多财务资料里，包括对外支付的支票，对外开具的财务手续等等，并非从银行才能取得这两个印鉴章。即使刘某某不向孙某某、闫某某等人提供印鉴章，他们也完全可以通过其他途径伪造印鉴章。因此，伪造印鉴章的行为并非本案的关键事实，被告人刘某某的行为也绝非关键作用。

从对上述客观事实的分析我们可以看到，在整个共同犯罪的过程中，被告人刘某某既不是共同犯罪人的纠集者，也不是共同犯罪行为的积极参与者，其在整个共同犯罪过程中只是其他被告人利用的一个工具，其在客观上不具备主犯应该具备的客观要件。他只是在受到其他被告人的诱骗和教唆的前提下实施了伪造存款单位预留印鉴章的行为，其在共同犯罪中所起的只能是次要的、辅助的作用，是从犯。

2. 本案中，被告人孙某某等人从银行转出的款项已经全部追回，给企业和社会造成的社会危害性已经降到了最低。

卷宗材料中有一份客户名称为山东某铁矿的"单位活期存款账户交易明细"的复印件，从在该复印件上加盖的银行印章看，应该就是本案涉及的山东某铁矿在某银行联通路支行所开账户的交易明细。从该明细来看，该账户内曾先后存入 1300 万元和 700 万元两笔存款，然后又分十笔共转出 1927 万元。而在 2010 年 1 月 13 日以前，该账户又先后存入资金五笔共计 19276334 元。辩护人认为，该证据所载明的交易情况证明，在公安机关立案侦查过程中，截至 2010 年 1 月 13 日，已经全部追回了被本案被告人所挪出的资金，从而最大限度地降低了本案被告人的犯罪行为所造成的社会危害性。

至于公诉机关补充证据中的《办案说明》，我们认为因该说明的内容与前述的"单位活期存款账户交易明细"的内容相互矛盾，而交易明细很显然属于客观证据。即使按照该《办案说明》的内容，尚未追回的赃款共分三部分，第一，是卢某某分得 600 万元后只交回 570 万元，还有 30 万元未追回；第二，韩某分得 155 万元，尚有 22.12 万元未追回；第三，孙某某分得 1172 万元，还有 62.94 万元未追回。由于被告人刘某某没有从赃款中分得一分钱，故对于未追回的赃款不应承担责任。

3. 本案中存款单位山东某铁矿账户内资金被非法转出，某银行股份有限公司（以下简称某银行）在结算管理上存在重大过错。

首先，某银行在开户单位第一次购买支票时的审核验证程序存在过错。根据《中国人民银行支付结算办法》的规定，只有开户单位才是账户的合法使用人，而银行的职责是"准确、及时、安全办理支付结算"。那么作为支付结算中介的银行，就有义务审查购买支票人是否是所开立账户的合法使用权人。而在本案中，也正是因为某银行没有这样的规定，才导致了被告人孙某某指使王某顺利买到支票的后果发生。

其次，某银行工作人员在核对印鉴章的过程中存在失职或疏忽，不仅导致被告人顺利买到支票，而且进一步导致被告人通过伪造的支票顺利转走账户内的资金。本案有证据证明，刘某某受闫某某教唆和指使所刻制的预留印鉴章与原章本身就存在可以用肉眼分辨出的差别，比较粗糙、模糊。而正是这样的一个伪造的印鉴章，不仅在王某去银行买支票的时候没有被工作人员发现，而且在孙某某先后填写了十张支票往外转款的过程中均未被银行工作人员发觉。这也充分说明了某银行对于账户管理和结算管理的疏漏。

再次，在某银行工作人员向孙某某指使的王某出售支票的过程中，工作人员存在严重过错。根据证据材料（详见卷宗证人贺某某、王某证言）显示，第一，该工作人员发现来购买支票的人不是来开户的人。第二，该工作人员已经发现该自称是"山东某铁矿"财务人员的女子连续两三次输入密码错误。但即使是在这样的情况下，却没有采取任何措施核对验证该女子是否是开户单位的工作人员，仍然违规把支票卖给了王某。而正是因为王某顺利买到了支票，才导致孙某某通过伪造支票的方式将账户内存款转出。

四、裁判结果

2011 年 5 月 11 日，张店区人民法院〔2011〕张刑初字第 46 号判决书判决：被告人刘某某犯挪用资金罪，判处有期徒刑 3 年，缓刑 5 年。其他两名被告人也判处缓刑。一审判决后，各被告人没有上诉，一审判决生效。

五、办案心得

本案辩护过程中，辩护人根据本案的事实，熟练运用法律，紧紧抓住被告人刘某某在犯罪过程中的地位和作用以及整个犯罪的社会危害性两个关键问题展开辩护，部分辩护意见被法庭采纳，使被告得以判处缓刑，最大限度地维护了被告人的合法权益。

1. 本案的基本事实是被告人孙某某、闫某某等人利用刘某某提供的伪造的山东某铁矿的银行预留印鉴章伪造银行转账支票，从山东某铁矿的银行存款账户上转出资金1927 万元从事经营活动。该犯罪活动属于共同犯罪，但各被告在犯罪过程中地位和所起的作用是不同的，需要承担的罪责也是不同的。辩护人在案件辩护中，依据本案的事实和证据，对刘某某参与犯罪的行为进行了详尽的分析，有力地证实和论证了刘某某在整个犯罪过程中只是处于被欺骗和被利用的地位，其行为只是起到次要和辅助作用，依法应当认定从犯，并从轻或减轻处罚。虽然最终法院没有认定其为从犯，但判处缓刑的判决显然已经考虑了辩护人的辩护意见。

2. 对于各被告人是否全部归还了挪用的资金，公诉机关和被告人及辩护人是有不同意见的，而且不同证据也存在一定的出入和矛盾。辩护人从不同证据的性质和作用方面着手，论证全部挪用资金已经全部归还，没有给存款所有单位造成损害。该辩护意见被法院采纳，作为可以对被告人从轻处罚的情节，并综合全案的事实和情节，对被告人判处缓刑。

3. 因刘某某是第一被告，辩护人入情入理的全面分析和论证，使合议庭看清楚了被告人刘某某在共同犯罪中所起的客观作用。虽然在判决中没有完全采纳辩护人的辩护意见，但对被告人刘某某的定罪量刑最终体现了辩护人的价值追求，而其他被告人也因此而受益。

承办律师：王曙光

撰稿人：苟洪标

案件领域

刑事

281

张某某挪用公款、贪污、私分国有资产案例

关键词：刑事　挪用公款　贪污　私分国有资产　证据　法律适用

案例核心价值：挪用公款罪和私分国有资产罪中"公款"和"国有资产"的认定标准和范围；律师在辩护过程中，充分利用刑诉法的相关规定申请证人和鉴定人出庭作证，进行事实辩护和程序辩护。

相关法条：《刑法》第三百八十四条第一款、第三百八十二条第一款、第三百八十三条第一款第（二）项、第三百九十六条第一款、第五十二条、第五十三条、第六十四条、第六十九条

案情简介：

张某某，男，汉族，大学文化，案发时系曲阜师范大学成教学院院长。2012年12月11日因涉嫌挪用公款罪、贪污罪、私分国有资产罪被移送审查起诉。2013年2月22日，曲阜市人民检察院向曲阜市人民法院提起公诉。2013年3月6日，曲阜市人民法院依法开庭审理此案。

该案被告系正县级干部，且系济宁市人民检察院交办案件，在当地有较大社会影响。该案起诉后，济宁市人民检察院安排了"山东省十佳公诉人"刘娟担任第一公诉人，并将该案开庭确定为"全市观摩庭"，安排全市公诉人旁听观摩了整个庭审过程。济宁市人民检察院对庭审过程进行了全程录像，并将报送最高人民检察院，参加全国优秀公诉人大赛。因此，该案引起了检、法两方及辩护人的高度重视，其案件的审理具有典型意义。

律师承办过程：

山东康桥（淄博）律师事务所2013年1月24日接受张某某家属委托，指派李志强律师承办此案。李志强律师承办此案后，当日向本案公诉机关曲阜市人民检察院递交了委托手续，并根据新刑诉法的规定复制了全部卷宗。在简单阅卷的基础上，次日会见了异地关

押在邹城市看守所的犯罪嫌疑人张某某，了解了其对涉嫌挪用公款罪、贪污罪、私分国有资产罪三个罪名的态度和叙述的事实。

第一次会见被告人后，辩护人进行了较为详细的阅卷，向公诉机关提交了书面法律意见书，对涉嫌的三个罪名的事实证据及法律适用均提出了较为详细的法律意见。公诉机关在起诉时采纳了辩护人的部分意见，对贪污罪的起诉数额由先前认定的17.03万元降至9.19万元。

案件起诉后，辩护人再一次会见被告人，就阅卷中发现的事实和证据问题向被告人核实，并征求被告人自己的看法，交流辩护观点和意见。2013年3月1日，参加庭前会议，向法庭提出调集证据申请和通知证人和鉴定人出庭申请，获得了法庭许可，为庭审顺利开展奠定良好基础。

2013年3月6日，本案在曲阜市人民法院开庭审理。在辩护人的申请下，法庭充分尊重了被告人和辩护人的诉讼权利，不仅依法传唤了关键证人和鉴定人出庭作证，而且播放了侦查阶段讯问同步录像，安排被告人和证人对质。庭审过程中，辩护人充分行使辩护权利，在全面质证的基础上发表了辩护词，并同公诉人进行了比较充分的法庭辩论，使法庭查明了事实。

裁判结果及裁判理由：

2013年3月14日，曲阜市人民法院〔2013〕曲刑初字第31号判决书判决：被告人张某某犯贪污罪，判处有期徒刑5年；犯挪用公款罪，判处有期徒刑5年；犯私分国有资产罪，判处有期徒刑3年，并处罚金人民币一万元；数罪并罚，决定执行有期徒刑12年，并处罚金人民币一万元。

一审判决"本院认为"部分认定：被告人张某某身为国家工作人员，利用职务上的便利，挪用公款45万元归个人使用，数额巨大，超过三个月未还；利用职务上的便利，采取虚开发票等手段，骗取公款9.19万元据为己有；作为曲阜师范大学成教学院直接负责的主管人员，违反国家规定，以单位名义将92.5万元国有财产私分给曲阜师范大学成教学院职工，数额巨大，其行为分别构成挪用公款罪、贪污罪、私分国有资产罪。公诉机关指控事实清楚，定性准确，予以支持。关于挪用公款，在案发前被告人张某某已经归还，且在开庭后，在其亲属的配合下退回了贪污及私分国有资产所得，可从轻处罚；关于私分国有资产，案发后大部分款项已经被追回，亦可对被告人酌情从轻处罚。

一审判决后，被告人上诉，济宁市中级人民法院二审维持一审判决。

评析意见及办案心得：

本案辩护过程中，辩护人根据本案的事实，熟练运用法律，抓住以下几个要点和环节，充分维护了被告人的合法权益，部分辩护意见被法庭采纳，使被告人各个罪名均在法定刑期下限判决。

一、在审查起诉阶段，向公诉机关提交书面法律意见书，部分辩护意见被采纳，公诉机关起诉的贪污数额被缩减为 9.19 万元。

侦查阶段，被告人贪污的有三笔，总数额达到 17.03 万元。如果这三笔都认定，仅贪污罪一个罪名，被告人就将面临 10 年以上有期徒刑。辩护人通过阅卷和会见，对其中两笔均提出了事实不清、证据不足的法律意见，对数额最大一笔也按照被告人后期供述提出不构成贪污的意见。经公诉机关审查，仅起诉了 9.19 万元的一笔，对另外明显事实不清的两笔不予起诉。

辩护人在审查起诉阶段的有效辩护，为全案辩护成功奠定了基础。

二、在庭前会议中，申请人民法院调集相关证据，通知关键证人和鉴定人出庭作证，获得允许。法庭中通过充分质证，查清了相关事实，取得了对被告人有利的效果。

本案中有一重要证据——曲阜师范大学党委常委会 2005 年 9 月 13 日《会议纪要》，该纪要记载了对成教学院实施经费目标责任制的决议。辩护人申请法院调集并在庭审中出示该证据，使成教学院特殊经费方式得到法庭认定，有利于对被告人私分国有资产罪从轻处罚。

本案中对于认定被告人犯贪污罪和私分国有资产罪有三名关键证人，分别为杜某某、孔某某和王某某。为了查清事实，辩护人申请三人出庭作证。结果孔某某和王某某出庭作证，杜某某因身体原因没有出庭。虽然孔某某和王某某的出庭证言没有达到被告人和辩护人期望的效果，但能够实现在法庭上对其质证，应该也是辩护权实现的一个进步。

本案庭审中，济宁市人民检察院和曲阜市人民检察院的两名工作人员作为鉴定人被传唤出庭接受质证。辩护人就作为案件证据的几份司法会计检验意见书对鉴定人当庭进行了询问和质证，认为该检验意见书无论是检验的机构、检验人，还是检验的方式等各方面都存在不合法的情况，且对证明本案私分国有资产的数额不具有证明力。

三、庭审过程中全面质证，指出了证据中的若干疑点和矛盾之处，并且对相关法律问题的细致分析阐述，促使法庭做出从轻处罚的判决。

本案有两个关键问题：一个是被告人是否构成贪污罪。本案的多位证人都说对被告人利用虚开的发票报销印刷费的内情不清楚，但被告人则供述该笔款项系经学院研究补偿给其本人的函授生源发动费，而且提出了较为详细的解释和说明。但被告人没有书面证据。另一个关键问题是"小金库"资金的性质，这关系到被告人是否构成私分国有资产和挪用公款罪。第一个问题牵扯的主要是证据，第二个问题涉及更多的法律适用问题。为了进行有效的辩护，辩护人在收集证据和法律分析两个方面都付出了很多的努力，在法庭上都提出了有理有据的意见，使法庭能够从不同角度对被告人是否构成犯罪进行审查。

四、从被告人挪用公款和私分国有资产的来源、性质分析入手，结合刑法和其他相关法规的规定，阐述被告人无论是挪用还是私分的资金的性质都不是"公款"和"国有资产"，对公诉机关该两项罪名的指控提出异议。

主要辩护观点如下：

1. 张某某超标准发放奖金和福利的行为不构成私分国有资产罪

《刑法》第三百九十六条第一款规定：国家机关、国有公司、企业、事业单位、人民团体，违反国家规定，以单位名义将国有资产集体私分给个人，数额较大的，对其直接负责的主管人员和其他直接责任人员，处三年以下有期徒刑或者拘役，并处或者单处罚金；数额巨大的，处三年以上七年以下有期徒刑，并处罚金。

关于什么是"国有资产"刑法没有直接进行定义，2006年5月30日财政部第36号令《事业单位国有资产管理暂行办法》第三条规定：本办法所称的事业单位国有资产，是指事业单位占有、使用的，依法确认为国家所有，能以货币计量的各种经济资源的总称，即事业单位的国有（公共）财产。

事业单位国有资产包括国家拨给事业单位的资产，事业单位按照国家规定运用国有资产组织收入形成的资产，以及接受捐赠和其他经法律确认为国家所有的资产，其表现形式为流动资产、固定资产、无形资产和对外投资等。

《关于人民检察院直接受理立案侦查案件立案标准的规定（试行）》在附则中规定："私分国有资产罪案中的国有资产，是指国家依法取得和认定的，或者国家以各种形式对企业投资和投资收益、国家向行政事业单位拨款等形成的资产。"

辩护人认为认定国有资产的标准是：国家对企业的投资和投资形成的收益，以及国家向行政事业单位拨款等形成的资产。可见，区分行政事业单位中国有资产的关键标准在于，该项财产是否属于国家向行政事业单位拨款等形成。

本案中，私分的款项是单位"小金库"里的账外资金，显然不是财政拨款。

本案中，私分资产的来源主要有两部分，一部分是颜某某向函授学生收取和保管的毕业证书工本费；另一部分是王某收取的教师资格证资料费、教师培养班培训费、职教管理费、汉语能力测试费、师范类教师资格证报名费等培训类费用。

上述两类费用中，第一类费用属于教育乱收费。即根据法律法规，本不该向学生收取，却私自收取或超额收取的费用。而本案已经查清的另一个事实是，同期向省教育厅缴纳的毕业证工本费都由校财政支付了，从来没有要求成教学院向学生收取。曲阜师范大学成教学院擅自向学生收取毕业证工本费的行为是一种典型的教育乱收费。其性质当然不属于国有资产，而是应当向学生退还的违法违规收费。

第二类因从事培训而收取的费用也不属于国有资产。2011年省物价局出台了鲁价费发〔2011〕47号《关于规范高等学校服务性收费和代收费的通知》，规定高校按照自愿原则向在校学生，或接受委托对外提供各类培训服务的，可收取培训费。培训费标准由高校按照成本补偿和非营利原则制定，报同级物价等有关部门备案后执行。这些费用现在虽然规定可以收取，但曲阜师范大学成教学院显然是超标准收取，虽然根据曲阜师范大学统一财务的政策，应当上缴校财政，然后根据"收支两条线"的规定来使用支出，但这些钱款不属于国有资产。

另外，成教学院具有和其他学院不同的特殊的经费模式。2005年，学校党委常委会决定将成教学院列为经费目标责任单位，当时的《会议纪要》规定：成教学院每年上缴学校400万元，超出部分作为成教学院办公经费，由校财务保管，由成教学院自主支配。这种经费目标责任制，事实上就是交够国家的，剩下的就是自己的。那么成教学院自主支配的资产是不是属于国有资产呢？辩护人认为这类似于企业从企业营业收入中提取的管理费用及职工奖励及福利基金，是应当由企业自由支配的。同时，曲阜师范大学规定，成教学院每年的校内津贴标准可以达到其他院、系标准的1.5倍，而且从自主支配的经费中支出。因此，成教学院即使是超出了学校规定的数额发放奖金，也只是一种违纪行为，谈不上私分国有资产。

2. 张某某挪用单位账外资金行为不构成挪用公款罪

张某某挪用的资金同涉嫌私分国有资产罪中私分的资金的来源是一致的，都是来源于成教学院"小金库"的资金。辩护人认为，这些钱不仅不属于"国有资产"，甚至也不属于"公款"。特别是颜某某违规收取的毕业证书工本费是根本不应向学生收取的，其所有权应当属于学生和学员。按照《财政违法行为处罚处分条例》等相关规定，非法收入应"限期退还"，如退还有困难的予以没收。故可认定非法收入不是"公款"，不能构成挪用公款罪的客体。

虽然本案辩护人进行事实不清、证据不足的辩护观点没有被法庭全部采纳，但法庭充分考虑了被告人的犯罪背景、犯罪情节和犯罪的社会危害性，全部三个罪名均在法定刑底限判决。辩护人的工作不仅得到了当事人的认可，同时也赢得了公诉人和法庭的尊重，取得了良好的辩护效果，部分辩护观点也值得广大律师同仁研讨和参考。

承办律师：李志强

撰稿人：李志强

玩忽职守罪案例之一

关键词： 刑事　玩忽职守　初验　验收　重大损失

案由： 玩忽职守罪

案例核心价值： 国家工作人员在履行职务过程中，玩忽职守导致国家利益受损构成玩忽职守罪，玩忽职守罪是以致使公共财产、国家和人民利益遭受重大损失为构成要件的，该损失是立案时确已造成的经济损失。在检察机关立案之前，当事人协调相关单位向办案部门交付国家拨付的资金，办案部门拒收，随后以玩忽职守罪立案，则该罪名不能成立。

相关法条：《刑法》第三百九十七条、《最高人民检察院关于渎职侵权犯罪案件立案标准的规定》附则四

一、基本案情

2012 年财政部、商务部联合下发《财政部办公厅、商务部办公厅关于 2012 年开展万村千乡市场工程有关问题的通知》（财办建〔2012〕22 号）。山东省财政厅、山东省商务厅下达《关于 2012 年开展万村千乡市场工程有关问题的通知》（鲁财建〔2012〕58 号），文件要求支持、培育大型万村千乡市场工程企业；发展多级物流配送体系；推进农村流通信息化；着力保障商品质量安全。济南市财政局、济南市商务局下达《济南市 2012 年"万村千乡市场工程"实施方案》。根据文件精神，符合建设规模和条件的可给于 50 万元资金奖励。平阴县商务局副局长苗某、商贸服务科科长张某某为推动平阴的经济发展，在前几年工作的基础上，通知平阴县百货大楼有限公司选定项目，继续实施万村千乡市场工程。平阴县百货大楼有限公司选定东阿商贸中心作为试点项目。

2012 年 10 月 16 日，平阴县商务局向济南市商务局、济南市财政局发出《关于申请对平阴县百货大楼新建东阿商贸中心验收的报告》（平商务字〔2012〕8 号），提出平阴县商务局会同平阴县财政局于 2012 年 10 月上旬对其进行了逐一验收，基本符合上级的标准和要求。请市局组织安排对平阴县百货大楼东阿商贸中心审查验收。2012 年

10 月 30 日，平阴县商务局苗某、张某某及平阴县财政局付某某等人前往东阿商贸中心进行检查，查看了营业面积、货品种类、车辆行驶证、出资凭证等。平阴县百货大楼有限公司委托山东舜天信诚会计师事务所平阴分所出具了《关于平阴县百货大楼有限公司东阿商贸中心固定资产投资的审计报告》（鲁舜诚平专审字〔2012〕第 61 号），对于其投资、东阿商贸中心超市面积、仓库面积等进行了专项认定。2012 年 11 月 13 日，济南市商务局、济南市财政局组成检查组到达现场进行复验，做出合格的结论。

2012 年 8 月，平阴县财政局拨款 50 万元给平阴县百货大楼有限公司。

2013 年 3 月 25 日，被告人苗某、张某某等前往平阴县人民检察院反渎职侵权局提出，将上述 50 万元交给县人民检察院，但县人民检察院反渎职侵权局负责人以需要向领导汇报为由未同意。2013 年 3 月 26 日，平阴县人民检察院以玩忽职守罪立案审查，4 月 9 日办理取保候审手续。4 月 10 日，平阴县百货大楼有限公司将 50 万元款项交给县人民检察院。2013 年 8 月 26 日平阴县人民检察院以鲁平阴检刑诉〔2013〕104 号起诉书指控被告人苗某、张某某犯玩忽职守罪，向平阴县人民法院提起公诉。

二、法院裁判

在案件审理过程中，辩护律师向法院提交《调查取证申请书》，申请法院调取：（1）向济南市商务局调取平阴县百货大楼有限公司承建的东阿商贸中心项目验收合格与否的证据，以及该验收结论的送达情况；（2）向平阴县百货大楼有限公司核实 2013 年 3 月 22 日、3 月 25 日被告人苗某与庞经理沟通交回款项的事实经过，并向平阴县人民检察院核实 2013 年 3 月 25 日被告人苗某等前往县人民检察院联系交钱的事实经过。经过两次开庭，平阴县人民检察院以本案证据发生变化为由决定撤回对被告人苗某、张某某的起诉。2014 年 7 月 25 日，平阴县人民法院下达〔2013〕平刑初字第 113 号刑事裁定书，法院经审查认为，平阴县人民检察院撤回起诉决定符合有关法律规定。依据《最高人民法院关于适用〈中华人民共和国刑事诉讼法〉的解释》第二百四十二条之规定，裁定准许平阴县人民检察院撤诉。

三、律师辩护意见

（一）被告人苗某没有初验的法定职责

1. 财政部、商务部及山东省财政厅、山东省商务厅等政府职能部门在万村千乡市场工程相关文件中没有赋予县级商务局"初验"的职责。

根据财政部、商务部联合下发《财政部办公厅、商务部办公厅关于 2012 年开展万村千乡市场工程有关问题的通知》（财办建〔2012〕22 号）、山东省财政厅、山东省商务厅《关于 2012 年开展万村千乡市场工程有关问题的通知》（鲁财建〔2012〕58 号）

等已公开的文件规定，可以看出：第一，上述文件从未赋予县级商务部门在实施万村千乡市场工程中关于商贸中心建设"初验"的职责；第二，明确赋予了市级商务部门、财政部门在项目申报、制订方案、项目建设与验收等具体职责，包括制订本地区万村千乡市场工程 2012 年度实施方案，督促项目承担企业加快项目实施进度，于 2012 年 8 月 25 日前，组织开展中期检查和评估，项目完成后，立即进行验收等；第三，明确规定了财政部门拨付资金的依据，就是验收合格后方可拨付项目资金。

2. 济南市财政局、济南市商务局《济南市 2012 年"万村千乡市场工程"实施方案》没有下达给平阴县商务局及本案被告人，公诉机关以该方案指控被告人构成犯罪没有事实依据。

（1）济南市财政局、济南市商务局没有权力将财政部、商务部等赋予其特定项目的管理、验收等职责进行分解，并委托下级实施。公诉机关不能依据一个"非法的"或者"未经法定程序"制作的实施方案，作为定罪的事实依据。

（2）平阴县商务局在 2012 年 10 月 30 日初验之前，从未收到过济南市财政局、济南市商务局《济南市 2012 年"万村千乡市场工程"实施方案》，该方案不能作为被告人构成玩忽职守罪的依据。

（3）《济南市 2012 年"万村千乡市场工程"实施方案》没有对初验的程序、操作标准等做出具体规定，不具备可操作性，无法判断职责的范围。故该"实施方案"不能成为追究刑事责任的证据。

3. 公诉机关指控被告人苗某对东阿商贸中心固定资产投资情况不认真审核、检查，弄虚作假，没有事实依据和政策依据。

（1）根据商务部办公厅《关于规范物流配送中心和乡镇商贸中心项目建设有关工作的通知》第三条规定，具有资质的会计师事务所出具的"无保留意见"专项审计报告作为项目验收和政策扶持的重要依据。

平阴县百货大楼有限公司委托山东舜天信诚会计师事务所平阴分所出具了《关于平阴县百货大楼有限公司东阿商贸中心固定资产投资的审计报告》（鲁舜诚平专审字〔2012〕第 61 号），对于其投资、东阿商贸中心超市面积、仓库面积等进行了专项认定。被告人苗某多次召开座谈会并进行了现场察看，并依据平阴县百货大楼有限公司提供的审计报告进行初验，对已发现的问题通知百货大楼有限公司。山东舜天信诚会计师事务所平阴分所作为专业审计机构和平阴县百货大楼有限公司作为项目承建单位。作为非会计、工科等专业技术人员的被告人苗某仅凭肉眼无法判断其真实性，其将社会中介机构依法出具的专项审计报告作为涉案项目验收是否合格的依据，不存在违法违规之处。且济南市商务局、济南市财政局同样将专项审计报告作为其验收的依据。

（2）公诉人指控其"申请验收的报告"的盖章时间先于专项审计报告出具的时间，

就是玩忽职守，是不能成立的。在这里，不能仅看其盖章时间，也要看两个部门联合行文时"最后盖章的时间"，最终应以报告上报的时间为准，即 2012 年 11 月 13 日下午。

（3）根据公诉人出具的证人夏某、付某某、贾某等证言，证实了资金监管的职责在于平阴县财政局，那么公诉人不应该将投资出现的问题作为本案被告人定罪的事实依据。

总之，初验不是法定的职责，不是独立的行政管理行为，仅是验收前的准备性工作；被告人苗某不具备初验的职责，在初验中不存在玩忽职守的行为，仅是书写了一份"申请验收的报告"，公诉人不能依据该"申请验收的报告"作为指控被告人苗某构成玩忽职守罪的定罪事实。

（二）公诉机关指控的国家利益损失 50 万元不符合事实

1. 东阿商贸中心项目至今合格，没有被任何行政机关撤销，谈不上国家损失 50 万元的问题。

平阴县百货大楼有限公司承建的东阿商贸中心项目已被济南市商务局、财政局验收合格，该结论至今未被上述部门及省级商务部门、财政部门予以撤销，因此不存在国家利益损失 50 万元的事实。根据山东省财政厅、山东省商务厅《关于 2012 年开展万村千乡市场工程有关问题的通知》（鲁财建〔2012〕58 号）的规定，各市商务、财政部门要制订项目验收管理方案，定期对验收合格的项目进行回访，确认项目质量，一旦发现不达标验收等弄虚作假行为，将回收财政资金，并取消以后年度申请此类专项资金的资格。该项目是否合格，唯有做出具体行政行为的行政机关及其上级部门有权决定，公诉机关非经法定程序无权直接认定其为不合格工程。因此，在该项目未被主管部门认定不合格之前，拨付的资金即应具有相应事实及法律依据，不应认定为损失。

2. 即使认定 50 万元为损失，也是平阴县财政局违规拨付所致。

卷宗材料记载，2012 年 8 月 13 日，平阴县财政局将 50 万元财政资金拨付平阴县百货大楼有限公司。同时，该 50 万元是以奖代补性质，且公诉机关所指控的国家利益损失该 50 万元是在初验之前就由平阴县财政局拨付，此时该项目未进行任何形式的验收。平阴县财政局在项目验收之前进行拨款，显然不是以项目验收合格作为拨付款项的依据，这从事实上说明了 50 万元即使认定为损失，也是平阴县财政局违规拨付所致，与被告人苗某进行的初验没有任何关系。

3. 本案立案时，国家损失尚未形成，即使形成也是因本案办案部门不作为所致。

通过取得平阴县百货大楼有限公司庞经理的证言，证实了被告人苗某等人于 2013 年 3 月 22 日、25 日找到了平阴县百货大楼有限公司庞经理等，在做了相关说服工作之后，平阴县百货大楼有限公司同意并准备好了资金，同时做好了上交给检察机关的准备，但在 3 月 25 日前往检察院办案部门上缴 50 万元时，办案部门在未给出任何理由的情况下，对上述款项一律不予收取。故在本案 2013 年 3 月 26 日立案之前，从理论上讲 50 万元不能算作损失。根据《最高人民检察院关于渎职侵权犯罪案件立案标准的规定》附则四之规定，玩忽职守罪是以致使公共财产、国家和人民利益遭受重大损失为构成要件的，该损失是立案时确已造成的经济损失。

综上，东阿商贸中心项目至今未被济南市商务局、济南市财政局及上级相关部门撤销，仍系合格项目。公诉机关虽发现了平阴县百货大楼有限公司弄虚作假的一些证据，但是没有权力撤销济南市商务局、济南市财政局做出的具体行政行为，其也没有提出检察建议，径行认定项目不合格，不符合法律程序规定。故 50 万元资金的支付符合相关规定，不能认定为损失。

（三）公诉机关指控的损失 50 万元不是被告人苗某的行为直接造成

根据《最高人民检察院关于渎职侵权犯罪案件立案标准的规定》附则四之规定，"直接经济损失"，是指与行为有直接因果关系而造成的财产损毁、减少的实际价值。即公诉机关指控的损失应当是本案被告人苗某行为直接导致。根据山东省财政厅、山东省商务厅鲁财建〔2012〕58 号文件及实际实施情况规定，验收是由济南市商务局、济南市财政局联合进行的，况且资金拨付在项目验收合格后进行，只有济南市商务局、济南市财政局验收合格才可以拨付款项。被告人苗某的行为即使有瑕疵，也不是平阴县财政局拨款的依据，更不是造成 50 万元损失的直接原因。

综上所述，被告人苗某不具备初验的法定职责，其进行的初验行为不具备法定性，公诉人不能以此作为法定职责追究其刑事责任；被告人苗某的行为不是导致本案损失的直接原因，致使国家利益损失的直接原因不是被告人苗某的初验行为造成的，即有重大损失后果不等于玩忽职守罪的直接因果关系成立；且在本案立案之前，被告人苗某已经协调好相关单位向办案部门交付涉案资金，办案部门拒收，随后以玩忽职守罪立案。故公诉机关指控被告人苗某构成玩忽职守罪的犯罪事实不清，证据不足，被告人苗某不构成玩忽职守罪。

四、律师点评

被告人苗某涉嫌玩忽职守罪一案，涉及被告人苗某任职的平阴县商务局的行政职责、财政部、商务部及山东省财政厅、山东省商务厅关于实施万村千乡市场工程的所有文件、济南市商务局、济南市财政局对平阴县百货大楼有限公司东阿商贸中心项目验收合格的认定等等，案件涉及面比较广。其中，律师在会见被告人苗某过程中，被告人苗某讲述在检察院立案之前，已经和平阴县百货大楼有限公司的领导沟通好并拿出涉案50 万元资金前往检察院缴纳该笔款项，但办案部门负责人拒收，并于第二天下达立案通知书。律师认真研读《最高人民检察院关于渎职侵权犯罪案件立案标准的规定》所涉及的法律条文，多次组织律师进行研讨，并向法院提出检察院指控造成国家损失 50 万元与事实不符。平阴县人民检察院以本案证据发生变化为由决定撤回对被告人苗某、张某某的起诉，法院下达裁定准许撤回起诉。虽然刑事裁定书未明确检察院撤回起诉的具体理由，但律师认为这与律师积极努力工作是密不可分的。

承办律师：万长友　马立武
撰稿人：马立武

玩忽职守罪案例之二

关键词： 刑事　玩忽职守罪的主体范围　因果关系　撤诉

案情简介：

受害人高某某的父母于 1999 年 7 月 18 日从孙某某处购得周村某某电器厂生产的"某某牌"贮水式电热淋浴器一台，7 月 19 日销售者孙某某负责安装，而其在安装过程中使用临时安装装置刀开关及插座，且未接地线。7 月 20 日高某某父母发现该淋浴器漏电，随即通知孙某某，孙某某未立即检查、处理，与高某某父母约定到次日维修。而高某某父母对淋浴器漏电一事并未叮嘱高某某。7 月 21 日，高某某一人在家，在未拔掉电源插头的情况下带电洗浴，致使触电身亡。

公诉机关认为被告人亓某某在任某某区技术监督局质量管理科副科长分管电器室工作期间，违反《产品质量检验机构计量认证技术考核规范》的有关规定，安排没有《检验上岗操作证》的被告人陈某单独从事检验工作；被告人陈某又疏于职守，致使该不合格产品，通过合法渠道流入市场，导致高某某在洗浴时触电身亡的严重后果。其行为触犯了《刑法》第三百九十七条第一款之规定，已构成玩忽职守罪。

律师承办过程：

承办此案后，在仔细阅卷的基础上，认为亓某某符合取保候审的法定条件遂提出申请。2000 年 6 月 30 日亓某某因涉嫌玩忽职守罪被取保候审。该案在该省特别是在该市已引起广泛关注，该省电视台已在《道德与法制》节目中两次追踪报道，该市主要领导也做出批示要求"查清事实，依法办案"。为保证在强大舆论压力下司法机关执法的公正性，充分维护当事人的合法权益，我们将案件情况及争议焦点问题反映到中国政法大学诉讼法学研究中心，邀请了刑法学专家陈兴良、张明楷及周振想和诉讼法专家樊崇义、卞建林以及宋英辉进行专家论证。

本案辩护过程中，辩护人根据本案的事实，熟练运用法律，抓住以下几个要点和环节，充分维护了被告人的合法权益，大部分辩护意见被法庭采纳，使被告人依法被判无罪。

主要辩护观点如下：

一、在法庭调查中我们了解到三方面内容：

1. 该淋浴器的结构设计有左右两个进水口，其中有进水口没有堵塞，致使浮球浮不起来，关不上截止阀，致右边进水口不断漏水，导致整个淋浴器带电。这是该产品内部结构设计问题（产品结构设计不属于技术监督部门检测项目范围）。

2. 孙某某安装过程中未按照产品说明要求安装，所配电源线、刀开关及插座均为临时安装。这是该产品的安装问题。

3. 某某电器厂的某某牌淋浴器说明书关于"使用说明"第2项载明"洗浴时还需切断电源（拔掉电源插头）以确保洗浴安全"，关于"注意事项"第1条载明"为了确保洗浴安全，严禁带电使用"，该产品醒目位置警示"注意事项"为"使用前请详细阅读说明书""沐浴前将电源插头拔出后方可使用严禁带电使用"。这是使用者违规操作的问题。

以上可见，导致事故发生的原因来自上述三个方面，涉及产品的生产者、销售者、安装者、使用者以及代表国家行使管理职能的质量监督检验所。而关于高某某的死因确认问题，截至目前，公诉机关没有出示确凿证据。单从某某区质量监督检验所角度分析，即使该淋浴器存在设计不合理的情况，因"设计"问题不属于检测项目，质检人员对此未做出检验结论，并无违规、违法行为。

通过"高某某事件"分析本案中的因果关系：导致高某某死亡结果发生的原因至少源于三个方面，即：不合理结构设计、不当安装及违规使用。无论哪一方面，对于被告人亓某某来说，都没有形成必然联系。虽然作为质检部门负责人的被告人亓某某安排被告人陈某无证上岗检测，存在一定过错，但其过错行为与高某某死亡的结果并未形成直接因果关系。正如《刑法》专家论证意见所说："刑事责任的追究不能无限延伸，不能把凡可能对死亡结果有影响的因素都划归刑事追究的范围，应当抓住办案的主要原因、直接原因，依据与被害人死亡因果关系的远近程度分别追究有关人员相应的刑事、民事、行政责任。"关于本案被告人亓某某的责任范围，我们通过《某某市某某区产品质量监督检验所质量管理手册》关于副所长岗位责任制的规定来看，亓某某对高某某事件所应承担的责任范围当属一定程度的领导责任。

二、被告人亓某某不符合玩忽职守罪的犯罪构成要件

首先，亓某某不属于本罪主体——亓某某不属国家机关工作人员。原因是：

1. 根据某某区1996编委文件和某某区人民政府1993文件来看，亓某某所在单位某

某区技术监督局系属自收自支的事业单位,并非国家机关。

2. 根据最高人民检察院(2000)9 号批复,事业单位工作人员作为玩忽职守主体的要件有二:一是该事业单位具备行政执法权利;二是该工作人员必须为干部编制。而通过 1988 年"某某区人事局机关工人介绍信"及目前实际情况来看,亓某某至今仍为工人身份,其所任副科长或副所长职务均系本单位内部任命,不属于组织部门任命的在编干部。

因此,被告人亓某某不符合玩忽职守罪的主体要件。

其次,从主、客观方面分析。本罪是过失犯罪。以下辩护人将从主、客观两个方面来分析亓某某、陈某在本案中的主观心理状态和客观行为。

1. 亓、陈二人在职责上的区别

(1)亓某某是该局质量管理科副科长(副所长),分管电器室工作,陈某是产品质量监督检验所电器室主任。

(2)亓某某是高中文化,不具备产品质检专业知识,未受过系统培训;陈某毕业于山东工业大学,具有助工职称。

(3)根据《质量管理手册》,亓某某作为副所长的职责是:

3.2.1 协助所长搞好全所行政业务及政治思想等各项工作。

3.2.2 负责组织拟订全所行政、业务工作计划,经所长办公会批准后组织实施。

3.2.3 负责本所业务性文件、报告的审核签发,提出行政、业务工作需提交所长办公会研究的主题,并提出主导意见。

3.2.4 负责对检验事故和设备事故的查处工作。

3.2.5 认真处理上级和所长交办的行政、业务工作。

3.2.6 负责本所的信息反馈和处理工作,并对本所工作质量监督。

3.2.7 当所长不在时,可代行使职权。

而陈某作为电器室主任、检验人员,其职责有:

3.5.1 对本室的工作全面负责,审核检验报告。

3.6.4 抽取样品并负责来样登记、收发、保管。

3.8.1 对各自负责的检验工作的质量负责。

3.8.5 有权拒绝行政或其他方面的干涉,有权越级向上级领导反映各级领导违纪检测规程或对检验数据弄虚作假的现象。

……

以上规定可见,亓某某非专门质检人员,不对质量检验结果负责,她只是行政管理人员,负责审核检验报告。(如果将审核扩大解释为具体核实每一个检测数据的准确性,则副所长审核与检测人员检测不具实质区别。)而陈某作为具体检验人员、电器室主任有责任对其检测数据全面负责。

2. 亓、陈二人注意能力的区别

在疏忽大意的过失中，行为人本身具有注意能力，但根本没有发挥这种注意能力。本案陈某，毕业于理工科院校，参加并通过了市局组织的业务培训考核，具有助工职称，同时又是电器室主任，负责产品检测，掌握着检测仪器设备等工作，无论从其自身业务素质还是其所从事的具体事务都决定陈某有着比亓某某高得多的注意能力。

3. 亓、陈二人注意义务的区别

注意义务是一种法律义务，行为人违反这种注意义务，发生危害结果的，就构成过失犯罪。注意义务是指：行为人作为时，应当注意有无侵害某种利益；不作为时，应当注意有无违反某种指定法律义务的责任。这种义务在本案主要是指法律、行政法规规定的义务以及职务或业务要求的义务。

从前述事实可知，陈某作为具体质量检验人员，其职责是严格按规定对抽样产品进行检验，其当然就知道如果不按规定进行检验可能导致的后果，这属于应当预见的范畴；而亓某某不参与对产品的具体检验，其根本不具备对检验结果所造成的后果进行预见的义务。

对于危害结果的注意义务，一定的资格、职称是与一定的义务相挂钩的，陈某作为助工、室主任、检测人员，决定其必须履行《质量管理手册》规定的义务，在检测时就应有预见其行为可能造成后果的义务，并对该后果负责；亓某某作为行政管理人员，没有要求其对检测结果负责，就不具备预见义务，否则，其职责无异于检测人员，那么该单位还需要具体检测人员干什么？在《质量管理手册》明确分工又有何意义？

本案已查明的事实是，陈某应当对热水器进行检测，却蒙混过关，根本没有打开包装予以检测，由此产生严重后果的责任应当谁负已经明确！

三、被告人亓某某的责任问题

通过《质量管理手册》可知亓某某作为该局质检副科长，系属行政管理人员，既非直接负责检测的责任人员，又非最终批准检验报告的所长，亓某某不当安排没有上岗操作证的陈某单独检验，显属领导责任范围，但领导责任不能等同于直接主要的事故责任。

本案审理至此，关于高某某死亡的直接原因仍然无从考证，而引起高某某触电的该台淋浴器系属何年何月生产，属于哪一批次，至今亦不知晓。因此，综合以上意见，辩护人认为本案认定亓某某玩忽职守事实不清、证据不足、认定该罪适用法律不当，故其罪名不能成立。

裁判结果及裁判理由：

2001 年 7 月 21 日，某某区人民法院（2001）某刑初字第 15 号判决书判决：被告人亓某某无罪；被告人陈某无罪。

法院审理认为：在本案中，被告人亓某某并非国家机关工作人员，其不符合玩忽职守罪的主体要件。被告人陈某没有检验产品的职责，在客观方面不能认定有玩忽职守行为。被告人亓某某在产品定期监督检验中具有玩忽职守行为，但作为对同类产品的抽查行为，不检验产品而出具产品合格的检验报告，公诉机关并未提供必要的证据证实该检验报告在客观上是否予以处罚的后果，即玩忽职守行为的危害后果，在此方面属证据不足。仅依据某某电器厂生产的电热淋浴器在外观设计上在贮水器两边各有一进水口去认定全部产品不合格，在此方面属证据不足。即使被告人玩忽职守行为造成某某电器厂的不合格产品流入市场，但该行为与被害人高某某死亡结果之间没有直接的必然的因果关系，在客观方面也不符合玩忽职守罪的构成要件。因此，公诉机关指控被告人亓某某、陈某构成玩忽职守罪不成立，依法不应予以支持。对以上二被告人的辩护人的相关辩护意见予以采纳。

一审判决后，公诉机关提出抗诉，二审法院维持原判。

办案心得：

本案在某某市产生了较大社会影响。辩护人接受被告人家属委托后，通过仔细阅卷并会见被告人充分了解案情，与公诉机关及时做好沟通，将案件情况及争议焦点问题反映到中国政法大学诉讼法学研究中心进行专家论证，从法理及法律规定两方面论证辩护观点，确定具体辩护思路。辩护人的工作不仅得到了当事人的认可，同时也赢得了公诉人和法庭的尊重，取得了很好的辩护效果。

承办律师：王曙光

撰稿人：苟洪标

关于抵押财产在刑事程序中如何受偿的案例

关键词： 抵押财产　非法集资　刑事执行　优先受偿

律师观点： 刑事裁判涉财产部分执行程序中，抵押人的财产被追缴，对于抵押财产，除优先清偿人身损害赔偿中的医疗费用外，抵押权人对抵押财产仍享有优先受偿权。

相关法条：《最高人民法院关于刑事裁判涉财产部分执行的若干规定》第十三条

一、基本案情

2010 年，李某以非法吸收公众存款的方式获取巨额资金，并将其中的 1200 万元，用于购买当地五处房产，然后以所购买的五处房产作为抵押财产，以本人名义从当地商业银行 A 贷款 800 万元（本金）。

2011 年 6 月，贷款到期后，李某未能清偿，商业银行 A 将李某起诉至当地法院 B。2012 年 2 月，当地法院 B 做出民事判决 C，判令李某应清偿到期贷款，商业银行 A 对所抵押的五处房产享有优先受偿权。民事判决 C 生效后，商业银行 A 申请法院强制执行。

2012 年 3 月，李某因非法吸收公众存款罪被当地公安机关逮捕，同时当地公安机关查封了五处抵押房产。当地法院 B 裁定中止了就民事判决 C 所申请的强制执行程序。

2013 年 2 月，当地法院 B 做出刑事判决 D，判处李某有期徒刑，并判决追缴其财产，对受害人进行退赔。2013 年 3 月，当地法院 B 对该刑事判决 D 立案执行，并将民事判决 C 判决商业银行 A 享有抵押权的五处抵押房产，经评估后，通过拍卖程序，经过四次流拍后，2014 年 3 月，第五次拍卖成功，拍卖价款 1000 万元。但在评估、拍卖过程中，当地法院 B 既没有将评估报告发送给商业银行 A；也没有通知商业银行 A 到拍卖现场。

五处抵押房产被拍卖后，参与李某非法吸收公众存款案的集资群众多次集体到当地法院 B 处，要求将五处抵押房产的全部拍卖款 1000 万元均作为赃款全部追缴，退赔给集资群众。当地法院 B 曾向商业银行 A 提出给予 300 万元的补偿，剩余的拍卖款退赔给集资群众的意见。

二、相关法律问题分析

（一）民事执行程序与刑事裁决涉财产执行程序交叉时，如何处理？

目前，虽然没有关于民事执行程序与刑事裁决涉财产部分执行程序交叉时，民事执行程序的申请执行人的权益，应通过刑事裁判涉财产部分执行程序实现的明确法律规定，但 2014 年 11 月 6 日开始施行的《最高人民法院关于刑事裁判涉财产部分执行的若干规定》（以下简称《刑事裁判涉财产部分执行的规定》）第十三条规定"被执行人在执行中同时承担刑事责任、民事责任，其财产不足以支付的，应按照该条规定明确的顺序执行"，这一规定隐含了在被执行人的财产不足以支付同时承担的刑事责任、民事责任时（在绝大部分案件中，被执行人的财产不足以支付同时承担的刑事责任、民事责任），被执行人在民事案件中所承担的民事责任，应通过刑事裁判涉财产部分执行程序一并解决的含义。

另外，《刑事裁判涉财产部分执行的规定》第十三条规定的被执行人在执行中同时承担刑事责任、民事责任，其财产不足以支付时的清偿顺序是首先清偿人身损害赔偿中的医疗费用，其次清偿抵押债权、然后是退赔被害人的损失、之后才清偿其他民事债务；这与民事案件执行程序存在重大区别，而且在绝大部分情况下，是相互冲突。在民事案件执行程序中，对于被执行人财产，只会用来清偿申请人的债务，而不是按《刑事裁判涉财产部分执行的规定》第十三条规定的清偿顺序进行执行；即使在民事执行程序的参与分配机制中，也不是按上述规定的执行顺序进行执行。因此，要保障《刑事裁判涉财产部分执行的规定》第十三条规定得以执行，在发现民事执行程序的被执行人涉及刑事案件时，其作为被执行人的民事执行程序应中止，待刑事判决生效后，根据其承担的刑事责任（财产部分）、民事责任，判断其财产是否足以支付，若不足以支付，则应将其在民事执行程序中的民事责任，纳入刑事裁判涉财产部分执行程序中一并解决。若在刑事判决生效前，就将其财产用于民事执行程序承担民事责任，很有可能导致被执行人在刑事判决中承担的刑事责任（财产部分）无法执行。

因此，本案中，当地法院 B 在发现李某涉及李某的非法吸收公众存款刑事案件时，裁定中止民事判决 C 的民事执行程序是正确的。

（二）当地法院 B 在对五处抵押房产评估、拍卖过程是否存在瑕疵？

最高人民法院执行局负责人在就《刑事裁判涉财产部分执行的规定》接受记者采访时，曾指出："针对刑事案件财产变现处置难度大的特点，本规定做出了不同于民事执行的特殊规定：一是原则上遵循《最高人民法院关于人民法院执行中拍卖、变卖财产的规定》（以下简称《拍卖、变卖规定》）进行评估、拍卖；二是在拍卖未能成交的情况下，因执行财物的变价款直接涉及债权人的利益，应当充分尊重权利人的意愿，由其自行决定是否以最后一次拍卖保留价接收执行财物；三是在权利人不同意接收的情况下，为尽快变现，发挥物的效用，同时避免增加财物的保管成本，可不拘于民事执行拍卖程序的一般规定，实行无底价拍卖，直至最终拍卖成交为止；四是为避免给国家或者当事人造成无谓的经济损失，执行中应当避免无益拍卖。"

根据最高人民法院执行局负责人对记者的回答，可以得出这样的结论，在《刑事裁判涉财产部分执行的规定》没有不同规定的情况下，刑事裁判涉财产部分执行的执行程序中的评估、拍卖程序应原则上遵循《拍卖、变卖规定》进行评估、拍卖。

而《拍卖、变卖规定》第六条规定："人民法院收到评估机构做出的评估报告后，应当在五日内将评估报告发送当事人及其他利害关系人。当事人或者其他利害关系人对评估报告有异议的，可以在收到评估报告后十日内以书面形式向人民法院提出。"第十四条规定："人民法院应当在拍卖五日前以书面或者其他能够确认收悉的适当方式，通知当事人和已知的担保物权人、优先购买权人或者其他优先权人于拍卖日到场。"

因此，本案中，当地人民法院B在对李某的五处抵押房产评估、拍卖过程，未将评估报告发送给商业银行A及拍卖时未通知商业银行A到拍卖现场的行为，是存在瑕疵的。

当然，本案也存在一定的特殊性，因李某的非法吸收公众存款案涉及的集资群众达四百余人，若向包括商业银行A在内的当事人及利害关系人一一发送评估报告，及一一通知到达拍卖现场，确实存在操作的难度。

（三）对李某五处抵押房产的拍卖价款，是应该由商业银行A享有优先受偿权，还是作为李某的非法财产，退赔给集资群众？

最高人民法院执行局负责人在就《刑事裁判涉财产部分执行的规定》接受记者采访时，曾指出："刑法、刑事诉讼法及相关司法解释均已明确规定，民事债务的执行优先于财产刑的执行。相关规定体现了在民事责任、刑事责任出现竞合时，民事责任优先的原则。对于民事债务、民事赔偿或刑事赔偿，实践中也需要进一步确定其顺位。一是人身损害赔偿中的医疗费用。该费用是用于受害人抢救、治疗而支出的费用，为体现对受害人生命权、健康权的特别保护，按照权利实现的紧急程度和必要程度，应当优先支付。二是抵押权优先问题。债权人对执行标的享有抵押权的，对其抵押权应优先予以保护，但是，其优先受偿权不得优先于医疗费用的支付。三是刑事退赔。由于刑事案件的被害人对于遭受犯罪侵害的事实无法预测和避免，被害人对被非法占有、处置的财产主张权利只能通过追缴或者退赔予以解决，在赃款赃物追缴不能的情况下，被执行人在赃款赃物等值范围内予以赔偿，该赔偿优先于其他民事债务具有合理性。"

本案中，不存在人身损害赔偿的医药费，商业银行 A 作为李某五处抵押房产的抵押权，完全有权对五处抵押房产的拍卖款优先受偿。因截至拍卖日，商业银行 A 对李某的贷款债权本金加上利息及逾期利息已超过了 1000 万元。商业银行 A 完全受偿后，没有剩余的拍卖款退赔给集资群众。

三、代理过程及案件处理结果

在本案中，我们为商业银行 A 代理律师。在代理过程中，当地法院 B 和集资群众曾有一种观点，认为李某的五处抵押房产系李某用非法吸收公众存款所购，应属于赃物，应全部退赔给集资群众。

代理之初，《刑事裁判涉财产部分执行的规定》还没有出台，我们根据《物权法》第一百〇六条关于善意取得的规定，指出抵押权作为物权的一种形式，完全应适用善意取得的规定，商业银行 A 对李某的五处抵押房产享有抵押权是善意取得，不应作为李某的赃物，退赔给集资群众。

同时，我们还根据《最高人民法院、最高人民检察院、公安部关于办理非法吸收公众存款刑事案件适用法律若干问题的意见》第五部分"关于涉案财物的追缴和处置问题"中规定，指出对非法吸收的资金及其转换财物进行追缴的情形中，不包括合法设置抵押权的财产。因此，李某的五处抵押房产不能作为赃物追缴，而应由商业银行 A 享有优先受偿权。

我们提出上述观点后，在当地法院 B 的执行法官中产生了不同意见，有的认同我们的观点，也有的执行法官不认同我们的观点。

2014 年 10 月 30 日《刑事裁判涉财产部分执行的规定》出台后，第二天，我们就依据该规定向当地法院 B 提交一份补充代理意见，进一步提出商业银行 A 对李某五处抵押房产拍卖款享有优先受偿权观点。对于这份补充代理意见，得到了执行法官一致认可。执行法官也根据我们的这份补充代理意见，向集资群众进行解释，要求其放弃不合法的要求。

后来，因商业银行 A，为了维护社会稳定，出于承担社会责任考虑，同意放弃对李某贷款利息及逾期利息的受偿，以此用于向集资群众退赔部分集资款。

最终，经过五年之久，商业银行 A 成功收回了该笔贷款本金 800 万元。

承办律师：王　亮

撰稿人：王　亮

徐某某等人被公诉机关指控涉嫌绑架犯罪
法院最终采纳律师辩护意见认定为敲诈勒索

关键词： 刑事　绑架　敲诈勒索　区别

裁判要点、核心价值： 被告人徐某某等人设置圈套对被害人进行人身控制，并向其家人要钱，得到钱后放人。绑架行为似乎很明显，公诉机关也以绑架罪向法院提起公诉。但深入分析该案情，律师认为应当定性为敲诈勒索。同样都以索要财物为目的，绑架罪和敲诈勒索罪有明显区别。区别二罪，意义重大。

相关法律规定：《刑法》第二百三十九条："以勒索财物为目的绑架他人的，或者绑架他人作为人质的，处十年以上有期徒刑或者无期徒刑，并处罚金或者没收财产；致使被绑架人死亡或者杀害被绑架人的，处死刑，并处没收财产。"《刑法》第二百七十四条："敲诈勒索公私财物，数额较大的，处三年以下有期徒刑、拘役或者管制；数额巨大或者有其他严重情节的，处三年以上十年以下有期徒刑。"

简要案情：

徐某某、王某某、宋某某事先预谋，由被告人宋某某诱骗受害人杨某盗窃，徐某某、王某某冒充派出所人员对受害人实施"抓捕"，并对其采取"措施"，诱逼被害人家人拿钱。

2012 年 7 月的某一天傍晚，被告人宋某某驾车将受害人杨某带至济宁辖区 105 国道旁的一个小区内，唆使被害人将已事先停放在小区内的一辆电动自行车盗走。被告人徐某某、王某某随即将被害人"抓获"并带到一辆面包车上，被告人使用电警棍对被害人进行殴打、威胁。当晚，被告人将受害人弄到一出租房内继续"审讯"并暗示受害人如拿钱可以"私了"，如不拿钱，就要送刑警队。受害人打电话给其亲属，要求拿钱来走"关系""私了"。第二天，受害人的亲属拿来 10 万元钱，并按照被告人指定的地点交钱，受害人被"释放"。

侦查机关以绑架罪立案侦查，公诉机关也以被告人的行为构成绑架罪向法院提起公诉。

裁判结果：

法院以敲诈勒索罪分别判处被告人徐某某、王某某、宋某某有期徒刑五年、五年、六年。一审判决后，各被告人均没有上诉，检察机关也没有抗诉，判决生效。

裁判理由：

法院认为，被告人徐某某、王某某、宋某某以非法占有为目的，敲诈勒索他人财物，数额巨大，其行为均已构成敲诈勒索罪。检察机关指控的事实成立，但罪名不当。三被告人主观上以非法占有为目的，利用向公安机关举报被害人的犯罪行为为要挟，造成被害人及其家属产生精神恐惧，从而勒索他人钱财，其行为符合敲诈勒索罪的犯罪特征。三被告人虽然实际控制了被害人，但没有对被害人实施严重殴打、捆绑等暴力行为。三被告人主观上具有敲诈勒索犯罪的故意，客观上实施了敲诈勒索的行为，其行为具备敲诈勒索犯罪的主客观要件，构成敲诈勒索罪，辩护人关于被告人的行为构成敲诈勒索罪的辩护理由成立，予以采纳。

案例评析：

本案案情本身并不复杂，但关于本案被告人涉嫌的罪名争议却很大，从公安机关立案侦查，到检察院审查起诉，一直到法院审理，争议一直不断。尤其重要的是，罪名不同，对被告人量刑结果会差别很大。因为敲诈勒索罪的最高刑期10年，而绑架罪的起点刑期就是10年。作为辩护人，就是要依据事实、证据和法律，透过现象看本质，对案件性质准确把握，最大限度维护委托人的合法权益。

绑架罪和敲诈勒索罪有相近的特征，即都以索取财物为目的，都对被害人人身实施威胁等，犯罪行为侵犯的都是复杂客体。但认真分析，二罪还是有明显区别的。

1. 犯罪侵害的对象不同。敲诈勒索罪侵害的对象是财物的所有权，对受害人的人身威胁仅起辅助作用，且一般不会控制被害人的人身自由，因而刑法将该罪列入侵犯财产罪一章；而绑架罪最明显的特征是对被害人进行人身控制，使受害人完全失去人身自由，甚至失去生命，"花钱买命"是其重要特征，严重侵犯受害人的生命健康权，因而刑法将该罪列入侵犯人身权利、民主权利罪一章。

2. 客观要件表现不同。敲诈勒索罪要挟的内容不是"现在"而是将来才会实施、出现的，例如，本案中，被告人对被害人要挟如不拿钱就会被送刑警队"判刑"，"判刑"是"将来"的事情；而绑架暴力内容的威胁，则是当时、当场正在实施的，如不送钱则可能马上被"撕票"。

3. 敲诈勒索罪行为人一般并不掳走被害人予以隐藏控制，而绑架罪则要将被害人掳走加以隐藏、控制。正是因为这样，本案才出现较大争议。因为被害人被三被告人"关押"了，失去了人身自由，似乎被"绑架"了。但是，律师认为，这是本案被告人冒充派出所人员作案的延续，本质上并没有使被害人及家属感到被害人的人身安全受到威胁，只是感到因盗窃被"抓获"，如不拿钱走"关系"则可能被判刑。

法官接受了律师的辩护观点，本案辩护获得圆满成功。

承办律师：唐长伟　孙兴志

撰稿人：唐长伟

王某涉嫌盗窃罪案例

关键词： 刑事　盗窃　证据　疑罪从无

案情简介：

王某，女，案发时系个体经营户。2007 年 8 月 1 日因涉嫌盗窃罪被移送审查起诉。2007 年 12 月 5 日，某某区人民检察院向某某区人民法院提起公诉。2007 年 12 月 25 日，某某区人民法院依法开庭审理此案。在诉讼过程中，公诉机关以本案事实、证据有变化为由于 2008 年 5 月 16 日决定撤回起诉。

律师承办过程：

山东康桥（淄博）律师事务所 2007 年 5 月 30 日接受王某家属委托，指派王曙光律师承办此案。王曙光律师承办此案后，尽快向本案公诉机关某某区人民检察院递交了委托手续，并根据刑诉法的规定复制了全部卷宗。在仔细阅卷的基础上，于 2007 年 6 月 5 日会见了关押在某某市看守所的犯罪嫌疑人王某，了解了其对涉嫌盗窃罪的态度和叙述的事实。

2007 年 6 月 5 日至 2008 年 3 月 19 日期间，辩护人五次会见了犯罪嫌疑人，就阅卷中发现的事实和证据问题向犯罪嫌疑人核实，并征求被告人自己的看法，交流辩护观点和意见。

2007 年 12 月 5 日，公诉机关以被告人王某、李某某涉嫌盗窃罪向人民法院提起公诉。

2007 年 12 月 25 日，本案在某某区人民法院第一次开庭审理。

2008 年 2 月 27 日，公诉机关以被告人王某另有犯罪事实补充起诉，向人民法院提起公诉。

2008 年 3 月 27 日，本案在某某区人民法院第二次开庭审理。

2008 年 5 月 19 日，人民法院做出准许公诉机关撤回起诉的裁定。

主要辩护观点:

一、补充起诉书指控被告人王某盗窃铝矿石 4000 余吨,事实不清、证据不足。

首先,王某存放于某某村东外贸仓库院内的一堆混合物是她购买并支付对价后取得的合法财产。没有证据证实这一堆混合物是被告人王某偷运来的,补充起诉书中被告人王某将掺有矿石的红土及黏土偷运到某某村东外贸仓库院内等地的指控和事实不符。

1. 根据被告人王某的供述,这部分混合物可以分为两部分来看。一部分是王某从某某矿山公司(通过尹某某)购买的页岩,另外的都是从某某露天矿(通过王某)购买的红土和黏土。

对于第一部分:

2007 年 5 月 9 日王某供述:我还在原某某市外贸仓库院内存放了一堆底板石,大约有两千吨左右。一部分是从某某露天矿运去的,另一部分是从某某山矿公司运去的,这一部分大约有一千吨。我从某某山矿公司大约拉了两千吨左右,一部分放在外贸仓库,另外一部分放在了某某二手车市场东临空地靠北边的地上。大约有一千吨左右。这两千吨是我支付现金买的,时间是 2006 年冬天。王某在 2007 年 5 月 16 日和 2007 年 6 月 19 日的供述中也有基本相同的供述。

2007 年 5 月 18 日尹某某证言证实:2007 年 2 月份王某曾从我们公司购买过一些页岩。就是一些品味很低的铝矿石。当时按照每吨 12 元的价格卖给了王某约 1500 吨左右的矿石。后来因矿石质量太差,王某只运走了 1500 吨左右就停了。并附有收款收据:收款人:尹某某;金额:17375 元。

通过上述证据足以认定,王某存放于外贸仓库的混合物中,有 1000 吨左右是从某某山矿公司尹某某处购买的,主要成分是页岩,就是一些品味很低的铝矿石。对于这部分混合物,是王某的合法财产,不能认定为盗窃所得。

对于第二部分:

2007 年 5 月 16 日王某供述:其他铝土是 2006 年 11 月份,北矿闭坑前集中半个来月从北露天矿倒运出来的,这些铝土矿是临闭坑前放炮炸开的一些没拉走的铝土矿,我和一些红土一起拉出来的。(问)你倒运出来某某矿山公司知道吗?(答)有一些我白天拉出来的知道,我晚上拉出来的一些不知道。(问)你倒运出来的铝土矿中有矿石吗?(答)有矿石,但是很少,大约在一成左右,一共能分拣出 5、6 百吨左右。

2007 年 6 月 19 日王某的供述中也有基本相同的陈述,并且,对于被告人王某的以上陈述,有王某某、唐某某、魏某某等人的证言以及相关协议和收据可以证实。

王某 2007 年 5 月 21 日的证言证实:(问)她是否集中往外运过红土?(答)运红土这件事是签闭坑协议后王某和我提议说她开挖出来的一些红土和黏土想倒运出矿坑,

我当时认为还没有到协议截止日期，我无法阻拦，也没表示反对。但也和她说按平时的运作方式，她拉多少记多少，只允许她白天外运，但她是否晚上拉运就不好管理了，协议也写得非常明确。我们公司当时有个叫唐某某的专门负责记录，王某他们确认，一开始签字确认，后来就不签字了，但最后闭坑后都对账确认了。（王某的上述证言，能够与卷宗117-120页的协议及收款收据相互印证。）

唐某某2007年5月22日的证言证实：（问）王某晚上拉出来多少红土？（答）这我没有具体数字，也没有人记车数，第二天问一下，她承认拉过就计个数。

铲车司机魏某某5月23日的证言证实（卷宗196-200页）：（问）你装矿石唐某某知道吗？（答）知道，装矿石时都是唐某某提前通知，否则矿石根本拉不出去，公司的人不让。（问）你给王某装的车里掺有矿石吗？（答）没有，可能里面掺有一些石块，但这些石块不是矿石。（问）你有晚上装红土的情况吗？（答）有，晚上装的唐某某不在，多少不计数，但他第二天来了都会看出来，都会问我装了几车，我都实际告诉他，他再记上。

以上证据足以证实，被告人王某存放于外贸仓库院内的混合物，除去她从某某矿山公司尹某某处购买的1000余吨以外，其他部分是王某从露天矿（王某）购买的，其成分是红土、黏土及自然掺杂的矿石品位很低的一些边尾矿石块，这些也是其合法取得的合法财产，同样不能认定为盗窃所得。

2. 其他证据不足以证明王某实施了在红土、黏土中掺杂矿石、私自往外拉质量较好的矿石等偷运行为。

证人王某某对王某是否偷运矿石的答案：不是很清楚。

证人唐某某对下班后王某是否从露天矿中拉过的答案是：有拉的，主要拉的是红土（里面也有底板矿石）。第二天问一下，她承认拉过就计个数。

证人韩某某的答案是：我们施工单位不管，我不知道。

证人魏某某（铲车司机）：2006年10月以后不在露天矿干了。（问）你有晚上装红土的情况吗？（答）有，晚上装的唐某某不在，多少不计数，但他第二天来到都会看出来，会问我装了几车，我都实际告诉他，他再记上。

对此，不再详细列举。整个卷宗中，除了被告人王某和李某某供述之外，没有其他直接证据能够证明王某实施了偷运行为，也没有其他间接证据能够相互印证来证明这一指控。

其次，没有证据证实该堆混合物山选出铝矿石4000余吨，也没有证据证明露天矿被盗铝矿石4000余吨。

1. 某某市公安局某某分局于2007年5月9日出具的扣押物品清单显示：扣押物品为底板铝土矿石，分别位于二手车市场东侧和外贸仓库内，物品持有人为被告人王某，数量为两堆（没有具体数量）。

2. 某某石灰石矿厂出具的计量结果显示，自2007年7月18日至25日，共收到铝矿石 7667.86 吨。

3. 某某钢铁总厂石矿化学分析结果报告单（共 5 份）显示，自 2007 年 7 月 18 日至 25 日，共收到铝石 7667.86 吨。

4. 某某市公安局某某分局于 2007 年 11 月 1 日出具的发还物品、文件清单显示：发还物品为铝尾矿石，存放于二手车市场东侧，领取人为王某，数量为 2164.96 吨。

5. 某某市公安局某某分局于 2007 年 11 月 1 日出具的发还物品、文件清单显示：发还物品为铝尾矿石，存放于外贸仓库处，领取人为王某，数量为 6768.04 吨。

6. 某某市公安局某某分局刑事侦查大队十中队于 2007 年 12 月 11 日出具的办案说明显示：王某堆放于二手车市场与外贸仓库的两堆铝矿石经筛选称重后铝矿石分别为 2164.96 吨、6768.04 吨。

7. 某某工贸公司于 2007 年 12 月 11 日出具的证明显示：对方存放于二手车市场及外贸仓库的两堆铝石进行称重后选出的矿石分别重 2164.96 吨、6768.04 吨。

8. 某某材料有限责任公司与 2008 年 1 月 15 日出具的证明显示：我单位对某某工贸有限公司所送铝石（共计 8933 吨）进行检验，该批铝石各种成分符合使用要求。

9. 某某区人民检察院于 2008 年 2 月 27 日的补充起诉书指控：案发后，某某公安分局委托某某工贸有限公司对该批混合物进行筛选、称重，共筛选出铝矿石 4000 余吨。

10. 被告人王某的供述：

2007 年 5 月 16 日：我还在原某某市外贸仓库院内存放了一堆底板矿石，大约有两千吨左右。

2007 年 6 月 19 日：（问）你存放于外贸仓库的铝矿石有多少？（答）总共有三千多吨，具体数目我也说不清楚。

除去以上所列举的数字之外，卷宗中没有其他任何关于外贸仓库院内的对房屋数量的数字。

但即便是上述一组数字，也是相互矛盾的：王某存放于外贸仓库院内的混合物到底有多少（扣押物品清单显示数量为两堆，没有具体数字；被告人供述是 2000 吨或 3000 吨，具体数字不清楚；发还给王某的铝尾矿石合计为 8933 吨）？其中有多少是王某盗窃所得？其中筛选出的铝矿石到底是多少？而筛选出的这些铝矿石到底又有多少属于盗窃所得？又有多少是从王某通过正常途径购买的红土或黏土中筛选出来的？这些铝矿石到底是卖了还是还给王某了？为什么卷宗中会出现两组相互矛盾的证据材料？发还给王某的是铝尾矿石 8933 吨，而委托某某公司从上述两堆混合物中分拣得到的铝矿石也是 8933 吨，那么王某放在上述两个地方的掺杂铝矿石的红土或黏土到底是经过分拣后送到了某某材料有限公司还是返还给了王某？如果是返还给了王某，那么为什么通过某某公司送到某某材料有限责任公司的是铝矿石而发还给王某的是铝尾矿石？且数量完全一样？等等疑问不一而足。

另外，没有证据证明某某公安分局向某某工贸有限公司出具了委托手续，也没有证据证明某某工贸有限公司是否具有相关的法定资质，更没有证据证明某某工贸有限公司是如何进行筛选、称重的，在整个筛选过程中是否有公安人员进行监督或见证。再者，也没有证据证明某某北露天矿被盗铝矿石 4000 余吨。

对于存在诸多疑点的上述证据，未经查证属实，显然不符合刑事诉讼法关于证据方面的法定要件，法庭依法不能作为定案的依据。

二、辩护人认为，对于王某堆放于外贸仓库院内等地的混合物，其来源不外乎有如下几种可能：1. 全部是盗窃所得；2. 全部是通过买卖合同合法取得；3. 部分是合法取得，部分是盗窃所得。

根据公诉机关的指控，公诉机关认为全部是盗窃所得，且经筛选、称重后，共筛选出铝矿石 4000 吨。

但经卷宗材料及今天的庭审查明的事实，却至少可以得出这样一个结论：被告人在外贸仓库院内的混合物，绝大部分是通过买卖合同合法取得的。

至于是否有一部分是盗窃所得，盗窃的数量是多少，是通过什么方式盗窃的，都没有充分的证据能够证明，仍然是一个有疑点的问题。因此，根据疑罪从无的原则，对于补充起诉书的指控，法庭不应做出有罪认定。

裁判结果及裁判理由：

2008 年 5 月 19 日，某某区人民法院（2007）某刑初字第 603 号裁定书裁定：公诉机关以本案事实、证据有变化为由于 2008 年 5 月 16 日决定撤回起诉。本院认为，公诉机关以本案事实和证据发生变化为由决定撤回起诉，符合法律规定，裁定如下：准许公诉机关某某区人民检察院撤回起诉。

办案心得：

本案对事实的论证涉及较多的证人证言以及具体数字核对，辩护人在反复核对、认真分析阅卷笔录的基础上，认定公诉机关提起公诉所依据的证据不足、事实不清。在公诉机关两次起诉，两次开庭，历时一年多的时间里，辩护人坚持无罪辩护。最终，公诉机关以案件事实和证据发生变化为由决定撤回起诉，被告人王某被无罪释放。辩护人的工作不仅得到了当事人的认可，同时也赢得了公诉人和法庭的尊重，取得了良好的辩护效果，部分辩护观点也值得广大律师同仁研讨和参考。

承办律师：王曙光

撰稿人：李志强

修某运输毒品案例

关键词： 运输毒品　明知　重大立功　社会危害性

案例核心价值：

本案被告人涉嫌的罪名为运输毒品罪，无论从刑法规定还是法学理论，该罪在主观方面必须具有"明知性"，如果行为人客观上具有运输毒品的行为，主观上不具有明知性，则不构成此罪。辩护人从这一点出发，对被告人做了无罪辩护，同时本案中被告人存在重大立功的情形，综合分析案情，充分利用《刑法》及《刑诉法》的相关规定进行有效辩护，并取得检察院撤诉的效果。

案情简介：

被告人宋某分别于 2008 年 10 月 26 日，2008 年 10 月 10 日左右某日，2008 年 10 月 24 日晚，2008 年 10 月 23 日左右某日，2008 年 3、4 月份某日，2008 年 6 月份，2008 年 9 月份，2007 年年底某日多次通过本案被告人修某向被告人徐某、王某运输毒品。公安机关以被告人修某构成运输毒品罪向某某市人民检察院移送审查起诉。

律师承办过程：

山东康桥（淄博）律师事务所 2008 年 11 月 3 日接受修某家属委托，指派王曙光律师承办此案。王曙光律师接手此案后，向本案公诉机关某某市人民检察院递交了委托手续，并根据《刑诉法》的规定复制了全部卷宗。在仔细阅卷的基础上，通过会见被关押在某某市看守所的犯罪嫌疑人修某，了解了其对涉嫌运输毒品罪名的态度和叙述的事实。

本案辩护过程中，辩护人根据本案的事实，熟练运用法律，抓住以下几个要点和环节，为被告人做了无罪辩护，充分维护了被告人的合法权益，最终取得公诉机关不起诉的效果。

主要辩护意见如下：

一、关于被告人修某是否明知宋某委托运输的物品为毒品的问题。

根据《中华人民共和国刑法》和《最高人民法院关于执行〈全国人民代表大会常务委员会关于禁毒的决定〉若干问题的解释》的规定，运输毒品罪，是指明知是毒品而采用携带、邮寄、利用他人或者使用交通工具等方法非法运送毒品的行为。该罪在主管方面的构成要件是"明知性"，即行为人明知所运输的是毒品而予以运输，如果行为人对自己所运输的是毒品在主观上不明知，或者是没有证据能够证明被告人应该明知，则毫无疑问绝不构成此罪。

接受委托后，辩护人先后三次到某某市看守所会见了修某，修某自始至终在辩护人面前不承认自己知道运输的是毒品。但修某也告诉辩护人，其在公安机关审讯过程中，因疲劳过度，曾经承认过自己知道是毒品。但其反复向辩护人申明自己的确不知道其接受委托运输的是毒品。修某还告诉辩护人，在宋某找他托运的时候，明确告诉他委托运输的是一种药品添加剂叫"医用白蛋白"，并欺骗修某说是一种很贵重的药品，为了避免别人抢他的生意，所以要保密。同时，据修某自己陈述，其向宋某收取的是正常的出租车费，没有额外多收任何运输费用。

根据上述辩护人掌握的案件情况，辩护人认为，在没有其他证据的情况下，单凭被告人修某在非正常状态下的供述或者被告人宋某的指证而认定被告人修某"明知"其接受委托运输的物品为毒品，不符合客观公正的法律原则。

第一，作为长期从事毒品贩卖犯罪活动的被告人宋某，其对于毒品犯罪的严重性和国家对毒品犯罪打击的严厉性是十分清楚的。否则他不会在贩卖毒品的过程中自己不出面而委托他人进行运输。因此他也绝对不会在委托修某运输时明确告诉他委托运输的是毒品！

第二，作为从事个体运输的犯罪嫌疑人修某，其从宋某这里赚取的车费与从事正常运输所得到的车费没有任何区别，都是按照正常出租车费标准收取的。如果修某知道委托运输的是毒品，那他就是再无知，也不至于只收取这么点车费而自己冒如此之大的风险。

第三，被告人宋某关于委托运输的是"医用白蛋白"的说法欺骗了修某，致使修某根本没有考虑到其行为可能带来的严重后果。

第四，从修某案发后立即主动带领公安到胶州抓获宋某这一行为来看，更进一步印证了修某根本不可能从宋某那里知道其运输的是毒品这一事实。修某在看守所对辩护人是这样讲的：我一听说是毒品，就生怕自己有事，所以就想赶快帮助公安机关抓住宋某，好解脱自己的责任。

第五，如果被告人宋某供述其告诉过修某委托运输的是毒品，那很有可能是宋某因为修某帮助公安机关抓获自己而产生的报复心理使然。而且这样的供述明显违背常理，不应当作为认定案件事实的证据。

《全国部分法院审理毒品犯罪案件工作座谈会纪要》中，关于主观明知的认定问题是这样规定的：毒品犯罪中，判断被告人对涉案毒品是否明知，不能仅凭被告人供述，而应当依据被告人实施毒品犯罪行为的过程、方式，毒品被查获时的情形等证据，结合被告人的年龄、阅历、智力等情况，进行综合分析判断。具有下列情形之一，被告人不能做出合理解释的，可以认定其"明知"是毒品，但有证据证明确属被蒙骗的除外：（5）为获取不同寻常的高额、不等值报酬为他人携带、运输毒品，从中查获毒品的；（6）采用高度隐蔽的方式携带、运输物品，从中查获毒品的。而在本案中，修某既没有为了获取不同寻常的高额、不等值报酬为他人携带、运输毒品，也没有采用高度隐蔽的方式携带、运输毒品。也就是说，除了被告人修某曾在公安机关讯问过程中因过度疲劳而供述过自己知道外，从本案其他的客观方面的事实和证据来看，均不符合认定"明知"的条件。而且其他的客观事实与修某自己的解释相互印证，完全符合该《座谈会纪要》规定的"合理解释"的条件。

根据上述对被告人修某主观方面的分析，辩护人认为在现有事实和证据的条件下，认定被告人修某"明知"宋某委托运输的是毒品，不符合法律规定。而根据疑罪从无的原则，不应当认定被告人修某构成运输毒品罪。

二、不管被告人修某是否被提起公诉，被告人修某的行为都已经构成重大立功，应当从轻处罚，直至依法减轻或者免除处罚。

根据《刑法》和《全国部分法院审理毒品犯罪案件工作座谈会纪要》的规定，被告人在公安机关抓获同案犯过程中确实起到协助作用的，例如，经被告人现场指认、辨认抓获了同案犯；被告人带领公安人员抓获了同案犯；被告人提供了不为有关机关掌握或者有关机关按照正常工作程序无法掌握的同案犯藏匿的线索，有关机关据此抓获了同案犯；被告人交代了与同案犯的联系方式，又按要求与对方联络，积极协助公安机关抓获了同案犯等，属于协助司法机关抓获同案犯，应认定为立功。对于从犯、马仔立功，特别是协助抓获毒枭、首要分子、主犯的，应当从轻处罚，直至依法减轻或者免除处罚。

三、被告人修某在本案中自始至终是处于一种完全从属的受支配的地位，虽然被告人修某的行为在客观上具有一定的社会危害性，但被告人修某作为一个自然人本身不具有社会危害性。

毒品犯罪是最严重的刑事犯罪之一，而且毒品犯罪一直是国际国内司法机关查处、打击的重点。但在本案中，作为一个普通下岗工人的修某，作为一个以个体出租车营运养家糊口的修某，如果没有被告人宋某的欺骗和蒙蔽，其绝不可能有胆量去接触毒品的。而一旦认定被告人修某的行为构成犯罪，因为《刑法》对于毒品犯罪所规定的严厉刑罚的存在，则很有可能会导致一个无意识帮助了犯罪分子而自身并无主观恶性的人的后半生要在牢狱中度过，而且进而会导致与其相关的家庭面临着巨大的痛苦和困境。

综上所述，辩护人认为被告人修某在主观上不具备"明知"的条件，因此其虽然实施了帮助被告人宋某运送毒品的行为，但不应认定为犯罪；同时，被告人修某的行为已经构成重大立功，被告人修某本身不具有社会危害性。因此辩护人郑重请求人民检察院慎重审查本案，以保证法律的正确实施。

裁判结果及裁判理由：

2009 年 7 月 23 日，某某市人民检察院做出某检刑不诉（2009）第 4 号不起诉决定书：经检察院审查并两次退回公安机关补充侦查，本院仍认为某某市公安局移送审查起诉认定被不起诉人修某明知是毒品而运输的事实不清，证据不足，不符合起诉条件。根据《刑诉法》规定，决定对修某不起诉。

办案心得：

毒品犯罪作为我国乃至国际社会严厉打击的犯罪类型，其严厉的刑罚对于无意识帮助犯罪分子而无主观恶性的行为人及家庭可谓灭顶之灾。本案被告人修某在不知情的情况下客观帮助被告人运输毒品行为，并不构成运输毒品罪。辩护人接受被告人家属委托后，通过仔细阅卷并会见被告人充分了解案情，与公诉机关及时做好沟通，根据案情确定具体辩护思路。辩护人的工作不仅得到了当事人的认可，同时也赢得了公诉人的尊重，取得了良好的效果，部分辩护观点也值得广大律师同仁研讨和参考。

承办律师：王曙光
撰稿人：苟洪标

香港喜多来公司、东港实业有限公司
诉济南市工商行政管理局行政赔偿案

关键词： 行政赔偿　债权登记　因果关系　证据

裁判要点： 根据我国诉讼中举证责任的分配原则——"谁主张谁举证"的制度，本案主张损失赔偿的一方负损失产生的举证责任，若不能举证，则承担不利后果。法院对行政赔偿责任的构成要件进行逐一审查，在本案中尤其关注违法行政行为与财产损失是否存在法律上的因果关系。

一、案情简介

济南大易造纸有限公司（以下简称合资公司）是由济南市造纸工业公司所属山东造纸总厂东厂、山东造纸总厂西厂、山东高级薄页纸厂、济南造纸厂、济南纸浆厂等五个企业全部财产在清查基础上，经济南市国资局确认其净资产作为中方出资，香港喜多来（中国）有限公司（以下简称喜多来公司）出资现汇和进口设备组成的合资企业。其中，中方出资 10183.2 万元，占 40%，香港方面出资 15274.8 万元人民币，占 60%，合计注册资本人民币 25458 万元。

该公司于 1993 年 1 月 8 日经山东省人民政府批准颁发外经贸鲁府字（1993）0010 号批准证书。1993 年 1 月 13 日领取企业法人营业执照。

合资公司成立后，港方未按合同约定投入现汇，企业出现资金短缺，管理混乱，年年亏损，损失严重，无法持续经营。虽经双方多次谈判，港方仍拒不出资，为防止造成更大损失，经山东省对外经济贸易委员会鲁外经贸外资字（1997）第 157 号文和济南市外经贸委员会济外经贸投字（1997）85 号文件，于 1997 年 6 月 30 日批准终止合营合同，注销批准证书，成立合资公司特别清算委员会，由清算委员会代行企业法人权利，依法进行清算。

1997 年 7 月 10 日，合资公司进入特别清算程序。1997 年 9 月 30 日，东港实业有限公司（以下简称东港公司）和喜多来公司向特别清算委员会进行债权登记。东港公司主张 1993 年接受合资公司委托，向山东省国际信托投资公司办理贷款，合资公司尚欠东港公司人民币 774，656.18 元；喜多来公司主张对合资公司投资 4182666.05 美元和合资公司拖欠喜多来公司三个合同项下的贷款损失 3126736.05 美元，共计 7309402.1 美元。

1999 年 5 月至 11 月期间，济南市工商局分别核准、批准设立银星公司、鲁丰公司、晨光公司、金至公司。2000 年 7 月喜多来公司、东港公司认为合资公司清算并未完毕，市工商局的核准、批准设立上述四家公司的行为违法，向法院提起行政诉讼。经两审终审，山东省高级人民法院于 2002 年 3 月 8 日做出（2002）鲁行终字第 2 号行政判决，确认市工商局核准、批准设立上述四家公司的行政行为违法，并责令市工商局对核准和批准四家公司中存在的相关问题采取补救措施。在山东省高级人民法院的判决中，认定市工商局行政行为违法的内容为："一是 1992 年济南市造纸工业公司将所属的山东造纸总厂东厂、山东造纸总厂西厂与喜来多（中国）有限公司合营以后，山东造纸总厂东厂、山东造纸总厂西厂的企业名称已经改变，山东造纸总厂东厂工会委员会、山东造纸总厂西厂工会委员会的工会法人名称应当随之变更；鲁丰公司、晨光公司分别以山东造纸总厂东厂工会委员会、山东造纸总厂西厂工会委员会作为股东申请设立有限责任公司，未提供相关证据说明这一问题，市工商局作为企业登记机关，亦没有证据证明其对该问题进行了审查，属于认定事实不清。二是银星公司等四家公司提交的'住所证明'均是由大易公司出具的，可以证明银星公司等四家公司的住所系租赁大易公司的资产，这种租赁行为属于大易公司的经营行为，违反《公司法》第 195 条及外商投资企业清算办法第 7 条关于企业在清算期间不得开展新的经营活动的规定。市工商局明知大易公司处于清算阶段，不得开展经营活动，仍认定处于清算阶段的大易公司将其资产租赁给银星公司等四家公司作为住所的'住所证明'符合法律规定，属于认定事实错误。"2002 年 11 月 21 日，东港公司、喜多来公司向市工商局提交行政赔偿请求书，要求市工商局赔偿因违法行为给其造成的损失。2003 年 2 月 14 日，市工商局认为二者的赔偿请求与行政行为没有因果关系，没有事实和法律依据，遂做出不予行政赔偿决定书。东港公司、喜多来公司均于 2003 年 4 月 8 日分别向济南市中级人民法院提起行政赔偿诉讼。

二、办案过程

标的如此巨大的香港股东诉国内行政机关行政赔偿案，诉讼双方都给予了高度重视，喜多来公司和东港公司聘请了中国政法大学教授刘莘、国内行政法专家袁曙宏出庭代理该案。而济南市政府也对该案高度重视，时任几位市长多次牵头组织会议讨论案情，并聘请了包括张巧良律师在内的智囊团队来应对该案，一审由包括张律师在内的两位律师共同代理并胜诉。喜多来公司和东港公司不服提起上诉，二审由康桥律师事务所张巧良律师独任代理被上诉人一方并胜诉。

三、争议焦点

本案争议焦点有三个：（一）东港公司与喜多来公司是否存在财产权利受到损害的事实及存在哪些损害；（二）上述损失与济南市工商局核准成立"银星"等四家纸业公司的具体行政行为是否存在法律上的因果关系；（三）济南市工商局是否应对上述损失承担赔偿责任。

（一）损害事实的存在

在一审、二审中，东港公司主张的损害事实有两部分：一是合资公司向中信银行济南分行的贷款，由东港公司给予担保，造成东港公司损失共计 10328670.70 元人民币；二是合资公司委托东港公司贷款，造成所欠贷款及利息损失共计 3632599.47 美元。东港公司认为：1. 1995 年 6 月 29 日大易公司向中信银行济南分行贷款 8000000 元人民币，由东港公司担保。1996 年大易公司中方单方夺取经营管理权后，不再按约偿还贷款。1997 年 6 约 30 日山东省对外贸易经济合作厅批准终止大易公司合营合同，并委托济南市外经贸委组织特别清算。中信银行于 1997 年 8 月 14 日对大易公司清算委员会和担保人东港公司提出诉讼，经判决确认债权事实。1999 年 10 月 31 日，中信银行（出贷人）、合资公司（借贷人）清算委员会和东港公司（担保人）三方对贷款本金、利息共同确认为 10328670.70 元人民币。由于 1999 年 11 月合资公司清算委员会用未经批准结束清算的大易公司资产注册了银星、鲁丰、晨光、金至四家公司，将合资公司资产转移，中信银行为了维护自身权益，申请济南市中级人民法院对东港公司代为偿还合资公司贷款强制执行。2000 年 3 月 20 日，中信银行与东港公司在济南市中院主持下达成执行协议，截止到 2002 年 12 月 31 日东港公司按执行协议偿还贷款 125 万元人民币。2. 合资公司委托东港公司贷款，造成所欠贷款和利息损失共计 3632599.47 美元。1993 年 6 月 30 日合资公司和东港公司签订了委托贷款协议书。同年 7 月和 12 月，东港公司和山东省国际信托投资公司分别签订了两份贷款合同，共计贷款 714 万美元。后因合资公司生产原因，未能按约向东港公司还款，造成东港公司不能履行和省国投的贷款协议。为确保履行有关协议，1995 年 1 月 24 日东港公司与合资公司签订的来料加工性质的购销合同中做出约定：当合资公司委托东港公司向省国投借贷的流动资金，在合资公司用现金偿还困难时，可以用合资公司产品向东港公司偿还，并可继续采用转账方式结算。此后，借贷人、出贷人、担保人又曾三次补充了延期还款协议。截止到 1998 年 3 月 20 日，贷款余额合计为 2569640 美元。由于合资公司 1997 年 7 月 10 日进入特别清算程序，省国投于 1999 年 2 月向济南市中级人民法院提起诉讼，要求借贷人和担保人偿还贷款本金及利息。经法院裁决将东港公司投资天一公司的 750000 美元转让给省国投。

随后，省国投又申请对东港公司强制执行。在东港公司面临停产情形下，由省国投、喜多来公司和东港公司几方达成协议，相互冲抵了省国投的到期贷款。依据济南市法院判决书，东港公司先后向省国投偿还了2882599.47美元的本息债务和转让了750000美元的股权，共计3632599.47美元的损失。

一审、二审中，喜多来公司主张的损害事实是：喜多来公司在与济南造纸工业公司签订合资合同后，以买卖合同的形式向合资公司投入一万吨木浆，共计4182666.05美元；合资公司拖欠喜多来公司三个合同项下的贷款损失共计3126736.05美元，共计7309402.1美元。

被告代理律师观点：1.济南市工商局注册登记行为未给东港公司及喜多来公司造成经济损失。1999年5月11日济南市工商局应申请先后登记注册了银星、鲁丰、晨光、金至等四家公司，这四家公司的注册资本金，有的是工人的集资、有的是济南市一轻国有资产经营总公司的合法资产，没有合资公司的资产，更没有东港公司和喜多来公司的资产。即使这四家公司在生产经营中租赁使用了合资公司的设备、场地等，但这些设备场地的所有权都没变。所以，就济南市工商局核准注册登记的具体行政行为而言，其被确认违法的仅是没有对变更的住所进行审查的程序性问题，不存在因济南市工商局核准注册登记公司的行政行为造成东港公司及喜多来公司经济损失的问题。2.关于东港公司10328670.70元人民币的担保损失，庭审已查明东港公司尚未承担保证责任，何来的担保损失？东港公司自称的已经承担的125万元的保证责任无客观证据支持，根据担保法第31条规定，担保人只有在承担了担保责任后才有权利向债务人追偿，所以，东港公司没有承担保证责任却诉称存在10328670.70元人民币的担保损失是没有事实和法律依据的。3.至于东港公司3632599.47美元的委托贷款及利息损失，东港公司并未在庭审中提供客观证据证明该笔款项确被大易公司占用。根据五家会计师事务所联合出具的设计报告看，上述委托贷款亦被明确为"证据不足不予确认"，另根据此报告亦可看出：经合资公司特别清算委员会确认，东港公司欠合资公司人民币38505105.62元。4.退一步讲，即便东港公司是合资公司的债权人，它和合资公司存在上述债权债务关系，也不能就称东港公司已经有了上述经济损失，对于债权东港公司完全可以通过法定途径向大易公司主张权利，至于其债权能否全部实现，或究竟实现多少，其损失究竟为多少只能依据大易公司特别清算委员会的清算结果而定，其损失多少现在未知，无法确定。

而对于喜多来公司，其在庭审中提交的证据仅能证明投资一万吨纸浆及合资公司拖欠其三个合同项下贷款的事实，无法证明其所主张的上述财产权利损害的具体数额。其主张投资的一万吨木浆实际是股权问题，并非简单的债权。作为合资公司的股东，投资享有权利也应该承担义务，其该笔股权投入资金的收回应按照《公司法》《合同法》之规定，在企业清算后实现，而现在能不能实现是无法确定的。关于其主张的三个合同项下的债权问题，合资公司也做出过登记确认意见，因此三个合同享有的债权也并未消失，至于说此债权能实现多少也应该按法定程序进行，根据清算确定的比例来得到自己的权利。因此，该三笔合同项下债权也只能通过特别清算程序后，确定具体实现的比例。

（二）上述损失与济南市工商局的核准成立"银星"等四家纸业公司的具体行政行为是否存在法律上的因果关系

在该两个行政赔偿案的一审、二审中，东港公司和喜多来公司均诉称：正是因为济南市工商局在合资公司清算未终结的情况下，核准和批准成立了四家公司而使合资公司遭受损失，也进而使两名原告也遭受了损失。且济南市工商局对四家公司核准和批准的行为，已由省高院判决为违法，没有济南市工商局的上述违法行政行为就不会有合资公司清算委员会将清算企业财产转移的行为，因此济南市工商局的该违法行政行为与两名原告的损失具有直接的因果关系，济南市工商局应是赔偿义务机关。

被告代理律师观点：首先，这些损失根本无法确定；其次，即便确定，该损失与济南市工商局的行政违法行为并无因果关系。原因如下：1. 侵权法中的因果关系指的是违法行为作为原因，损害事实作为结果，在它们间存在前者引起后者，后者被前者引起的客观联系。就本案看，首先，东港公司的"经济损失"这一后果的借款担保行为和委托贷款行为皆发生在济南市工商局的具体行政行为前，从时间顺序上看显然不可能先有果，而后有因。2. 在济南市工商局核准和批准成立四家纸业公司前，东港公司和喜多来公司所谓的债权已经不可能完全实现，其经济损失已经形成。两原告均诉称：截止到1997年6月30日的合资公司负债表显示，合资公司资产账面有库存1亿多元人民币和应收账款两千多万元人民币，总计为1.5亿元人民币的流动资产，足以使两原告的债权得以实现。正是济南市工商局核准设立四家公司的行为使1.5亿元流动资产完全丧失，使两原告得不到偿付。我们辩称这种观点非常片面，违背客观实际。从1997年6月30日的资产负债表可以看出，合资公司截止到1997年6月30日的资产总额为865061284.36元，负债总额为1061059660.39元，所有者权益为－196028376.03元。也就是说，虽然截止到1997年6月30日合资公司账面有1.5亿流动资产，但其负债额已远大于资产总额，即使依照清算开始前的资产负债情况，东港公司和喜多来公司的债权也只能部分实现。另根据五家会计师事务所出具的审计报告，截止到1998年9月30日，经清算委员会清算，大易公司资产总额为810958151.31元，负债总额为1314597353.55元，净资产为－503639211.24元，亏损为605471211.24元，负债率162%。根据该项清算结果，东港公司和喜多来公司债权实现比例更低。而五家会计师事务所出具该审计报告时，济南市工商局核准和批准设立四公司的行政行为还没有发生。因此，东港公司和喜多来公司债权不能实现完全是由大易公司的经营状况决定的，根本与其后的济南市工商局的核准和批准行为无关。3. 济南市工商局的行政行为并未侵犯合资公司的财产权。山东省高级人民法院（2002）鲁行终字第 2 号行政判决书认定：合法的会计师事务所出具的验资报告具有法定的证明效力，济南市工商局认定银星公司等四家公司提交的验资证明符合法律规定并无不当。验资报告是对公司成立时股东投入资本的验证，验证了四家股东出资的来源。该报告并未涉及四家公司注册资本与合资公司资产有任何联系，会计师事务所独立的对验资报告的真伪及合法性承担责任，而济南市工商局并无义务对会计师事务所出具的验资报告所验证的事实进行审查。因此，济南市工商局在采信会计师事务所出具的验资报告并据此作为核准和批准四家公司登记材料的过程中并无任何过错，认定会计师事务所提供的验资报告符合法律规定并无不当，此已为山东省高级人民法院行政判决所确认。基于该项行政判决，济南市工商局在认定会计师事务所验资报告问题上无过错，更不可能侵犯东港公司的财产权。4. 山东省高级人民法院（2002）鲁行终字第 2 号行政判决书确认济南市工商局行政行为的违法内容是特指济南市工商局认定合资公司特别清算委员会出具的"住所证明"，以及未对山东造纸总厂东厂工会委员会、山东造纸总厂西厂工会委员会的工会法人名称变更进行审查的情况下，却核准和批准设立了银星公司等四家企业。就上述行为而言，济南市工商局认定合资公司清算委员会将其资产租赁给银星公司等四家公司作为住所的"住所证明"，并未改变合资公司对该住所的所有权，即未影响到合资公司的财产权益，相反，该项租赁行为事实上使合资公司增加了租金收入 2644.5 万元，且解决了国有资产闲置问题。行为虽不合法，但并不可能对合资公司造成事实上的损害结果。至于济南市工商局未对山东造纸总厂东厂工会委员会、山东造纸总厂西厂工会委员会名称变更进行审查，仅系程序问题，不会造成对合资公司财产权益的任何损害，更不能侵犯东港公司和喜多来公司的财产权益。

（三）济南市工商局是否应对上述损失承担赔偿责任

被告代理律师观点：济南市工商局不应承担赔偿责任，原因如下：

1. 东港公司和喜多来公司主张的损失并不确定，其所谓的损失即使没有济南市工商局核准和批准设立四家公司的行政行为存在也亦然形成，其主张的权益也不必然能够实现，其未能实现的债权将视大易公司特别清算委员会的清算结果而定，现在无法确定。2. 依据《中华人民共和国国家赔偿法》第二十八条第七项之规定，行政赔偿仅限于赔偿给行政行为相对人造成的直接经济损失，显然两公司主张的经济损失不在此列。3. 即便其主张的损失存在，也不是济南市工商局的行政行为造成的必然结果，济南市工商局的具体行政行为与该损失没有法律上的因果关系。4. 两公司的债权已向合资公司清算委员会申报，同时又分别通过诉讼手段向山东省外经贸厅和济南市工商局诉请国家赔偿，显然是一份权利谋取多份收益，与法律相悖，法院也不应该支持其赔偿请求。

四、法院的认定及判决结果

一审法院认为：东港公司对其债权已经进行了债权登记，在本案中，东港公司没有提供证据证明双方核对后确认的债权债务情况，所以东港公司主张的上述损失和数额不能认定。东港公司主张的上述贷款和担保行为均发生在 1995 年前，多年来合同不能实现的主要原因是大易公司成立后注册资金不到位和经营不善造成。对于喜多来公司，其主张的证据不能证明其所主张的财产权利的损害的具体数额，并且其对合资公司的债权应在双方清产核资后才能确定实际受到损失的数额。且济南市工商局于 1999 年核准和批准设立银星公司等四家公司的行政行为，不是该两公司主张上述损害事实发生的主要原因。虽然市工商局的上述行为被确认违法，但与导致两公司对合资公司所享有的上述权益不能实现的原因并无直接关联。即使不发生市工商局的违法行政行为，原告也不必然能够实现其主张的上述权益。因此，原告主张的损失只是一种可能实现的利益，不能确认这是因市工商局的行政违法行为给原告造成的直接损失。综上，原告的诉求不符合《国家赔偿法》有关行政赔偿的规定，本院不予支持。裁定驳回二原告的赔偿请求。

二审法院认为：济南市工商局核准和批准设立银星公司、鲁丰公司、晨光公司、金至公司等四家公司的行为被生效判决确认违法之处并未直接侵犯上诉人主张的财产权利，上诉人所称其财产权利受到的损害，只是上诉人与合资公司之间的经济纠纷，与被上诉人（济南市工商局）的违法行政行为没有法律上的直接因果关系，因此上诉人的主张本院不予支持。判决裁定上诉人上诉理由不成立，一审法院判决认定事实清楚，适用法律正确，应予维持。

五、本案的启示

（一）举证方面

行政赔偿，是指国家行政机关及其公务员在实施国家行政管理职权的过程中，违法执行职务，给公民、法人或其他组织造成损害，由国家承担赔偿责任。关于行政赔偿案的举证责任，最高人民法院《关于审理行政赔偿案件若干问题的规定》第三十二条规定："原告在行政赔偿诉讼中对自己的主张承担举证责任，被告有权提供不予赔偿或者减少赔偿数额方面的证据。"

本案中，两名原告虽然罗列大量证据证明自己的损失惨重，但是却忽视重要的一点，已经向清算委员会申报了债权，又在清算未终结前通过诉讼主张损失，根据《公司法》的规定，债权人或股东只有在清算完毕，公司财产分配完毕后才能明确自己的受偿比例及损益情况。在庭审中，被告的代理律师抓住对方的证据缺陷指出原告损失并不能明确，得到了一审、二审法官的支持。

（二）法律关系方面

取得国家赔偿应符合以下条件：一是国家机关和国家机关工作人员违法行使职权，即违法行为存在；二是违法行政行为侵犯公民、法人和其他组织合法权益造成损害的。这里有两层含义：1. 损害事实存在；2. 损害事实是违法行政行为造成的，即损害事实与违法行政行为有直接的因果关系；3. 赔偿直接损失，这里所说的直接损失是指在不发生行政侵权行为的情况下，公民、法人和其他组织必然获得的权益的损失。从本案看，济南市工商行政管理局虽然在具体行政行为上有违法之处，但其违法之处并不必然导致本案两原告主张的损害事实发生，二者间并没有直接的因果关系。被告的代理律师在看似纷繁复杂的法律关系中抽丝剥茧，紧紧把握这一重点反复阐述论证，因此，在本案中原告的诉求最终没有得到支持。

六、本案的影响

作为招商引资项目，引发香港股东诉国内行政机关行政赔偿案本身已颇具影响，更何况本案诉求标的高达1.1亿元，开创了当年全国最大的行政赔偿案，引起济南市政府和社会各界的高度重视。作为国家机关的济南市工商行政管理局一旦在诉讼中失利，不仅要面临巨额赔偿，而且将使政府公信力面临社会的严重质疑。康桥律师凭借勤勉扎实的专业素养，成功地为济南市工商管理局挽回巨额经济损失、维护了政府的公信力。

承办律师：张巧良

撰稿人：邓　莉

王某某诉青岛市国土资源和房屋管理局、第三人青岛某典当行撤销抵押权登记行政诉讼纠纷案

关键词： 行政诉讼　合同诈骗罪　善意第三人

案例核心价值： 通过合同诈骗的方式在房屋行政管理部门设置了抵押权，经生效刑事判决认定后，该抵押权是否受善意第三人制度保护。

相关法条：《房屋登记办法》第八十一条，《物权法》第一百〇六条，《最高人民法院关于审理房屋登记案件若干问题的规定》第八条，《最高人民法院关于审理房屋登记案件若干问题的规定》第十一条

基本案情：

贾某某常年经商，2012 年初看好青岛某处地块，欲租赁下来经营加油站。因资金短缺，便想用母亲王某某的房屋进行抵押，借取资金。王某某年届七十，中年丧偶，独自一人居住在一处三十平方米的房屋内。贾某某清楚直接跟王某某说把房屋进行抵押获取资金做生意是不会获得王某某同意的，便跟王某某说，要开公司，需以王某某的房屋作为公司的住所地。王某某便将自己的身份证、房产证给了贾某某。贾某某随后花千余元雇来一中年妇女，和王某某有几分相似，便以贾某某母亲王某某的名义随贾某某到青岛某典当行签订了典当合同。次日，与典当行工作人员一起到青岛市房产交易中心办理了抵押权登记，并开设了银行卡，贾某某以这种违法的方式从典当行处获得借款 22 万元。之后，贾某某因资金缺口过大，无法归还典当行本金，典当行就债权和抵押权向法院提起诉讼后，发现了贾某某的违法行为，报公安机关。最终，经过法院审理后，认定贾某某构成合同诈骗罪，判处有期徒刑，退赔犯罪所得。

之后，王某某与典当行就其房屋上的抵押权进行过沟通，典当行并不同意到青岛市房产交易中心撤销王某某房屋上的抵押权。

王某某委托律师向青岛市国土资源和房屋管理局提起行政诉讼，并将典当行列为第

三人，撤销青岛市国土资源和房屋管理局为第三人核发的他项权证。

代理方案：

律师接受王某某委托后，在一审立案之前，查阅了大量法律法规和相关判例，为代理工作寻找理论、法律依据和判例支持。律师查阅了《担保法》《物权法》《房屋登记办法》和《最高人民法院关于审理房屋登记案件若干问题的规定》以及〔2013〕南行初字第52号、〔2014〕浙杭行终字第169号、〔2014〕青行终字第171号、〔2012〕宝行初字第13号等判例。

律师发现在司法实践中，不论本地法院还是其他省、市法院，在处理类似案件时，会援引《房屋登记办法》第八十一条："司法机关、行政机关、仲裁委员会发生法律效力的文件证明当事人以隐瞒真实情况、提交虚假材料等非法手段获取房屋登记的，房屋登记机构可以撤销原房屋登记，收回房屋权属证书、登记证明或者公告作废，但房屋权利为他人善意取得的除外。"《物权法》第一百〇六条："无处分权人将不动产或者动产转让给受让人的，所有权人有权追回；除法律另有规定外，符合下列情形的，受让人取得该不动产或者动产的所有权：（一）受让人受让该不动产或者动产时是善意的；（二）以合理的价格转让；（三）转让的不动产或者动产依照法律规定应当登记的已经登记，不需要登记的已经交付给受让人。受让人依照前款规定取得不动产或者动产的所有权的，原所有权人有权向无处分权人请求赔偿损失。当事人善意取得其他物权的，参照前两款规定。"《最高人民法院关于审理房屋登记案件若干问题的规定》第十一条："被诉房屋登记行为违法，但判决撤销将给公共利益造成重大损失或者房屋已为第三人善意取得的，判决确认被诉行为违法，不撤销登记行为。"来认定第三人是善意第三人，取得的抵押权系善意取得，应予保护，判决确认房屋管理部门为第三人核发他项权证的行政行为违法，但不予撤销。

上海市宝山区人民法院在审理类似案件时援引《最高人民法院关于审理房屋登记案件若干问题的规定》第八条："当事人以作为房屋登记行为基础的买卖、共有、赠予、抵押、婚姻、继承等民事法律关系无效或者应当撤销为由，对房屋登记行为提起行政诉讼的，人民法院应当告知当事人先行解决民事争议，民事争议处理期间不计算在行政诉讼起诉期限内；已经受理的，裁定中止诉讼。"认为被诉抵押登记涉及第三人抵押物权的效力，故应当先行通过民事诉讼途径确认系争房地产借款抵押合同的效力及第三人是否已经善意取得了该抵押物权。向原告进行了释明，原告拒绝另行提起民事诉讼。故原告仅以系争房地产借款抵押合同系案外人假冒其名义签署，其本人未到场办理抵押登记为由，直接诉请要求撤销系争抵押登记，缺乏法律依据，不予采信，据此，法院判决驳回原告的诉讼请求。

律师还了解到一位同行办理过的一件类似案例。因为冒充者与被冒充者在体貌形态上存在明显差异，最明显的差别就是一个面部有痣，另一个面部无痣。房屋管理部门的工作人员只要认真辨别身份证件，就会发现冒充行为的。但是房屋管理部门的工作人员疏忽大意，没有发现人照不符，核发了他项权证。最终，法院以房屋管理部门没有尽到基本审查义务，撤销了房屋管理部门核发的他项权证。而本案中，冒充者和被冒充者体貌特征基本一致，很难通过人照进行辨别，所以不好证明房屋管理部门审查工作中的责任。

此时，律师大致确定了两个代理方案。第一，直接向房屋管理部门提起诉讼，将抵押权人列为第三人，主张要求确认撤销他项权证。第二，先提起民事诉讼，主张王某某与典当行的抵押合同无效，合同无效后，基于抵押合同而产生的抵押权也归于无效，然后再进行行政诉讼程序，撤销抵押权。

鉴于上述法律依据和判例，选择第一种方案后，可能会被法院判决房屋管理部门核发他项权证的行为违法，但是为了保护善意第三人而不予撤销。选择第二种方案，首先会增加诉讼费用，行政诉讼案件受理费为五十元，而民事诉讼就需要以房屋的价值量来确定案件受理费。同时会增加时间成本，整个程序走下来可能会需要一年多的时间。而且，即使典当合同被认定为无效，也会存在典当行符合善意第三人的特征，而法院不予撤销抵押权。

诉讼请求：

在律师结合案例及学者观点分析后，选择向房屋所在地的基层人民法院提起行政诉讼，将青岛市国土资源和房屋管理局列为被告，将典当行列为第三人，要求判决撤销被告于2012年7月5日做出的青房地权市他字第2012474××号《房地产他项权证》。

事实与理由：

王某某名下有一处房产位于××××××××，房产证编号为：×××××××，王某某对该房产享有完整的权利。2012年7月5日青岛市国土资源和房屋管理局向典当行核发了编号为××××的他项权证。典当行获得该他项权证的基础为典当合同，该典当合同系贾某某找到一位中年妇女冒充原告以原告名义与典当行订立的，该中年妇女还与典当行的工作人员一起到青岛市国土资源和房屋管理局办理了他项权证，上述过程王某某既未参与，也不知情。贾某某的行为已被生效刑事判决书确认为非法合同，抵押权设立这一行政行为所依据的基础民事关系已经不存在，青岛市国土资源和房屋管理局做出行政行为时审查不严，给王某某的合法权益造成严重侵害，请求法院依法撤销青岛市国土资源和房屋管理局核发的房地产他项权证。

被告与第三人答辩意见：

青岛市国土资源和房屋管理局认为，核发房地产他项权证的行政行为材料齐备、程序合法、已尽到相应的审查义务。

典当行认为，2012 年 7 月 5 日与王某某办理抵押登记，是王某某的儿子代理王某某拿着相关证件到现场去办理的。典当行已尽到最大的审查义务，抵押登记是合法有效的。

裁判理由：

法院经过审理后认为，贾某某冒用王某某的名义进行合同诈骗，找他人顶替王某某办理房屋抵押登记，致使青岛市国土资源和房屋管理局依据虚假证据错误颁发房地产他项权证。现贾某某的犯罪事实已经被查明，青岛市国土资源和房屋管理局的发证行为也应予以撤销。

感想期望：

本案的审理，并未涉及善意第三人制度。但是律师在开庭前对该制度进行了细致的研究，发现了该制度在实践中如何适用存在两种观点。之所以会出现这种情况，是因为我国现行法律并没有明确善意第三人制度的适用范围，导致在具体案件适用中，对善意第三人制度进行了深浅不一的剖析，才出现了相似案件两种结果。

我们建议立法者对善意第三人制度如何适用以及适用的范围，再进一步予以明确。

承办律师：李学斌　宫　湛

撰稿人：宫　湛

海阳和一服装辅料有限公司与国家工商行政管理总局商标评审委员会及第三人张某某商标异议复审行政纠纷案

关键词： 商标注册　商标转让　先商号权

案例核心价值： 商标转让双方要注意对受让商标实施全面的风险预判，避免因失察导致法律风险的发生。

相关法条：《中华人民共和国商标法实施条例》（2002 年 9 月 15 日实施）第二十五条、第二十六条、第二十八条、第三十一条、第四十七条，《中华人民共和国商标法》（2013 年修正）第四十二条

基本案情：

2004 年 3 月 8 日案外人李某某（以下简称商标转让人）向国家工商行政管理总局商标局申请注册了第 3945535 号"HWAIL 及图"商标（以下简称被异议商标），指定使用在第 16 类（裁缝用）画线块、彩色粉笔、裁缝用粉块、印刷出版物等商品上。

2006 年 11 月 24 日海阳和一服装辅料有限公司（以下简称和一公司）以被异议商标系恶意抢注其第 3474986 号图形商标（以下简称引证商标）为由，向商标局提出异议申请。

本案的第三人张某某（以下简称商标受让人）自 2003 年起在浙江金华缝配城从事服装辅料类商品的经营，随着生产销售规模扩大至全国，逐渐意识到商标品牌在经营中的重要性。在首次自行申请商标未果后，便将目光转到了购买（受让）商标上来。2008 年 3 月 5 日张某某与转让人李某某签订了商标转让协议，约定以人民币五万元的价款受让被异议商标。2008 年 10 月 31 日，双方转让商标经国家工商行政管理总局商标局许可，转让完成。之后，受让人张某某作为商标权利人开始投入大量人力、财力宣传被异议商标。

2010 ~ 2012 年，商标局、商标评审委员会、北京市第一中级人民法院、北京市高

级人民法院的被异议商标确权程序相继完成，被异议商标被核准注册。至此，受让人张某某认为幸福时刻终于到来，被异议商标指定的商品也已经行销全国大部分省、市及马来西亚、韩国、日本等国家。

然而，2013年3月27日最高人民法院的一纸提审裁定却打破了受让人张某某关于未来经营发展的美好规划，异议人和一公司向最高人民法院提出的再审申请被受理，这意味着凝聚了受让人张某某多年心血的被异议商标有可能被撤销。

接到商标受让人张某某的委托后，笔者先后远赴浙江调取了东阳市人民政府、东阳市工商行政管理局、浙江义乌缝配城管理办公室等单位的证明，以期阐述商标受让人并没有抢注的恶意，且在被异议商标注册前后均投入大量物力宣传、使用被异议商标，但这一切均无法对抗异议人和一公司提出的在先著作权的抗辩。在最高人民法院开庭审理的过程中，和一公司提出其早在1994年就已将涉案商标的图样在韩国提出了注册申请，这意味着该图样的著作权自1994年就已产生并依法受《伯尔尼国际公约》的自动保护。最终在2014年7月31日随着最高人民法院审判长王法官的法槌落下，商标受让人张某某的被异议商标被不予核准注册，其近十年凝聚的商誉也化为乌有。

法院经审理查明的事实：

原一审、二审法院查明的事实属实，最高人民法院予以确认。另查明：1. 第三人张某某的个体工商户营业执照记载，其经营"东阳市虎鹿镇和一服装机械厂"，经营场所为"虎鹿镇虎峰村锦溪"，经营范围及方式为"服装机械及缝纫配件、服装辅料、五金工具、划粉、消失水、笔、工具尺制造"。2. 第三人张某某为证明其积极宣传被异议商标的事实，在再审阶段提交了证据"2010庚寅年中国邮政明信片"，该明信片印有被异议商标，并记载：地址为"浙江省东阳市虎鹿镇锦溪81号"的"东阳和一缝制用品有限公司（厂）"，专业生产批发"熊猫牌隐形划粉、隐形划笔、消失水及消失笔系列"。3. 和一公司的企业法人营业执照上记载，其经营范围为"生产服装剪裁用画笔及相关产品，并销售上述所列自产产品"。

裁判结果：

中华人民共和国最高人民法院于2014年7月31日做出〔2013〕行提字第16号行政判决如下：一、撤销北京市高级人民法院〔2012〕高行终字第727号行政判决及北京市第一中级人民法院〔2011〕一中知行初字第2060号行政判决；二、撤销中华人民共和国国家工商行政管理总局商标评审委员会商评字〔2011〕第07339号关于第3945535号"HWAIL及图"商标异议复审裁定；三、中华人民共和国国家工商行政管理总局商标评审委员会重新做出复审裁定。

一审案件受理费 100 元，二审案件受理费 100 元，均由中华人民共和国国家工商行政管理总局商标评审委员会负担。

裁判理由：

最高人民法院认为，结合该案再审申请人的申请再审理由和被申请人、第三人的答辩意见，本案的争议焦点为：被异议商标的注册是否违反了商标法第二十八条与第三十一条的规定。

（一）被异议商标的注册是否违反了商标法（2002 年）第二十八条的规定

首先，关于被异议商标指定使用的商品与引证商标核定使用的商品是否为近似商品。该案中，被异议商标指定使用的商品为国际分类第 16 类的 1605、1606、1611、1616、1618、1619 类似群组中的印刷品、印刷出版物、封蜡、绘画直角尺、速印机、（裁缝用）划线块、彩色粉笔（蜡笔）、裁缝用粉块、做标记用粉笔商品；引证商标核定使用的商品为国际分类第 16 类的 1614 类似群组中的画笔商品。各方当事人争议的焦点为：被异议商标指定使用的（裁缝用）划线块、彩色粉笔（蜡笔）、裁缝用粉块、做标记用粉笔，与引证商标核定使用的画笔是否为近似商品。根据《最高人民法院关于审理商标授权确权行政案件若干问题的意见》第 15 条的有关规定，人民法院审查判断相关商品是否类似，应当考虑商品的功能、用途、生产部门、销售渠道、消费群体等是否相同或者具有较大的关联性；《商标注册用商品和服务国际分类表》《类似商品和服务区分表》（以下简称《区分表》）可以作为判断类似商品或者服务的参考。最高人民法院认为：第一，《区分表》可以作为判断类似商品的参考，但不是唯一判断标准。《区分表》是我国商标主管部门为了商标检索、审查、管理工作的需要，在世界知识产权组织《商标注册用商品和服务国际分类表》的基础上，总结实践工作经验编制而成。《区分表》未穷尽现有的所有类似商品和服务项目，随着社会经济发展，市场交易状况不断发生变化，商品和服务项目亦不断更新、发展，其类似关系也将发生变化。第二，商标的主要功能为标识商品或者服务的来源，因此，避免来源混淆是认定商品或服务类似与否的根本标准，而不能以商品的物理属性作为判断标准。第三，基于避免来源混淆这一标准，应以相关公众对商品或服务的一般认识进行综合判断。就该案而言，使用引证商标的和一公司与被异议商标的注册人张某某，均为服装辅料行业的经营者，同时，被异议商标指定使用的（裁缝用）划线块、彩色粉笔（蜡笔）、裁缝用粉块、做标记用粉笔，主要为制作服装的辅料，故本案应当以服装辅料行业、服装制造行业的从业者作为判断商品是否类似的"相关公众"。根据最高人民法院查明的事实，和一公司与第三人张某某的营业执照等材料均显示，在服装辅料领域，由于技术进步，传统的"划线块""粉块""粉笔"正逐步发展为"隐性划粉""隐性划笔""消失笔""剪裁用画笔"。因此，对于服装辅料行业、服装制造行业的从业者而言，上述商品虽在形状、材质等物理属性上存在差别，但在功能、用途、销售渠道、消费群体等方面基本相同，应属于类似商品。该案引证商标核定使用的商品为"画笔"，作为在一定媒介上标注线条或图案的工具，涵盖了"剪裁用画笔""粉笔""隐性划笔"；与（裁缝用）划线块、裁缝用粉块相比较，虽在形状、材质等物理属性上存在差别，但功能基本相同，均为标注线条或图案的工具，其用途存在交叉重合。尤其是技术进步后，服装辅料行业逐步采用以特定材质原料生产的画笔，既方便在布料上标注裁剪线条，又可满足裁剪成型后无须清洗即可隐去标注线条的要求。因此，对于服装辅料行业、服装制造行业的从业者而言，被异议商标指定使用的（裁缝用）划线块、彩色粉笔（蜡笔）、裁缝用粉块、做标记用粉笔，与引证商标核定使用的画笔构成近似商品。商标评审委员会第 07339 号裁定以及本案一审、二审判决对此认定有误，最高人民法院予以纠正。

其次，关于被异议商标与引证商标是否为相同或近似商标。《最高人民法院关于审理商标授权确权行政案件若干问题的意见》第十四条规定："人民法院在审理商标授权确权行政案件中判断商品类似和商标近似，可以参照《最高人民法院关于审理商标民事纠纷案件适用法律若干问题的解释》的相关规定。"根据《最高人民法院关于审理商标民事纠纷案件适用法律若干问题的解释》第九条的规定，商标相同，是指被控侵权的商标与原告的注册商标相比较，二者在视觉上基本无差别；商标近似，是指被控侵权的商标与原告的注册商标相比较，其文字的字形、读音、含义或者图形的构图及颜色，或者其各要素组合后的整体结构相似，或者其立体形状、颜色组合近似，易使相关公众对商品的来源产生误认或者认为其来源与原告注册商标的商品有特定的联系。该案中，被异议商标由熊猫图案及英文字母"HWAIL"构成，引证商标由熊猫图案及韩文字母"화일"构成。由于两商标中的熊猫图案均占据商标标识的大部分，且被异议商标的熊猫图案与引证商标的熊猫图案完全相同，以相关公众的一般注意力为标准，在隔离状态下进行比对，被异议商标与引证商标的主要部分相同，整体结构相似，因此构成近似商标。

综上，最高人民法院认为，注册在印刷品、印刷出版物、封蜡、绘画直角尺、速印机上的被异议商标，与注册在画笔上的引证商标不构成相同或类似商品上的相同或近似商标；注册在（裁缝用）划线块、彩色粉笔（蜡笔）、裁缝用粉块、做标记用粉笔上的被异议商标，与注册在画笔上的引证商标构成类似商品上的近似商标。

（二）被异议商标的注册是否违反了商标法（2002 年）第三十一条的规定

和一公司申请再审称，其在被异议商标申请注册日前已经在裁剪用画笔商品上使用了与被异议商标相近似的商标，且具有一定影响，故被异议商标的注册违反了商标法第三十一条的规定。最高人民法院认为，就和一公司在异议复审阶段提交的证据来看，均为被异议商标申请注册日之后使用的证据；就和一公司在诉讼阶段补充提交的证据来看，一方面，这些证据在异议复审阶段未向商标评审委员会提交，并非商标评审委员会做出第07339号裁定的依据；另一方面，这些证据从证明力来看亦不能证明和一公司的该项主张。故和一公司该项申请再审理由不能成立，最高人民法院不予支持。

和一公司并称，被异议商标的注册侵害了其在先商号权。最高人民法院认为，由于被异议商标的主要部分为熊猫图案，和一公司商号的主要部分为文字"和一"，两者差别明显，故和一公司该项申请再审理由不能成立，最高人民法院不予支持。

和一公司另称，被异议商标的注册属于恶意注册，违反诚实信用原则。最高人民法院认为，诚实信用原则是民商事主体在民商事活动中应当遵循的一项基本原则，商标的申请注册也应当遵循这一原则，商标法第十三条、第十五条、第十六条、第三十一条、第四十一条等有关规定，均为这一原则在申请注册商标过程中的具体体现。但是，商标法并未将"违反诚实信用原则"作为一项独立的不予核准商标注册的法定理由，故商标主管部门基于依法行政原则，不能直接依据诚实信用原则做出具体行政行为；并且，本案和一公司所主张张某某违反诚实信用原则的具体情况，已为商标法第三十一条规定所涵盖，商标评审委员会及本案一审、二审法院对此均做出了相应评判，故和一公司该项申请再审理由不能成立，最高人民法院不予支持。

此外，第三人张某某在再审程序中主张，和一公司2006~2009年连续三年未对营业执照进行年检，违反了商标法第四十四条的规定，应撤销和一公司的引证商标。最高人民法院认为，张某某该项主张超出本案审理范围，最高人民法院不予审理。

综上，和一公司的部分申请再审理由成立，第07339号裁定与一审、二审判决所认定的事实不清，适用法律错误，应予撤销。商标评审委员会应当重新做出复审裁定。

案件评析：

纵观该案，商标受让人耗时近10年时间经历了从获权到失权的大喜大悲。究其原因，对于商标转让中的法律风险的忽视导致盲目的投入宣传才是根本所在。如以对商标的需求作为全部受让动因，忽视对商标转让人的背景调查；轻信商标转让人的承诺，忽视对受让商标是否存在类似商标的检索预警；忽视受让商标近似族群商标的注册，将商誉全部集中于受让商标等等。

（一）熟悉法律关于商标转让的相关规定

《商标法》第四十二条规定：转让注册商标的，转让人和受让人应当签订转让协议，并共同向商标局提出申请。受让人应当保证使用该注册商标的商品质量。转让注册商标经核准后，予以公告。受让人自公告之日起享有商标专用权。

《商标法实施条例》第二十五条规定：转让注册商标的，转让人和受让人应当向商标局提交转让注册商标申请书。转让注册商标申请手续由受让人办理。商标局核准转让注册商标申请后，发给受让人相应证明，并予以公告。

转让注册商标的，商标注册人对其在同一种或者类似商品上注册的相同或者近似的商标，应当一并转让；未一并转让的，由商标局通知其限期改正；期满不改正的，视为放弃转让该注册商标的申请，商标局应当书面通知申请人。

对可能产生误认、混淆或者其他不良影响的转让注册商标申请，商标局不予核准，书面通知申请人并说明理由。

《商标法实施条例》第二十六条规定：注册商标专用权因转让以外的其他事由发生移转的，接受该注册商标专用权移转的当事人，应当凭有关证明文件或者法律文书到商标局办理注册商标专用权移转手续。

《商标法实施条例》第四十七条第 1 款规定：商标注册人死亡或者终止，自死亡或者终止之日起 1 年期满，该注册商标没有办理移转手续的，任何人可以向商标局申请注销该注册商标。

（二）商标转让具有不同的法律情形

1. 商标权转让：已被核准注册的商标的商标权转让。

2. 商标申请权转让：商标在申请中，尚未获准注册的商标的转让。

上述情况必须通过商标局办理申请，经过审查获得公告后，转让才能得到法律确认。

3. 已经使用的商标，或经过设计被认为具有商标价值的商标，但未曾向商标局递交申请的商标转让。

4. 已被注销或撤销的注册商标，或者在有效期以外、未续展的注册商标。

属于 3、4 项情况的，转让无须通过商标局，或者说不存在商标转让的问题。

5. 已被质押的商标或已被冻结的商标不得转让或移转：被人民法院冻结的商标以及办理了质押登记的商标，在冻结期和质押期内，未经人民法院和质权人的同意，该商标不得转让。将被法院查封的注册商标申请办理转让，结果一定会被商标局驳回。因为，法院查封后应当将查封通知书发送给商标局执行。以前有些地方法院没有及时将查封通知书发送给商标局，商标局在不知情的情况下核准了被查封商标的转让，但需要将有效的查封通知书补给商标局，商标局撤销先前的转让核准文件。至于未经商标局审查核准的商标转让，即便有合同，但是由于没有经过登记而无法获得商标权。

6. 因赠予、继承产生的商标权转让：指注册商标所有人死亡（自然人）或终止（单位）后，由继承其权利义务的自然人、法人或者其他组织继受其注册商标专用权。主要有下列情形：注册人（自然人、个体经营户）因死亡继承注册商标的；注册人（企事业单位）因分立、合并或改制等原因消亡后，分立、合并或改制后的单位需办理商标过户的；企业破产后由清算小组对其商标进行处置的；依据生效的法律文书对注册商标强制执行转让过户的；其他因转让以外的事由发生注册商标专用权人移转的；已许可他人使用的商标权转让。

依据现行法律规定，发生在许可后的商标转让合同不能影响在先的许可合同的效力，被许可人在许可合同有效期内仍可以继续使用该商标。因而受让人需充分了解转让商标的各方信息至关重要。

（三）注意审查注册商标转让人的主体资格

1. 商标注册人名义地址是否与营业执照上的名称和地址一致。

转让人企业营业执照上的名称和地址，与被转让商标注册证上的名称和地址不符合的，商标局将驳回转让申请。根据《商标法》的规定，注册商标所有人的名称、地址发生变更的，必须办理变更手续。

2. 防止转让人重复转让注册商标。

受让人不能只是听信转让人的说辞和提供的商标注册证书，必须调查转让人是否为商标注册人，转让人名称与商标局档案记录的申请人名义是否相符。由于商标局审查商标转让申请的周期已经延长到6～12个月，有时候单从商标局的《中国商标网》还难以获得准确的信息。

（四）一并转让需要具体问题具体分析

转让方名下的商标如果形成一个品牌系列的，必须一并转让，有三种情况务必注意：

1. 形成一个品牌的组合部分，比如注册在19类地板商品上的"圣象"与"power-dekor"以及大象图形注册商标，虽然可能是3个注册商标，在品牌形成过程中却是一个整体；消费者早已经认知为一个品牌整体。

2. 形成一个品牌的商品与服务的发展延伸部分，比如"圣象""powerdekor"和大象图形商标在20类家具、2类的油漆、涂料以及其他商品与服务上注册或申请中的商标。

3. 形成一个品牌名称的发展延伸部分，比如"圣象康逸""圣象莫奈"之类的注册或申请中的商标。

如不同时办理转让申请，商标局可能会将申请人已经申请的转让事项给予驳回。

4. 有些地方法院对《商标法实施条例》第二十五条规定的理解不到位或其他原因，将属于一并办理移转的商标判给两个或两个以上的单位（或个人）的情况也会发生，当商标局驳回时，就意味着地方法院必须纠错，否则，商标移转无法实现。

5. 属于遗产继承的商标移转，遗嘱或财产分割协议需要公证。遗嘱或财产分割协议同样需要按照《商标法实施条例》第二十五条规定，否则，商标局将驳回商标移转。

当然，被转让或移转商标的相同或近似判定，是一个复杂的问题，受到品牌使用情况、消费对象、知名度以及审查标准等各方面的影响，必须具体情况具体分析，无法一概而论。审查官员个人的认知因素也会影响到审查结果。如果当事人不服商标局的驳回裁定，可以在规定的期限内向商标评审委员会提出复审申请。

（五）了解商标转让申请办理的一般程序

1. 商标转让申请所需要的文件：双方的主体资格证明，营业执照副本或身份证件、转让协议、公章，通常情况需要核对原件和签字；如果是注册商标转让的，需要核对商标注册证原件，如果是申请商标转让的，需要核对商标局的商标受理通知书原件。填写《商标转让申请书》，双方盖章签字。

2. 商标转让申请书符合要求上报商标局后，预计在 3～6 个月出具受理书，办理商标转让申请的整个周期为 6～12 个月，也有可能更长些。

3. 除了执行法院判决、遗嘱等特殊情形的商标移转转让，绝大部分的商标转让，都需要签署协议。这类协议、合同，在法律上除受《合同法》规制外，还受《商标法》的制约。协议或合同在约定双方权利义务的时候，需要考虑权利不确定期间风险的规避或承担法律责任等各种因素，也须考虑到转让一旦被驳回，受让方的权利问题，以及变更协议等条款。因此，制作一份完善的商标转让协议（合同）十分重要，最好请资深专业律师参与起草。

综上所述，商标转让或商标移转，是个严肃而专业的法律事务，其中存在的种种隐藏风险应当引起转让（移转）双方的高度重视。

承办律师：金荣奎　秦　鹏

撰稿人：秦　鹏

案件领域

非 诉

临矿集团收购都城伟业持有菏泽煤电国有股权项目案

临沂矿业集团有限公司（简称"临矿集团"）因战略发展需要，经过市场调研，拟收购都城伟业集团有限公司（简称"都城伟业"）持有的山东鲁能菏泽煤电开发有限公司（简称"菏泽煤电"）的国有股权。临矿集团委托康桥律师事务所作为本项目专项法律顾问，康桥律师事务所指派高级合伙人、公司证券业务部负责人徐舰律师为项目负责人，徐海、谢同琳、刘文忠、徐岳丽、明月、刘辉律师为项目律师，组建项目律师团队，为本项目提供全程法律服务。

一、收购双方及目标公司情况

转让方都城伟业为国有公司，成立于2009年12月30日，注册资本2000000万元，住所为北京市西城区西单北大街111号9层901室。国家电网公司（国有独资公司）持有都城伟业100%的股权。

受让方临矿集团为国有公司，成立于1992年4月15日，注册资本和实收资本为人民币200000万元，法定住所为临沂市罗庄区商业街路69号。山东省能源集团有限公司（国有独资公司）持有临矿集团100%的股权。

目标公司菏泽煤电（国有控股公司）成立于2001年12月31日，注册资本和实收资本为人民币85000万元，法定住所为菏泽市中华东路298号。都城伟业持有菏泽煤电83.59%的股权。

二、收购过程

2015年10月，康桥律师事务所接受临矿集团的委托，进场对菏泽煤电展开全面法律尽职调查。会计师、评估师亦同时进场开展财务审计和资产（股权价值）评估。经过半个多月的尽职调查，我所律师为临矿集团出具了《法律尽职调查报告》《法律风险评估报告》以及就本次国有股权收购事项报批所需的《法律意见书》。2015年11月，临矿集团完成国有股权收购所需的内部专家论证及申报审批程序。2015 年 12 月，上述国有股权转让事项，在上海联合产权交易所挂牌，临矿集团顺利摘牌。

三、法律点评

（一）本项目的法律法规及政策规范适用

1. 本项目作为国有公司股权收购项目，既要严格执行《公司法》的规定，又必须符合《国有资产管理法》《企业国有产权转让管理暂行办法》《企业国有资产监督管理暂行条例》《企业国有资产评估管理暂行办法》《企业国有产权无偿划转管理暂行办法》等若干国资监管的法规规定。

2. 本项目目标公司作为矿山企业，其核心资产包括矿权、土地使用权及其他资产，因此要严格适用《物权法》《土地管理法》《矿产资源法》等法律规定，界定其主要资产的合法性。

3. 本项目的股权收购方临矿集团，是山东能源集团的全资子公司。《山东能源集团并购重组操作指引》对集团及控股公司的对外并购重组项目进行了规范，因此，本项目亦需执行该操作指引的规定。

（二）国有股权收购项目的特殊程序

1. 根据《公司法》和目标公司章程的规定，公司股权的转让要经过目标公司股东会决议，其他股东放弃优先购买权，同意股权转让方的股权转让。

2. 根据国资监管法律法规的规定，股权受让方临矿集团作为国有公司，对于拟收购的目标公司股权事项要向股东山东能源集团进行项目申报，获得初步同意的批准后，组建项目团队，并聘请律师、会计师、评估师等中介机构，在与转让方达成股权转让的框架协议后，对目标公司展开全面尽职调查，包括法律、财务、技术管理及业务的尽职调查，同时进行财务审计和资产（股权价值）评估。各中介机构经过调查后，律师出具《法律尽职调查报告》《法律风险评估报告》和《法律意见书》，会计师出具《审计报告》，评估师出具《评估报告》。收购方项目团队结合中介机构的报告文件，制作可行性研究报告，组织专家论证会，并根据专家论证意见，上报山东能源集团获得同意的批复，报山东省国资委备案。股权转让方都城伟业亦需履行上述类似程序。同时，上述程序履行期间，股权收购双方就股权转让的相关问题展开谈判。

3. 根据《企业国有产权转让管理暂行办法》等相关规定，本次股权转让方及目标公司作为央企或央企下属公司，该等股权转让需要进入产权交易中心进行公开挂牌。本次股权转让挂牌是在国务院国有资产监督管理委员选定的从事中央企业国有产权转让的指定机构上海联合产权交易所进行。

四、项目总结

（一）法律尽职调查

作为收购方的委托律师，我所律师在法律尽职调查过程中竭尽全力做到细致、全面，规避或减少委托人在收购过程中及收购完成后的法律风险。本次尽调的主要内容包括以下几个方面：

1. 目标公司的历史沿革

我们通过目标公司根据《法律尽职调查清单》提供的资料及向工商行政管理部门自行调查等方式，不仅详细调查了目标公司设立的程序、资格、条件、方式等是否符合当时当地法律、法规和规范性文件的规定，涉及须经批准才成立的事项，也及时查验其是否得到具有相关行政职权部门的批准；并且，我们仔细查验了目标公司设立过程中有关资产评估、验资等是否履行了必要程序。更重要的是，我们严格审核股权转让方都城伟业取得并持有目标公司股权的合法性。都城伟业取得目标公司的股权，经过了九次股权变更。项目律师对每一次股权的变更都严格审核了股权转让协议或股权划转协议、股权转让或划转的股东会决议或批复，确保都城伟业取得并持有目标公司股权的合法性，进而保障股权受让方的基本利益。

2. 目标公司的项目审批

目标公司下辖两个煤矿及相应的洗煤厂及铁路专用线项目。项目审批的合法有效是目标公司持续合法运营的前提。为此，我们查验了上述项目的立项审批及验收文件，涉及菏泽市、山东省及国家发改委、煤炭、安监、公安、卫生、国土及环保等若干部门的批复、核准及验收文件。

3. 目标公司的重大资产

目标公司作为煤矿企业，其主要资产包括矿权、土地使用权及其他重要资产。我们查验了目标公司取得该等主要资产必须具备的法律法规规定的相关依据，包括矿权许可的审批或备案文件；并查验上述资产是否存在产权纠纷或潜在纠纷，是否存在担保或权利受到限制的情况，目标公司取得上述资产的所有权或使用权的方式和过程，以及是否已取得完备的权属证书，以尽可能避免资产权属不清导致本次收购的法律障碍。

4. 目标公司的重大合同及债权债务

目标公司的重大合同及债权债务，我们认为这是关系投资风险的重要内容，需要给予高度重视。对此，我们主动与委托人委托的审计、评估等中介机构进行充分沟通、协同分工，对目标公司的大额应收、应付款和其他应收、应付款情况；目标公司将要履行、正在履行以及虽已履行完毕但可能存在潜在纠纷的重大合同；目标公司的对外担保情况；目标公司是否有因环境保护、知识产权、产品质量、劳动安全、人身权等原因产生的侵权之债以及目标公司支付房屋搬迁费等情况进行了全面调查。同时密切关注金融机构借款的情况，对于重大股权或资产处置事项时，借款合同中约定必须经金融机构同意的，需要同该金融机构进行沟通并予以确认。在充分掌握上述重大合同及债权债务的基本情况后，我们对其有效性和合法性发表了相关法律意见，并适时、充分地与委托人进行沟通，使委托人对目标公司该等事项有全面了解。

5. 目标公司的劳动人事

我们查验了目标公司的劳动人事资料，包括用工方式、用工数量、劳动合同的签订情况、五险一金的缴纳情况以及员工薪酬信息，确保劳动用工的合法性，防止股权转让后，出现系统性用工风险，进而影响公司的持续运营。

6. 目标公司的重大诉讼及仲裁

对于已经发生或可能发生的重大诉讼或仲裁案件，需要律师进行全面的调查，防止出现重大诉讼或仲裁案件，影响公司的社会声誉及重大经济利益，规避相关法律风险。

律师进行法律尽职调查过程中，需要同委托人委托的其他中介机构及委托人项目团队密切配合，协同工作，适时沟通。对于尽调中发现的重大问题我们共同研究，并通过委托人与目标公司进行深入沟通或补充调查，确保在现场尽调中能全面发现并揭示目标公司的真实信息或相关风险。

（二）出具法律尽职调查报告、法律风险评估报告及法律意见书

通过项目律师团队的现场法律尽职调查，我们根据法律法规的规定以及与委托人签订的《专项法律服务合同》的约定，撰写了详尽的《法律尽职调查报告》并附录了相关资料或证据。对于本收购项目的法律风险进行了评估，撰写了《法律风险评估报告》。根据国资监管的规定，我们拟定了《法律意见书》。

（三）参加临矿集团组织的项目专家论证会，汇报法律尽职调查情况。

（四）参加临矿集团向山东能源集团的项目汇报会，并正式提交《法律尽职调查报告》《法律风险评估报告》和《法律意见书》。

（五）根据临矿集团的委托，修订临矿集团与都城伟业准备签订的《产权交易合同》及《承诺函》。

（六）都城伟业拟转让的菏泽煤电股权在上海联合产权交易所挂牌，临矿集团顺利摘牌，并完成股权转让。

通过本项目的法律尽职调查及后续法律服务工作，我们认为在并购重组法律实务中，还有一些问题必须引起律师的高度注意：

一、要严格履行保密义务。在尽职调查过程及后续法律服务中，律师会获得许多目标公司及股权收购双方的资料和信息，甚至是一些重要技术信息、商业秘密，委托人和目标公司一般会同项目中介机构签订保密协议。履行保密义务是律师职业道德的要求，

也是项目律师应遵循的基本原则，应严格遵守。

二、项目律师团队要分工明确、协同工作。公司并购重组项目工作繁重复杂，一般时效性较强，律师团队人员较多，需要项目律师团队负责人根据律师特点科学分工、协同工作，确保在规定的时间内高质量地提供并完成法律服务。

三、项目律师要求法律素养较高的同时，更注重团队协作能力和沟通协调能力。我们在提供专业法律服务的同时，团队的协作能力非常重要，同时与委托人、其他中介机构及目标公司的协调沟通能力尤其重要。

四、注意防范律师自身的执业风险。律师的专业特点要求其一切判断必须基于事实、证据和法律，但是，由于利益的驱动，目标公司会有意无意地回避某些资料信息，律师不可能通过尽职调查获知目标公司的全部情况。为防范委托人及自身风险，律师在尽职调查过程中除了提高专业素养，穷尽可能的调查方式外，要确保做出法律判断所依据资料信息的真实性、完整性、有效性和准确性，由该等资料信息的提供方对此做出承诺。在出具相关报告及其他法律文件时，要严格依据合法有效的证据资料做出符合法律规定的独立判断。保证律师的独立性，不为利益左右，既是法律对律师的要求，也是对委托人负责，更能防范执业风险。

承办律师：徐　舰　徐　海　徐岳丽　谢同琳
　　　　　明　月　刘文忠　刘　辉
撰稿人：徐岳丽

华能青岛港务有限公司分立重组
及与青岛港（集团）有限公司合资案例

关键词： 派生分立　合资经营　工商登记　税费

华能国际电力股份有限公司（以下简称"华能国际"）为中外合资的上市企业，其全资子公司华能青岛港务有限公司（以下简称"港务公司"）住所地在青岛，主要经营港口码头业务；青岛港（集团）有限公司（以下简称"青岛港"）为国有独资企业，是我国特大型港口企业，在港口管理和码头运营等方面具有成熟的管理经验。双方拟进行合资，从事经营港口码头业务及相关工程项目，以充分发挥各自优势，实现共赢发展。康桥律师事务所接受华能青岛港务有限公司的委托，全程参与了港务公司与青岛港的合资项目，为双方的合作保驾护航。

一、项目进程

华能青岛港务有限公司分立重组、合资经营项目由山东康桥律师事务所高级合伙人金荣奎律师主办、徐岳丽律师协办，项目进程如下：

1. 2012 年 3 月 7 日，华能山东公司作为港务公司的委托管理人受托与青岛港（集团）有限公司签订关于组建合资公司的《合作框架协议（草案）》。

2. 2012 年 4 月 25 日，华能集团资产部召开华能青岛港项目资产重组启动专题会，最终确定的资产重组方案为分两步走：第一步，港务公司股东华能国际电力股份有限公司对港务公司采取存续分立的方式，进行公司分立；第二步，对分立后存续的华能青岛港务有限公司按照资产评估值作价，引入青岛港集团货币增资，增资后新公司由华能国际占 51% 的股份，青岛港集团占 49% 的股份。

3. 2012 年 5 月 22 日，华能集团与青岛港集团就华能青岛港务有限公司上述的存续分立重组方案沟通，达成一致意见。双方各自委托审计、评估机构及律师展开相关的尽职调查，2012 年 6 月底，各受托的中介机构完成对港务公司的尽职调查，并出具审计报告、评估报告。

4. 2012 年 6 月 19 日始至 9 月下旬，合资双方针对资产作价、合作增资协议和公司章程开展具体谈判，律师全程参与双方的协商谈判，协助委托人出具了所有相关的法律文件，经过双方反复的谈判修改，最终确定了双方在合资公司的权利义务；2012 年 9 月，华能国际与青岛港集团签署《增资协议》和《公司章程》。

5. 2012 年 9 月 18 日，根据审计、评估的结果，港务公司的股东华能国际电力股份有限公司做出对港务公司进行存续分立的《分立决议》，而后根据《公司法》等相关法律法规的规定，港务公司于 2012 年 9 月 28 日在《人民法院报》上刊登了本次分立的公告。

6. 2012 年 12 月 13 日，港务公司完成存续分立的工商变更登记和公司新设登记，分立为华能青岛港务有限公司和华能青岛热电有限公司。

7. 2013 年 3 月 1 日，青岛港按照增资协议的约定，将货币资金 19300 万元存入港务公司开立的验资账户。之后，华能青岛港务有限公司在胶南市工商局完成了工商变更登记，港务公司股东变更为青岛港与华能国际，双方合作最终完成。

二、本次资产重组的操作要点

通过"派生分立"新设公司。派生分立是指一个公司按照法律规定的条件和程序，将其部分资产或营业进行分离，另设一个或数个新的公司或分支机构，原有公司继续存在的公司分立形式。我国《公司法》所指的派生分立是将原公司划分为两个或两个以上彼此独立且都具有法人资格的法律主体，同时，对原公司的财产和债权债务进行明确的划分，然后由彼此的各公司按照分立协议，分别承受各自应承受的部分。

本案例中，港务公司派生分立的实施步骤如下：

1. 港务公司股东做出分立决议，决议内容包括分立形式、公司财产分割方案、分立后公司的组建方案、分立后原公司债权债务的承继方案，并修改公司章程。

2. 分立后存续的港务公司与拟新设的公司签署《分立协议》，新设公司签约人可由股东委托。

3. 港务公司做出分立决议的次日起 10 日内通知债权人，并于三十日内进行公告并对债权人发出分立通知。

4. 公告之日起 45 日后申请工商变更登记，提交分立决议，完成变更登记手续。

5. 向工商行政部门提交新设公司的公司登记申请等相关文件，申请设立新公司。

华能青岛港务有限公司采用"派生分立"的方式设立"华能青岛热电有限公司"。为了"派生分立"的顺利进行，华能青岛港务有限公司委托审计机构进行了清产核资、审计评估，为"派生分立"提供良好的财务基础；同时，我所律师对港务公司进行了详尽的尽职调查，及时发现影响项目进程的法律事项及各种因素，积极与委托人进行沟通，与其债权人协调，解决并处理分立过程中的法律障碍；最终，在各方的共同努力下，青岛港务公司按照法律、法规的要求完成了公司分立。

三、本案法律评析

1. 关于派生分立税费问题

企业的资产流转，股权交易多涉及缴纳税费，分立重组的项目方案的设计需充分考虑税费问题，兼顾利益减少不必要的支出；派生分立涉及税赋金额较少，符合有关政策可能还存在有减免税赋的情况。本项目的重组方案在设计时充分考虑税费政策，以求实现利益的最大化。现将派生分立中关于税费的主要法规介绍如下：

营业税：《中华人民共和国营业税暂行条例》《中华人民共和国营业税暂行条例实施细则》规定：营业税的征收范围为在中华人民共和国境内有偿提供应税劳务、转让无形资产或者销售不动产的行为。企业分立不属于该征税范围，其实质是被分立企业股东将该企业的资产、负债转移至另一家企业，有别于被分立企业将该公司资产（土地使用权、房屋建筑物）转让给另一家企业的应征营业税行为。

国税函〔2002〕165号《国家税务总局关于转让企业产权不征收营业税问题的批复》规定："根据《中华人民共和国营业税暂行条例》及其实施细则的规定，营业税的征收范围为有偿提供应税劳务、转让无形资产或者销售不动产的行为。转让企业产权是整体转让企业资产、债权、债务及劳动力的行为，其转让价格不仅仅是由资产价值决定的，与企业销售不动产、转让无形资产的行为完全不同。因此，转让企业产权的行为也不应属于营业税征收范围，不应征收营业税。"

国家税务总局公告2011年第51号《关于纳税人资产重组有关营业税问题的公告》规定：根据《中华人民共和国营业税暂行条例》及其实施细则的有关规定，现将纳税人资产重组有关营业税问题公告如下：纳税人在资产重组过程中，通过合并、分立、出售、置换等方式，将全部或者部分实物资产以及与其相关联的债权、债务和劳动力一并转让给其他单位和个人的行为，不属于营业税征收范围，其中涉及的不动产、土地使用权转让，不征收营业税。本公告自2011年10月1日起执行。此前未作处理的，按照本公告的规定执行。

《国家税务总局关于转让企业产权不征营业税问题的批复》（国税函〔2002〕165号）、《国家税务总局关于深圳高速公路股份有限公司产权转让不征营业税问题的批复》（国税函〔2003〕1320号）、《国家税务总局关于鞍山钢铁集团转让部分资产产权不征营业税问题的批复》（国税函〔2004〕316号）、《国家税务总局关于中国石化集团销售实业有限公司转让成品油管道项目部产权营业税问题的通知》（国税函〔2008〕916

号）同时废止。

根据以上法律、法规的规定，"派生分立"的行为不属于营业税的征收范围，不征收营业税、城市建设维护税、教育费附加。

印花税：财税〔2003〕183号《财政部 国家税务总局关于企业改制过程中有关印花税政策的通知》规定：以合并或港务公司式成立的新企业，其新启用的资金账簿记载的资金，凡原已贴花的部分可不再贴花，未贴花的部分和以后新增加的资金按规定贴花。合并包括吸收合并和新设合并。分立包括存续分立和新设分立。

根据以上法律、法规的规定，"派生分立"的行为不征收印花税，只有以前未缴纳印花税的部分和新增的资金按照规定缴纳印花税。

契税：财税〔2012〕4号《国家税务总局关于企业事业单位改制重组契税政策的通知》第四条规定：公司依照法律规定、合同约定分设为两个或两个以上与原公司投资主体相同的公司，对派生方、新设方承受原企业土地、房屋权属，免征契税。

土地增值税：《土地增值税暂行条例》第二条规定：转让国有土地使用权、地上的建筑物及其附着物并取得收入的单位和个人，为土地增值税的纳税义务人，应当依照本条例缴纳土地增值税。企业分立中，分立企业并没有向被分立企业支付对价，而是被分立企业股东换取分立企业的股权或非股权支付，实现企业的依法分立，因此在企业分立过程中，尽管房产与土地所有权发生了转移，但是被分立企业并没有获取相应的对价，不属于有偿转让不动产行为，因此不需要申报缴纳土地增值税。

企业所得税：《中华人民共和国企业所得税法》第二十条规定：本章规定的收入、扣除的具体范围、标准和资产的税务处理的具体办法，由国务院财政、税务主管部门规定。国务院令第512号《中华人民共和国企业所得税法实施条例》第七十五条规定：除国务院财政、税务主管部门另有规定外，企业在重组过程中，应当在交易发生时确认有关资产的转让所得或者损失，相关资产应当按照交易价格重新确定计税基础。

2. 关于分立后公司的工商登记

根据国家工商行政管理总局关于存续分立的有关公司登记的要求，因分立申请设立、变更或注销登记的公司除按照《中华人民共和国公司登记管理条例》和国家工商行政管理总局《内资企业登记提交材料规范》（工商企字〔2009〕83号）的规定执行外，还应当提交公司分立的决议或决定（分立决议或决定应当包括：分立形式，分立前后公司的名称，分立后公司的注册资本和实收资本，分立后公司股东（发起人）认缴和实缴的情况，分立后原公司债权、债务的承继方案，公司分公司、持有其他公司股权的处置情况），依法刊登公告的报纸样张，分立各方的营业执照复印件，债务清偿或者债务担保情况的说明，法律、行政法规和国务院决定规定必须报经批准的，提交有关的批准文件或者许可证书复印件；因分立申请公司设立登记的，提交载明分立情况的存续公司的变更证明或解散公司的注销证明。本案中，我们依据上述规定提交了相关存续公司的变更登记申请和新设公司的设立登记申请，但到公司当地工商行政部门办理登记时，工商部门对材料的审查相对比较严格，材料经过几次修改后方得以完成最终的登记，这里我简单说明一下。

首先，就是登记涉及的股东会、董事会决议文件的内容必须要规范。本次存续公司的变更登记和新设公司的设立登记材料几乎全部是由我所项目律师起草、委托人审查无误后签字盖章，交由工商局办理。办理登记过程中，我们得到了工商局工作人员和委托人的一致好评。规范的法律文件，能够为项目进程节省不少时间，这一点应当值得各位律师关注。

其次，要严格把握公司分立过程中的几个时间节点。比如：召集股东会的时间、做出分立决议的时间、公告的时间、通知债权人的时间等等，这些在材料中都会有所体现。登记时细心的工作人员也会仔细审查。本案涉及的主体大都为国有公司，需要报批决议的事项比较多，上传下达之后，时间上就容易与《公司法》规定的实际产生有出入。因此，作为律师，在审查该类材料时，一定要注意把控好时间，提前做好工作计划，及时协调委托人进行决议、报批，按部就班地进行，切忌杂乱无章，全凭委托人自己安排。

再者，分立后存续公司的变更登记与青岛港增资后港务公司的变更登记是可以一并办理的。我所律师参照国家工商总局及山东省工商局的相关文件，与当地工商登记机关进行协商后，确认可以合并办理。以后办案的过程中，若遇到类似的情形，也可以作为参考。

四、结语

本项目自 2012 年 3 月设计启动，山东康桥律师事务所自启动开始前后 12 个月跟进项目进展，成功完成了委托单位的目标工作。康桥律师事务所从设计合作方案、开展尽职调查工作，至合作协议的起草、审查全面跟进项目进展；参与谈判，协助办理相关登记、备案、审批手续；项目全过程中就收益、土地、股权、融资等交易结构为委托人进行法律上的详细解答；法律服务过程中主办律师充分关注了项目背景、财务税赋、工商登记、土地处置、债权债务关系、项目风险（政治风险、合约/管制风险、征收风险、建设风险、运营风险、市场风险、金融风险、移交风险），同时提示可能存在的不可抗力，最终圆满完成委托人的项目任务。目前，该合作项目运营良好，提高公共产品或服务的质量和供给效率保证了公共利益最大化。

承办律师：金荣奎　徐岳丽
撰稿人：徐岳丽　张春光

烟台市翔宇物资有限公司
与美国 Oxbow 公司中外合资重组案

烟台市翔宇物资有限公司与美国 Oxbow 公司中外合资重组项目由徐舰律师主办，徐岳丽、颜彦、赵利庆律师协办。项目于 2013 年 1 月计划启动，2014 年 6 月新公司完成股权变更，登记为中外合资企业，历时一年半。合资基本情况大致如下：

一、合资双方

OXBOW CARBON LLC 是一家依据美利坚合众国特拉华州法律正式组建并有效存续的公司（以下简称 Oxbow 公司），其关联公司 OXBOW LUXEMBOURG LATIN AMERICA HOLDINGS S. A. R. L. 是一家依据卢森堡法律正式组建并有效存续的公司（以下简称 Oxbow 卢森堡）。Oxbow 公司拥有世界领先水平的石油焦供应网络和管理能力。

烟台市翔宇物资有限公司是一家根据中华人民共和国法律正式组建并有效存续的公司（以下简称烟台翔宇）；其关联公司为烟台市天和石油焦有限公司（以下简称烟台天和）、四川翔宇有限公司（以下简称四川翔宇）。烟台翔宇及关联公司主要从事石油焦的加工与销售业务，并建立了良好的石油焦销售网络。基于此，综合双方各自的优势，Oxbow 公司与烟台翔宇拟在烟台市成立一家有限责任公司（新公司），主要从事石油焦和煤炭的进出口、分销和销售、磨粉和其他加工及某些相关附属业务等业务。

二、合资过程

（一）达成初步意向

2013 年 1 月 9 日烟台翔宇与 Oxbow 公司签订关于组建中外合资企业的《合作意向书》，提议由烟台翔宇设立一个全资子公司，烟台翔宇向新公司转让与石油焦相关的全部资产与业务，再由新公司收购烟台天和的石油焦资产（此时四川翔宇尚在筹备期，未设立）。最后由 Oxbow 卢森堡现金收购烟台翔宇持有的新公司 55% 的股权，将新公司变为合资公司。

（二）签署框架协议

双方签署《合作意向书》之后，从 2013 年 1 月开始到 2013 年 4 月，Oxbow 公司委托方达（北京）律师事务所律师对烟台翔宇及其关联公司进行尽职调查，烟台翔宇委托我所律师进场展开尽职调查，并委托会计师对烟台翔宇及关联公司进行审计、评估。我所律师 2013 年 5 月份出具了烟台翔宇及烟台天和的尽职调查报告，同时，会计师也出具相关的审计、评估报告。随后，烟台翔宇总经理韩书江先生、副总经理郑秀丽女士会同我所律师、会计师对合作意向书中达成的交易架构、交易模式及交易对价等进行讨论和研究，形成了初步的交易方案。

2013 年 5 月，双方签署《合作框架协议》。双方约定的合作架构及交易步骤为：首先由烟台翔宇和韩先生设立新公司，其中烟台翔宇以其石油焦业务的相关资产出资 45%，韩先生以现金出资余下的 55%。第二步，由新公司将购买烟台天和 100% 的股权；并由烟台翔宇在四川省泸县设立子公司（即四川翔宇），之后新公司购买四川子公司 95% 的股权（其余 5% 的股权由当地一名自然人股东庞先生持有）。第三步，烟台翔宇以其大部分石油焦业务的相关资产作为对新公司注册资本的出资（烟台翔宇出资资产），并向新公司出售其石油焦业务相关资产的余下部分。第四步，Oxbow 卢森堡将根据其与烟台翔宇和韩先生订立的股权购买协议的条款和条件购买韩先生持有的新公司百分之五十五（55%）的股权。交易完成后，根据 Oxbow 卢森堡和烟台翔宇将签订的合资合同及合资公司的章程规定，新公司将转变为合资公司，Oxbow 卢森堡拥有合资公司 55% 的股权，烟台翔宇拥有合资公司 45% 的股权。

（三）完善合资方案

《合作框架协议》签署后，按照协议制定的交易步骤，我所律师指导并协助烟台翔宇，开始对烟台天和股权进行整合，韩先生就四川翔宇的股权设置问题与庞先生进行沟通。方达律师就本次合资行为提供了《合资合同》及《股权转让协议》等相关的交易文本，并与我所律师就该等交易文本展开反复修订、协商及沟通，交易双方也分别就上述交易文本出具意见。2013 年 8 月 26 日至 30 日，双方及各自委托律师在北京方达律师事务所总部开始就交易文本中相关的交易架构及交易内容展开实质的谈判，并对合资合同及股权转让协议的关键条款达成基本一致。之后，按照谈判后达成的基本意思，双方继续就未决问题进行反复的沟通讨论，并对交易架构进行修正、补充。

2013 年 10 月，Oxbow 公司与烟台翔宇就双方合资的交易架构进行沟通，对框架协议约定的交易架构进行调整，确定由烟台翔宇与韩先生全部以现金出资的方式设立新公司，其中烟台翔宇出资 25%，韩先生出资 75%；新公司成立后，向烟台翔宇购买与石油焦业务相关的所有资产，购买烟台天和 100% 的股权及四川翔宇 95% 的股权；在完成对石油焦资产及关联公司的股权购买后，由 Oxbow 卢森堡现金收购韩先生持有的新公司

350

75％的股权，将新公司变更为中外合资企业。

（四）方案实施

2013年年底，烟台翔宇与韩先生按照修改后的交易架构成立新公司，新公司的投资总额为人民币68287.5万元，注册资本为人民币22762.5万元，由韩先生现金认缴出资17071.9万元，烟台翔宇认缴出资5690.6万元，并在工商登记部门完成设立登记。2014年1月至5月，新公司以现金方式收购了烟台天和与四川翔宇的股权，并按照《资产出售及购买协议》的约定，开始收购烟台翔宇与石油焦业务相关的全部资产。

在收购烟台翔宇及关联企业石油焦资产过程中，我所律师积极配合烟台翔宇，并就石油焦资产购买过程中产生的问题与外方及韩先生进行多次沟通讨论，双方签署了相关补充协议，按照补充协议的约定完成了石油焦资产的收购。

（五）交易结果

2014年6月，韩先生将持有的新公司75％的股权转让给Oxbow卢森堡，该交易行为通过了有关商务部门的审批，新公司正式变更为中外合资企业，名称变更为奥克斯堡翔宇（烟台）能源有限公司。山东省工商局对本次变更进行了变更登记。至此，合资公司正式成立。

三、本案启示

（一）尽职调查工作至关重要

本案中，设立中外合资企业是双方合作的目标，但在合资公司设立之前，涉及对重组资产及股权的尽职调查是律师并购重组业务中的基本内容之一，而本案交易方案的每一次变更与完善，也都离不开充分的尽职调查，并购重组业务中的尽职调查工作至关重要。在尽职调查时应注意两点：

第一，约定保密义务是一项重要程序。

我所在尽职调查前就与烟台翔宇签订了《保密协议》，约定了保密义务，并要求对方律师也签署相关的《保密协议》，这是对委托方利益最基本的保障。本案的买方Oxbow公司正是看中了烟台翔宇已经建立起的石油焦销售网络，才欲进行合作。Oxbow公司本身就是烟台翔宇石油焦业务的供应商之一，若能得到烟台翔宇的销售网络，更有利于其迅速占领中国市场。外方在通过尽职调查全面、细致、整体地了解烟台翔宇的情况后，双方还是有最终达不成协议的风险。且，对方有可能借并购之名窃取商业秘密，在尽职调查之后直接或间接地利用这些信息，而造成对卖方不利的结果。因此，签署保密协议是进行尽职调查前的必要程序。

第二，尽职调查的内容要详细。

从收购方角度看，烟台翔宇成立时间比较早，经营范围涉及比较广，不仅有石油焦业务，还涉及房地产等其他业务，收购过程中存在很高的法律风险。因此，收购方在对烟台翔宇及关联企业进行尽职调查时，调查的范围很广，对烟台翔宇和管理企业的组织架构，资产、权益和债务，各种贷款、融资情况，重大合同，经营业务、所涉及的政府审批或许可，税务，劳动用工，保险，及涉及的各类诉讼、仲裁或争议，及同业竞争和关联交易情况进行了详尽调查，调查的细致与严谨程度也非常高。

虽然这次我所律师是作为被收购方的委托人对被收购方展开的尽职调查，但我们在调查过程中丝毫也没有懈怠，因为通过尽职调查，及时发现影响交易的法律事项，明确可能影响交易价格的各种因素，不至于在交易中变得被动。正是基于尽职调查过程的细致与充分，才使得交易架构及交易模式得以不断的修正与完善，最终顺利完成了对烟台天和及四川翔宇的股权收购，以及新公司对烟台翔宇石油焦业务相关资产的购买。

（二）要时刻与委托人保持沟通，明确委托人的真实意图

这一点首先体现在尽职调查过程中，对于在调查中发现的问题，应当及时向委托方报告与沟通，而不能一味地等到最后才在报告书中一并书面提出，这样很容易延误解决问题的时机。我所律师参与本案尽职调查时，基本做到一事一沟通，发现可能影响交易对价的事项，也积极与会计师进行沟通，一并讨论并找出解决的方案。

不仅是尽职调查，在整个案件交易的过程中，我所律师都积极与委托人沟通，尽可能明确委托人的意图，以维护其合法权益。众所周知，合资项目中，双方控制权的争夺比较激烈，因此在合资公司法人治理结构的设计问题上双方尤为关心，这一点在本案例中我们有切身体会。《合资合同》及《公司章程》中对于双方董事、监事、高管的职责、委派及任免条款是本次合资过程中双方反复协商、谈判、修改次数最多的，也是我方委托人最为关心之处。每一次谈判与修改，我所律师都与烟台翔宇的韩先生、郑女士进行充分的沟通，明确最终让步的底线，在经过数十次的沟通、谈判及修改后，双方最终确定了合资公司的法人治理结构。

（三）重组方式的选择应充分考虑税费的问题

烟台翔宇与Oxbow公司最初的合资方案，是由烟台翔宇出资设立一个全资子公司，再由外方收购烟台翔宇的股权。根据会计师、税务师的说明，外方收购烟台翔宇股权的交易对价支付给公司，公司需要缴纳企业所得税，韩先生作为烟台翔宇的股东及控制人，无法直接获取交易对价，其通过分红获得的收入需要缴纳个人所得税。基于此，我所律师与对方律师进行协商后，在尊重委托人权益的基础上，重新修改方案，建议由韩先生与烟台翔宇出资设立新公司，然后由外方直接收购韩先生的股权，这样一来，股权交易对价直接支付给韩先生，只需考虑个人所得税的问题，减少了不必要的支出。

另外，本次交易中先后涉及资产出资与资产购买的问题，这里我们不去衡量先资产出资与后资产购买税费的区别，我们要考虑如何对出资与购买进行设计，以尽可能维护

委托方的利益。框架协议中，开始的架构是由烟台翔宇以石油焦资产出资，后来变更为以现金出资，之所以变更，完全是从委托人的实际利益出发而设计的。在资产出资的情形下，涉及资产的过户新公司需要支付相关税费，此时新公司的股东是韩先生与烟台翔宇，与外方无关，产生的税费最终均由我方委托人承担；而以现金出资的方式，完成出资后，外方以现金收购股权，则新公司就变为中外合资企业，之后再进行资产购买，产生的税费问题由合资公司承担，就不再全部由委托人承担了。这是我所律师经过充分研究、讨论后给出的建议，该意见得到了韩先生的支持，因此才有了交易方案的再次修改。

四、本案总结

本次中外合资项目，我所律师参与了本次重组的全部过程，从最初方案的设计研讨到方案的定稿，从烟台翔宇、四川翔宇、烟台天和股权整合到新公司设立，从与Oxbow公司的谈判到变更交易模式及交易内容，以及最后解决购买石油焦资产过程中的各种问题，这期间每个环节，我们都积极与委托人协商和沟通，起草并完成了项目所需要的各项法律文件，并最终顺利完成了新公司的设立及中外合资企业的工商变更登记程序。虽然过程很漫长，需要做的工作比较烦琐，但通过该项目，我们学习了很多关于中外合资企业设立、经营方面的法律实务操作技能，丰富了理论知识的储备，也增加了我们的实践经验。

承办律师：徐　舰　金荣奎

撰稿人：徐岳丽